FORUM HISTORISCHES LERNEN

Peter Gautschi

Guter Geschichtsunterricht

Grundlagen, Erkenntnisse, Hinweise

WOCHEN SCHAU GESCHICHTE

Bibliografische Information der Deutschen Bibliothek
Die Deutsche Bibliothek verzeichnet diese Publikation in der
Deutschen Nationalbibliografie; detaillierte bibliografische Daten
sind im Internet über http://dnb.ddb.de abrufbar.

© by WOCHENSCHAU Verlag,
Schwalbach/Ts. 2009

www.wochenschau-verlag.de

Alle Rechte vorbehalten. Kein Teil dieses Buches darf in irgendeiner Form (Druck, Fotokopie oder einem anderen Verfahren) ohne schriftliche Genehmigung des Verlages reproduziert oder unter Verwendung elektronischer Systeme verarbeitet werden.

Die Reihe „Forum Historisches Lernen"
wird herausgegeben von
Michele Barricelli
Peter Gautschi
Ulrich Mayer
Hans-Jürgen Pandel
Gerhard Schneider
Bernd Schönemann

Umschlaggestaltung: Klaus Ohl
Gestaltung der Grafiken: Bernet & Schönenberger, Zürich
Gedruckt auf chlorfrei gebleichtem Papier
Gesamtherstellung: Wochenschau Verlag
ISBN 978-3-89974516-0

Die Deutsche Bibliothek – CIP-Einheitsaufnahme

Zugl.: Kassel, Univ., Diss. 2009

Die Studie „Guter Geschichtsunterricht" und der Druck dieser Publikation wurden durch die Pädagogische Hochschule der Fachhochschule Nordwestschweiz unterstützt.

© by WOCHENSCHAU Verlag,
Schwalbach/Ts. 2009

Inhaltsverzeichnis

Vorwort des Autors 11
Vorwort des Herausgebers 13

1. Einleitung: Fragestellung und Relevanz 17
   1.1 *Geschichtsunterricht im Gespräch* 17
       1.1.1 Brennpunkte der Diskussionen über
             Geschichtsunterricht 18
       1.1.2 Die Qualitätsfrage 21
   1.2 *Fragestellungen der Arbeit* 23
       1.2.1 Forschungsfragen 23
       1.2.2 Probleme der empirischen Erforschung von
             Unterrichtsqualität 24
       1.2.3 Bedeutung und Innovationspotenzial der
             vorliegenden Arbeit 25
   1.3 *Gliederung und Aufbau der Arbeit* 27

2. Grundlagen: Qualitätsdiskussionen über
   Geschichtsunterricht 31
   2.1 *Was ist Unterricht?* 32
       2.1.1 Das didaktische Dreieck als Modell von Unterricht .. 32
       2.1.2 Strukturelemente von Unterricht 35
   2.2 *Was ist Geschichtsunterricht?* 38
       2.2.1 Schulorganisatorisches Zeitgefäss 38
       2.2.2 Lehrplanbasiertes Bildungsanliegen 41
       2.2.3 Schulfach für „Historisches Lernen" 42
       2.2.4 Kompetenzmodell für den Geschichtsunterricht 48
       2.2.5 Strukturelemente von Geschichtsunterricht 66
   2.3 *Was ist guter Unterricht?* 76
       2.3.1 Begriffe im Umgang mit der Beurteilung
             von Unterricht 78
       2.3.2 Ausgewählte Gütekriterien 81
   2.4 *Was ist guter Geschichtsunterricht?* 88
       2.4.1 Das Kategoriensystem von
             Ulrich Mayer und Hans-Jürgen Pandel 89
       2.4.2 Das Kategoriensystem von
             Michele Barricelli und Michael Sauer 91
       2.4.3 Die Gütekriterien für Geschichtsunterricht
             in dieser Arbeit 96

3. Vorgehen: Mehrperspektivische, explorative
und deskriptive Querschnittstudie 103
   3.1 Wie kann Geschichtsunterricht erforscht werden? *104*
      3.1.1 Phänomenforschung 105
      3.1.2 Ergebnisforschung 107
      3.1.3 Wirkungsforschung 108
      3.1.4 Interventionsforschung 110
      3.1.5 Forschung zu historischem Denken und Lernen 111
   3.2 Forschungszugänge und Methodenrepertoire *113*
   3.3 Forschungszugang der vorliegenden Arbeit *117*
      3.3.1 Anknüpfung an das Projekt
            „Geschichte und Politik im Unterricht" 117
      3.3.2 Ziehung der Stichprobe 118
      3.3.3 Zugang mittels „Triangulation" 120
      3.3.4 Formen und Ziele der Triangulation 122
      3.3.5 Triangulationen in der vorliegenden Untersuchung 124
      3.3.6 Forschungsdesign und Arbeitsprogramm im Überblick 125
   3.4 Datenerhebungen *130*
      3.4.1 Videografierung von 41 Geschichtslektionen 130
      3.4.2 Befragung von Lernenden zum videografierten Unterricht . 134
      3.4.3 Befragung von Lehrenden zum videografierten Unterricht . 137
      3.4.4 Kodierung und Kategorisierung der videografierten
            Geschichtslektionen 139
      3.4.5 Befragung von Expertinnen und Experten zum
            videografierten Unterricht 147

4. Exploration: Identifikation von gutem Geschichtsunterricht. 149
   4.1 Die Sicht der Lernenden *149*
   4.2 Die Sicht der Lehrenden *156*
   4.3 Die Sicht des Autors und der Kontroll-Expertinnen/Experten *161*
      4.3.1 Gute Lektionen aus Sicht des Autors 161
      4.3.2 Gute Lektionen aus Sicht der
            Kontroll-Expertinnen/Experten 163
      4.3.3 Gute Lektionen aus Sicht der Expertinnen und Experten . . 164
   4.4 Triangulationsergebnisse *166*
      4.4.1 Triangulation aus unterschiedlicher Perspektive 166
      4.4.2 Vergleich der unterschiedlichen Beurteilungen 168

5. Analyse: Beschreibung und Beurteilung der
ausgewählten Lektionen 171
 5.1 *„Wir konnten über die Probleme von früher und heute diskutieren":*
 Die Schweiz im Zweiten Weltkrieg 173
  5.1.1 Kurzbeschreibung 173
  5.1.2 Lerngegenstand: „Vergleich der Schweiz heute mit der
   Schweiz im Zweiten Weltkrieg" 174
  5.1.3 Prozessstruktur: „Die Gruppenarbeit war sehr gut" 177
  5.1.4 Nutzung: „Der Lehrer hat uns zum selber Nachdenken
   angeregt" 180
  5.1.5 Güteprofil der Lektion „Die Schweiz im
   Zweiten Weltkrieg" 185
 5.2 *„Mir haben die einfachen Aufgaben gefallen":*
 Auseinandersetzung mit sechs Freiheitsrechten 185
  5.2.1 Kurzbeschreibung 185
  5.2.2 Lerngegenstand: Brücke vom 19. Jahrhundert zu heute ... 187
  5.2.3 Prozessstruktur: Gute Unterrichtsgestaltung an den drei
   Schlüsselgelenkstellen 190
  5.2.4 Nutzung: „Jeder darf sich zu der Religion bekennen,
   die ihm am meisten zusagt" 194
  5.2.5 Güteprofil der Lektion „Auseinandersetzung mit sechs
   Freiheitsrechten" 195
 5.3 *„Ich kann besser aufpassen, wenn es interessant ist":*
 Erster Weltkrieg: Zahlen, Fakten, Waffen 196
  5.3.1 Kurzbeschreibung 197
  5.3.2 Lerngegenstand: „Darf ich die Gasmaske jetzt wieder
   ausziehen?" 198
  5.3.3 Prozessstruktur: „Ready, set, go!" 202
  5.3.4 Nutzung: „Die Lernenden haben selber mit Quellen
   gearbeitet, diese ausgewertet und Resultate präsentiert." ... 204
  5.3.5 Güteprofil der Lektion „Erster Weltkrieg:
   Zahlen, Fakten, Waffen" 206
 5.4 *„Film schauen ist immer gut":*
 Deutschland in den Jahren 1918–1930 207
  5.4.1 Kurzbeschreibung 208
  5.4.2 Lerngegenstand: „Erfahren, wie es Hitler gelang,
   aufzusteigen" 209
  5.4.3 Prozessstruktur: „Ich habe das Programm an
   der Wandtafel" 213
  5.4.4 Nutzung: „Sich zu Hause einen Zeitenstrahl zeichnen" 215
  5.4.5 Güteprofil der Lektion „Deutschland in den
   Jahren 1918–1930" 217

5.5 *„Gute Vorbereitung auf die Prüfung":*
Repetition Renaissance *218*
   5.5.1 Kurzbeschreibung 218
   5.5.2 Lerngegenstand: „Nennt Unterschiede zwischen dieser
       und einer heutigen Weltkarte" 219
   5.5.3 Prozessstruktur: „Binnendifferenzierung und intensive
       Betreuung der Gruppen" 222
   5.5.4 Nutzung: „Ich konnte vor der Klasse reden" 224
   5.5.5 Güteprofil der Lektion „Repetition Renaissance" 226

6. Erkenntnisse: Guter Geschichtsunterricht heute 229
   6.1 Kriterien zur Beschreibung und Beurteilung
   von Geschichtsunterricht *229*
      6.1.1 Beurteilungskriterien der Expertinnen und Experten 229
      6.1.2 Beurteilungskriterien der Lernenden 233
      6.1.3 Beurteilungskriterien der Lehrenden 235
   6.2 Unterrichtsformen und Lernmaterialien
   in guten Geschichtslektionen *238*
   6.3 Merkmale und Schlüsselfaktoren von
   guten Geschichtslektionen *241*
      6.3.1 Gute Geschichtslektionen und Gütekriterien 241
      6.3.2 Schülerorientierung als ein Schlüsselfaktor für
         guten Geschichtsunterricht 243
      6.3.3 Lernaufgaben als ein Schlüsselfaktor für
         guten Geschichtsunterricht 246
      6.3.4 Analyse einer ausgewählten Lernaufgabe aus
         gutem Geschichtsunterricht 251
      6.3.5 Gute Lernaufgaben für den Geschichtsunterricht 254

7. Diskussion und Ausblick: Ein neuer Dialog von
Geschichtsdidaktik und Unterrichtspraxis 255
   7.1 Reflexion des Forschungsdesigns und der Erkenntnisse *255*
      7.1.1 Triangulation zur Erforschung von Unterrichtsqualität 255
      7.1.2 Videoaufzeichnung als unabdingbare Grundlage 256
      7.1.3 Diskussion der Datenauswertung 258
      7.1.4 Vergleich der Resultate mit einem Leistungstest 259
   7.2 Die Praxis des Geschichtsunterrichts als
   ein Kern der Geschichtsdidaktik *262*
      7.2.1 Geschichtsunterricht im Fokus von
         Theorie, Empirie und Pragmatik 262
      7.2.2 Geschichtsdidaktik als „Design Science" 264

7.3 *Hinweise für die Praxis des Geschichtsunterrichts* *265*
    7.3.1 Schülerinnen und Schüler haben eine
          Vorstellung von Historischem Lernen 266
    7.3.2 Schülerinnen und Schüler reflektieren,
          was guter Geschichtsunterricht ist 267
    7.3.3 Lehrende regen Historisches Lernen
          mittels Lernaufgaben an 268
    7.3.4 Lehrende beziehen das Thema auf
          die Situation der Lernenden 270
    7.3.5 Curriculumsverantwortliche definieren Opportunity-
          to-learn-Standards für den Geschichtsunterricht 271
    7.3.6 Lehrende der Lehrerbildung entwickeln gemeinsam
          mit Studierenden und Lehrpersonen der Zielstufen
          Lernumgebungen für Historisches Lernen 273
7.4 *Vorschläge für Forschungsvorhaben zum Geschichtsunterricht* *274*
    7.4.1 Validierung des Beurteilungsbogens und
          Re-Identifikation guter Geschichtslektionen 275
    7.4.2 Überprüfung und Weiterentwicklung des
          Kompetenzmodells 277
    7.4.3 Exploration von Zusammenhängen verschiedener
          Bestimmungsfaktoren des Geschichtsunterrichts 278
    7.4.4 Interventionsforschung im Geschichtsunterricht 279

8. Verzeichnisse. 281
   8.1 Literaturverzeichnis *281*
   8.2 Verzeichnis der Grafiken, Abbildungen und Tabellen *329*
Dank *333*

Vorwort des Autors

Was ist guter Geschichtsunterricht? – Meine Antwort auf diese Frage veränderte sich im Verlauf der Zeit. Als Mittelstufenschüler gefiel mir die Heimatkundelektion, als der Lehrer die Geschichte von Tallo, dem Sohn eines Schmieds der Helvetier, spannend erzählte. Während der Sekundarstufenzeit fand ich die Geschichtslektion gut, in der wir einen Film zum Zweiten Weltkrieg anschauen durften. Im Geschichtsstudium beeindruckte mich die detailreiche Vorlesung zur Reformation in der Schweiz. Als junger Geschichtslehrer freute ich mich über das engagierte Theaterspiel der Schülerinnen und Schüler zur Geschichte der Eidgenossenschaft. Als Vater bekomme ich einen positiven Eindruck vom Geschichtsunterricht, wenn die Söhne zu Hause freiwillig weiterrecherchieren, weil sie das behandelte Thema interessiert und neugierig gemacht hat.

Was ist guter Geschichtsunterricht? – Mit dieser Frage wurde ich als Lehrerinnen- und Lehrerbildner nach meiner Publikation „*Geschichte lehren*" (1999) häufig konfrontiert. Studierende und Lehrpersonen wollten wissen, ob denn all die aufgezeigten Lernwege und Lernsituationen für den Geschichtsunterricht gleich gut seien. Eine wissenschaftlich abgestützte Antwort hatte ich nicht. Dieses Manko war ein Anlass zur vorliegenden Arbeit.

Drei Vorüberlegungen sind mir dabei wichtig:
- In meiner Arbeit sollen *verschiedene Perspektiven* berücksichtigt werden. Meine eigenen Perspektiven auf Geschichtsunterricht haben sich im Laufe der Jahre durch den Wechsel der Rollen verändert. Deshalb interessiert mich, ob es Geschichtsunterricht gibt, der aus verschiedenen Perspektiven als „gut" charakterisiert wird.
- Im Fokus meiner Arbeit soll „*das Gute*" sein. Bei vielen Unterrichtsbesuchen sehe ich interessierte Schülerinnen und Schüler, engagierte Lehrpersonen, gelungenen Geschichtsunterricht. Diese Erfahrungen stehen in Kontrast zu den vielen Beschreibungen von angeblich oder offensichtlich misslungenem Geschichtsunterricht durch Forscherinnen, Forscher und Schulaufsichtspersonen. Mir ist es ein Anliegen, nicht einen weiteren Beitrag zur Lehrerschelte zu schreiben, sondern Belege für alltäglichen guten Geschichtsunterricht zu suchen. Diesen Entscheid habe ich getroffen, obwohl mir bewusst ist, dass aus Dokumentationen über misslungenen Geschichtsunterricht oder im Vergleich von schlechten und guten Lektionen ein Erkenntnisgewinn resultieren kann, und obwohl es mit dem Forschungszugang der vorliegenden Arbeit möglich gewesen wäre, Lektionen zu charakterisieren, die aus verschiedenen Perspektiven als „misslungen" bezeichnet werden. Auch weil in Videostudien

die Beteiligten identifiziert werden können, scheint mir eine freiwillige Beschränkung auf das „Gute" notwendig zu sein.
- Im Zentrum meiner Arbeit soll Geschichtsunterricht als institutionell verordneter, zeitlich und räumlich festgelegter sowie abgeschlossener Prozess stehen. Die aktuellen Diskussionen um Input und Output von Unterricht sowie die Messungen der Leistungen von Schülerinnen und Schülern beleuchten primär Unterricht als Langzeitgeschehen, nicht die einzelnen Lektionen. Diese Lektionen, die für viele Lehrende und Lernende nach wie vor das *Grundmass von Unterricht* und der eigentliche Kern von Schule sind, wieder stärker in den Blick zu bekommen, ist das dritte Anliegen meiner Arbeit.

Die vorliegende Arbeit ist angestossen durch ein Desiderat für die *Geschichtsdidaktik*, das Mayer/Pandel bereits 1976 formulierten und das meiner Ansicht nach auch heute noch gilt: „Ganz offensichtlich bleibt also in unserer Disziplin das Desiderat bestehen, anstelle weitgehender Spekulation auf der einen Seite und einer sich tendenziell auf platte Unterrichtsrezeptologie zurückziehenden Orientierung an schierer Praxis auf der anderen Seite ein wissenschaftlich kontrollierbares und auf Grund empirischer Belege abgesichertes Instrumentarium zu entwickeln, mit dessen Hilfe unterrichtliche Prozesse im historischen Lernbereich durchschaut und beeinflußt werden können" (Mayer/Pandel 1976, S. 30). Dieses Desiderat war mir Auftrag für die vorliegende Arbeit.

Das Ziel von „Guter Geschichtsunterricht: Grundlagen, Erkenntnisse, Hinweise" ist es, einen Beitrag zu liefern zu einer nutzerorientierten geschichtsdidaktischen *Unterrichtsforschung*. Die Arbeit will sowohl explorativ sein und also Einzelbeobachtungen möglichst genau festhalten und dadurch der Empirie neue Impulse verleihen, als auch nach vorfindbaren Regelmässigkeiten suchen, um allgemeingültige Aussagen zu machen. Beides soll die Geschichtsdidaktik anreichern und die Schulpraxis befruchten. Wenn das gelingt, hilft die vorliegende Arbeit zu gutem Geschichtsunterricht, den Geschichtsunterricht zu verbessern.

Die vorliegende Arbeit wurde im Wintersemester 2008/2009 vom Fachbereich Gesellschaftswissenschaften der Universität Kassel als Dissertation angenommen. Die Disputation fand am 9. Februar 2009 statt.

Zofingen/Kassel, im April 2009
Peter Gautschi

Vorwort des Herausgebers

Peter Gautschi trägt mit seiner Dissertation, wie er es zuvor bereits mit anderen Werken getan hat, Entscheidendes zur geschichtsdidaktischen Grundlagendiskussion bei und leistet damit einen substantiellen Beitrag zur Weiterentwicklung der deutschsprachigen Geschichtsdidaktik als wissenschaftlicher Disziplin der fachdidaktischen Tatsachenforschung.

Seit den 1970er Jahren hat sich die Geschichtsdidaktik von ihrem früheren Verständnis als Methodenlehre für den Geschichtsunterricht entfernt. Sie ist im Gefüge der Geschichtswissenschaft neben Geschichtsforschung und Historik diejenige Disziplin geworden, die sich mit Geschichtsbewusstsein als dem Zustand, der Funktion und der Veränderung historischer Vorstellungen im Denken und Lernen der Menschen beschäftigt. Aus dieser veränderten Ausrichtung resultieren auch neue Ansprüche unterrichtlicher Anstrengungen. Es geht nicht mehr darum, vorgegebene normative Anweisungen und vermeintlich unbezweifelbares fachliches Wissen abbildhaft möglichst effizient in die Köpfe der Lernenden zu transportieren. Vielmehr soll Geschichtslernen zugleich die mitgebrachten Vorstellungen der Lernenden berücksichtigen und die Ausdifferenzierung eines rationalen und humanen Geschichtsbewusstseins ermöglichen und befördern. All dies sollte nicht auf Spekulationen, sondern auf soliden empirischen Erkenntnissen beruhen.

Im Rückblick ist nicht zu übersehen, dass sich das Fach im letzten Viertel des 20. Jahrhunderts zwar theoretisch erheblich erneuerte, jedoch kaum in unterrichtsmethodischer Hinsicht. Während sich eine ernstzunehmende Geschichtsdidaktik als akademische Disziplin etablierte, welcher freilich gelegentlich Theorieverliebtheit und Praxisferne vorgehalten wurden, mussten sich Vorhaben der Unterrichtspraxis weiterhin auf überwiegend biedere geschichtsmethodische Ratgeber beziehen. Diese orientierten sich oft an überkommenen und überholten didaktischen Voraussetzungen. Frische Ideen brachten neue praxisorientierte Fachzeitschriften und Anregungen aus der allgemeinen Didaktik. Die Übernahme solcher „Unterrichtsrezepte" geschah aber oft unreflektiert und rein praxeologisch. Es ergab sich lange keine plausible Synthese, so dass noch 1999 das Fehlen einer adäquaten, systematisch und empirisch abgesicherten Geschichtsmethodik beklagt wurde.

Genau in diese Lücke der *Verständigungsdefizite* zwischen den oft komplexen und komplizierten Theorien der Geschichtsdidaktik und den Anforderungen der Praxis historischen Lehrens und Lernens traf im gleichen Jahr Peter Gautschis didaktisch-methodische Handreichung „Geschichte lehren" mit einem fachdidaktisch begründeten Angebot fachspezifischer Lernwege und Lernsituationen. Diese zugleich theoretisch fundierte und auf praktische Umsetzbarkeit zielende Konzeption erhielt die Auszeichnung „Worlddidac Award 2000" und wurde inzwischen in mehreren Auflagen zum Standardwerk in allen Phasen der Geschichtslehrerausbildung. Auf der dort entworfenen Grundlage beruhen auch Konzeption und Realisierung von Geschichtslehrwerken, an denen Peter Gautschi federführend beteiligt war und deren Innovationspotenzial über die Schweiz hinaus hohes Ansehen gewonnen hat.

In dem Maße, wie sich die Geschichtsdidaktik im Rahmen ihrer disziplinären Profilbildung weitere Betätigungsfelder erschließt, etwa die Beteiligung an den Diskussionen um Geschichtskultur oder an den Debatten um bildungspolitisch verordnete Standardisierung, droht der zentrale Gegenstand und elementare Bereich, der eigentliche Kern geschichtsdidaktischer Forschungsarbeit sozusagen auf ein Nebengleis zu geraten: die Gestaltung von Lehr- und Lernprozessen. Angesichts dieser prekären Situation dürfte es kaum zu weit gegriffen sein, die vorliegende Arbeit wieder als Signal für eine entscheidende Weichenstellung zu bezeichnen. Denn Peter Gautschis Studie zeigt der Geschichtsdidaktik einen Weg zu einer Disziplin auf, die sich nicht um Deduktionen, sondern prinzipiell um die Beziehungen zwischen Theoriebildung und Praxis historischen Lernens in allen Formen und Stufen bemüht.

Der Blick auf den Geschichtsunterricht erfolgt hier nicht auf der Ebene der Postulate, Spekulationen und Wünschbarkeiten, sondern als empirische Erhebung und Analyse, als forschungsgestütztes Wissen über alltäglichen konkreten Geschichtsunterricht. Die Studie ist in den Strang empirischer Forschung einzuordnen, der innerhalb der letzten fünf Jahre in der deutschsprachigen Geschichtsdidaktik in größeren Kooperationsprojekten, Graduiertenkollegs, Fachtagungen, Monografien und Diskussionen in Fachzeitschriften einen deutlichen Aufschwung genommen hat. Peter Gautschis Arbeit wird als maßgeblicher und zugleich richtungweisender Beitrag im Rahmen einer empirisch-realistischen Wendung beachtet werden, die Heinrich Roth bereits 1955 für die geschichtsdidaktische Forschung eingefordert hatte. Die Diskussion ist auf allen Feldern zu erwarten, denen sich die einzelnen Kapitel der Studie widmen.

Zuerst und vor allem: Peter Gautschis Dissertation macht Lehrerinnen und Lehrern Mut. Es gibt guten Geschichtsunterricht, und guter Geschichtsunterricht ist unter realisierbaren Umständen möglich. Es gibt Schlüsselfaktoren, deren Beachtung es aufmerksamen Lehrpersonen ermöglicht, selbst guten Geschichtsunterricht zu erteilen. Gautschis Ergebnisse sind so ermutigend, weil sie Lehrkräfte bestärken, erreichbare Standards „guter" Praxis anzustreben und sich nicht durch unerreichbare „Best-Practice"-Ansprüche demotivieren zu lassen.

Empirische Arbeiten haben es gewöhnlich an sich, vor allem auf Defizite hinzuweisen. Im Gegensatz dazu richtet Gautschi sein Augenmerk auf Gelungenes. Er fragt danach, ob es im Unterrichtsalltag Geschichtsstunden gibt, die aus den Perspektiven von Lernenden wie von Lehrenden und externen Expertinnen und Experten als „gut" beurteilt werden, und ob die so identifizierten Stunden sich durch gemeinsame Merkmale oder Schlüsselfaktoren kennzeichnen lassen, die für andere Nutzer verallgemeinert werden können. Diese Fragestellung erscheint einfach, ist aber gerade deshalb besonders anspruchsvoll.

In bester Tradition pädagogischer Tatsachenforschung nach der Art Hans Aeblis betreibt der Autor eine theoretisch fundierte und methodisch ausgefeilte Forschung. Sie greift Probleme der Praxis auf, um durch wissenschaftlichen Erkenntnisgewinn zu ihrer praktischen Lösung beizutragen.

Allgemeindidaktik und Fachdidaktik können sinnvoll und fruchtbar aufeinander bezogen werden. Die Arbeit gibt einen Anstoß für die allgemeindidaktisch verbreitete, aber im Fach Geschichte noch rudimentäre Qualitätsdiskussion. Indem der Rahmen für „guten" Geschichtsunterricht abgesteckt wird, entwickelt der Autor ein allgemein- und fachdidaktisch fundiertes Rahmenmodell für den Geschichtsunterricht, ein geschichtstheoretisch abgeleitetes neues Struktur- und Prozessmodell für historisches Lernen, ein darauf bezogenes Kompetenzmodell sowie ein Set von Gütekriterien für Unterrichtsbeobachtung und Beurteilung. Alle Instrumente dürften neue Anstöße für die Fachdiskussion bieten.

Wissenschaftliche Zusammenarbeit befördert individuell exzellente Forschung. Nur dank eines aufwändigen Kooperationsprojekts konnte der erstaunliche Datenbestand an videografierten Unterrichtslektionen samt zugehörigen Fragebögen von Lernenden und Lehrenden zu diesen Lektionen erhoben werden. Im Zentrum des methodisch vorbildlichen Vorgehens wird ein geradezu modellhaftes Forschungsdesign entfaltet. Im Rahmen dieses Arbeitsprogramms erarbeitet der Autor einen Ratingbogen, der wiederum hervorragend an die Items der Gütekriterien rückgebunden ist.

Lehr- und Lernprozesse, Lernergebnisse, Ursache- und Wirkungsmechanismen, experimentelle Intervention, Standorte und Denkweisen der Beteiligten sind unterschiedliche, sich wechselseitig bedingende *Dimensionen* eines komplexen Forschungsgegenstandes. Peter Gautschis Vorschlag zur Aufschlüsselung der Mehrdimensionalität durch pragmatisch differenzierende *Forschungsrichtungen* (Phänomen-, Ergebnis-, Wirkungs-, Interventionsforschung und Forschung zu historischem Denken und Lernen) dürfte sich als praktikables Instrument zur Gliederung der bislang noch vorfindlichen Unübersichtlichkeit empirischer Arbeiten in der Geschichtsdidaktik erweisen.

Mit der Triangulation wird in der deutschsprachigen Geschichtsdidaktik erstmals ein bisher lediglich geforderter Forschungszugang verwirklicht: die Kombination der Urteile verschiedener Beteiligter oder Beobachter aus unterschiedlichen Perspektiven. Das Verfahren ist beispielsweise in der Medizin und der Jurisprudenz längst gebräuchlich. Die Fachdiskussion wird sich angesichts deutlicher Ergebnisse zur empirischen Identifikation und Analyse gelungener Praxisfälle mit der Plausibilität dieses Vorgehens zu beschäftigen haben.

In der geschichtsdidaktischen Empirie kann es keine Ausschließlichkeit von quantitativen oder qualitativen Untersuchungen, von statistischen oder hermeneutischen Verfahren geben. Gerade die Zusammenschau ermöglicht es, gute Geschichtsstunden zu beschreiben und anhand der aus den Gütekriterien hergeleiteten Güteprofile valide zu beurteilen.

Die Bedeutung der Arbeit geht weit über ihren Beitrag zur nutzerorientierten Forschung über den Geschichtsunterricht als schulische Institution hinaus. Es ist durchaus zu erwarten, dass Peter Gautschis Prozess- und Strukturmodell, sein Kompetenzmodell und seine Gütekriterien sich auch in außerschulischen Formen des historischen Lernens als Kriterien zur Beobachtung, Bewertung und produktiven Konstruktion bewähren können. Von den abschließend skizzierten Forschungsvorschlägen haben wir noch eine Menge an vertieften und erweiterten Kenntnissen für die Disziplin zu erwarten.

Wetzlar, im April 2009
Ulrich Mayer

1. Einleitung: Fragestellung und Relevanz

Die vorliegende Arbeit beschäftigt sich mit „Geschichtsunterricht". Sie nimmt damit einen Gegenstand auf, der im Gespräch ist. In der Öffentlichkeit erscheinen dazu oft negative Schlagzeilen: „Geschichtsunterricht an Schweizer Schulen in der Krise. Wildwuchs beim Lernstoff – unterschätzte Bedeutung" titelte die Schweizerische Depeschenagentur im Dezember 2007[1].

Im ersten Unterkapitel (1.1) werden einige Brennpunkte der Gespräche rund um den Geschichtsunterricht beleuchtet, und es erfolgt eine erste Thematisierung der Qualitätsdiskussionen über Geschichtsunterricht, zu der die vorliegende Arbeit einen Beitrag leistet. Im zweiten Unterkapitel (1.2) werden die Fragestellungen der Arbeit entwickelt sowie deren Bedeutung und Innovationspotenzial dargelegt. Zum Schluss der Einleitung werden im dritten Unterkapitel (1.3) die Gliederung und der Aufbau der Arbeit erläutert.

1.1 Geschichtsunterricht im Gespräch

Es ist ein Leichtes, Belege zu finden, die verdeutlichen, dass Geschichtsunterricht in der *Krise* ist. Paxton/Wineburg (2000, S. 855) beginnen ihren Überblick über die geschichtsdidaktische Literatur mit der Nacherzählung eines Filmausschnitts über Geschichtsunterricht, um damit das allgemeine Bild aufzuzeigen, das eine breite Öffentlichkeit von Geschichtsunterricht hat: ein absurdes Abfragen unwichtiger Details aus der Vergangenheit[2], ein sinnloser Marsch durch staubige Fakten[3]. Auch Wilson (2002, S. 530) beschreibt Geschichtsunterricht als eine

---

[1] http://www.presseportal.ch/de/pm/100005483/100552093/discours_suisse (aufgerufen am 15.5.2008).
[2] „The Hawley-Smoot Tariff Act, which – anyone? raised or lowered? – raised tariffs in an effort to collect more revenues for the federal government. Did it work? Anyone?" (Paxton/Wineburg 2000, S. 855).
[3] „This satire portrays our collective sense of history teaching: the senseless march through dusty facts, the absurd and trite ‚Socratic' monologues; the silenced students who alternate between scribbling notes and nodding off to sleep; teachers – sometimes frantically, sometimes farcically – trying to engage students in ‚discussions' in which students belligerently close down the teacher's attempt at conversation or in which teachers ignore students' fragile efforts to volunteer ideas" (Wilson 2002, S. 529–530).

Veranstaltung, die intellektuell wenig anspruchsvoll sei und wo kaum problemlösendes oder kritisches Denken gefordert werde[4].

Ähnlich ernüchternde Fazite ziehen auch Forscherinnen und Forscher aus dem deutschsprachigen Raum. Klaus Bergmann formuliert bereits 1976 pointiert: „Nach allen empirischen Befunden ist Geschichte für die meisten Schüler langweilig, uninteressant, überflüssig – ein ungeliebtes Schulfach" (Bergmann 1976, S. 3). Bodo von Borries (2004e) stellt Jahre später gravierende *Defizite* von Jugendlichen im Umgang mit Geschichte fest: Erstens sind die Kenntnisse über Vergangenes gering, es fehlt den Jugendlichen an grundlegendem Einzel- und Strukturwissen (Borries 2004e, S. 275). Borries befürchtet auf Grundlage einer breiten empirischen Basis, „dass hier eine elementare Kultur-Grundlage Europas im raschen Verschwinden begriffen ist" (Borries 2004e, S. 252). Zweitens sind die Fähigkeiten und Fertigkeiten der Jugendlichen beispielsweise im Umgang mit Quellen so schwach entwickelt, dass Borries eine „Bankrotterklärung methodenorientierten – und quellenorientierten – Geschichtslernens" (Borries 2004e, S. 262) folgert. Jugendliche verfügen gemäss Borries' Untersuchungen drittens auch kaum über fundamentale fachspezifische Denkvorgänge wie etwa „Fremdverstehen". Er stellt fest, dass „bei den älteren Befragten die Fähigkeit bzw. Bereitschaft zum Fremdverstehen nicht stärker, sondern eher noch schwächer ausgebildet ist als bei den jüngeren" (Borries 2004e, S. 265). Auch andere Operationen historischen Denkens beherrschen Jugendliche kaum oder können sie nicht anwenden. „Explizite Deutungen, Generalisierungen, Kontroversen, Langzeitentwicklungen, Gesellschaftsauswirkungen und Gegenwartsbezüge" werden kaum praktiziert (Borries 2004e, S. 268).

Kein Wunder, dass Geschichtsunterricht angesichts solch ernüchternder Befunde ins Gerede kommt. Im ersten Abschnitt 1.1.1 werden verschiedene *Diskussionspunkte* von Geschichtsunterricht aufgezählt: Es stellen sich heute für den Geschichtsunterricht die Inhalts-, die Ziel-, die Legitimations-, die Methoden- und die Qualitätsfrage. Die vorliegende Arbeit beschäftigt sich mit der Qualitätsfrage. In Abschnitt 1.1.2 werden dazu verschiedene Forschungsparadigmen kurz vorgestellt und die Arbeit situiert.

1.1.1 Brennpunkte der Diskussionen über Geschichtsunterricht

Diskussionen über Geschichtsunterricht fokussieren heute die Inhalts-, die Ziel-, die Legitimations-, die Methoden- und die Qualitätsfrage. Dass diese

---

4   Im Kapitel „Researchers' Portraits of Traditional History Teaching" fasst Wilson verschiedene Studien zu traditionellem Geschichtsunterricht wie folgt zusammen: „Diverse in their methods, the collective story these studies tell is nonetheless coherent: little intellectual engagement, a dominance of teachers and textbooks, and minimal problem solving or critical thinking" (Wilson 2002, S. 530).

Fragen kontrovers diskutiert werden, hängt auch mit den vielen *Veränderungen* zusammen, die die Schule im Allgemeinen und den Geschichtsunterricht im Besonderen in den letzten Jahren geprägt haben[5]:

- Neue Inhalte, Themen, Ziele: Während früher der Nationalgeschichte und der „Antike" noch zentrale Bedeutung beigemessen wurde, finden sich heute Themen wie „Migration" oder „Globalisierung" in Lehrplänen und Lehrmitteln. Zudem wurde die Politische Bildung in der Deutschschweiz zum wichtigen Bestandteil des Geschichtsunterrichts, vor allem in den Abschlussklassen der Volksschule.
- Neues Lernverständnis: Die Vorstellung, wie Historisches Lernen verlaufen soll, hat sich in den letzten Jahren verändert.
- Gewandelte Lehrerrolle: Die Lehrperson soll heute nicht in erster Linie „Meistererzählungen" darbieten, sondern vermehrt die selbsttätige Begegnung von Jugendlichen mit historischen Zeugnissen ermöglichen und diesen Prozess als fachlich versierter Coach unterstützen.
- Heterogene Schülerschaft: Die Lernenden in einer Schulklasse unterscheiden sich heute in Geschichtsbewusstsein und kultureller Herkunft stark.
- Ende der schulischen Dominanz in der Vermittlung zentraler historischer Themen: Kinder und Jugendliche wachsen in der heutigen Gesellschaft unter ganz anderen Verhältnissen auf als die Generation vor ihnen. Sie erfahren in Spielfilmen, wie Kolumbus Amerika entdeckte, und besuchen im Internet die Pyramiden von Giseh. Die Mediengesellschaft hat grossen Einfluss auf die Vorstellungen der Lernenden über die Vergangenheit und prägt ihre Urteile und Deutungsmuster.
- Neue Unterrichtsmedien: Ein reiches Angebot von Medien und Materialien ermöglicht heute einen vielfältigeren Geschichtsunterricht als früher.

Die *Inhaltsfrage* gehört seit je zu den brennenden Fragen des Geschichtsunterrichts. Das Universum des Historischen wächst permanent und verschärft mit jedem Tag das Auswahlproblem. „So viel Geschichte wie heute war nie" (Bergmann 1993, S. 209) formuliert Klaus Bergmann bereits 1993, und der Befund trifft auch heute zu: Aussagen, die an Ereignisse oder Personen aus der Vergangenheit erinnern, und Spuren, die in die Vergangenheit weisen, nehmen stetig zu und sind allgegenwärtig. Oft sind dies „Handlungen und Objektivationen" (Pandel 2005, S. 132) der Geschichtskultur. „Sie verweist auf die Sinnlichkeit geschichtlicher Erfahrung. In ihr kann Geschichte berührt, gerochen, geschmeckt werden" (Pandel 2005, S. 132).

Ein Beispiel der stetigen Zunahme und Allgegenwart von Geschichte zeigte sich im Jahr 2006 beim Thema „Die Schweiz und die Zeit des Nationalsozialismus".

---

5 Aufzählung gemäss den Darlegungen im Artikel „Geschichtsunterricht erforschen – eine aktuelle Notwendigkeit" (Gautschi 2007a, S. 21–22).

Viele in diesem Zusammenhang entstandene neue Sinnbildungen sind „wissenschaftlich", etwa die Veröffentlichungen der Unabhängigen Expertenkommission Schweiz – Zweiter Weltkrieg (UEK 2002), oder sie sind „didaktisch", wie das Lehrmittel „Hinschauen und Nachfragen. Die Schweiz und der Nationalsozialismus im Licht aktueller Fragen" (Bonhage/Gautschi/Hodel/Spuhler 2006). Das Thema diente aber auch als Themenspender für verschiedene andere Genres. Es entstanden „imaginative" Sinnbildungen der *Geschichtskultur* wie historische Romane oder Spielfilme, „rhetorische", die zur Diffamierung politischer Gegner eingesetzt wurden, auch „kontrafaktische", die beispielsweise die Erkenntnisse zu den Flüchtlingszahlen negierten.

Angesichts solcher Entwicklungen stellt sich die Frage, was im Geschichtsunterricht aufgegriffen und thematisiert werden soll: Inhalte oder Kategorien (Borries 1995b). Und soll sich Geschichtsunterricht an der Chronologie oder an Schlüsselproblemen orientieren? Oder braucht es gar ein „alternatives Curriculum" (Schneider 2000)[6]?

Unmittelbar mit der Inhaltsfrage im Geschichtsunterricht verknüpft ist die *Zielfrage*: Schülerinnen und Schüler sollen nicht ausschliesslich Orientierungswissen (knowing that) erwerben, sondern sich auch Verfahrenswissen (knowing how) und Deutungswissen (knowing why) aneignen (Ryle 1948) oder Einstellungen entwickeln (Gautschi 2008)[7]. Im Moment dreht sich die Zieldiskussion vor allem um die Frage der Kompetenzen. In der Geschichtsdidaktik werden zurzeit sowohl im deutschsprachigen Raum als auch im internationalen Vergleich verschiedene Kompetenzmodelle diskutiert. Sie unterscheiden sich zum Teil durch ihre theoretische Abstützung, aber auch durch ihren Gültigkeitsanspruch und ihre Zielsetzungen[8]. Die Zielfrage entzündete sich in der Schweiz unter anderem auch am oben erwähnten Lehrmittel „Hinschauen und Nachfragen. Die Schweiz und der Nationalsozialismus im Licht aktueller Fragen" (Bonhage/Gautschi/Hodel/Spuhler 2006). An dieser Diskussion, die wochenlang in den Medien geführt wurde[9], zeigen sich unterschiedliche Erwartungen an den Geschichtsunterricht: Während eine breite Öffentlichkeit wünscht, die Schule möge aufzeigen, wie es früher wirklich gewesen sei, erwarten viele Fachleute

---

6   Vgl. dazu auch Schulz-Hageleit 2008, der ein Politik und Geschichte integrierendes Kompaktfach propagiert.
7   Grundlegend zu diesem Thema „Einstellungen im Geschichtsunterricht" scheinen mir immer noch die Texte von Weymar (1970), Kuss (1991) und Rüsen (1997).
8   Vgl. dazu Gautschi 2006a und 2006b, Körber 2007a, Moser 2006, Pandel 2005, Sauer 2007, Schreiber/Körber/Borries u. a. 2007 oder Senatsverwaltung für Bildung, Jugend und Sport Berlin 2006. Ausführlicher in Abschnitt 2.2.4.
9   Die Diskussion kann zum Beispiel anhand von Zeitungsausschnitten mitverfolgt werden. Eine kleine Auswahl davon, die sich mit dem Lehrmittel „Hinschauen und Nachfragen" beschäftigt hat, findet sich unter www.hinschauenundnachfragen.ch in der Rubrik „Forum/Medienberichte" (aufgerufen am 15.5.2008).

vom Geschichtsunterricht Einsicht in den Konstruktcharakter von Geschichte (Bonhage/Gautschi/Hodel/Spuhler 2006, S. 5).

Die Inhalts- und die Zielfrage führen immer wieder zur *Legitimationsfrage*. Auch diese Frage, wozu Geschichtsunterricht überhaupt tauge, ist nicht neu. Annette Kuhn zu Beispiel stellt die Frage 1976 gleich im Titel ihrer Publikation (Kuhn 1976). Die Legitimationsfrage bekommt derzeit durch die Diskussion um den Nutzen der Volksschulbildung und den damit entbrannten Verteilungskampf um die zeitlichen Anteile der Schulfächer wieder neue Aktualität und wird in der Deutschschweiz durch die Absicht der Erziehungsdirektorinnen und -direktoren, für die Volksschule einen neuen gemeinsamen Lehrplan zu erarbeiten und einzuführen, zusätzlich angeheizt[10].

Während die Legitimationsfrage eine Frage ist, die vor allem Schulpolitik und Wissenschaft beschäftigt, steht bei Lehrpersonen in der Praxis die *Methodenfrage* im Vordergrund: Wer Geschichte lehrt, muss Lernsituationen inszenieren und Lernwege strukturieren, welche die Schülerinnen und Schüler in Lerntätigkeiten verwickeln. Für den Geschichtsunterricht gibt es eine Reihe von erprobten und erfolgreichen Methoden (Gautschi 2005b). Sie unterscheiden sich hinsichtlich ihres typischen Ablaufs, ihrer angestrebten Ziele, der Berücksichtigung bestimmter didaktischer Prinzipien und des Ausmasses an Fach- und Schülerorientierung. Geschichtsunterricht kann für alle Lernenden gleich oder binnendifferenziert und auf diese Weise für die einzelnen Lernenden unterschiedlich verlaufen. Geschichtsunterricht kann geprägt sein durch die Instruktion der Lehrperson oder durch Rekonstruktionen der Lernenden. Gerade weil Geschichtsunterricht so vielfältig verlaufen kann, stellt sich die Frage: Was ist guter Geschichtsunterricht?

1.1.2 Die Qualitätsfrage

Die *Qualitätsfrage* steht im Zentrum der vorliegenden Arbeit: Auch dieser Diskurs ist nicht neu, wenngleich er bisher vor allem fachunspezifisch geführt wurde. Bereits vor über 20 Jahren beschäftigten sich eine Reihe von Forscherinnen und Forscher im angelsächsischen Raum mit der Qualitätsfrage (Fraser/Walberg/Welch/Hattie u. a. 1987). Seit der empirischen Wende im deutschsprachigen Bildungssystem, ausgelöst durch die grossen Vergleichsstudien wie TIMSS und PISA, hat dieser Diskurs auch hier an Bedeutung gewonnen. Lange stand die Suche nach allgemeinen Qualitätsmerkmalen im Zentrum der Bemühungen. Erst neuerdings geht der Trend zu einer fach- und inhaltsspezifischen Betrachtung von Unterrichtsqualität.

Zur Beantwortung der Qualitätsfrage liegen eine Reihe pädagogisch-didaktischer Theorien und Unterrichtskonzeptionen sowie verschiedene For-

---

10 Nähere Angaben zum Projekt finden sich unter http://www.lehrplan.ch/ (aufgerufen am 15.5.2008).

schungsarbeiten vor. Die Forschungsarbeiten zur Unterrichtsqualität folgen zwei *Forschungsansätzen*. Der eine ist mit dem Begriff „Lehr-Lernforschung", der andere mit dem Begriff „Klimaforschung" zu charakterisieren (Clausen 2002, S. 25). Unter „Lehr-Lernforschung" werden Arbeiten subsumiert, die sich mit dem Klassenmanagement, mit Unterrichtsstrategien, mit dem Lehrstil oder der Lehrereffektivität befassen. Zur „Klimaforschung" gehören Arbeiten zu Unterrichtsklima, Lernumwelt oder zu den Beziehungen unter den Beteiligten.

Die Forschungsarbeiten zur Unterrichtsqualität stützen sich auf verschiedene *Forschungsparadigmen* ab: das Persönlichkeitsparadigma, das Expertenparadigma, das Prozess-Produkt-Paradigma (Neuhaus 2007, S. 243). Mit Persönlichkeitsparadigma wird diejenige Forschungsrichtung bezeichnet, die schwerpunktmässig die Lehrerpersönlichkeit untersucht. Beim Expertenparadigma rücken stärker die Lehrerhandlungen (teachers' behaviors) sowie deren Wissen und Können (teachers' knowledge) und deren Überzeugungen (teachers' beliefs; Wilson 2002, S. 534–537) in den Vordergrund. In solchen Arbeiten werden erfolgreiche Lehrerinnen und Lehrer identifiziert und deren Unterricht analysiert (Schwippert 2001). Das Prozess-Produkt-Paradigma schliesslich bezeichnet Arbeiten, die den Fokus auf die Analyse des Unterrichtsprozesses und dessen Wirkungen bei den Lernenden legen.

Die vorliegende Arbeit lässt sich am ehesten dem *Prozess-Produkt-Paradigma* zuordnen. Sie geht von einem Angebots-Nutzungs-Modell aus und fokussiert die Unterrichtsprozesse. Im Unterschied zu vielen anderen Arbeiten wird die Qualität jedoch nicht vom Produkt her definiert, sondern es wird der Versuch unternommen, die Qualität im Unterrichtsprozess selber zu identifizieren, zu beschreiben und darauf aufbauend den Unterrichtsprozess zu analysieren. Nicht eine externe Referenz wie beispielsweise der Outcome ist die Validierungsinstanz für guten Geschichtsunterricht; in der vorliegenden Arbeit wird die Qualität mittels „*face validity*"[11] bestimmt.

Für dieses Vorgehen gibt es empirische und methodische Gründe. Borries hat festgestellt, dass das kognitive Ergebnis des Geschichtsunterrichts „weit bescheidener" ist, als viele glauben (Borries 1995a, S. 401). Mit anderen Worten: Es ist methodisch höchst anspruchsvoll, bei Geschichtsunterricht den Zusammenhang zwischen Produkt und Prozess herzustellen. Zudem gibt es keinen Konsens darüber, was im Geschichtsunterricht die erwünschten Produkte sind. Und schliesslich kann zwar historisches Wissen zuverlässig geprüft werden, aber

---

11 „Face validity" (augenscheinliche Validität) meint eine „offensichtliche" Gültigkeit eines Verfahrens, die unmittelbar evident ist. „Face validity" beruht gemäss dem „Internet-Lexikon der Methoden der empirischen Sozialforschung" auf der Kenntnis von Experten über den betreffenden Gegenstand (http://www.lrz-muenchen.de – aufgerufen am 1.11.2008). „Face validity" wird in der vorliegenden Arbeit mittels Triangulation erreicht (vgl. dazu Abschnitt 3.3.5).

schon die Erhebung des Verständnisses und erst recht der Kompetenzen oder Einstellungen erfordert höchst komplexe Messverfahren und interdisziplinäre Forschungszusammenarbeit. Dies ist im Rahmen der vorliegenden Arbeit nicht zu leisten. Deshalb werden Forschungsfragen formuliert, die den eigentlichen Unterrichtsprozess in den Blick nehmen.

1.2 Fragestellungen der Arbeit

Die vorliegende Arbeit liefert einen Beitrag zur Qualitätsdiskussion über Geschichtsunterricht und nimmt in erster Linie den Unterrichtsprozess in den Blick. Dies geschieht mit der Bearbeitung und Beantwortung ausgewählter *Forschungsfragen*, die im ersten Abschnitt 1.2.1 vorgestellt werden. Bereits bei der einleitenden Darlegung der Qualitätsfrage im Geschichtsunterricht im vorherigen Abschnitt sind erhebliche *methodische Probleme* für die empirische Erforschung der Unterrichtsqualität sichtbar geworden. Diese werden in Abschnitt 1.2.2 thematisiert und in Kapitel 3 „Vorgehen" verdeutlicht. Zum Schluss dieses Unterkapitels werden die Bedeutung und das *Innovationspotenzial* der vorliegenden Arbeit vorgestellt. Dieser Abschnitt hat legitimatorischen Charakter und begründet Themenwahl und Fokussierung der vorliegenden Arbeit.

1.2.1 Forschungsfragen

Was ist guter Geschichtsunterricht? Die Ziele der vorliegenden Arbeit sind die Identifikation, die Deskription und die Analyse von gutem Geschichtsunterricht. Zum Erreichen dieser Ziele baut die vorliegende Arbeit auf der Studie „Geschichtsunterricht heute" (Gautschi/Moser/Reusser/Wiher 2007) auf und nutzt aus dem Forschungsmaterial des Projekts „Geschichte und Politik im Unterricht"[12] *drei Datenquellen*: erstens die videografierten Geschichtslektionen, zweitens die Urteile der Lernenden und drittens die Urteile der Lehrenden zu diesen videografierten Geschichtslektionen. Zusätzlich dazu wird eine *vierte Datenquelle* erschlossen: die Urteile von externen Expertinnen und Experten zu den videografierten Geschichtslektionen.

Damit lassen sich folgende *Forschungsfragen* beantworten, die in Kapitel 2 „Grundlagen: Qualitätsdiskussionen über Geschichtsunterricht" hergeleitet und begründet werden:

---

12 Das Projekt „Geschichte und Politik im Unterricht" war eine mehrjährige Forschungskooperation der Pädagogischen Hochschulen Aargau/Nordwestschweiz, Bern, Zürich und des Lehrstuhls Pädagogische Psychologie und Didaktik des Pädagogischen Instituts der Universität Zürich. Es wurde im Jahr 2000 entwickelt, in den Pädagogischen Hochschulen der beteiligten Kantone zur Förderung beantragt und dort bewilligt. Abgeschlossen wurde die Zusammenarbeit 2007 mit der Publikation „Geschichtsunterricht heute. Eine empirische Analyse ausgewählter Aspekte" (Gautschi/Moser/Reusser/Wiher 2007).

1. Gibt es im Unterrichtsalltag Geschichtslektionen, die in der Wahrnehmung sowohl von Lehrenden als auch von Lernenden sowie von externen Expertinnen und Experten als „gut" beurteilt werden?
2. Welche Dimensionen und Kriterien werden bei der Beurteilung und Charakterisierung von „guten" Geschichtslektionen von Lehrenden, Lernenden sowie von Expertinnen, Experten berücksichtigt?
3. Unterscheiden sich die von den verschiedenen Bezugsgruppen als „gut" beurteilten Geschichtslektionen hinsichtlich Unterrichtsform und Lernmaterialien von andern Geschichtslektionen?
4. Welche Merkmale und Schlüsselfaktoren kennzeichnen die als „gut" identifizierten Geschichtslektionen?

1.2.2 Probleme der empirischen Erforschung von Unterrichtsqualität

Die vier Fragen zielen auf empirische Erforschung der Qualität von Geschichtsunterricht. Diese Forschungsrichtung begegnet einer Reihe von *Problemen*. Helmke/Schneider/Weinert (1986) haben drei kritische Punkte genannt: Erstens gibt es keinen Konsens darüber, was repräsentative Konstrukte für die Unterrichtsqualität sind. Zweitens ist noch ungeklärt, welche Zusammenhänge genau zwischen den einzelnen Konstrukten bestehen. Es existieren zwar verschiedene Strukturierungen, die anhand von Metaanalysen, Expertenbefragungen und Inhaltsanalysen der Forschungsliteratur entwickelt und in Rahmenmodellen verdichtet wurden[13], und es gibt eine Reihe von Hypothesen sowie Resultate einzelner Arbeiten. Aber gesicherte Aussagen für den Geschichtsunterricht liegen nicht vor. Drittens existiert kein erprobtes Messinstrument. Zudem gibt es Anhaltspunkte dafür, dass ein perspektivenübergreifendes Messmodell, das die Unterrichtsqualität unabhängig von der Beurteilerperspektive ermitteln kann, gar nicht existiert (Clausen 2002, S. 185).

Ein gängiger Umgang mit diesen gravierenden Problemen der empirischen Erforschung von Unterrichtsqualität ist es, sich nicht auf eine einzige Datenquelle zu beschränken, sondern *verschiedene Datenquellen* heranzuziehen und zu einem Gesamtwert zu verrechnen (Helmke 1992) oder mittels Triangulation zu einem Gesamtbild zusammenzufügen. Dieses in dieser Arbeit gewählte Vorgehen trägt dem Umstand Rechnung, dass sich guter Geschichtsunterricht ausschliesslich vermittelt erfassen lässt, beispielsweise über die Urteile von Lernenden, Lehrenden und externen Expertinnen und Experten (Clausen 2002, S. 13).

---

13 Vgl. vor allem Wang/Haertel/Walberg 1993, Einsiedler 1997, Fend 1998 und 2002, Reusser/Pauli 1999, Brophy 2000, Clausen 2002 oder Helmke 2004.

1.2.3 Bedeutung und Innovationspotenzial der vorliegenden Arbeit

Die Bedeutung der vorliegenden Arbeit lässt sich in vier Punkten bündeln: Beitrag zu einer Geschichtsdidaktik im engeren Sinn; Akzentuierung auf real stattfindenden Unterricht; Fokussierung auf das Gute; neues Wissen über Geschichtsunterricht.

Geschichtsdidaktik hat in den letzten Jahren zusätzlich zu den traditionellen Bindungen an die Unterrichtspraxis, die Bildungswissenschaften und die Geschichtswissenschaft neue Verknüpfungen zur Psychologie, zur Philosophie und zur Soziologie aufgebaut. Sie hat ihr Betätigungsfeld vergrössert (Barricelli 2005, S. 5) und „Geschichtsbewusstsein" sowie „Geschichtskultur" in den Blick genommen. Durchaus im Einklang mit der Geschichtswissenschaft, die „als historische Kulturwissenschaft verstanden wird, deren Merkmal es ist, dass sie ihre Gegenstandsbereiche beständig neu konstruieren bzw. erfinden kann" (Barricelli 2005, S. 5), veränderte sich die Geschichtsdidaktik zur Kulturwissenschaft. Dabei rutschte der Geschichtsunterricht als Forschungsgegenstand aus dem Zentrum des Interesses heraus[14]. Die vorliegende Arbeit will dieser Entwicklung begegnen und dem *Geschichtsunterricht* als wichtiges Forschungsfeld der Geschichtsdidaktik wieder zu mehr Aufmerksamkeit verhelfen.

Eine Konzentration auf den real stattfindenden Unterricht wird in den letzten Jahren zunehmend als Schlüssel für die schulische Qualitätspflege angesehen (Ditton 2000). Dadurch, dass die vorliegende Arbeit von der konkreten alltäglichen Praxis ausgeht und zu ihr zurückführt, trägt sie diesem Umstand Rechnung. Sie ist damit auch bewusst in eine Schweizer Tradition gestellt, wie sie etwa Hans Aebli begründete (Aebli 1989). Mit der Anknüpfung an die Studie „Geschichtsunterricht heute" (Gautschi/Moser/Reusser/Wiher 2007) wird zudem der Faden der *videobasierten Unterrichtsforschung* im Fach Geschichte aufgenommen und weiter etabliert. Auf diese Weise wird die forschungsmethodische Zugangsweise, mit der alltäglicher und konkreter Geschichtsunterricht untersucht werden kann, weiter entwickelt. Dies eröffnet neue Perspektiven zur Erforschung des Geschichtsunterrichts und neue Möglichkeiten für die geschichtsdidaktische Lehre (Reusser/Waldis/Gautschi 2007).

Eine weitere Bedeutung der vorliegenden Arbeit liegt darin, dass weder Defizitäres oder Ungenügendes noch Ausgezeichnetes und Exzellentes, sondern Gutes und Gelungenes gesucht, beschrieben und analysiert wird. In den Blick genommen werden „*Good-Practice*"-Situationen und nicht das, was in der

---

14 Vgl. dazu auch den Beitrag „Geschichtsunterricht erforschen – eine aktuelle Notwendigkeit" (Gautschi 2007a): Darin wird dargelegt, wie sich der Schwerpunkt der deutschsprachigen empirischen Geschichtsdidaktik von der Phänomenforschung zur Forschung zu historischem Denken und Lernen verschoben hat.

Schule und im Unterricht misslingt[15]. Dadurch wird ein Beitrag geleistet zur gegenseitigen Verständigung von Forschung und Praxis, die durch Grossprojekte wie TIMMS oder PISA erschwert wurde. Die vorliegende Arbeit orientiert sich auch ausdrücklich nicht an den Best-Practice-Studien, da diese Arbeiten gemäss Aussagen von Lehrerinnen und Lehrer eher entmutigen und ihnen das Gefühl geben, das Ausgezeichnete und Exzellente selber nicht erreichen zu können. Mit den Beschreibungen von alltäglichen „guten" Geschichtslektionen werden vielmehr Orientierungsmöglichkeiten für Lehrpersonen angeboten, die Diskussionen initiieren und professionelles Lernen durch Anschauung anregen können.

Schliesslich soll mit der vorliegenden Arbeit neues, fachdidaktisch relevantes *Wissen über gelingenden Geschichtsunterricht* auf der Sekundarstufe I zur Verfügung gestellt werden. Dies ist für die Schweiz besonders bedeutsam. Weil diese sich an der internationalen Studie „Youth and History" (Angvik/Borries 1997a) nicht beteiligt hatte, fehlten bis vor kurzem verlässliche Vergleichsdaten zur Realität und Qualität dieses schulischen Lernbereichs in der Schweiz. Mit der Studie „Geschichtsunterricht heute" wurden und mit der vorliegenden Arbeit werden eine Reihe von Daten erhoben, die genauere Aussagen zum heutigen Geschichtsunterricht in der Schweiz erlauben. Diese Aussagen sind umso wertvoller, weil sie auch aus konkretem und beobachtetem Unterricht gewonnen sind und nicht ausschliesslich auf subjektiven Einschätzungen von Lehrenden und Lernenden gründen.

Die Bedeutung der vorliegenden Arbeit liegt also insgesamt darin, sowohl Grundlagen für die Qualitätsentwicklung des Geschichtsunterrichts bereitzustellen als auch Akzente für die Weiterentwicklung der Geschichtsdidaktik zu setzen. In beiden Bereichen bringt die Arbeit wesentliche Innovationen: Für die deutschsprachige *Geschichtsdidaktik* wird ein neuer Forschungsansatz – Videografierung von alltäglichem Unterricht und Triangulation verschiedener Urteile aus mehreren Perspektiven – umgesetzt. Auf diese Weise werden ebenfalls erstmals gelungene Praxisfälle aus dem Geschichtsunterricht empirisch identifiziert, beschrieben und analysiert. Damit wird ein in der Jurisprudenz oder Medizin gebräuchliches Verfahren[16] in die Geschichtsdidaktik transferiert und erprobt. Für den *Geschichtsunterricht* werden erstmals im deutschsprachigen Raum theoretisch basierte und empirisch abgestützte praktische Hinweise für „guten Geschichtsunterricht" bereitgestellt. Zudem können sowohl der theoretische

---

15 Vergleiche zur Fokussierung der Arbeit auf das „Gute" auch die Begründungen im Vorwort des Autors.
16 Speziell in der Chirurgie kommt es bei der Vorstellung neuer oder bewährter operativer Verfahren darauf an, den Ablauf der Operation abzubilden. Dieser lässt sich durch den Einsatz von Videos besser zeigen als durch die Verwendung statischer Bilder. In speziellen Videosymposien werden wesentliche operative Schritte als Videosequenzen vorgeführt. Vgl. z. B. http://www.egms.de/en/meetings/gmds2005/05gmds412.shtml (aufgerufen am 4.9.2008).

Rahmen (vgl. Kapitel 2) als auch die Instrumente für die empirische Untersuchung (vgl. Kapitel 3) die Lehrerinnen und Lehrer in ihrem Bestreben unterstützen, besser zu verstehen, was Geschichtsunterricht ist, wie er bei ihnen abläuft und wie sie ihn verbessern können.

1.3 Gliederung und Aufbau der Arbeit

Was ist guter Geschichtsunterricht? Bereits die einleitenden Überlegungen und gestellten Forschungsfragen machen deutlich, wie vielschichtig und komplex das Thema ist. Dies erfordert ein mehrschrittiges Vorgehen und zuerst grundlegende Klärungen und Modellbildungen.

In Kapitel 2 „Grundlagen: Qualitätsdiskussionen über Geschichtsunterricht" wird der *theoretische Rahmen* für „guten Geschichtsunterricht" abgesteckt. Dazu gibt es eine breite Literaturbasis zu gutem Unterricht im Allgemeinen und eine schmale Grundlage zur fachspezifischen Konkretion. Die Strukturierung des theoretischen Rahmens wird zudem dadurch erschwert, dass die Begrifflichkeit in vielen Arbeiten oft unscharf bleibt. Um dieser Gefahr der Unschärfe zu entgehen, ist das erste Kapitel entlang von vier zentralen Fragestellungen gegliedert: Was ist Unterricht? Was ist Geschichtsunterricht? Was ist guter Unterricht? Was ist guter Geschichtsunterricht?

Als Resultat dieses 2. Kapitels liegt ein neues Struktur- und Prozessmodell für „Historisches Lernen" sowie ein Rahmenmodell für Geschichtsunterricht vor. Vor diesem Hintergrund werden einerseits ein Kompetenzmodell für den Geschichtsunterricht und andererseits ein Beobachtungs- und Beurteilungsbogen für Geschichtsunterricht mit 15 Gütekriterien entwickelt.

In Kapitel 3 „Vorgehen: Mehrperspektivische, explorative[17] und deskriptive Querschnittstudie" wird aufgezeigt, auf welche Art und Weise aus einem Datenbestand von 41 videografierten Geschichtslektionen[18] „gute" Geschichtslektionen identifiziert, beschrieben und analysiert werden. Zu diesem Zweck wird ein *Forschungsdesign* entwickelt und umgesetzt, das beim Forschungszugang die Triangulation, bei der Datenerhebung die Videografie kombiniert mit Fragebogen und bei der Datenauswertung die Kodierung und Kategorisierung sowie die Einzelfalldarstellung einsetzt.

---

17 Explorative Studien streben an, dem Forschungsgegenstand möglichst nahe zu kommen, „um zu neuen differenzierten Fragestellungen und Hypothesen zu gelangen" (Mayring 2007, S. 5).

18 In der vorliegenden Arbeit wird „Geschichtslektion" als Begriff für eine zeitlich abgrenzbare Lerneinheit mittlerer Dauer von Geschichtsunterricht verwendet. Von den 41 videografierten Geschichtslektionen dauert die kürzeste rund 37 Minuten, die längste rund 83 Minuten. 21 Lektionen sind durch eine Pause unterbrochen. Sie werden als „Doppelstunden" charakterisiert. Der Teil, der vor der Pause stattfindet, wird als „1. Geschichtsstunde", derjenige nach der Pause als „2. Geschichtsstunde" bezeichnet.

Kapitel 3 zeigt weiter auf, dass es sich bei der vorliegenden Arbeit um *Phänomenforschung* (Gautschi 2007a, S. 32–36) handelt. Es werden der Forschungszugang und das Arbeitsprogramm vorgestellt und erläutert. Die hier vorgenommene Datenerhebung und Datenauswertung sind nur dank der Videografierung möglich: Dadurch können die Lektionen zeitverschoben, in aller Ruhe und mehrfach begutachten werden.

In Kapitel 4 „Exploration: Identifikation von guten Geschichtslektionen" werden mittels *Triangulation* gute Geschichtslektionen identifiziert. Zur Identifikation werden drei Sets herangezogen: die „guten" Geschichtslektionen aus Sicht erstens der Lernenden, zweitens der Lehrenden und drittens der Expertinnen, Experten. Das Set der Lernenden wird mittels Statistik aus Antworten von Schülerinnen, Schülern, die nach der Videografie ihrer Geschichtslektion schriftlich befragt wurden, herausgerechnet. Das Set der Lehrenden wird analog ermittelt. Das Set der Expertinnen, Experten entsteht aus den Urteilen des Autors und denjenigen von Kontroll-Expertinnen/Experten, die die Lektionen anhand der Videografien beobachten und beurteilen, mittels Investigator-Triangulation.

Anschliessend werden die drei Sets mittels Daten-Triangulation abgeglichen, und es werden auf diese Weise Lektionen identifiziert, die sowohl im Urteil der Lernenden als auch der Lehrenden und der Expertinnen und Experten als „gut" gelten.

In Kapitel 5 „Analyse: Beschreibung und Beurteilung ausgewählter Lektionen" werden die in Kapitel 4 als „gut" identifizierten Lektionen ausführlicher beschrieben und beurteilt. Drei der fünf Lektionen – „Die Schweiz im Zweiten Weltkrieg", „Auseinandersetzung mit sechs Freiheitsrechten" und „Erster Weltkrieg: Zahlen, Fakten, Waffen" – weisen eine strukturelle Gemeinsamkeit und eine strukturelle Differenz auf. Gemeinsam ist den drei Lektionen, dass sie im Kanton Aargau und also im gleichen Schulsystem gehalten wurden. Strukturell unterscheiden sich die drei Lektionen aus dem Kanton Aargau dadurch, dass sie an verschiedenen Schultypen stattfanden.

Zur Beschreibung und Beurteilung werden fünf verschiedene Datenquellen herangezogen: Erstens werden schriftliche Rückmeldungen von Lernenden aus dem Fragebogen verwendet, den sie unmittelbar im Anschluss an die videografierte Lektion ausfüllten. Zweitens werden Einschätzungen der Lehrenden aus dem Fragebogen herangezogen, den sie ebenfalls unmittelbar im Anschluss an die Lektion ausfüllten. Drittens werden Beschreibungen und Beurteilungen der fachdidaktischen Expertinnen und Experten zitiert. Diese stammen aus dem Fragebogen, den die Expertinnen und Experten nach der Analyse der videografierten Lektion ausfüllten. Viertens werden die Beschreibungen und Beurteilungen des Autors dieser Studie verwendet, der ebenfalls die Videoaufzeichnungen der Lektionen analysiert hat. Da bei der Videografierung zusätzlich das verwendete Lernmaterial wie zum Beispiel Arbeitsblätter oder Hellraumprojektor-Folien gesammelt wurde, steht dieses als fünfte Datenquelle ebenfalls zur Verfügung. Diese verschiedenen Datenquellen werden miteinander verknüpft und in Anlehnung an die Globalauswertung nach Heiner Legewie (1994) in einem geschlossenen Auswertungstext in Form von *Einzelfalldarstellungen* zusammengefasst.

In Kapitel 6 werden die *Erkenntnisse* dieser Arbeit gebündelt und die untersuchten Forschungsfragen beantwortet.

In Kapitel 7 „Diskussion und Ausblick" werden das methodische Design reflektiert und weitere Forschungsperspektiven aufgezeigt. *Empfehlungen für die Praxis* des Geschichtsunterrichts runden die Arbeit ab.

In Kapitel 8 finden sich zwei *Verzeichnisse*: das Literaturverzeichnis (8.1) und das Verzeichnis der Grafiken, Abbildungen und Tabellen (8.2).

Auch in dieser Arbeit ist die Reichweite der Gültigkeit der Aussagen begrenzt. Die hier gewonnenen Erkenntnisse müssen relativ bleiben, weil die Grösse der Stichprobe keine allgemeinen und generalisierenden Schlüsse zulässt. Dennoch wird das Fundament für Historisches Lernen in der Schule verstärkt, und es werden Pfeiler für „guten Geschichtsunterricht" errichtet, die eine Weiterarbeit ermöglichen.

2. Grundlagen: Qualitätsdiskussionen über Geschichtsunterricht

Die *Frage nach gutem Unterricht* beschäftigt Lehrpersonen, Schulleiterinnen, Schulinspektoren, Allgemeindidaktikerinnen und Fachdidaktiker, Pädagoginnen und Unterrichtsforscher, Schul- und Evaluationsteams. Sie alle haben ihre spezifischen Leitbilder oder stützen sich auf ausgewählte Forschungsresultate und leiten daraus Kriterien oder Merkmale ab, gemäss derer sie Unterricht beobachten und beurteilen.

Qualitätsdiskussionen über Geschichtsunterricht sind zugleich weit und vage. Es gibt eine breite Literaturbasis zu gutem Unterricht und eine schmale Grundlage zur fachspezifischen Konkretion. Zwar finden sich zahlreiche Ratgeber, Modellversuchsberichte oder normativ orientierte theoretische Werke zu gutem Unterricht im Allgemeinen, aber nur wenige Metaanalysen und kaum Studien oder Übersichtsartikel zu gutem Geschichtsunterricht im Besonderen.

Die Strukturierung des theoretischen Rahmens wird zudem dadurch erschwert, dass die Begrifflichkeit in vielen Studien oft unscharf bleibt. Um dieser Gefahr der Unschärfe in dieser Arbeit zu entgehen, gliedert sich das Kapitel „Grundlagen" entlang zentraler Fragestellungen zum Thema in folgende *Unterkapitel*:
2.1 Was ist Unterricht?
2.2 Was ist Geschichtsunterricht?
2.3 Was ist guter Unterricht?
2.4 Was ist guter Geschichtsunterricht?

Das Ziel des vorliegenden Kapitels ist die *theoriebasierte Festlegung von Gütekriterien für Geschichtsunterricht*[1]. Entlang dieser Gütekriterien wird ein Beurteilungsbogen entwickelt, um konkret stattfindenden und stattgefundenen Unterricht in nützlicher Frist objektiv, gültig, verlässlich und transparent zu

---

1   Eine erste Version von Gütekriterien zu Geschichtsunterricht habe ich 1999 in der Publikation „Geschichte lehren" (Gautschi 1999, S. 171) veröffentlicht. Joachim Rohlfes hat in seiner Rezension der Publikation in der Zeitschrift „Geschichte und Wissenschaft im Unterricht" explizit darauf hingewiesen und Folgendes festgestellt: „Das der (selbst)kritischen Überprüfung des eigenen Unterrichts gewidmete Schlusskapitel ist vielleicht das wertvollste des ganzen Buches: Es nötigt den Lehrer-Leser, über sein pädagogisches Verhalten Klarheit zu gewinnen, und bewahrt ihn damit möglicherweise vor steriler Routine. Das Selbstbeurteilungsblatt am Buchende sollte sich jeder Leser einmal vornehmen" (Rohlfes 2001, S. 457).

beurteilen[2]. Die Gütekriterien dienen zudem als Grundlage zur Entwicklung von „Unterrichtsstandards"[3].

2.1 Was ist Unterricht?

Es ist nicht einfach, eine Definition für das Phänomen „Unterricht" festzulegen. Erstens sind die – erlebten oder beobachteten – Konkretionen des Phänomens „Unterricht" unterschiedlich. Zweitens haben sich auch im Verlaufe der Zeit erhebliche Veränderungen ergeben. Drittens kann Unterricht aus unterschiedlichsten wissenschaftlichen Perspektiven betrachtet werden. Dennoch gibt es Konstanten. Sie werden im Modell *„Didaktisches Dreieck"* dargestellt, das die Allgemeine Pädagogik zur Verfügung stellt. Davon handelt der erste Abschnitt. Im zweiten Abschnitt werden die einzelnen Strukturelemente von Unterricht kurz charakterisiert.

2.1.1 Das didaktische Dreieck als Modell von Unterricht

Zur begrifflichen Bestimmung des Phänomens „Unterricht" bieten sich verschiedene Wege an. Eine gängige Vorgehensweise kann als „induktive Exploration" bezeichnet werden: Dabei werden viele Einzelfälle beobachtet; dann wird eine generalisierende Klassifikation vorgenommen, die zum Begriff von Unterricht führen soll. Diesem Weg haften verschiedene Mängel an, unter anderem, dass, wer sichten, sammeln oder klassifizieren will, bereits ein Vorverständnis haben muss, was er sichten, sammeln oder klassifizieren will. Dieses individuelle Vorverständnis ist für andere nicht immer einsichtig oder nachvollziehbar[4]. Eine andere Vorgehensweise kann als „exemplarische Analyse" bezeichnet werden. Dabei wird der Sachverhalt „Unterricht" anhand ausgewählter Beispiele ermittelt. Klaus Prange zeigt diesen Weg in seiner Publikation „Bauformen des Unterrichts"

---

2   Die wissenschaftliche Überprüfung der Generalisierbarkeit der Gütekriterien und des Beurteilungsbogens ist im Forschungsdesign dieser Arbeit angesichts der Zielsetzungen und des geplanten Vorgehens mittels Triangulation nicht nötig und deshalb nicht vorgesehen. Vergleiche dazu Kapitel 3. Wie dies bei anderen Zielsetzungen zu leisten wäre, wird in Abschnitt 7.4.1 dargelegt.

3   Der Begriff „Unterrichtsstandards" ist im deutschen Sprachraum noch wenig gebräuchlich und meines Wissens erstmals von Meyer/Feindt/Fichten (2007b) verwendet worden. Er fokussiert weg von den Bildungsstandards, die beschreiben, was „hinten" herauskommt, hin zu den Unterrichtsinhalten, -zielen und -prozessen: „Unterrichtsstandards beschreiben Qualitätsstufen realen Unterrichts im definierten Qualitätsbereich. Es geht also nicht um Kompetenzen, sondern um die Qualität der Lernangebote" (Meyer/Feindt/Fichten 2007b, S. 114).

4   Ein schönes Beispiel dazu führt Michel Foucault im Vorwort zu „Die Ordnung der Dinge" an: Er zitiert aus der Publikation „Das Eine und das Viele" von Jorge Luis Borges eine „gewisse chinesische Enzyklopädie", in der es heisst, dass sich die Tiere wie folgt gruppieren:

am Beispiel von Platons „Menon" auf und leitet auf diese Weise das didaktische Dreieck „als Grundmass des Unterrichts" her (Prange 1986, S. 24–35).

Auf dem Weg der „stipulativen Definition" (Prange 1986, S. 23) kommt Peter Menck ebenfalls zum didaktischen Dreieck. Er definiert Unterricht in der Pflichtschule durch folgende sechs *Axiome*:

„1. Das Axiom der Kultur: In jeder Gesellschaft gibt es eine Kultur, die als Ergänzung der Naturausstattung ihrer Mitglieder deren Über- und Zusammenleben ermöglicht.
2. Das Axiom der Tradition: In jeder Gesellschaft gibt es eine Weitergabe der Kultur: die Kultur wird von Wissenden (im weitesten Sinne) an Unwissende tradiert. (…)
3. Das Axiom der Institution: Für die Weitergabe der Kultur in einer Gesellschaft gibt es Institutionen. (…)
4. Das Axiom der Generationen: In jeder Generation gibt es eine ältere Generation derer, die vollgültige Mitglieder derselben sind („Erwachsene"), und eine jüngere Generation der noch nicht Erwachsenen. (…)
5. Das Axiom des Minimums: Die ältere Generation hat die Verpflichtung, ein kulturelles Minimum zu tradieren. (…)
6. Das Axiom der Disziplinen: Die Kultur ist nach Bereichen strukturiert" (Menck 2006, S. 41–47).

Menck fasst die die Axiome zu folgender Realdefinition zusammen: „'Unterricht' in der allgemeinen Pflichtschule (allgemein: einer Schule) ist die Institution in der Gesellschaft, in der Wissen, Können oder Orientierungen der älteren Generation (allgemein: der Wissenden) mit dem Anspruch auf Verbindlichkeit der jüngeren Generation (allgemein: den Unwissenden) weitergegeben werden" (Menck 2006, S. 45). Diese Sachverhalte veranschaulicht Menck mit dem didaktischen Dreieck (Abb. 2.1).

Jürgen Diederich (1988, S. 256) oder Andreas Gruschka (2005, S. 27) haben dargelegt, wie unterschiedliche Darstellungen des didaktischen Dreiecks unterschiedliche Akzente setzen[5]. Für die vorliegende Studie wird wie in der Publikation

---

„a) Tiere, die dem Kaiser gehören, b) einbalsamierte Tiere, c) gezähmte, d) Milchschweine, e) Sirenen, f) Fabeltiere, g) herrenlose Hunde, h) in diese Gruppe gehörige, i) die sich wie Tolle gebärden, k) die mit einem ganz feinen Pinsel aus Kamelhaar gezeichnet sind, l) und so weiter, m) die den Wasserkrug zerbrochen haben, n) die von weitem wie Fliegen aussehen" (Foucault 1974, S. 17).

5 Diederich erläutert zuerst gleichseitige Dreiecke und erklärt zum Beispiel, was es bedeutet, wenn der Gegenstand alleine unten (Beziehung Lernende – Lehrperson im Zentrum) oder alleine oben („wissenschaftsorientierter Unterricht") abgebildet ist. Die Aussage des didaktischen Dreiecks verändert sich ebenfalls, wenn es nicht gleichseitig oder nicht gleichschenklig dargestellt wird. Gruschka erweitert das Dreieck zur Pyramide und unterscheidet Vorder- und Hinterbühne.

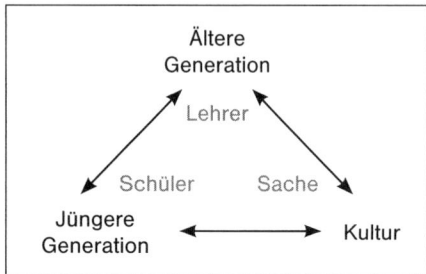

Abbildung 2.1: Didaktisches Dreieck als Modell für schulischen Unterricht (Menck 2006, S. 45)

„Geschichte lehren" (Gautschi 2005b, S. 6) die gleichseitige Darstellungsweise des Dreiecks mit einer einzigen Ecke „Lehrperson" unten und den beiden Ecken „Gegenstand" und „Lernende" oben gewählt. Diese Darstellungsweise macht deutlich, dass die Lehrperson die Begegnung zwischen den Lernenden[6] und den Gegenständen ermöglichen soll. Diese Unterstützung ist nur solange nötig, bis die Lernenden selbstgesteuert, eigenaktiv und selbstständig den Gegenständen begegnen. Das Ziel der Lehrperson ist also auch, den Lernprozess soweit aufzubauen, bis dieser ohne Unterstützung läuft und sie selber überflüssig wird.

Für die Beziehungen zwischen den Eckpunkten des didaktischen Dreiecks sind die Begriffe in Anlehnung an Kurt Reusser verwendet (Reusser 2006, S. 162). Das führt zu folgender Darstellung:

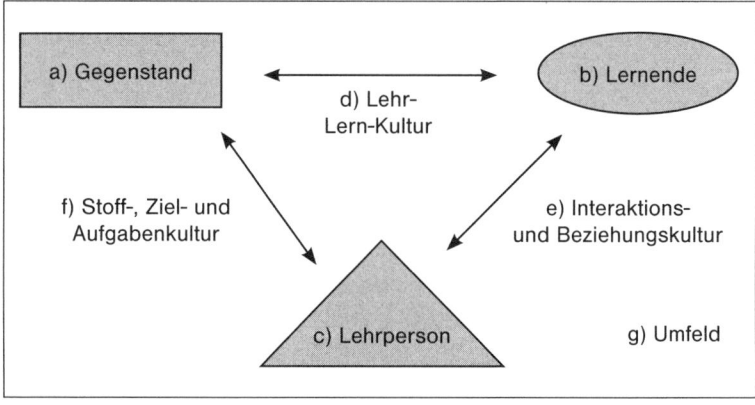

Abbildung 2.2: Didaktisches Dreieck, schematisch und fachunabhängig (Gautschi 2007a, S. 50)

---

6   In der vorliegenden Studie wird für den Dreieck-Eckpunkt „Schülerinnen und Schüler" aus pragmatischen Gründen die Bezeichnung „Lernende" nach Kurt Reusser verwendet, obwohl Peter Menck einwendet, dass der Ersatz von „Schülern" durch „Lernende" „wenn nicht eine modische façon de parler, ein unreflektierter Übergang zu einer nicht erziehungswissenschaftlichen Weise der Betrachtung des Unterrichts" (Menck 2006, S. 69) sei.

Kritisiert wird am didaktischen Dreieck unter anderem, es sei als Modell zu einfach und blende die soziale Dimension von Unterricht aus (z.B. Herzog 2002, S. 393), oder es sei als Darstellung für den Unterricht zu statisch, zu wenig systemisch und bilde die charakteristischen Prozesse nicht ab. Diese Kritik ist richtig. Das didaktische Dreieck bildet nicht Unterricht ab, sondern ausschliesslich die *Strukturelemente* von Unterricht. Aus diesem Grund ist Abschnitt 2.1.2 entlang dieser Strukturelemente aufgebaut.

2.1.2 Strukturelemente von Unterricht

Unabdingbare Voraussetzung für schulischen Unterricht ist die „didaktische Differenz". Sie scheint in den Axiomen 2, 4 und 5 von Menck (siehe Abschnitt 2.1.2) auf und meint den Unterschied zwischen Lehrpersonen und Lernenden in einem ausgewählten Bereich des Wissens oder Könnens, den es mit Unterricht zu verkleinern gilt. Aus diesem Grund ist es zur Beschreibung und Analyse von Unterricht nötig, den Gegenstand des Unterrichts zu charakterisieren. Zur Verkleinerung der „didaktischen Differenz", zur Weitergabe der Kultur, stellt die Gesellschaft unter anderem Zeit zur Verfügung, die es zu nutzen gilt. Unterricht verläuft in der Zeit, hat einen Anfang und ein Ende. Deshalb macht es Sinn, bei der Planung, Beschreibung oder Reflexion konkreten Unterrichts die verschiedenen Strukturelemente von Unterricht entlang des zeitlichen Ablaufs zu berücksichtigen. Auf diese Weise kommt Unterricht als Prozess in den Blick. Wenn im Folgenden die Strukturelemente dennoch eines nach dem andern entlang des didaktischen Dreiecks charakterisiert werden, dann geschieht dies, um ein *Vokabular zur Beschreibung von Unterricht* einzuführen, mit dem in dieser Arbeit unterschiedliche Erscheinungsformen von Unterricht beschrieben und verglichen werden können.

a) Gegenstand

Im Unterricht geht es gemäss der oben vorgestellten Axiome von Menck um „Kultur". Unterricht kann nie das „Ganze" vermitteln. Es braucht eine Auswahl. Dies geschieht durch Strukturierung des Ganzen und durch anschliessende Reduktion. Das durch Ordnung, Reihenfolge und Auswahl gewonnene Einzelne soll „exemplarisch" für das Ganze stehen. Dieser Prozess der Lehrplanarbeit, den Hopmann/Künzli (1998) mit dem *Aarauer Lehrplannormal* dargestellt haben, folgt nicht ausschliesslich einer didaktischen Logik. Auch politische und praktische Argumente spielen in diesem Prozess eine entscheidende Rolle. Die Strukturierung und Reduktion der Kultur zum Unterrichtsgegenstand passiert im Übrigen auch durch Lehrmittelentwicklung, die ähnlichen Regeln folgt wie die Lehrplanarbeit[7].

---

7 Vgl. dazu Gautschi 2006a.

Durch diesen Prozess der Strukturierung und Reduktion werden Inhalte und Ziele festgelegt. Ein „*Inhalt*" ist ein Ausschnitt aus Kultur bzw. eine Rekonstruktion von Kultur. Dieser Inhalt lässt sich unter verschiedensten Perspektiven, Gesichtspunkten und mit unterschiedlichen Zielen betrachten, befragen oder problematisieren. Der gewählte Zugang zu einem definierten Inhalt heisst „*Thema*". Dieses Thema muss in den Unterricht hereingeholt und materialisiert werden. Die Materialisierung heisst „*Gegenstand*" und gibt der einen Ecke im Didaktischen Dreieck ihren Namen. Der Gegenstand ist eine symbolische Repräsentation eines Themas, das einen Ausschnitt aus der „Kultur" zum Inhalt hat. Dieser Gegenstand wird im Unterricht bearbeitet.

b) Lernende

In der Realdefinition von Menck (siehe Abschnitt 2.1.1) ist festgehalten, dass Unterricht institutionell geschieht. Damit sind die Rollen und Positionen der Beteiligten festgelegt. Schülerinnen und Schüler sollen lernen. Dieser Umstand gibt einer weiteren Ecke des Didaktischen Dreiecks den Namen. Sie wird mit „Lernende" bezeichnet.

Zur Charakterisierung von Unterricht ist es deshalb notwendig, die *Lernenden* in den Blick zu bekommen. Zum einen interessiert, was sie tun und wie sie arbeiten: Wie begegnen sie dem Gegenstand? Wie äussern sie sich dazu? Wie kommunizieren sie mit den Mitlernenden und mit der Lehrperson? Wie nutzen sie die Zeit? Was machen sie genau? Der unmittelbaren Anschauung ist das Denken der Lernenden entzogen. Es wird gelegentlich in Äusserungen nachvollziehbar. Diese Äusserungen, seien sie sprachlicher oder gestalterischer Art, sind deshalb eine wichtige Datengrundlage zur Beobachtung und Beschreibung von Unterricht.

c) Lehrperson

Lehrpersonen sind laut den Axiomen von Menck Vertreterinnen der älteren Generation einer Gesellschaft, die zur Aufgabe hat, der jüngeren Generation „Wissen, Können oder Orientierungen" weiterzugeben. Sie haben gemäss dem didaktischen Dreieck *drei Einflussrichtungen*: Sie pflegen mit den Lernenden die Interaktions- und Beziehungskultur und sorgen für ein lernförderliches Klima. Sie unterstützen die Lehr-Lernkultur und ermöglichen die Begegnung der Lernenden mit den Gegenständen. Sie gestalten die Stoff-, Ziel- und Aufgabenkultur und sorgen dafür, dass Unterricht sich mit gesellschaftlich und individuell Bedeutsamem beschäftigt. Je nachdem, welche der drei Handlungsrichtungen dominant erscheint, sind Lehrpersonen eher Vermittlerinnen, eher Managerinnen oder eher Coaches[8].

---

8   Ausführliche Darstellung der drei Rollen in Gautschi 2000b, S. 21.

Die Rollen von Lernenden und Lehrenden im Unterricht sind komplementär. Das Eine spiegelt sich im Andern. Das Eine macht nur mit Blick auf das Andere Sinn und erschliesst sich erst im Vergleich dazu. Dennoch kann sowohl von der Lehrperson als auch von den Lernenden her Unterricht als Ganzes erschlossen werden. Beide Eckpunkte des Didaktischen Dreiecks sind Türöffner zum Phänomen „Unterricht"[9].

d) Lehr-Lernkultur

Die Lehr-Lernkultur ist Ausdruck der Beziehung von Lernenden zum Gegenstand. Es gibt verschiedene Aspekte, die diese Lehr-Lernkultur prägen. Zu nennen sind vor allem die *Medien und Methoden*, hier verstanden als komplexe Muster für die Organisation des Unterrichts.

Zur Charakterisierung von Unterricht ist es deshalb notwendig, die Bezogenheit der Gegenstände auf die Situation der Lernenden sowie den Methoden- und Medieneinsatz in den Blick zu bekommen. Weil eine Hauptaufgabe der Unterrichtsorganisation darin besteht, die zu behandelnden Gegenstände und die darauf bezogenen Handlungen in ein zeitliches Nacheinander zu bringen, gilt diesem Aspekt ein Hauptaugenmerk: Wie ist das Geschehen strukturiert? Wie werden die Lernenden gegenstandsbezogen aktiviert, wie nutzen sie die Zeit? Wie beginnt Unterricht, und wie endet er?

e) Interaktions- und Beziehungskultur

Unterricht kann aus verschiedensten Perspektiven betrachtet werden. Eine Möglichkeit ist, Unterricht als eine besondere Form von *Kommunikation* zu lesen und zu interpretieren. Dies ist plausibel, kommunizieren im Unterricht doch mehrere Lernende auf unterschiedlichste Art und Weise untereinander und mit der Lehrperson. Die Interaktions- und Beziehungskultur manifestiert sich im Unterricht im Sozialklima, in der Gesprächsqualität, in der Art und Weise der Kooperation aller Beteiligten oder im Umgang mit Störungen oder Fehlern.

f) Stoff-, Ziel- und Aufgabenkultur

Ein ansehnlicher Teil der Stoff-, Ziel- und Aufgabenkultur von konkretem Unterricht ist in der Regel bereits vor Unterrichtsbeginn festgelegt und häufig durch Lehrplan und Lehrmittel vorbestimmt. Die Stoff-, Ziel- und Aufgabenkultur manifestiert sich in der Auswahl und dem Aufbau des Lerngegenstandes, in den angestrebten Zielen und im beabsichtigten Bildungssinn und -gehalt, auch in den gewählten Medien. Gelegentlich wird sie am Unterrichtsanfang durch Lehrpersonen oder Lernende explizit angesprochen. Besonders manifest wird sie bei den konkreten *Aufgabenstellungen*.

---

9 Das ist mit ein Grund, wieso es bei der Videografierung von Unterricht Sinn macht, mit einer Kamera die ganze Zeit die Lehrperson aufzunehmen. Vgl. dazu Abschnitt 3.4.1.

g) Umfeld

Dass das Umfeld Unterricht prägt, ist evident und kommt bereits in der Darstellung des Didaktischen Dreiecks von Menck zum Ausdruck. Lehrpersonen und Lernende werden direkt und indirekt durch die Gesellschaft geprägt, die Gegenstände sind Spiegel der Kultur. Zudem findet Unterricht an einem ausgewählten Ort mit bestimmten Licht- und Luftverhältnissen und zu einem bestimmten Zeitpunkt, der das Geschehen fördern oder hemmen kann, statt.

2.2 Was ist Geschichtsunterricht?

In seinem 6. Axiom der Disziplinen hat Menck formuliert, dass die Kultur nach Bereichen strukturiert sei. Diese Strukturierung verändert sich im Laufe der Zeit. Dies kann an den Disziplinen der Universität oder den Fachbezeichnungen im Schulunterricht verfolgt werden. Im ersten Abschnitt wird die Frage, was Geschichtsunterricht ist, mit Blick auf die Schulorganisation beantwortet. Im zweiten Abschnitt rückt der Lehrplan als Mittel zur Definition ins Zentrum. In den beiden Abschnitten drei und vier wird dargelegt, was in dieser Arbeit unter *„Historischem Lernen"* verstanden und von welchem *Kompetenzmodell* für Geschichtsunterricht ausgegangen wird. Im letzten Abschnitt schliesslich werden die oben eingeführten Strukturelemente (vgl. 2.1.2) mit Blick auf Geschichtsunterricht thematisiert, um das allgemeine Vokabular zur Beschreibung von Unterricht fachspezifisch auszudifferenzieren.

2.2.1 Schulorganisatorisches Zeitgefäss

Eine erste pragmatische Antwort auf die Frage, was Geschichtsunterricht sei, lautet: „Geschichtsunterricht ist in der Regel ein staatlich eingerichtetes Unterrichtsfach an allgemeinbildenden Schulen, in dem Kinder und Jugendliche Geschichte lernen sollen und in dem – so der sich durchsetzende Begriff – ‹Historisches Lernen› stattfinden soll, das über Geschichtsbewusstsein den Lernenden Orientierung und Identität im zeitlichen Wandel verbürgt" (Bergmann 1998, S. 109). Geschichtsunterricht wäre demnach, was an den Schulen in speziell vorgesehenen Zeitgefässen passiert, die im Stundenplan mit „Geschichte" bezeichnet sind.

Dies begann je nach Gegend zu unterschiedlichen Zeitpunkten und aus unterschiedlichen Gründen[10]. Obwohl Geschichte bereits im 17. Jahrhundert in Deutschland in Erziehungseinrichtungen des Adels und in höheren Schulen fest im Lehrangebot verankert war[11] und obwohl eine Reihe von Reformatoren

---

10 Für die Geschichte des Geschichtsunterrichts in Deutschland vgl. Mayer 1979, 1986 und Bergmann/Schneider 1982, für Amerika z. B. Drake/Nelson 2005 (Kapitel 2), für Frankreich z. B. Garcia/Leduc 2003.
11 Vgl. dazu Rohlfes 1982, S. 26.

und Humanisten die Vermittlung von Geschichte an die jüngere Generation propagierten, musste sich Geschichte „mit dem Status einer Hilfsdisziplin begnügen und hatte vornehmlich zwei Zubringerdienste zu erfüllen: sie musste Hintergrundswissen für das Verständnis der klassischen Autoren liefern, und sie musste anschauliche Beispiele für moralische und theologische Leitsätze bereitstellen" (Rohlfes 1982, S. 34). Als *ordentliches Schulfach* war Geschichte in Deutschland erst zu Beginn des 18. Jahrhunderts in protestantischen höheren Schulen anerkannt. Und je nach Entwicklung des Volksschulwesens in den verschiedenen Ländern wurde Geschichte erst im frühen oder späten 19. oder im 20. Jahrhundert Pflichtfach[12].

Dieser Status allerdings war im 20. Jahrhundert und ist heute umstritten. Die Art und Weise der *Aufgliederung des Weltwissens in Schulfächer* ist ein immer wieder neu diskutiertes Problem. Je nach Lösung bleibt Geschichte ein eigenes Schulfach, oder es verschwindet aus der Stundentafel. Einen grossen Einfluss auf die Debatte zur Gliederung der Schulfächer hatten die Humboldtschen Dimensionen der bildenden Weltaneignung und Selbsterfahrung. Auch Herrmann (2007) bezieht sich darauf und identifiziert Geschichte als eines von 11 Wissensgebieten (vgl. Tabelle 2.1).

Tabelle 2.1 zeigt den Zusammenhang von Wissengebieten, Wissenschaften, Schulfächern mit Handlungsmodi als didaktische Prinzipien sowie mit zugeordneten Wegen zur Weltaneignung und Selbstbildung. Eckhard Klieme u.a. begründen die Notwendigkeit dieser Übereinstimmung wie folgt: „Unterrichtsfächer sind aus gutem Grund das Gerüst, das traditionell die Struktur der Lehr- und Lernaktivitäten in den Schulen bestimmt. Unterrichtsfächer korrespondieren mit wissenschaftlichen Disziplinen, die bestimmte Weltsichten (eine historische, literarisch-kulturelle, naturwissenschaftliche usw.) ausarbeiten und dabei bestimmte ‹Codes› einführen (z. B. mathematische Modelle, hermeneutische Textinterpretationen). Die Abgrenzung einzelner Fächer innerhalb der übergreifenden Lernbereiche – beispielsweise die Differenzierung oder Integration der naturwissenschaftlichen Fächer oder das Verhältnis zwischen Politik, Geschichte und Geographie – ist immer wieder diskutiert worden und wird in den Ländern unterschiedlich behandelt, aber im Prinzip muss sich die Schule an der Systematik dieser Weltsichten orientieren, wenn sie anschlussfähig sein will an kulturelle Traditionen und an die Diskurse anderer Lebensbereiche" (Klieme/Avenarius/Blum u.a. 2003, S. 25).

Auch Hans-Jürgen Pandel (2001) plädiert aus wissenschaftstheoretischen, wissenschaftshistorischen und wissenssoziologischen Gesichtspunkten für ein eigenständiges Schulfach „Geschichte" und hält fest: „Fachübergreifende Konzepte, die Fächer als Denkweisen aufheben, bedeuten einen radikalen Erkenntnisverlust und sind dem gegenwärtigen Stand der technisch-wissenschaftlichen Zivilisation nicht angemessen" (Pandel 2001, S. 6).

---

12 Für Deutschland vgl. Mayer 1979 und Schneider 1982.

Tabelle 2.1: Wissengebiete, Wissenschaften, Schulfächer mit Handlungsmodi sowie zugeordnete Wege zur Weltaneignung und Selbstbildung (Herrmann 2007, S. 175)

Wissensgebiete, Wissenschaften, Schulfächer	Handlungsmodi und/als didaktische Prinzipien, z. B.	Wege zur Weltaneignung und Selbstbildung, z. B.
Logik, Mathematik, Informatik	Ableiten, Schlussführen, Kalkulieren	wertneutrale Kritikfähigkeit
Physik, Chemie, Biologie, Physiologie	Experimentieren, exaktes Messen und Dokumentieren	Daten und Modelle kritisch interpretieren
Rechts-, Staats- und Gesellschaftslehre, Politik	Argumentieren, Kontrollieren	Konflikte gewaltfrei regeln, Selbstbestimmung und Menschenrechte bejahen
Wirtschaftswissenschaft, Ökonomie, Betriebslehre	Organisieren, Optimieren, Rationalisieren	Zugangs- und Verteilungsgerechtigkeit reflektieren
Pädagogik, Psychologie, Anthropologie	Reflektieren, Wahrnehmen	kritische Selbstwahrnehmung und Selbstkontrolle
Medizin, Sport	Training, Selbstkontrolle	gesunde Lebensführung
Sprachlehre, Literaturkunde, Fremdsprachen	Kommunizieren, Interpretieren	herrschaftsfreie Dialoge wertschätzen und fördern
Künste	Formen, Gestalten, Darstellen	Geschmack entwickeln, interkulturelle Neugier und Toleranz
Geschichte	vergangene Gegenwart rekonstruieren	Bewusstsein von Geschichtlichkeit und Vergänglichkeit
Ökologie, Geographie	geo-politische Strukturen analysieren	die bedrohte Schöpfung schützen
Religion, Ethik, Philosophie	Selbstkritik, Sinnsuche	Verantwortung, Toleranz, Mitmenschlichkeit wertschätzen

Die Argumentationen für oder gegen Geschichte als eigenständiges Schulfach wurden und werden indessen ebenso durch schulpolitische und praktische Überlegungen beeinflusst[13]. Sie haben auch dazu beigetragen, dass heute in verschiedenen Schweizer Kantonen und Schultypen kein Schulfach Geschichte mehr existiert. Inhalte und Themen, die sich für Historisches Lernen eignen, werden in Fächern wie „Natur – Mensch – Mitwelt" (Kanton Bern), „Mensch

---

13 In Deutschland zeigt sich dies ab 1972 zum Beispiel an der Diskussion um die hessischen Rahmenrichtlinien Gesellschaftslehre oder ab 1990 um die Richtlinienentwicklung für die fünf neuen Bundesländer. Vgl. dazu etwa Fröhlich (1997).

und Umwelt" (Kanton Zürich), „Realien" (Kanton Aargau, Realschule) oder „Geschichte/Geografie" (Kanton Aargau, Sekundarschule) behandelt. Diese Bezeichnungen sind ein Spiegelbild des Wandels eines Teils der Fachlehrpläne der Volksschule zu mehr „*integrativen*" Lehrplänen. Zwar taucht dort der Begriff „Geschichte" auf, bleibt aber vage. Im Lehrplan für die Volksschule des Kantons Aargau wird die Bedeutung des sogenannten fachspezifischen Themenschwerpunktes Geschichte mit den drei Stichworten „Vergangenheit, Gegenwart, Zukunft" umschrieben. Im erläuternden Text steht: „Das Zeitgefühl und der Zeitbegriff werden entwickelt und erweitert zum geschichtlichen Denken hin" (Erziehungsdepartement Kanton Aargau 2001. Bezirksschule, S. 1).

2.2.2 Lehrplanbasiertes Bildungsanliegen

Eine zweite, lehrplangestützte und damit auch normativ geprägte Antwort wäre demnach: Geschichtsunterricht ist, wenn Schülerinnen und Schüler historisches Wissen erwerben und geschichtlich denken lernen. Damit ist mehr gemeint als das Zur-Kenntnis-Nehmen von Namen, Daten, Orten und Fakten über die Vergangenheit. Die Fähigkeit, chronologische Abläufe zu erfassen, historische Gegebenheiten zu deuten und zu werten, gehören hier ebenso dazu wie die Fähigkeit, gegenwärtige Problemlagen und Diskussionen auf historische Ursachen und Wurzeln zurückzuführen oder mit historischen Situationen zu vergleichen.

Geschichtsunterricht ermöglicht demnach die *Sinnbildung über Zeiterfahrung* (Rüsen 2008a, S. 61) im „– analytisch zu trennenden, wenn auch praktisch sich oftmals überschneidenden – Dreischritt von der *Wahrnehmung* von geschichtlichen Phänomenen über ihre *Deutung* zur *Orientierung* auf Gegenwart und Zukunft" (Borries 1995a, S. 12). Dieser für die geschichtsdidaktische Theorie grundlegende Dreischritt wurde 1970 erstmals von Ernst Weymar ausführlicher beschrieben. Er bezeichnet die Aussagen nach dem ersten Schritt als „Sachverhalt": „In diesen Aussagen wird weder auf Zusammenhänge verwiesen noch eine Wertung ausgesprochen" (Weymar 1970, S. 202). Von Aussagen dieser Art, die gemäss Weymar „nur Sachverhalte feststellen", unterscheidet er „Sachurteile": „In ihnen werden Abhängigkeiten und Zusammenhänge behauptet, aber keine Wertungen ausgesprochen" (Weymar 1970, S. 202). Aussagen nach dem dritten Teilschritt bezeichnet Weymar als „historische Werturteile": „Als historische Werturteile möchte ich alle Aussagen bezeichnen, in denen geschichtliche Personen, Handlungen, Ereignisse, Institutionen oder Ideen an politischen, ethischen oder auch religiösen Idealen und Normen gemessen und nach ihnen beurteilt werden" (Weymar 1970, S. 203).

In heutigen Lehrplänen finden sich für den Geschichtsunterricht nach wie vor viele Erwartungen und Ziele, die über „Sinnbildung über Zeiterfahrung" hinausführen, etwa wenn es heisst: „Bürgerinnen und Bürger, die ihren Staat mitgestalten wollen, brauchen ein fundiertes Wissen von Zusammenhängen,

Möglichkeiten politischer Betätigung, Freiräumen und Grenzen (...)" (Erziehungsdepartement Kanton Aargau 2001, Bezirksschule, S. 1). Diese Formulierung macht einen Umstand deutlich, der in weiten Teilen der Deutschschweiz für Geschichtsunterricht charakteristisch ist: Hier sollen Jugendliche nicht nur Geschichte und geschichtliches Denken lernen, sie sollen darüber hinaus auch Politische Bildung erfahren.

2.2.3 Schulfach für „Historisches Lernen"

Die Frage, was Geschichtsunterricht sei, lässt sich auch mit einem *fachspezifischen Lernmodell* näher bestimmen. Ob von einem Lern- oder einem Denkmodell ausgegangen werden soll, ist Gegenstand geschichtsdidaktischer Debatten. Da erstens Lernen der umfassendere Begriff ist – Lernen umfasst langfristige Veränderungen von Wissen, Überzeugungen, Fähigkeiten und Interessen – da zweitens die vorliegende Arbeit theoretisch vor allem auf den im Abschnitt 2.2.2 erläuterten Dreischritt aufbaut, bei dem Rüsen Erfahrung, Deutung und Orientierung als drei Dimensionen des historischen Lernens bezeichnet (Rüsen 2008a, S. 61), und da die Studie drittens auf Unterricht als Lernanlass fokussiert, wird von einem Lernmodell – nicht von einem Denkmodell – gesprochen.

Im Zuge der neueren Debatte um Kompetenzen und Bildungsstandards ist dieser Erklärungsansatz mittels eines Lernmodells von zentraler Bedeutung: „Bildungsstandards sollen die Kernideen der Fächer bzw. Fächergruppen besonders klar herausarbeiten, um Lehren und Lernen zu fokussieren. Zu diesen Kernideen gehören: die grundlegenden Begriffsvorstellungen, (...) die damit verbundenen Denkoperationen und Verfahren und das ihnen zuzuordnende Grundlagenwissen" (Klieme/Avenarius/Blum u.a. 2003, S. 19).

Schulfächer bilden das *„Strukturgerüst"* des Bildungswesens und der institutionalisierten Lehr-Lern-Praxis inklusive der Ausbildung des Lehrpersonals und der Lehrmittelproduktion (Künzli 1986, S. 75). Ein Schulfach zeichnet sich also einerseits durch bestimmte, oft in Lehrmitteln kodifizierte Inhalte und die dazugehörige Begriffsstruktur, andererseits durch charakteristische Zugriffsweisen, Wissens- und Denkformen aus.

Viele konkrete Inhalte können dabei Gegenstand verschiedener Schulfächer werden. Ob „Schokolade" im Geografie-, im Geschichts-, Hauswirtschafts- oder Biologieunterricht behandelt wird, hängt von der Perspektive ab, aus der dieser Inhalt thematisiert wird. Wenn Schokolade unter der Perspektive ihrer Herstellung und Verwertbarkeit thematisiert wird, ist sie am ehesten Thema des Hauswirtschaftsunterrichts. Wird sie unter der Perspektive ihrer Wirkung auf den menschlichen Körper thematisiert, ist sie am ehesten Thema des Biologieunterrichts. Wird sie hingegen unter der Perspektive des Wandels ihrer Herstellung und Verwendung in Europa behandelt, ist sie Thema des Geschichtsunterrichts.

Jede charakteristische Art und Weise der Thematisierung erfordert bestimmte Dimensionen der Auseinandersetzung von Lernenden mit den Inhalten.

Ein Inhalt (Phänomen, Sachverhalt, Person) ist dann Gegenstand von Historischem Lernen, wenn er hinsichtlich der Dimension *Zeit* und in diesem Rahmen in Bezug auf die grundlegenden Sinnbildungsbereiche *Herrschaft*, *Wirtschaft* und *Kultur* (Wehler 2006, S. 7) thematisiert wird. Die Dimension und die Bereiche weisen charakteristische Grundorientierungen auf. Bei *Zeit* geht es um Zeitpunkte, Zeitdauer, Zeitvorstellungen und vor allem um Veränderungen. Bei *Herrschaft* geht es um Macht und Unterordnung, um Recht und Unrecht, um eigene und andere Identitäten – bei *Wirtschaft* um Gewinn und Verlust, Wohlstand und Armut – bei *Kultur* um Wissen und Nichtwissen, um Wahrheit und Sinngebung, um Form und Inhalt, um Ästhetik und Moral. Die unendliche Fülle von Inhalten und Themen, von Personen und Ereignissen der Vergangenheit, bildet das *Universum des Historischen*. Dieses umfasst die geschehene Geschichte und die unmittelbar erfahrbare geschehende Geschichte (Bergmann 1998, S. 53 und 79)[14]. Nicht alles, was geschehene Geschichte ist, ist als Relikt der Vergangenheit überliefert und referiert, und nicht alles was überliefert ist, ist wissenschaftlich aufgearbeitet und dargestellt[15].

Die Auseinandersetzung von Individuen mit Ausschnitten aus dem Universum des Historischen wird als „*Historisches Lernen*" bezeichnet. Dabei geht es nach Pandel um Folgendes: „Historisches Lernen ist ein Denkstil und nicht das Akkumulieren von Wissen. Es ist wie Philosophieren und mathematisches Denken eine abendländische Kulturerrungenschaft, die 2500 Jahre alt ist und sich in ehrwürdiger Tradition durch die Jahrhunderte ausdifferenziert, entmythologisiert und rationalisiert hat" (Pandel 2006, S. 126). Rüsen definiert Historisches Lernen als einen „Vorgang des menschlichen Bewusstseins, in dem bestimmte Zeiterfahrungen deutend angeeignet werden und dabei zugleich die Kompetenz zu dieser Deutung entsteht und sich weiterentwickelt" (Rüsen 2008a, S. 61).

Historisches Lernen kann mit einem *Struktur- und Prozessmodell* grafisch veranschaulicht werden (Grafik 2.1[16]): Die Prozesse sind als Pfeile, die Produkte

---

14 Wilmanns bezeichnet diesen Aspekt der Geschichte als „erlebte Geschichte" (1962, S. 13).

15 Wilmanns bezeichnet dies als „dargestellte Geschichte" und beschreibt sie wie folgt: „Ihr Gegenstand ist die geschehene Geschichte. Aber so sehr sie das Geschehen selbst sucht, nicht unmittelbar vermag sie es aufzufangen, und damit wird ihr innerer Gehalt ein anderer. War die geschehene Geschichte identisch mit dem im Geschehen sich vollziehenden Leben, so ist die dargestellte nur ein Bericht von ihnen, und zwar in doppelter Weise von vermittelnden Faktoren abhängiger. Er ist gebunden an die Zeugnisse, die vom Geschehen vorhanden sind, und an den berichtenden Menschen, der vom Leben und Geschehen auf Grund dieser Zeugnisse erzählt" (Wilmanns 1962, S. 14).

16 Als „Grafik" werden Abbildungen bezeichnet, die durch den Autor speziell für diese Arbeit zur Veranschaulichung zentraler Gedanken entwickelt wurden. Sie sind im Verzeichnis am Schluss (vgl. Unterkapitel 8.2) separat ausgewiesen.

als Quadrate dargestellt. Historisches Lernen (in den Grafiken 2.1b und 2.1c als größerer Kreis in der Mitte dargestellt) geschieht in der Auseinandersetzung des Individuums (in der Grafik 2.1 rechts als Kreis), das in eine Gesellschaft und den zeitlichen Wandel eingebunden ist, mit Ausschnitten aus dem Universum des Historischen (in der Grafik links als Kreis), das durch den zeitlichen Wandel stetig wächst. Historisches Lernen bewirkt eine Veränderung des Individuums und/oder eine Ausweitung des Universums des Historischen und/oder der Geschichtskultur. Historisches Lernen kann beginnen, wenn Lernende ihre Aufmerksamkeit (zum Beispiel auf der Grundlage einer selbst gestellten oder an sie heran getragenen Frage, eines Interesses, einer Aufforderung) gezielt auf einen Ausschnitt des Universums des Historischen richten und geeignete Sachverhalte aus der Geschichte (Quellen, Darstellungen) wahrnehmen oder wenn sie Menschen begegnen, die Geschichte repräsentieren oder erzählen. Die Lernenden erschliessen danach das Wahrgenommene, beschreiben also ein aus historischen Zeugnissen rekonstruiertes Faktum, und klären so den historischen Sachverhalt. Sie erarbeiten sich (jetzt in der Begrifflichkeit von Jeismann 2000, S 63) eine „*Sachanalyse*", in der sie „Sachverhalte" (Weymar 1979, S. 202) darstellen. Im nächsten Schritt interpretieren sie das Beschriebene, stellen Bezüge zu anderen historischen Zeugnissen her und ordnen es auf diese Weise in einen grösseren Zusammenhang von Ursachen und Wirkungen, ins Universum des Historischen ein. Sie gewinnen dadurch (wiederum nach Jeismann 2000, S. 64) ein „*historisches Sachurteil*". Anschliessend stellen die Lernenden eine Beziehung zwischen dem historischen Faktum und seiner geschichtlichen Bedeutung einerseits und einer persönlichen oder sozialen Betroffenheit andererseits her. Sie beurteilen das Eingeordnete entlang individueller Fragestellungen und entwickeln so ein „*historisches Werturteil*" (Jeismann 2000) im Hinblick auf gegenwärtige oder künftige, individuelle oder gesellschaftliche Situationen und Problemlagen.

Nicht nur eine Frage an Vergangenes oder eine Begegnung kann Ausgangspunkt für Historisches Lernen sein. Es kann auch beginnen, wenn ein Werturteil an ein Sachurteil oder wenn ein Sachurteil an eine Sachanalyse zurückgebunden wird. Historisches Lernen ist also ein Prozess, der in verschiedene Richtungen möglich ist[17].

Historisches Lernen bedeutet auch, dass Sachanalysen, Sachurteile und Werturteile an Quellen und Darstellungen beziehungsweise an gegenwärtig geltenden gesellschaftlichen Normen überprüft werden.

Diese beschriebenen Vorgänge des menschlichen Bewusstseins – die geistige Bewegung zwischen Sachanalysen, Sachurteilen und Werturteilen – vollziehen

---

17 Im Prozessmodell historischen Denkens/historischer Orientierung „Geschichtsbewusstsein dynamisch" bezeichnen die Autorinnen, Autoren der Arbeitsgruppe „FUER Geschichtsbewusstsein" die beiden Denkrichtungen als Re-Konstruktion und De-Konstruktion (Schreiber/Körber/Borries u.a. 2007, S. 21).

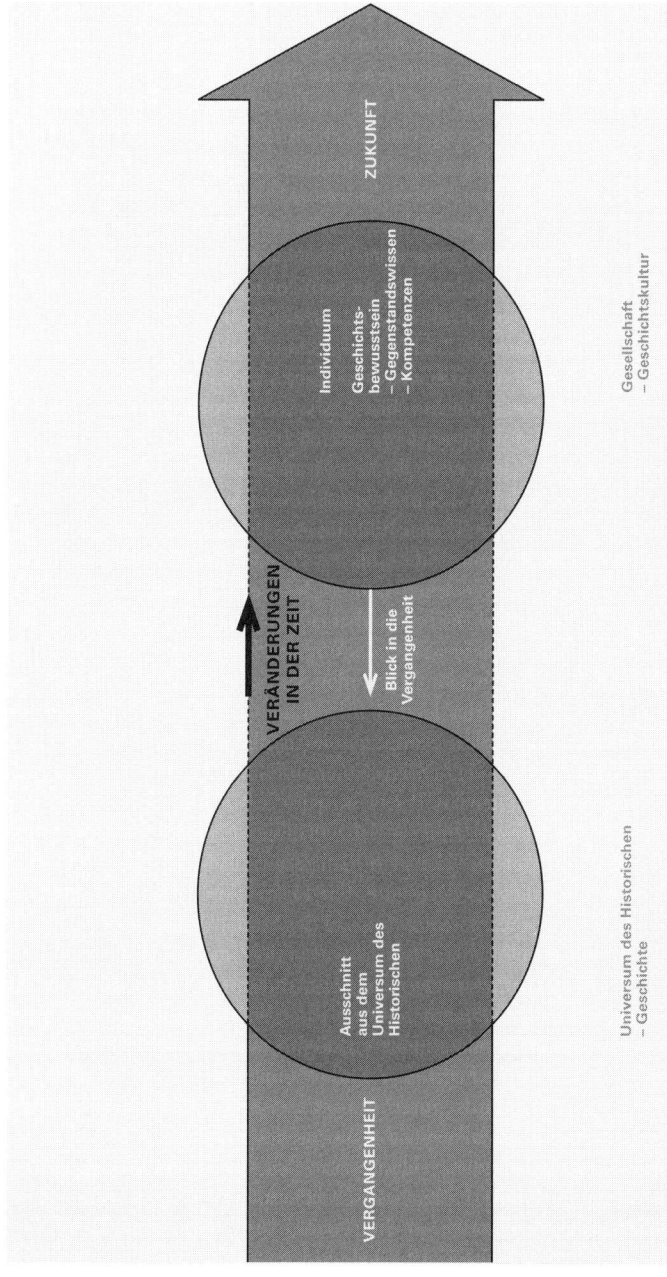

Grafik 2.1a: Struktur- und Prozessmodell «Historisches Lernen»:
Begegnung des Individuums mit einem Ausschnitt aus dem Universum des Historischen

sich mittels des *Historischen Erzählens* (Rüsen 2008a, S. 75). Seit Arthur Danto (1974) dargelegt hat, dass Erzählen die spezifische Form des Erklärens für historische Erkenntnis ist, ist in der Geschichtsdidaktik das *Historische Erzählen*[18] als zentraler Vorgang der Sinnstiftung beim Historischen Lernen anerkannt[19]. Vor allem Rüsen hat in verschiedenen Publikationen dieses eigenständige Produzieren hervorgehoben: „Erst wenn man sich vergegenwärtigt, was das Subjekt denn eigentlich lernt, wenn es Geschichte lernt, nämlich die Fähigkeit, durch historisches Erzählen auf eine bestimmte Weise Sinn über Zeiterfahrungen zu bilden, mit dem es sein Dasein im Fluss der Zeit orientieren kann, erst dann wird deutlich, dass und wie das lernende Subjekt nicht nur rezeptiv, sondern immer auch produktiv handelt" (Rüsen 2008a, S. 44). Aus diesen Gründen sind in der Grafik 2.1 „Quellen/Darstellungen" als zentrale Manifestation Historischen Lernens in der Mitte abgebildet. Die Grafik macht auch deutlich, dass „Sachanalyse", „Sachurteil" und „Werturteil" Ausprägungen des „Historischen Erzählens" sind. Historisches Erzählen ist der Kern Historischen Lernens. Deshalb führen von allen Stationen des Lernprozesses Pfeile[20] in die Abbildungsmitte – und umgekehrt. Historisches Erzählen schliesslich trägt zur Ausweitung des Universums des Historischen bei.

Historisches Lernen kann auch durch die Wahrnehmung einer geschichtskulturellen Präsentation oder durch die Befragung eines gegenwärtigen Phänomens angeregt werden (in der Grafik 2.1 unten rechts dargestellt).[21]

Das Werturteil schliesslich soll mit den geltenden und akzeptierten Moralvorstellungen der gegenwärtigen Gesellschaft, in denen das Individuum lebt, vereinbar sein und muss auch daran überprüft werden. Das geschieht im „objektivitätsbildenden Diskurs", in welchem die „normative Triftigkeit" mittels „Reflexion und Begründung" des eigenen Standpunkts ermittelt wird (Rüsen 1997a). Dadurch wird das Werturteil Ausgangspunkt für einen Kommunikationsprozess mit anderen, der selbst wieder Anlass zu weiterführenden Fragen an die Geschichte, an die Vergangenheit, Gegenwart oder Zukunft ist. Das Werturteil kann zudem eine Handlung des Individuums auslösen (in der Abbildung oben rechts).

Selbstverständlich gibt es auch beim Historischen Lernen unerwünschte Kurzschlüsse, die ebenfalls in der Grafik 2.1c ersichtlich sind: Lernende stel-

---

18   Pandel spricht in diesem Zusammenhang von der „narrativen Kompetenz" (Pandel 1999a, S. 387), Barricelli von „Narrativität für Geschichte" (Barricelli 2008, S. 140).
19   Vgl. dazu etwa Rüsen 2008a, S. 25–60.
20   Als Bezeichnung der Prozesspfeile in Abb. 2.1c wird aus didaktischen Gründen und mit Blick auf das Zielpublikum Lehrpersonen „darstellen" und nicht „erzählen" oder „narrativieren" gewählt.
21   Das in Grafik 2.1 abgebildete Struktur- und Prozessmodell „Historisches Lernen" ist in intensiven Gesprächen mit Jan Hodel, Rudolf Künzli, Ulrich Mayer, Kurt Messmer, Helmut Messner, Gerhard Schneider und weiteren Kolleginnen und Kollegen entwickelt worden.

Was ist Geschichtsunterricht?

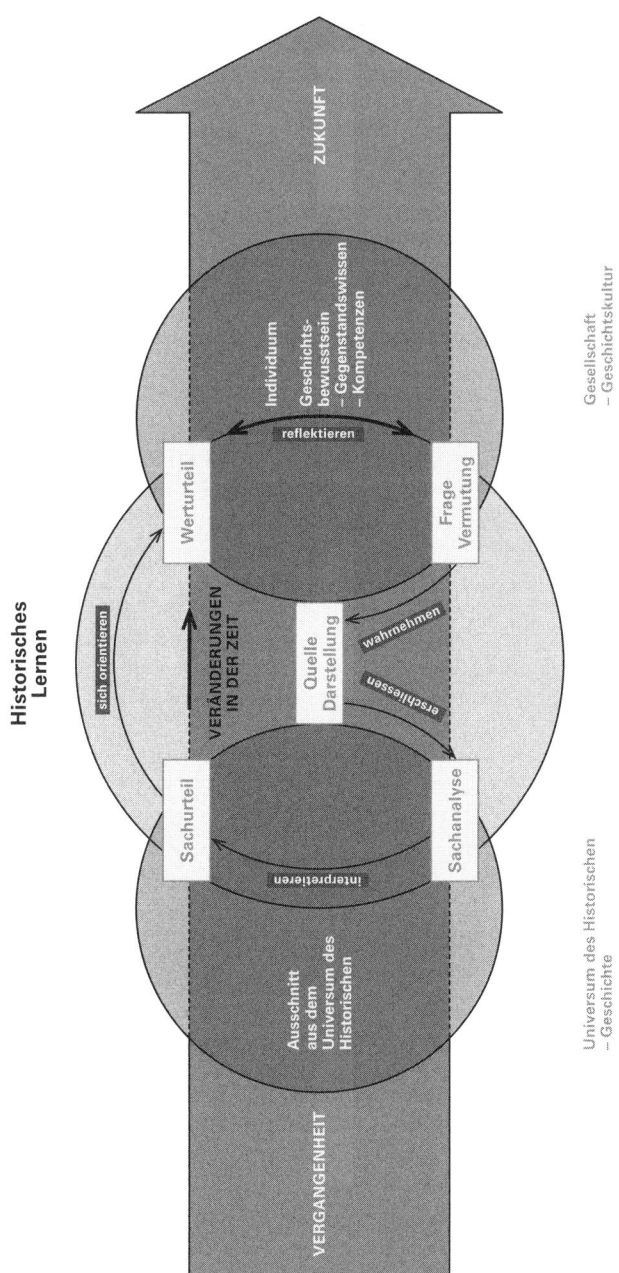

Grafik 2.1b: Struktur- und Prozessmodell «Historisches Lernen»: Idealtypischer Ablauf eines ausgewählten Lernprozesses

len Vermutungen zu Sachanalysen an, ohne ihre Vermutungen an Quellen zurückzubinden. Lernende adaptieren Darstellungen unreflektiert und bauen Werturteile auf, ohne den für Historisches Lernen notwendigen Umweg über die Sachanalyse und das Sachurteil zu nehmen.

Der „Motor" des ganzen Lernprozesses ist die „Reflexion". Wenn Lernende nicht bereit sind, sich in der Zeit zu orientieren, ihr Geschichtsbewusstsein auszudifferenzieren oder neues geschichtliches Wissen zu erwerben, oder wenn sie den Nutzen der Begegnung mit dem Universum des Historischen nicht einsehen, ist Historisches Lernen nicht möglich.

2.2.4 Kompetenzmodell für den Geschichtsunterricht

Historisches Lernen führt dazu, dass Individuen wissen, wieso ein ausgewählter Inhalt im historischen Universum wichtig ist, wie dieser mit anderen Inhalten zusammenhängt, wie der ausgewählte Inhalt eingebunden ist ins Universum des Historischen und welche Folgen der Inhalt auf die individuelle oder gesellschaftliche Gegenwart und Zukunft hatte, hat oder haben könnte (nach Wineburg 1997, S. 255). Um dieses Historische Lernen erfolgreich zu praktizieren, benötigen die Individuen *Kompetenzen*.

Dabei soll für den Begriff „Kompetenz" folgende Definition nach Weinert gelten: Kompetenzen sind „die bei Individuen verfügbaren oder durch sie erlernbaren kognitiven Fähigkeiten und Fertigkeiten um bestimmte Probleme zu lösen, sowie die damit verbundenen motivationalen, volitionalen und sozialen Bereitschaften und Fähigkeiten, um die Problemlösungen in variablen Situationen erfolgreich und verantwortungsvoll nutzen zu können" (Weinert 2001b, S. 27–28).

Folgt man Rüsens Diktum von der Fähigkeit „durch historisches Erzählen auf eine bestimmte Weise Sinn über Zeiterfahrungen zu bilden" (Rüsen 2008a, S. 62), dann benötigen die Lernenden *„narrative Kompetenz"* (Barricelli 2005, S. 7), um Historisches Lernen zu beherrschen. Diese „narrative Kompetenz" auszubilden, ist das zentrale Lernziel des Geschichtsunterrichts[22]. Um anschlussfähig an die bildungspolitische Entwicklung zu bleiben, scheint es sinnvoll, pro Fach nicht bloss eine einzige Kompetenz zu definieren, sondern sie in Operationen oder Dimensionen aufzugliedern[23]. Auch Jeismann hat für eine solche Trennung plädiert und dies wie folgt begründet: „Um den Umgang mit Geschichte aus der Blindheit zu lösen, die ihn gewöhnlich im gesellschaftlichen und politischen Alltag charakterisiert, ist es notwendig, methodisch verschiedene Operationen oder Dimensionen des Denkens und Urteilens zu trennen, die in historischen

---

22 Vgl. dazu insbesondere Barricelli 2005, S. 8.
23 Auch Körber plädiert aus verschiedenen Gründen für diesen Weg. Vgl. dazu Körber 2007a, S. 55–58.

Was ist Geschichtsunterricht?

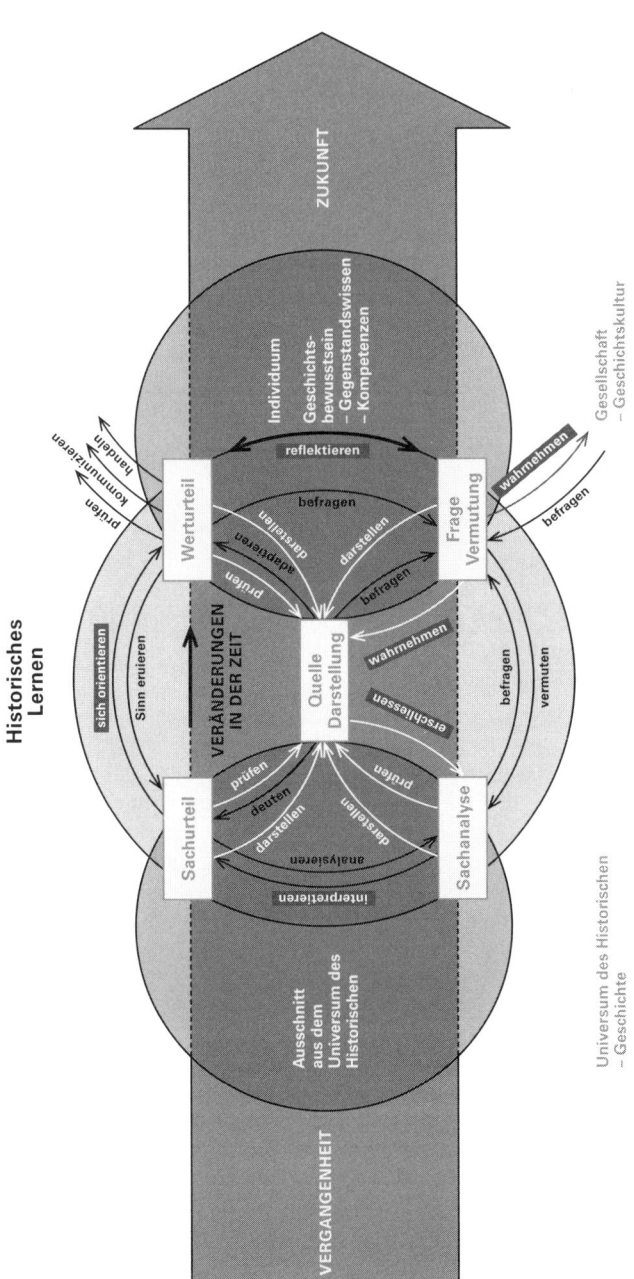

Grafik 2.1c: Struktur- und Prozessmodell «Historisches Lernen»

Vorstellungen sich gewöhnlich ununterscheidbar miteinander verbinden. Notwendig ist eine solche, Distanz zu eigenen Geschichtsvorstellungen schaffende methodische Trennung, weil sie die Selbstreflexion auf die naiven Gewissheiten ermöglicht und die Voraussetzungen unserer historischen Vorstellungen auf eine sehr elementare Weise zu erklären erlaubt" (Jeismann 2000, S 63).

Das in Grafik 2.1 dargestellte Lernmodell erlaubt, die „narrative Kompetenz" auszudifferenzieren und vier Probleme zu identifizieren, mit denen Individuen konfrontiert sind, wenn sie historisch lernen:

- Wie finde und erkenne ich historische Zeugnisse und Menschen, die mir über Vergangenes berichten können? Wie komme ich zu *Fragen und Vermutungen*, die mich ins Universum des Historischen führen?
- Wie erschliesse ich Quellen und Darstellungen, die über das Universum des Historischen erzählen? Wie komme ich zu einer *Sachanalyse*, und wie kann ich sie überprüfen?
- In welchem Zusammenhang stehen die einzelnen Sachanalysen zu anderen Sachanalysen, wo sind sie im Universum des Historischen verortet, was sind Ursachen und Wirkungen? Wie komme ich zu einem *Sachurteil*, und wie kann ich es überprüfen?
- Was ist der *Sinn*, den ich der Beschäftigung mit dem Universum des Historischen entnehme? Wieso soll ich mich mit Geschichte beschäftigen? Wie hängt das Vergangene mit dem Gegenwärtigen zusammen, und was bedeutet dies für mich und die Zukunft?

Zur Bewältigung dieser vier Anforderungen Historischen Lernens sind vier Teilbereiche[24] der „narrativen Kompetenz" erforderlich:

- Kompetenzbereich zur Wahrnehmung von Veränderungen in der Zeit, zur Begegnung mit Zeugnissen aus dem Universum des Historischen und Präsentationen aus der Geschichtskultur; dieser Kompetenzbereich führt zu eigenen Fragen und Vermutungen an Quellen und Darstellungen; die Kurzbezeichnung für den Kompetenzbereich lautet „*Wahrnehmungskompetenz für Veränderungen in der Zeit*";
- Kompetenzbereich zur Entwicklung, Überprüfung und Darstellung von historischen Sachanalysen anhand von Quellen und Darstellungen, zum korrekten und kompetenten Umgang mit verschiedenen Gattungen, kurz als

---

24 Da in der Geschichtsdidaktik Kompetenzen entlang der Prozessdimension in „Bereiche" unterschieden werden (z. B. Körber/Schreiber/Schöner 2007), folge ich dieser Terminologie und verwende nicht die Begrifflichkeit von Linneweber-Lammerskitten/Wälti (2006). Sie unterscheiden in ihrem Modell in der Prozessdimension „Aspekte" und in der Inhaltsdimension „Bereiche". Diese beiden Dimensionen bilden die Matrix und darin Zellen, die mit den unterschiedlichen Kompetenzbeschreibungen gefüllt werden.

Was ist Geschichtsunterricht?

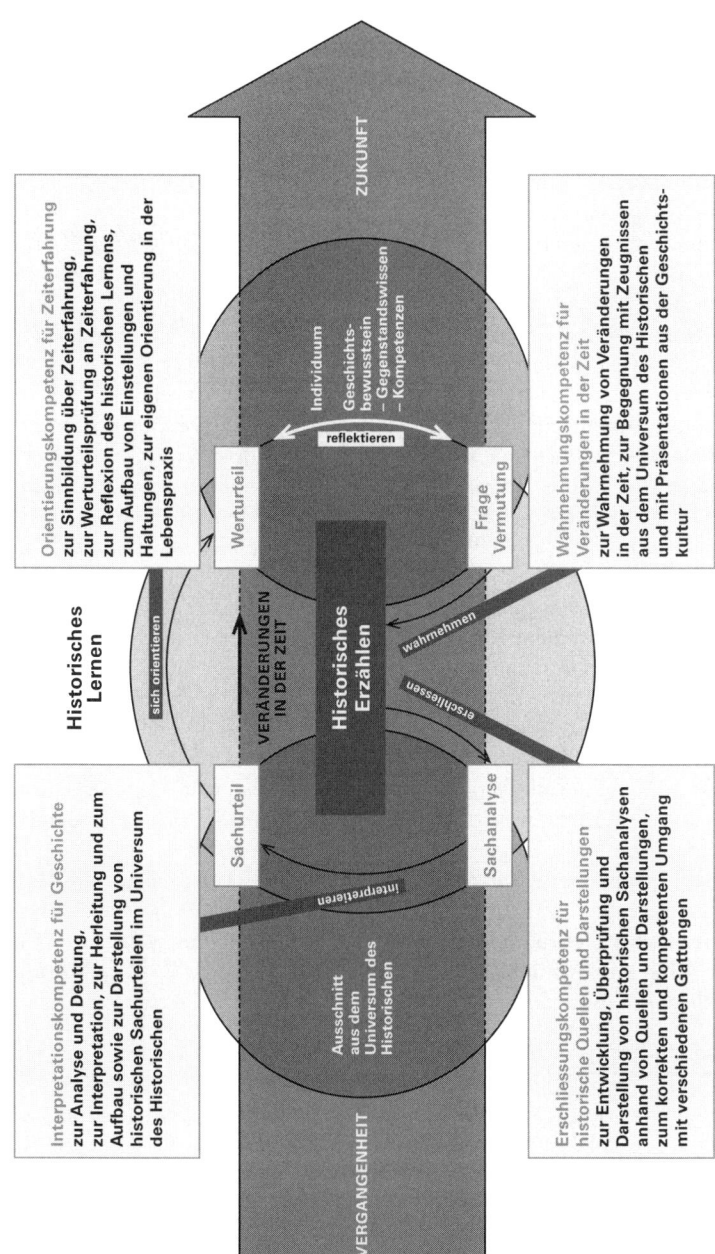

Grafik 2.2: Kompetenzmodell «Historisches Lernen»

Erschliessungskompetenz für historische Quellen und Darstellungen bezeichnet. Dieser Kompetenzbereich führt zu eigener Sachanalyse;
- Kompetenzbereich zur Analyse und Deutung, zur Interpretation, zur Herleitung und zum Aufbau sowie zur Darstellung von historischen Sachurteilen im Universum des Historischen; dieser Kompetenzbereich führt zu eigenem Sachurteil; die Kurzbezeichnung für den Kompetenzbereich lautet *„Interpretationskompetenz für Geschichte"*;
- Kompetenzbereich zur Sinnbildung über Zeiterfahrung, zur Werturteilsprüfung an Zeiterfahrung, zur Reflexion des historischen Lernens, zum Aufbau von Einstellungen und Haltungen, zur eigenen Orientierung in der gegenwärtigen Lebenspraxis; kurz als *„Orientierungskompetenz für Zeiterfahrung"* bezeichnet; dieser Kompetenzbereich führt zu eigenem Werturteil.

Diese Operationen sind allgemeine Operationen des menschlichen Bewusstseins und nicht geschichtsspezifisch, solange die Richtung der Operation nicht angegeben wird[25]. Es ist deshalb auch in der Kurzbezeichnung unumgänglich, diese Perspektive bei den einzelnen Kompetenzen mitzunennen.

Das in Grafik 2.2 dargestellte Kompetenzmodell bildet eine Theorie ab, in der versucht wird, verschiedene Gesichtspunkte in eine systematische Ordnung zu bringen. Das Kompetenzmodell setzt auf dem Struktur- und Prozessmodell Historischen Lernens auf und identifiziert vier Teilbereiche Historischen Erzählens. Dieser Umstand ist in der Abbildung dadurch visualisiert, dass in der Mitte „Historisches Erzählen" steht. Obwohl diese Teilbereiche getrennt dargestellt sind, hängen sie eng zusammen, voneinander ab und unterstützen sich gegenseitig. Sie bilden in ihrer Verknüpfung Historisches Lernen ab. Alle Kompetenzbereiche verlangen historische Inhalte, damit sie ausgebildet oder angewendet und ausdifferenziert werden können. Es handelt sich dabei „um das Substrat, an dem sich Kompetenzen erwerben und entwickeln lassen und an welchem sie zum Tragen kommen" (Körber 2007b, S. 142). Dieses Verhältnis von grundlegenden Inhalten aus der Vergangenheit und Kompetenzbereichen für Historisches Lernen[26] kommt in der Grafik 2.3, die eine mögliche individuelle Kompetenzentwicklung durch Beschäftigung mit verschiedenen Themen darstellt, zum Ausdruck.

---

25 Vgl. dazu auch Barricelli 2005, S. 5.
26 In der Schweiz haben sich im Rahmen der HarmoS-Arbeiten und der Entwicklung des Deutschweizer Lehrplans dreidimensionale Darstellungsweisen von Kompetenzmodellen durchgesetzt, bei der zum Beispiel auf der einen Achse die Kompetenzbereiche, auf der anderen Achse die Themenbereiche und auf der dritten die Kompetenzniveaus (Performanz) abgebildet werden. Selbstverständlich lassen sich auch die hier vorgeschlagenen Kompetenzbereiche graduieren, und es lassen sich auch die Themen nach Komplexität steigern, was in vielen Darstellungen vergessen geht. Vgl. zum dreidimensionalen Kompetenzmodell z.B. Metzger/Labudde 2007, S. 14.

Was ist Geschichtsunterricht? 53

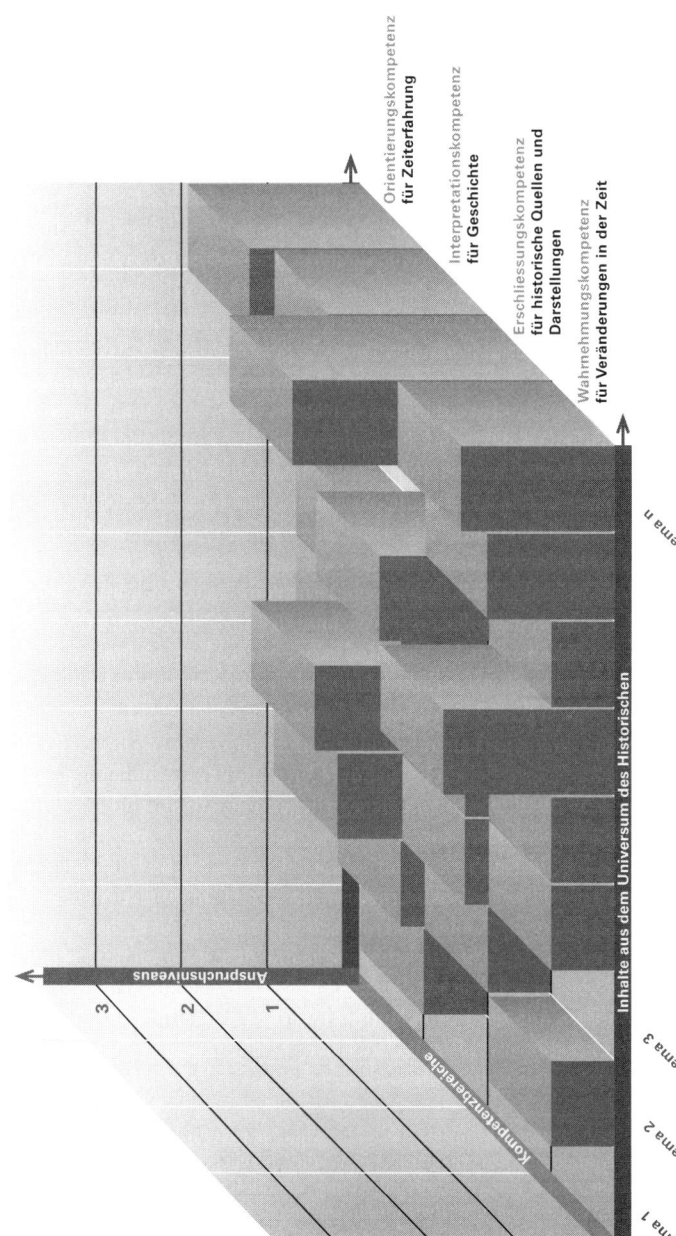

Grafik 2.3: Matrix mit Kompetenzbereichen und Themen für «Historisches Lernen»

Das für die vorliegende Arbeit theoretisch hergeleitete Kompetenzmodell, das im Folgenden aufgrund der Bedeutung für diese Arbeit „Guter Geschichtsunterricht" der Einfachheit halber als *„Kompetenzmodell Guter Geschichtsunterricht"* bezeichnet wird, weist in Bezug auf Kerngedanken sowie Gliederung in Kompetenzbereiche und deren Bezeichnung eine Reihe von Besonderheiten und Übereinstimmungen zu anderen gängigen Kompetenzmodellen auf. Für die vergleichende Einordnung werden Kompetenzmodelle herangezogen, die den Fachdiskurs prägen und bei denen eine strukturelle Verwandtschaft vorhanden ist. Mit diesem Vorgehen wird bezweckt, die Anschlussfähigkeit und die Stärken sowie die Besonderheiten des *Kompetenzmodells Guter Geschichtsunterricht* herauszuarbeiten. Die fünf gewählten Modelle sind[27]:

a) das Kompetenzmodell des „National Center for History in the Schools" (NCHS 1996),
b) das Kompetenzmodell von Hans-Jürgen Pandel (Pandel 2005),
c) das Kompetenzmodell von FUER Geschichtsbewusstsein (Schreiber/Körber/Borries u.a. 2006 sowie Körber/Schreiber/Schöner 2007),
d) das Kompetenzmodell des Berliner Rahmenlehrplans für die Sekundarstufe I Geschichte (Senatsverwaltung für Bildung, Jugend und Sport Berlin 2006),
e) das Kompetenzmodell des Verbandes der Geschichtslehrer Deutschlands (Verband der Geschichtslehrer Deutschlands 2006).

a) Kompetenzmodell des „National Center for History in the Schools" (NCHS 1996)

Die Verwandtschaft des *Kompetenzmodells Guter Geschichtsunterricht* mit demjenigen des amerikanischen „National Center for History in the Schools" ist gross. Sie zeigt sich darin, dass bei beiden Modellen Kompetenzen für Historisches Lernen gleichberechtigt neben Wissen über Vergangenes stehen. Konsequenterweise werden deshalb bei den amerikanischen „National Standards for History" für beide Bereiche Standards beschrieben und wie folgt unterschieden:

„In history, standards are of two types:
Historical thinking skills that enable children to differentiate past, present, and future time; raise questions; seek and evaluate evidence; compare and analyze historical stories, illustrations, and records from the past; interpret the historical record; and construct historical narratives of their own.

---

27 Die Kompetenzmodelle sind in der Reihenfolge des Erscheinungsjahrs der herangezogenen Publikationen und alphabetisch aufgezählt. Eine Überblicksdarstellung über diese und andere Kompetenzmodelle findet sich in Körber 2007b, S. 100–152. Die dort vorgenommene Würdigung und Kritik meines Entwurfs zum vorliegenden Kompetenzmodell hat zur Klärung und Verbesserung beigetragen.

Historical understandings that define what students should know about the history of families, their communities, states, nation, and world. These understandings are drawn from the record of human aspirations, strivings, accomplishments, and failures in at least five spheres of human activity: the social, political, scientific/technological, economic, and cultural (the philosophical/religious/aesthetic), as appropriate for children" (NCHS 1996, Definition of Standards).

Definiert wird also erstens, was die Lernenden können bzw. wie sie historisch denken sollen. Dies wird in *Standards in Historical Thinking* (Kompetenzstandards für Historisches Denken) festgehalten[28]. Selbstverständlich hängt beides eng zusammen: „Historical thinking and understanding do not, of course, develop independently of one another. Higher levels of historical thinking depend upon and are linked to the attainment of higher levels of historical understanding. For these reasons, the standards presented in Chapter 3 of Part One provide an integration of historical thinking and understanding" (NHHS 1996, Definition of Standards).

Definiert wird zweitens, was die Lernenden wissen bzw. verstehen müssen. Dies wird in *„Standards in History"* (Geschichtsstandards) festgehalten, die sich nach den beiden Stufen „Grades 1-4" sowie „Grades 5-12" unterscheiden. Die Inhalte und Themen werden nach „Topics" bzw. nach „Era" unterschieden, und jeder „Topic" bzw. jede „Era" wird in einzelnen Standards genauer gefasst. Die Standards bei der „Era 8" „A Half-Century of Crisis and Achievement, 1900-1945" lauten beispielsweise wie folgt:

Standard 1: Reform, revolution, and social change in the world economy of the early century.
Standard 2: The causes and global consequences of World War I.
Standard 3: The search for peace and stability in the 1920s and 1930s.
Standard 4: The causes and global consequences of World War II.
Standard 5: Major global trends from 1900 to the end of World War II.

Die „Standards in Historical Thinking" sind stufenübergreifend angelegt. Die fünf Standards für die „Grades 5-12" sind in Tabelle 2.2 dargestellt.

Tabelle 2.2 zeigt, dass auch in Bezug auf die Gliederung in Kompetenzbereiche zwischen dem Modell des „National Center for History in the Schools" und dem *Kompetenzmodell Guter Geschichtsunterricht* eine grosse Übereinstimmung

---

28 Analog ist das „National Curriculum" in England aufgebaut. Die fünf Kompetenzbereiche lauten dort: chronological understanding; knowledge and understanding of events, people and changes in the past; historical interpretations; historical enquiry; organisation and communication. Zu jedem Schulfach und jedem Lernzyklus („key stage") wird festgehalten, was den Lernenden beigebracht werden soll und welche Kompetenzen sie auf welchem Niveau erreichen sollen. Vgl. Department for Education and Employment (DfEE) – Qualifications and Curriculum Authority (QCA) 2000 oder http://qca.org.uk (aufgerufen am 1.8.2008).

Tabelle 2.2: Contents of Historical Thinking Standards for Grades 5–12 (http://nchs.ucla.edu/standards/thinking5–12_toc.html, aufgerufen am 1.8.2008)

Standard 1: Chronological Thinking
A. Distinguish between past, present, and future time.
B. Identify in historical narratives the temporal structure of a historical narrative or story.
C. Establish temporal order in constructing historical narratives of their own.
D. Measure and calculate calendar time.
E. Interpret data presented in time lines.
F. Reconstruct patterns of historical succession and duration; explain historical continuity and change.
G. Compare alternative models for periodization.

Standard 2: Historical Comprehension
A. Identify the author or source of the historical document or narrative and assess its credibility.
B. Reconstruct the literal meaning of a historical passage.
C. Identify the central question(s) the historical narrative addresses.
D. Differentiate between historical facts and historical interpretations.
E. Read historical narratives imaginatively.
F. Appreciate historical perspectives.
G. Draw upon data in historical maps.
H. Utilize visual, mathematical, and quantitative data.

Standard 3: Historical Analysis and Interpretation
A. Compare and contrast differing sets of ideas.
B. Consider multiple perspectives.
C. Analyze cause-and-effect relationships and multiple causation, including the importance of the individual, the influence of ideas.
D. Draw comparisons across eras and regions in order to define enduring issues.
E. Distinguish between unsupported expressions of opinion and informed hypotheses grounded in historical evidence.
F. Compare competing historical narratives.
G. Challenge arguments of historical inevitability.
H. Hold interpretations of history as tentative.

I. Evaluate major debates among historians.
J. Hypothesize the influence of the past.
Standard 4: Historical Research Capabilities
A. Formulate historical questions.
B. Obtain historical data from a variety of sources.
C. Interrogate historical data.
D. Identify the gaps in the available records, marshal contextual knowledge and perspectives of the time and place.
E. Employ quantitative analysis.
F. Support interpretations with historical evidence.
Standard 5: Historical Issues-Analysis and Decision-Making
A. Identify issues and problems in the past.
B. Marshal evidence of antecedent circumstances.
C. Identify relevant historical antecedents.
D. Evaluate alternative courses of action.
E. Formulate a position or course of action on an issue.
F. Evaluate the implementation of a decision.

vorhanden ist: „Chronological Thinking" ist verwandt mit der *Wahrnehmungskompetenz für Veränderungen in der Zeit,* „Historical Comprehension" mit der *Erschliessungskompetenz für historische Quellen und Darstellungen,* „Historical Analysis and Interpretation" mit der *Interpretationskompetenz für Geschichte* und „Historical Issues-Analysis and Decision-Making" mit der *Orientierungskompetenz für Zeiterfahrung.*

Im Unterschied zum *Kompetenzmodell Guter Geschichtsunterricht* weist dasjenige des „National Center for History in the Schools" den Bereich „Historical Research Capabilities" separat aus. Die in Tabelle 2.2 aufgeführten Einzelkompetenzen machen deutlich, dass dieser Kompetenzbereich quer liegt zu denjenigen des *Kompetenzmodells Guter Geschichtsunterricht,* allerdings grosse Berührungspunkte zur *Erschliessungskompetenz für historische Quellen und Darstellungen* aufweist. Aufgrund des Umstands, dass „Historical Research Capabilities" für alle vier Bereiche des *Kompetenzmodells Guter Geschichtsunterricht* nötig sind und weil die Kompetenzbereiche möglichst trennscharf sein sollen, wurde in der vorliegenden Arbeit auf die separate Ausschilderung einer Forschungskompetenz verzichtet.

b) Kompetenzmodell von Hans-Jürgen Pandel (Pandel 2005)

Beim Vergleich des *Kompetenzmodells Guter Geschichtsunterricht* mit demjenigen von Pandel fällt ebenfalls eine strukturelle Verwandtschaft auf: Beide Modelle bilden eine Zeitachse ab. Abbildung 2.3 zeigt, dass bei Pandel ausschliesslich die „Geschichtskulturelle Kompetenz" in der Zeitachse liegt. Die andern drei Kompetenzbereiche sind unter der Zeitachse angeordnet und visualisieren ein Heraussteigen aus der Zeit. Demgegenüber kommt beim *Kompetenzmodell Guter Geschichtsunterricht* durch die Darstellung zum Ausdruck, dass Historisches Lernen selber eingebunden ist in die Veränderungen in der Zeit, in den „Fluss der Zeit" (Rüsen 2008a, S. 44), und zwar sowohl beim Wahrnehmen von Veränderungen in der Zeit als auch beim Erschliessen historischer Quellen und Darstellungen, beim Interpretieren von Geschichte und beim Sich-Orientieren anhand der Zeiterfahrungen.

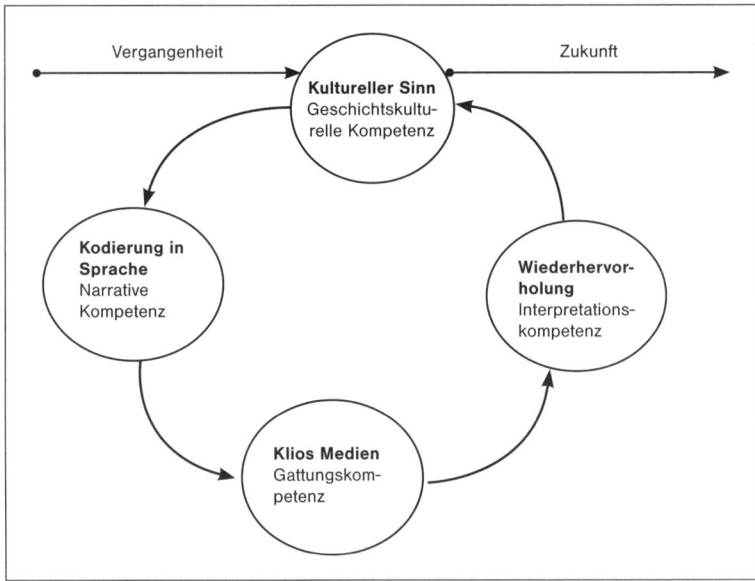

Abbildung 2.3: Kompetenzmodell von Pandel (2005, S. 45)

Pandel fokussiert mit seinem Modell allerdings nicht das historische Lernen, sondern bei ihm geben die Kompetenzen „in ihrer Verknüpfung die Logik des historischen Erinnerns wieder" (Pandel 2005, S. 44). Auch deshalb scheint die

Verwandtschaft in Bezug auf die Gliederung in Kompetenzbereiche zwischen beiden Modellen gering. Dennoch gibt es Berührungspunkte: Pandels „Interpretationskompetenz" überschneidet sich mit der *Erschliessungskompetenz für historische Quellen und Darstellungen* sowie der *Interpretationskompetenz für Geschichte* des *Kompetenzmodells Guter Geschichtsunterricht*, seine „Gattungskompetenz" überschneidet sich mit der *Wahrnehmungskompetenz für Veränderungen in der Zeit* sowie ebenfalls mit der *Erschliessungskompetenz für historische Quellen und Darstellungen*, und die „Geschichtskulturelle Kompetenz" berührt die *Wahrnehmungskompetenz für Veränderungen in der Zeit*, die im *Kompetenzmodell Guter Geschichtsunterricht* explizit auch in Richtung Gegenwart, Gesellschaft und also Geschichtskultur gerichtet ist.

c) Kompetenzmodell von FUER Geschichtsbewusstsein (Schreiber/Körber/Borries u.a. 2006)

Das Kompetenzmodell von FUER Geschichtsbewusstsein ist im deutschen Sprachraum am umfassendsten dargestellt (Schreiber/Körber/Borries u.a. 2006; Körber/Schreiber/Schöner 2007) und diskutiert (Barricelli 2008b, Sauer 2008, Schönemann 2008). Es ist abgeleitet aus einem Prozessmodell historischen Denkens, das in zwei Richtungen geht, diejenige der Re-Konstruktion, die dazu dient, Vergangenes zu rekonstruieren, und diejenige der De-Konstruktion, die es ermöglicht, historische Narrationen zu de-konstruieren (Schreiber/Körber/Borries u.a. 2006, S. 55 und S. 58).

Darin liegt eine Verwandtschaft der beiden Modellvorstellungen. Auch beim *Struktur- und Prozessmodell Historischen Lernens* in dieser Arbeit (Grafik 2.1) sind die analytische und synthetische Denkrichtung der Interpretation erkennbar. Das Modell veranschaulicht, dass sich ein Sachurteil in eine Sachanalyse zurückführen und an Quellen und Darstellungen überprüfen lässt, und umgekehrt kann eine Quelle oder eine Darstellung in eine Sachanalyse überführt und durch Vergleich mit andern Quellen und Darstellungen zu einem Sachurteil aufgebaut werden.

Auch einzelne Kompetenzbereiche weisen eine gewisse Übereinstimmung auf. Die „Historische Fragekompetenz" von FUER Geschichtsbewusstsein deckt sich weitgehend mit der *Wahrnehmungskompetenz für Veränderungen in der Zeit* des *Kompetenzmodells Guter Geschichtsunterricht*. Die „Historische Methodenkompetenz" umfasst sowohl die *Erschliessungskompetenz für historische Quellen und Darstellungen* als auch die *Interpretationskompetenz für Geschichte* aus dem *Kompetenzmodell Guter Geschichtsunterricht*, und die „Historische Orientierungskompetenz" entspricht auch in der Bezeichnung der *Orientierungskompetenz für Zeiterfahrung*.

Nicht als eigener Kompetenzbereich ausgeschildert ist im *Kompetenzmodell Guter Geschichtsunterricht* die „Historische Sachkompetenz", verstanden als „grosse Vorratstonne an historischen Begriffen und Konzepten, aus der für die einzelnen Frage-, Methoden- und Orientierungsvollzüge Rohstoffe und Instrumente herangezogen und in die dabei produzierten Einsichten gesammelt und eingeordnet werden" (Borries 2007b, S. 347). Dies hat theoretische Gründe – die von Borries genannten Begriffe und Konzepte sind im *Kompetenzmodell Guter Geschichtsunterricht* den einzelnen Kompetenzbereichen zugeordnet – vor allem aber auch didaktische: Historische Sachkompetenz wird leicht mit Wissen über Vergangenes oder mit „Historical understandings that define what students should know about the history" (NCHS 1996) verwechselt. Um solchen Missverständnissen nicht Vorschub zu leisten, wird im *Kompetenzmodell Guter Geschichtsunterricht* auf die Ausgliederung einer „Sachkompetenz" verzichtet und deutlich gemacht, dass alle Kompetenzbereiche historische Inhalte verlangen, damit sie ausgebildet, angewendet und ausdifferenziert werden können.

Das Kompetenzmodell FUER Geschichtsbewusstsein wird neben der oben erwähnten Ausschilderung der „Historischen Sachkompetenzen" sowohl wegen der fehlenden empirischen Basis (Schönemann 2008), der Begrifflichkeit, der Komplexität (Sauer 2008, S. 213) als auch wegen der Dominanz des Rationalen kritisiert[29]. Aus diesem letztgenannten Grund wird im *Kompetenzmodell Guter Geschichtsunterricht* ein möglicher Einstieg in Historisches Lernen nicht mit „Historische Fragekompetenz" bezeichnet, sondern mit *Wahrnehmungskompetenz für Veränderungen in der Zeit*. Aus demselben Grund wird im *Struktur- und Prozessmodell Historischen Lernens* die Verknüpfung mit der Geschichtskultur betont.

d) Kompetenzmodell des Berliner Rahmenlehrplans für die Sekundarstufe I Geschichte (Senatsverwaltung für Bildung, Jugend und Sport Berlin 2006)

Auch zum Kompetenzmodell des Berliner Rahmenlehrplans für die Sekundarstufe I Geschichte zeigt sich die Verwandtschaft des *Kompetenzmodells Guter Geschichtsunterricht* auf den ersten Blick. Beide Modelle sind als Kreis dargestellt, bei beiden Modellen steht die Narrativität im Zentrum des Kreises, und bei beiden Modellen wird mit Pfeilen die Interdependenz der Kompetenzbereiche verdeutlicht.

---

29 Vgl. etwa Barricelli (2008b), der schreibt: „Schliesslich leistet dieses Kompetenzmodell noch einer beklagenswerten Entwicklung Vorschub: Die Vor-, nein Alleinherrschaft des Rationalen, die Verabschiedung alles authentisch Emotionalen, Imaginativen und Affektiven aus der Beschäftigung mit Geschichte (was wiederum auch aus der Zurückdrängung der Narrativität mit ihren integralen poetischen und ästhetischen Komponenten folgt) macht aus dem Geschichtsunterricht einen hypertroph gezüchteten Hochleistungssport und hält zuverlässig all das von ihm fern, was in der ausserschulischen Geschichtskultur immer noch Massen an der Historie reizt, sie in Museen, Kinofilme, Buchhandlungen zieht (weswegen die eifrigsten erwachsenen Geschichtskonsumenten und -verwender das Schulfach häufig verabscheut haben)" (Barricelli 2008b, S. 238).

Was ist Geschichtsunterricht? 61

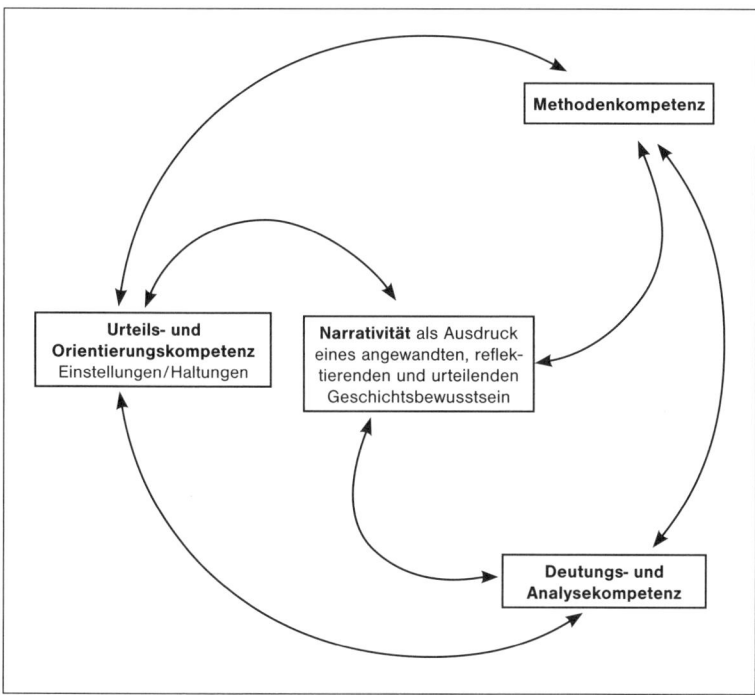

Abbildung 2.4: Kompetenzmodell des Berliner Rahmenlehrplans für die Sekundarstufe I Geschichte (Senatsverwaltung für Bildung, Jugend und Sport Berlin 2006, S. 13)

Die Verwandtschaft der beiden Modelle ist auch bei den Kompetenzbereichen deutlich sichtbar: Die Berliner „Urteils- und Orientierungskompetenz" entspricht weitgehend der *Orientierungskompetenz über Zeiterfahrung,* und die „Deutungs- und Analysekompetenz" deckt sich grösstenteils mit der *Interpretationskompetenz für Geschichte.* Die „Methodenkompetenz" des Berliner Rahmenlehrplans für die Sekundarstufe I Geschichte umfasst beim *Kompetenzmodell Guter Geschichtsunterricht* die *Wahrnehmungskompetenz für Veränderungen in der Zeit* sowie die *Erschliessungskompetenz für historische Quellen und Darstellungen.*

Dass beim *Kompetenzmodell Guter Geschichtsunterricht* keine „Methodenkompetenz" ausgeschildert wird, hat ebenfalls theoretische und didaktische Gründe. Lernende benötigen sowohl beim Wahrnehmen von Veränderungen in der Zeit als auch beim Erschliessen historischer Quellen und Darstellungen, beim Interpretieren von Geschichte oder beim Sich-Orientieren anhand der Zeiterfahrungen „Methodenkompetenz". Zudem wird der Begriff „Methodenkompetenz" in verschiedenen Diskurszusammenhängen unterschiedlich verwendet, so dass er eher zu Missverständnissen Anlass gibt als dass er klärt[30].

e) Kompetenzmodell des Verbandes der Geschichtslehrer Deutschlands (Verband der Geschichtslehrer Deutschlands 2006)

Von den mit dem *Kompetenzmodell Guter Geschichtsunterricht* verglichenen anderen Kompetenzmodellen unterscheidet sich dasjenige des Verbandes der Geschichtslehrer Deutschlands am deutlichsten, wie beispielsweise die Anzahl und die Bezeichnungen der Kompetenzbereiche in Tabelle 2.3 zeigt.

Im Vergleich mit und in Abgrenzung zu diesem Modell wird deutlich, welche Merkmale das *Kompetenzmodell Guter Geschichtsunterricht* charakterisieren. Im Unterschied zum Kompetenzmodell des Verbandes der Geschichtslehrer Deutschlands wird dasjenige der Arbeit „Guter Geschichtsunterricht"
- theoretisch aus einem Modell für Historisches Lernen hergeleitet.
- Es betont, dass alle Kompetenzbereiche analytische Aufteilungen der historischen Erzählkompetenz sind und rückt historisches Erzählen ins Zentrum,
- geht davon aus, dass Wissen über Vergangenheit und Kompetenzen für Historisches Lernen sich wechselseitig bedingen,
- akzentuiert die *Wahrnehmungskompetenz für Veränderungen in der Zeit*,
- zeigt auf, dass in allen Kompetenzbereichen analysierende und synthetisierende Denkvorgänge stattfinden,
- dass Historisches Lernen unterschiedlich verlaufen kann, immer aber auf referierte Geschichte angewiesen ist,
- dass Historisches Lernen eingebunden ist in Veränderungen in der Zeit,
- dass Historisches Lernen sowohl bei Geschichte als auch bei Geschichtskultur ansetzen und neben Rationalem auch Emotionales und Imaginatives anstossen kann,
- dass die Kompetenzen erst durch die Perspektivierung auf Geschichte fachspezifisch werden und es deshalb wichtig ist, die Perspektivierung der Kompetenzen immer mitzunennen,
- dass die Kompetenzen sowohl Voraussetzungen für Historisches Lernen als auch Mittel und Ziel desselben sind, was deren Aufbau, Entwicklung und Ausdifferenzierung anspruchsvoll macht.

In der vorliegenden Arbeit dient das Kompetenzmodell als *Hilfsmittel zur Exploration* von gutem Geschichtsunterricht. Die Kompetenzen müssen demgemäss beobachtbar sein. In Tabelle 2.4 sind ausgewählte Indikatoren zusammengestellt, die beim Beobachten von Geschichtsunterricht auf Kompetenzen Historischen

---

30 Vgl. dazu die Einleitung von Pandel im Wörterbuch Geschichtsdidaktik „Geschichtsdidaktische Begriffe: Lieber borgen als bilden?" (Mayer/Pandel/Schneider/Schönemann 2006, S. 9–14).

Lernens hinweisen. Die Indikatoren sind gewonnen aus den Beschreibungen der Teilkompetenzen der oben beschriebenen Modelle, und sie sind mittels Kategorieentwicklungszyklus bei der Analyse der videografierten Lektionen (vgl. Abschnitt 3.4.4) geschärft und präzisiert worden.

Tabelle 2.3: Kompetenzmodell des Verbandes der Geschichtslehrer Deutschlands (Verband der Geschichtslehrer Deutschlands 2006, S. 16)

1. Sachkompetenz
1.1. Themenbezogene Sachkompetenz
– wichtige Ereignisse, Entwicklungen und Strukturen in den jeweiligen Themengebieten kennen und beschreiben
– Ursachen und Auswirkungen dieser Ereignisse und Prozesse kennen
– themenbezogene Daten und Namen kennen sowie themenbezogene Fachbegriffe korrekt verwenden
1.2. Orientierung in der Geschichte
– einzelne Grossabschnitte der Geschichte zeitlich einordnen
– historische Ereignisse und Prozesse adäquat benennen, zeitlich zueinander in Beziehung setzen und ihre Abfolge bestimmen
– historische Ereignisse und Prozesse räumlich einordnen
2. Deutungs- und Reflexionskompetenz
– Konstruktcharakter von Geschichte erkennen
– mit Perspektivität in der Geschichte umgehen
– Fremdverstehen leisten
– Veränderung in der Geschichte wahrnehmen
– Gegenwartsbezüge herstellen
– mit Dimensionen/Kategorien/Begriffen arbeiten
– Verfahren historischer Untersuchung beherrschen
– eigene Deutungen von Geschichte sprachlich adäquat umsetzen
– mit Darstellungen von Geschichte kritisch umgehen
3. Medien-Methoden-Kompetenz
– Quellen und Darstellungen unterscheiden
– die Perspektivität von Quellen wahrnehmen
– verschiedene Quellengattungen nach ihrem Aussagewert unterscheiden
– mit einzelnen Gattungen von Quellen und Darstellungen adäquat umgehen
– fachbezogene Lernprozesse für sich und mit anderen organisieren und reflektieren und deren Ergebnisse präsentieren

Tabelle 2.4: Ausgewählte Indikatoren für Kompetenzen Historischen Lernens

Wahrnehmungs-kompetenz für Veränderungen in der Zeit	a) Lernende erkennen in der eigenen Gegenwart und Umgebung Phänomene, Sachverhalte, Spuren, die in die Vergangenheit weisen.
	b) Lernende erkennen Veränderungen in der Zeit und Zeitdifferenzen. Sie unterscheiden Altes von Neuem.
	c) Lernende suchen und finden selber gezielt Materialien oder Menschen, die über die Vergangenheit Auskunft geben.
	d) Lernende stellen Fragen an die Vergangenheit und diskutieren Wege der Beantwortung.
	e) Lernende begegnen historischen Zeugnissen und Menschen, die über die Vergangenheit berichten, mit kritischer Offenheit, Respekt und Neugier.
	f) Lernende formulieren Vermutungen, die Historisches Lernen anregen.
	g) Lernende identifizieren und benennen Elemente der Geschichtskultur.
Erschliessungs-kompetenz für historische Quellen und Darstellungen	a) Lernende überprüfen Vermutungen anhand von Quellen/Darstellungen.
	b) Lernende identifizieren in Quellen/Darstellungen verschiedene Phänomene, Sachverhalte und Personen.
	c) Lernende unterscheiden verschiedene Gattungen, Textsorten, sie beschreiben und charakterisieren sie, sie schätzen ihren Erkenntniswert ein.
	d) Lernende führen eine Verlässlichkeitsprüfung durch.
	e) Lernende identifizieren und charakterisieren Autoren von hist. Zeugnissen (Augenzeuge, Teilnehmerin, Zeitzeuge, Historikerin, Journalist usw.).
	f) Lernende finden sich in Umgebungen zurecht, die Daten über die Vergangenheit aufbewahren: Bibliotheken, Archive, Museen, Sammlungen, Internet.
	g) Lernende zitieren gehaltvolle Aussagen und weisen sie richtig nach.
	h) Lernende entnehmen aus vorliegenden historischen Zeugnissen selber Informationen.
	i) Lernende charakterisieren die Zeugnisse in Bezug auf die Zeit (von wann?), zur Identifikation von Phänomenen, Sachverhalten oder Personen (was? wer?) sowie zur Lokalisierung (wo?).
	j) Lernende beschreiben die Funktionsweise von Gegenständen aus der Vergangenheit.

	k) Lernende unterscheiden geschichtskulturelle Verarbeitungsformen (wissenschaftlich, didaktisch, imaginativ, simulativ, rhetorisch, diskursiv, kontrafaktisch).
	l) Lernende unterscheiden Geschichtskarten und historische Karten
Interpretationskompetenz für Geschichte	a) Lernende ordnen Ereignisse, Sachverhalte und Personen zeitlich und setzen sie zueinander in Beziehung.
	b) Lernende identifizieren in Erzählungen u. Erklärungen Ursache und Wirkung.
	c) Lernende vergleichen unterschiedliche Erzählungen und Erklärungen zu derselben Person, zu demselben Ereignis oder Sachverhalt.
	d) Lernende äussern Vermutungen zum Zweck von Quellen und Darstellungen.
	e) Lernende erzählen eine Geschichte oder geben eine Erklärung ab.
	f) Lernende unterscheiden die Perspektiven verschiedener Beteiligter in konkreten historischen Situationen.
	g) Lernende reichern eigene Erzählungen diskursiv an.
	h) Lernende stellen vergleichend oder verknüpfend Bezüge zu anderen historischen Zeugnissen her.
	i) Lernende unterscheiden Mächtige von Machtlosen, Reiche von Armen, Gebildete von Ungebildeten.
	j) Lernende unterscheiden Vergangenheit, Gegenwart und Zukunft.
	k) Lernende überprüfen ihre Sachurteile anhand von Quellen (empirische Triftigkeit).
Orientierungskompetenz für Zeiterfahrung	a) Lernende finden in der Geschichte Orientierung für die Bewältigung ihrer Gegenwart und die Gestaltung der Zukunft.
	b) Lernende stellen einen Bezug von Phänomenen aus der Vergangenheit zur eigenen Person oder Gegenwart her.
	c) Lernende erklären den Einfluss vergangener Phänomene für die Gegenwart.
	d) Lernende erkennen in Erzählungen und Erklärungen Sinnbildungsmuster.
	e) Lernende vergleichen und reflektieren ihre Werturteile mit andern Werturteilen.
	f) Lernende benennen den eigenen Lernfortschritt und Handlungsmöglichkeiten.

	g) Lernende erklären den Nutzen der Beschäftigung mit Vergangenem.
	h) Lernende finden Unterhaltung in der Geschichte.
	i) Lernende analysieren Interesse und Werte, die bei Menschen eine Rolle spielten, die an vergangenen Ereignissen beteiligt waren.
	j) Lernende schlagen verschiedene Wege und Lösungen vor, die für die Bewältigung von typischen Situationen und Fällen möglich sind, und beurteilen die Vorschläge.
	k) Lernende begründen den Einfluss von vergangenen Phänomenen für die Gegenwart und schätzen deren Einfluss für Zukunft ab.
	l) Lernende überprüfen ihre Urteile anhand geltender Normen (normative Triftigkeit).
	m) Lernende reichern eigene Erzählungen diskursiv an.
	n) Lernende unterscheiden die einzelnen Prozessschritte beim historischen Lernen und bezeichnen und erklären die jeweiligen Produkte.
	o) Lernende erklären den Nutzen der eigenen Beschäftigung mit Vergangenem.

Die vier Kompetenzbereiche des vorliegenden Modells sind theoretisch stimmig. Wieweit sie praktisch tauglich sind, um Geschichtsunterricht zu beschreiben und analysieren, zeigt sich in der vorliegenden Arbeit. Ob sie empirisch valid sind, muss sich anhand der Entwicklung eines Pools von Beispielaufgaben, deren Pilotierung und der statistischen Erhebung der Messqualität zeigen[31].

2.2.5 Strukturelemente von Geschichtsunterricht[32]

Was im Geschichtsunterricht thematisiert wird, was Schülerinnen, Schüler und Lehrpersonen im Unterricht tun, wie Lehr- und Lernprozesse verlaufen, welche Einflüsse die Kontextbedingungen auf das Geschehen im Unterricht haben, welches die Lernergebnisse (Output) und die Wirkungen (Outcome) des Unterrichts sind – dies alles (und vieles mehr) ist Gegenstand geschichtsdidaktischer Forschung. *Empirie in der Geschichtsdidaktik* bedeutet nach Helmut Beilner „die planmässige und systematische Suche nach Wissen über Tatsachen, die der Vermittlung und Rezeption von Geschichte zugrunde liegen, die sie begleiten,

---

31   Vgl. dazu auch Abschnitt 7.4.2, wo die empirische Validierung und Weiterentwicklung des Kompetenzmodells beschrieben wird.
32   Ausführlichere Darstellung in Gautschi 2007a, S. 21-59.

fördern oder behindern und die zu bestimmten Wirkungen bzw. Ergebnissen dieses Lernprozesses führen" (Beilner 2003, S. 284).

Forschung zum Geschichtsunterricht ist entweder *explorativ*, indem sie Einzelbeobachtungen möglichst genau festhält und dadurch der Empirie neue Impulse verleiht, oder sie sucht nach vorfindbaren Regelmässigkeiten, um *allgemeingültige Aussagen* zu erlauben und Modelle zu entwickeln[33]. Solche Aussagen und Modelle sind in mindestens viererlei Hinsicht von Interesse und Bedeutung. Sie dienen erstens der Wissensgenerierung für die Schulpraxis, zweitens dem Positionsbezug in der Schulpolitik, drittens der Legitimation und Anreicherung der Disziplin und viertens der Schärfung des Blicks und damit ebenfalls dazu, der Empirie neue Impulse zu verleihen.

Während es dank Handbüchern[34] möglich ist, über theoretische Grundlagen zu Geschichtsunterricht einen Überblick zu bekommen, so erweist sich dies in Bezug auf die empirische Forschung in der Geschichtsdidaktik insgesamt als schwierig. Das hängt damit zusammen, dass die Geschichtsdidaktik kein konsistentes Begriffssystem aufgebaut hat. Zudem wurde die geschichtsdidaktische Forschungslandschaft in den letzten Jahren unter verschiedensten Aspekten dargestellt. Allein im deutschen Sprachraum wurde sie zum Beispiel nach Zeit (Beilner 2003), Raum (Borries 2002b), entlang von Problemkreisen (Hasberg 2001a), Fragestellungen (Günther-Arndt/Sauer 2006) oder Forschungsrichtungen (Gautschi 2007a) gegliedert. Vor allem Hasbergs Standortbestimmung nach Problemkreisen (2001, Bd. 2, S. 256) zeigt die Vielfalt und den Reichtum der geschichtsdidaktischen Forschung in den letzten Jahren und belegt zugleich eindrücklich die Schwierigkeit des Unterfangens, einen umfassenden Überblick über die geschichtsdidaktische Forschung zu gewinnen.

Um den Blick für die Unterrichtsbeobachtung und -beschreibung zu schärfen sowie um das Vokabular für die Beschreibung und Analyse der Geschichtslektionen zu entwickeln, werden einige spezifische Fragen zu den Strukturelementen von Geschichtsunterricht gestellt und dazu ausgewählte Aspekte der geschichtsdidaktischen Forschung herangezogen.

a) Gegenstand

Geschichtsunterricht ist charakterisiert durch spezifische Inhalte, Perspektiven und Themen. Für die Unterrichtsbeobachtung und -beschreibung interessieren deshalb folgende Fragen:
– Welche Inhalte werden im Unterricht thematisiert?

---

33 Vgl. dazu Hasberg 2007, S. 18–19.
34 Dienlich sind vor allem Gesellschaft, Staat, Geschichtsunterricht (Bergmann/Schneider 1982), Handbuch der Geschichtsdidaktik (Bergmann/Fröhlich/Kuhn 1997), Handbuch Medien im Geschichtsunterricht (Pandel/Schneider 2002), Handbuch Methoden im Geschichtsunterricht (Mayer/Pandel/Schneider 2004).

– Welche Repräsentationen von Vergangenem und Gegenwärtigem (Bilder, Karikaturen, Texte, Statistiken usw.) erscheinen im Unterricht?

Der Einsatz verschiedener *Lernmaterialien* ist ein zentrales Thema der geschichtsdidaktischen Literatur (Pandel/Schneider 2002). Texte gelten immer noch als grundlegend, doch wächst die Bedeutung visueller Lernmaterialien (Pandel 2000; Sauer 2000; Günther-Arndt 2003; Pandel 2008). Auch die Studie „Geschichtsunterricht heute" versuchte, neue Erkenntnisse zu diesem Aspekt zu gewinnen. Allerdings erwies sich der Begriff „Medien" als zu ungenau für die Anforderungen der Kodierung von Videoaufnahmen. Das Interesse galt nicht dem technischen Träger (Hellraumprojektor oder Wandtafel, Videokassette oder DVD), sondern den unterschiedlichen Kommunikationsformen. Im Mittelpunkt standen die eingesetzten Medien in ihrer Funktion im historischen Lernprozess. Deshalb wurde entschieden, die Untersuchungsgegenstände als *Lernmaterialien* (LM) zu bezeichnen. Die Kategorienbildung orientierte sich an der Sinnesmodalität der Kommunikation (Gesichts-, Hör- und Tastsinn), an den zwei Formen sprachlicher Kommunikation (Schriftlichkeit und Mündlichkeit) sowie an verschiedenen Kombinationen dieser Ausprägungen.

Hodel/Waldis (2007, S. 137) konstatieren, dass die visuellen Lernmaterialien dominieren und dass Texte eine relativ geringe Bedeutung haben. Dies belegt die Feststellung, dass Bilder an Bedeutung im Geschichtsunterricht zunehmen (Sauer 2001, S. 153) und stellt die Aussage infrage, wonach Textquellen im Alltag des Geschichtsunterrichts dominieren (Sauer 2001, S. 147). Generell fällt bei den schriftlichen Lernmaterialien die grosse Bedeutung der Unterrichtstexte[35] auf. Es folgen Autorentexte[36] (Schulbuchtexte) und fiktionale Texte. Hodel und Waldis stellen fest: „Offizielle Dokumente und Selbstzeugnisse, bei denen es sich mit grösserer Wahrscheinlichkeit um Quellen handeln könnte, werden nur in wenigen Lektionen behandelt. Besondere Beachtung muss hierbei den Schülertexten gewidmet werden. Diese nehmen (gemessen an der Dauer der Beschäftigung) eine dominante Stellung im Unterrichtsgeschehen ein: Offenbar schreiben die Schülerinnen und Schüler während des Unterrichts vergleichsweise viel, auch wenn es sich in der Regel um notizenartige Zusammenfassungen und Mitschriften handelt" (Hodel und Waldis 2007, S. 137)[37].

---

35   Als Unterrichtstexte definieren Hodel/Waldis schriftliche Lernmaterialien, die von Lehrenden oder Lernenden vor, während oder nach dem Unterricht entwickelt werden und eine inhaltliche Eigenleistung erfordern (Hodel/Waldis 2007, S. 121).
36   Als Autorentexte definieren Hodel/Waldis Darstellungen in Schulbüchern (Hodel/Waldis 2007, S. 121).
37   Vgl. dazu auch Weidenmann 1994, 1995.

b) Lernende

Im Geschichtsunterricht erwerben Lernende individuelles Wissen und Können in organisierten Lernprozessen. Die geschichtsdidaktische Forschung untersucht ihr Denken und Verständnis, ihre Einstellungen, Kompetenzen, ihre Unterrichtswahrnehmungen als dispositionale Merkmale. In diesem Zusammenhang stellen sich zum Beispiel folgende Fragen:
– Was machen Schülerinnen und Schüler im Geschichtsunterricht? Wie nutzen sie das Angebot der Lehrperson?
– Über welches historische Orientierungswissen verfügen die Lernenden?
– Wie sieht ihr Geschichtsbewusstsein aus?
– Über welche Kompetenzen verfügen die Lernenden?

Einen vertieften Einblick ins historische Denken von Lernenden gab die grosse europäische Studie *Youth and History* (Angvik/Borries 1997a). Die Erkenntnisse waren vielfältig. Für viele überraschend war zum Beispiel das hohe Interesse der europäischen Jugendlichen an der eigenen Familiengeschichte. Insgesamt ist es Borries und seinem Team mit *Youth and History* gelungen, theoretisch entwickelte Modelle von Geschichtsbewusstsein empirisch zu verifizieren. Sie konnten beispielsweise Sinnbildungsstufen von Rüsen (1990) identifizieren und zeigen, dass Jugendliche tatsächlich unterscheiden zwischen Geschichte in „traditionaler", in „exemplarischer", in „kritischer" und in „genetischer" Verwendung. Darüber hinaus haben die Forscherinnen und Forscher auch idealtypische Zugangsweisen zur Geschichte ermittelt, nämlich einen antiquarisch-sammelnden, einen emphatisch-rekonstruierenden, einen moralisch-urteilenden sowie einen projektiv-ästhetisierenden Zugang (Borries 1999a, S. 377).

Bei Leistungsüberprüfungen wird oft nach dem Wissen von Jugendlichen gefragt. In der Studie „Geschichtsunterricht heute" geschah dies entlang der Wissenskategorien von Gilbert Ryle (1948). Ryle unterscheidet allgemein zwischen Orientierungswissen (knowing that), Begründungswissen (knowing why) und Verfahrenswissen (knowing how). Zum Orientierungswissen (Begrifflichkeit Ryle[38]) gehören im Geschichtsunterricht die zeitliche Einordnung von Ereignissen, die Definition von Begriffen oder die Charakterisierung von Personen. Zum Begründungswissen gehören das Erkennen von Ursachen und Wirkungen oder die Herstellung von Zusammenhängen. Zum Verfahrenswissen gehören der Umgang mit Quellen oder Bildern oder das Durchführen der Triftigkeitsprüfungen.

In der Studie „Geschichtsunterricht heute" wurden zu allen Wissenskategorien Fragen gestellt, die Fragen einzeln ausgewertet und am Schluss zu einem Gesamtscore zusammengefasst. Dabei wurde deutlich, dass sich das Geschichtswissen

---

38 In der vorliegenden Arbeit wird dieses von Ryle so bezeichnete Orientierungswissen allgemein als „Gegenstandswissen" und konkret als „Wissen über Vergangenes" bezeichnet.

der Jugendlichen erstens je nach Schultyp (Grundansprüche, erweiterte oder hohe Ansprüche) und zweitens je nach Geschlecht signifikant unterscheidet. Die Knaben „wussten" mehr als die Mädchen, was die Verantwortlichen der Teilstudie überraschte: „Wird davon ausgegangen, dass Geschichte ein Fach ist, in dem Lesekompetenzen für den Wissenserwerb eine wichtige Rolle spielen, so müssten die Mädchen die besseren Testleistungen erbringen. In den PISA-Studien zeigten sich die Mädchen im Bereich Lesen ganz klar als leistungsstärker" (Moser/Wiher 2007, S. 247).

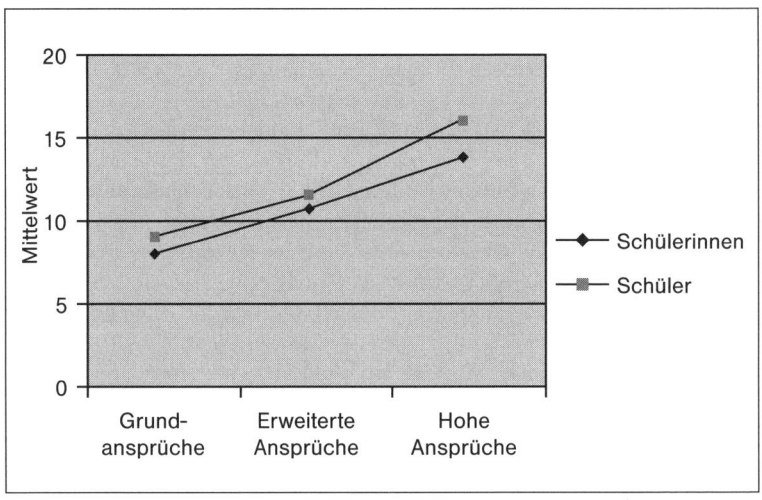

Abbildung 2.5: Wissens-Gesamtscore von Jugendlichen im Projekt „Geschichte und Politik im Unterricht", dargestellt nach Schultypen und Geschlecht (Moser/Wiher 2007, S. 247)

c) Lehrende

Die Lehrpersonen mit ihrer Expertise, ihrem Engagement und ihrer Motivation, ihren Werten und Zielen, ihren subjektiven Theorien und ihrer Bereitschaft zur Selbstreflexion sind zweifellos ein zentraler Faktor im Unterrichtsgeschehen. Für die Beobachtung und Beschreibung von Geschichtsunterricht stellen sich deshalb folgende Fragen:
– Was tun Lehrpersonen während des Unterrichts?
– Welche Zielvorstellungen leiten die Lehrpersonen in ihrem Geschichtsunterricht?

Die geschichtsdidaktische Forschung versucht, verschiedene Typen von Lehrpersonen zu unterscheiden. Evans (1989) identifizierte auf der Grundlage von

Unterrichtsbeobachtungen von 30 Lehrpersonen, von Interviews mit diesen Lehrpersonen sowie von Schülerinnen- und Schüler-Befragungen fünf verschiedene Typen:
- „Storytellers" erzählen Geschichte.
- Für „Scientific Historians" ist das Erklären und Interpretieren von Material aus der Vergangenheit wichtig.
- „Relativist-Reformers" betonen die Gegenwartsbedeutung vergangener Probleme.
- „Cosmic Philosophers" betrachten das Überzeitliche und allgemeine Gesetze als das Interessanteste an Geschichte.
- Die „Eclectics" passen in keine der genannten vier Kategorien.

Auch in der Studie „Geschichtsunterricht heute" wurde versucht, auf Grundlage der Zielorientierungen, der fachbezogenen didaktischen Überzeugungen und der Angaben zur Unterrichtsgestaltung Profile von Geschichtslehrpersonen zu identifizieren. Messner und Buff (2007) konnten empirisch mittels Clusteranalyse vier Gruppen von Lehrpersonen mit ähnlichem Antwortverhalten identifizieren: „ausgewogen", „progressiv", „indifferent", „traditionell".

Messner und Buff (2007, S. 166) beschreiben die Gruppen wie folgt: „Eine kurze Charakterisierung der Gruppen hinsichtlich ihrer Besonderheiten, verglichen mit den anderen, soll deren Benennung verdeutlichen. Der Cluster „*ausgewogen*" (N = 48) fällt dadurch auf, dass diese Personen auf sämtlichen Variablen überdurchschnittliche Werte aufweisen und innerhalb der Variablen keine allzu grossen Differenzen auftreten. Vom Bild her handelt es sich um Lehrpersonen, die gewissermassen versuchen, all den vielen, teilweise auch etwas widersprüchlichen Anliegen gerecht zu werden. (…) Im Cluster „*progressiv*" (N = 23) sind Lehrpersonen zusammengefasst, die einerseits die Bedeutung eigenständigen Lernens und der Differenzierung betonen und die sich vor allem als Lerncoachs verstehen, und andererseits auf den Variablen „Vergangenheitsorientierung" sowie insbesondere „Lehrperson als Vermittler" und „Standardisierung" (deutlich) unterdurchschnittliche Werte aufweisen. Den „Gegenpol" dazu bildet der Cluster „*traditionell*" (N = 41), mit (teilweise leicht) überdurchschnittlichen Werten bei „Vergangenheitsorientierung", „Lehrperson als Vermittler" und „Standardisierung". Auf allen übrigen Variablen weist diese Gruppe unterdurchschnittliche Werte auf. Das Muster entspricht einer, wie es in der Benennung zum Ausdruck kommt, unseres Erachtens eher traditionellen Auffassung von Schule und Unterricht. Der letzte Cluster „*indifferent*" (N = 21) weist überall unterdurchschnittliche Werte auf" (Messner und Buff 2007, S. 166).

Mit Blick auf die oben dargelegte Doppelaufgabe von Geschichtsunterricht (sowohl Wissensvermittlung als auch Kompetenzentwicklung) liesse sich auch vermuten: Lehrperson im Cluster „progressiv" zielen in erster Linie auf den Aufbau

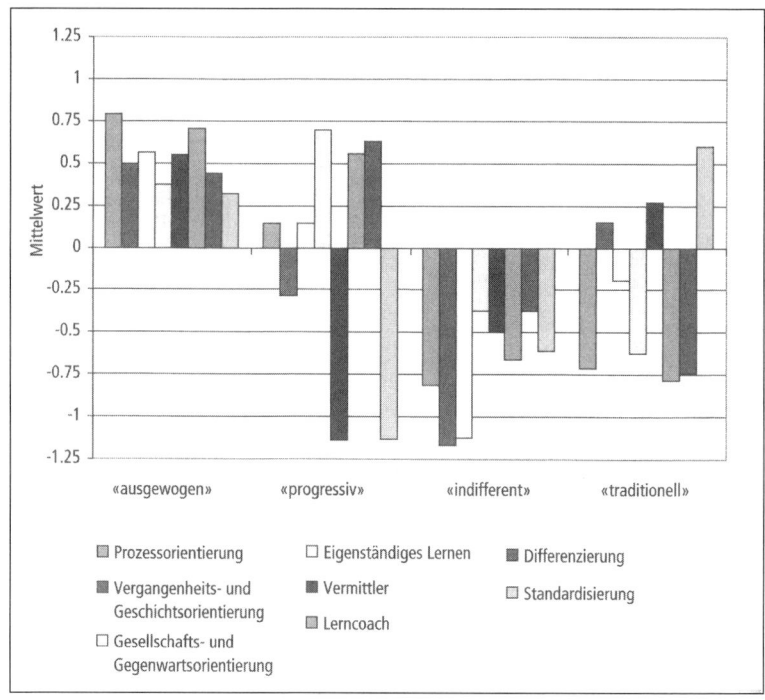

Abbildung 2.6: Vier Gruppen von Geschichtslehrpersonen mit ähnlichem Antwortverhalten im Projekt „Geschichte und Politik im Unterricht" (Messner/Buff 2007, S. 166)

von Kompetenzen. Lehrperson im Cluster „traditionell" zielen in erster Linie auf die Vermittlung von standardisiertem geschichtlichem Wissen. Lehrpersonen im Cluster „ausgewogen" verfolgen die Umsetzung beider Ziele. Generell hat die Studie „Geschichtsunterricht heute" gezeigt, dass die Vermittlung von Wissen über die Vergangenheit den Lehrpersonen wichtiger erscheint als die Ausbildung historischer Denk- und Arbeitsformen.

d) Lehr-Lernkultur

Lehr-Lernkultur umschreibt eine Gesamtorientierung didaktisch-methodischen Handelns, mit der ein Zusammenhang von Methoden- und Medienentscheidungen hergestellt wird. Um ein detailliertes Bild des Geschichtsunterrichts zu erhalten, müssen Lehr- und Lernprozesse genauer beschrieben und analysiert werden. Dabei stellen sich folgende Fragen:
– Was ist typisch für Geschichtsunterricht?

- Welche Methoden und Lernsituationen setzen Lehrpersonen im Geschichts- und Politikunterricht ein? Welche Inszenierungsmuster dominieren? Wie werden Lernende aktiviert?
- Welches sind typische Probleme und Schwierigkeiten im Geschichtsunterricht?

Günther-Arndt (2007, S. 87) unterscheidet vier verschiedene *Lehr-Lern-Konzepte*: Wenn die Lehrperson den gesamten Unterrichtsprozess steuert und die Gegenstände in Form von Präsentationen oder Gesprächen vermittelt werden, spricht sie von erarbeitendem Geschichtsunterricht. Wenn den Lernenden von der Lehrperson präparierte Medien unterschiedlicher Art zur Verfügung gestellt werden und die Lernenden binnendifferenziert arbeiten können, so wird dies als aufgabenzentrierter Geschichtsunterricht bezeichnet. Projektförmiger Unterricht liegt dann vor, wenn die Steuerung der Lehrperson in den Hintergrund tritt und die Lernenden Fragestellungen und Methoden selber entwickeln. Erkundender Geschichtsunterricht ist Geschichtslernen ausserhalb der Schule mit originalen Quellen.

Diese Systematik besitzt eine gewisse Überzeugungskraft, weist aber zwei Schwachpunkte auf: Erstens wird die Vorführung eines Spielfilmes mit historischem Inhalt derselben Kategorie zugeordnet wie das konsequent geführte Klassengespräch. Eine Separierung des darbietenden Unterrichts vom erarbeitenden Unterricht ist einleuchtender. Zweitens wird der Lehrervortrag während einer Stadtführung einer andern Kategorie zugeteilt als der Lehrervortrag im Klassenzimmer. Das Kriterium des Lernorts (im Schulzimmer oder ausserhalb) scheint mir nicht wichtig genug, um unterschiedliche Lernkonzepte zu unterscheiden.

Plausibler erscheint die Gliederung in vier unterschiedliche *Unterrichtsformen* (Gautschi 2005, S. 8, erweitert): Darbietender, erarbeitender, aufgabenbasierter und entdeckenlassender Geschichtsunterricht. Die Unterrichtsformen unterscheiden sich in der Art und Weise, wie Lehrpersonen den Schülerinnen und Schülern das Nutzungsangebot unterbreiten und welche Art vom Umgang mit Vergangenheit und Geschichte angestrebt wird.

- Darbietenden Geschichtsunterricht erkennt man daran, dass Lehrpersonen etwas erklären oder erzählen. Heute delegieren die Lehrpersonen ihre Darbietung häufig an Medien: Spielfilme sind dafür geeignete und bei Lernenden beliebte Medien. Schülerinnen und Schüler werden mit historischen Zeugnissen, Sachanalysen, Sachurteilen und Werturteilen konfrontiert.
- Erarbeitenden Geschichtsunterricht erkennt man daran, dass sich Lehrende und Lernende im gemeinsamen Gespräch mit einem Thema beschäftigen. Oft stellen Lehrende Fragen, die die Lernenden beantworten sollen. Lehrpersonen und Schülerinnen, Schüler nehmen gemeinsam wahr, erschliessen, interpretieren,

- Aufgabenbasierten Geschichtsunterricht erkennt man daran, dass die Lehrperson nicht mehr direkt das Was und Wie des Unterrichts steuern. Sie sind in der Rolle des Coachs, der Managerin – nicht der Vermittlerin. Die Lernenden haben eine schriftliche Aufgabe und Materialien, und sie können selbständig, aber geleitet mit historischen Zeugnissen umgehen, Sachanalysen, Sachurteile und Werturteile entwickeln. Wenn sie nicht weiterkommen, steht ihnen die Lehrperson als Beraterin zur Verfügung.
- Beim Entdeckenlassenden Geschichtsunterricht schliesslich wird den Lernenden weder das Was (Quellen, Darstellungen) zur Verfügung gestellt, noch das „Wie" vorgeschrieben. Schülerinnen, Schüler nehmen eigenständig und selbstgesteuert wahr, erschliessen, interpretieren, urteilen und stellen dar.

Zu jeder dieser vier Unterrichtsformen gibt es eine Reihe von Lernwegen, die in der Publikation „Geschichte lehren" (Gautschi 2005b) ausführlich beschrieben sind: Zum Darbietenden Geschichtsunterricht gehören zum Beispiel die Erzählung oder die Erklärung, zum Erarbeitenden Geschichtsunterricht das Klassengespräch oder die Diskussion, zum Aufgabenbasierten Geschichtsunterricht die Lernwerkstatt oder die Fallmethode, zum Entdeckenlassenden Geschichtsunterricht die Projektmethode oder die Zukunftswerkstatt.

e) Interaktions- und Beziehungskultur

Die Interaktions- und Beziehungskultur in einer Klasse ist eine relevante Dimension der Unterrichtsqualität, weil sie die Lernprozesse vielfältig beeinflusst. Die Interaktions- und Beziehungskultur wird durch die Kommunikation, durch das Verhalten der Lehrenden und Lernenden, durch ihre Einstellungen und ihr Rollenverständnis geprägt. Die *Rolle der Lehrperson* in Bezug auf die Lernenden hat sich in den letzten Jahren im Allgemeinen und für den Geschichtsunterricht im Besonderen verändert. Die Lehrperson soll heute stärker als früher auch Lerncoach sein und in dieser Rolle die Lernenden individuell bei ihren Lernaktivitäten beraten. Das führt zu einer Reihe von Fragen für die Beobachtung und Beschreibung von Geschichtsunterricht:
- Wie begleitet die Lehrperson die Lernenden während des Unterrichts?
- Über welche Kompetenzen verfügt die Lehrperson beim Diagnostizieren, beim Strukturieren, beim Erklären?
- Werden die Lernenden sowohl auf der fachlichen als auch auf der Lernprozess- und Interaktionsebene adaptiv unterstützt und beraten?

Die Interaktions- und Beziehungskultur wird auch durch die eingesetzten *Sozialformen* geprägt. Diese wurden in den vergangenen Jahren immer wieder untersucht, etwa durch Hug (1977), durch Hage u.a. (1985) oder in der Studie „Geschichtsunterricht heute" durch Hodel/Waldis (2007). Ein Vergleich der Ergebnisse zeigt, dass der Klassenunterricht nach wie vor dominiert. Danach folgen Gruppen- und Einzelarbeit und mit einem knappen Abstand die Partnerarbeit am Schluss.

Tabelle 2.5: Anteile Sozialformen am Geschichtsunterricht; Vergleich zwischen Hodel/Waldis (2007), Hage u.a. (1985) und Hug (1977) (Hodel/Waldis 2007, S. 135)

Sozialformen	Hodel/Waldis (2007)	Hage u.a. (1985)[39]	Hug (1977)[40]
Frontal	71%	82%	76%
Gruppen	10%	5%	32%
Einzel	12%	10%	30%
Partner	7%	3%	21%

f) Stoff-, Ziel- und Aufgabenkultur

Die *Auswahl von Inhalten und Zielen* führt gerade im Geschichts- und Politikunterricht immer wieder zu grossen Debatten:
– Wer wählt Inhalte und Themen für den Unterricht aus?
– Welche Inhalte und Themen werden gewählt?
– Wie viel Zeit wird für Aufgaben verwendet?

Während die neuen Ergebnisse zu Sozialformen sich wenig von älteren Studien unterscheiden, so überrascht in der Studie „Geschichtsunterricht heute" der grosse Anteil an Unterrichtszeit, der – in verschiedenen Sozialformen – Arbeitsaufträgen gewidmet war, nämlich 57%. Relativiert wird dieser hohe Anteil durch den Befund, dass im Mittel nur rund 28% der Lektionszeit, also die Hälfte der Zeit für Arbeitsaufträge, tatsächlich den Schülerinnen und Schülern für die selbstständige Bearbeitung der Aufträge zur Verfügung stand. Hodel und Waldis stellen weiter fest, „dass bei rund der Hälfte der Arbeitsaufträge die Bearbeitungszeit unter fünf Minuten liegt. Bei einem weiteren Viertel dauert die selbstständige Bearbeitungszeit zwischen fünf und zehn Minuten" (Hodel/Waldis 2007, S. 136).

Dass der Auswahl der Gegenstände, der Ziele und der Aufgaben durch die Lehrperson eine grosse Bedeutung zukommt, belegt auch die amerikanische geschichtsdidaktische Wirkungsforschung, die ihre Aufmerksamkeit auf Lehrpersonen richtet, deren Schülerinnen und Schüler gute Leistungen zeigen. Im Zentrum des Interesses stehen sowohl das Verhalten dieser erfolgreichen Lehrpersonen *(Teachers' Behaviors)* als auch ihre Überzeugungen sowie ihr berufsbezogenes

---

39   Grundlage war die Beobachtung von 16 Lektionen Geschichte, 20 Lektionen Erdkunde und 15 Lektionen Gesellschaftslehre (Hage/Bischoff/Dichanz u.a. 1985, S. 44)
40   Gefragt wurden 627 Lehrpersonen. Die Frage lautete: „Welchen Anteil hatten in Ihrem Geschichtsunterricht in letzter Zeit die folgenden Unterrichtselemente?" Mehrfachnennungen waren möglich, daher ist das Total grösser als 100% (Hug 1985, S. 186).

Wissen und Können *(Teachers' Beliefs and Knowledge)*. Helmke bezeichnet diesen Forschungszweig als „*Expertenansatz*" (Helmke 2003, S. 30). Newmann (1990) postuliert als Schlussfolgerungen aus seiner umfangreichen Studie, die auch auf Videobeobachtung von erfolgreichen Lehrpersonen basiert, sechs elementare und forschungsgestützte Empfehlungen für erfolgreiches Lehrerhandeln im Geschichtsunterricht. Die ersten drei dieser sechs Empfehlungen betreffen die Auswahl der Gegenstände, der Ziele und der Aufgaben durch die Lehrperson:
– einige wenige Themen vertieft behandeln (statt viele verschiedene Themen oberflächlich streifen),
– Kohärenz und Kontinuität in der Behandlung der Themen gewährleisten,
– herausfordernde Aufgaben und Fragen stellen,
– den Lernenden genügend Zeit zum Denken und Antworten geben,
– Verständnis aufbauen (statt Kenntnisse vermitteln),
– Erklärungen und Begründungen für Schlussfolgerungen einfordern.

Diese Empfehlungen führen direkt zur Frage, was guter Unterricht ist.

2.3 Was ist guter Unterricht?

Eine breit akzeptierte Antwort auf die Frage „Was ist guter Unterricht?" gibt es nicht und kann es vermutlich auch gar nicht geben (Springer 2000, S. 9). Andererseits zeigen Vergleiche von Qualitätskriterien unterschiedlicher Autoren erstaunliche Übereinstimmungen[41].

Vorstellungen darüber, was guter Unterricht sei, ändern sich im Laufe der Zeit. Dies hängt auch damit zusammen, dass Qualitätskriterien didaktische Normen sind, die sich mit unterschiedlichen didaktischen Strömungen wandeln. Die Bedeutung der Eigenaktivität von Lernenden wird durch die konstruktivistische Didaktik betont. Die humanistische Psychologie betont eher die soziale Interaktion zwischen den Beteiligten, die Bildungstheorie rückt die Inhalte ins Zentrum.

Auch die Perspektiven, aus denen die Frage nach gutem Unterricht angegangen wird, ändern sich mit der Zeit. Sie sind zudem auch kulturspezifisch. Helmke (2006) unterscheidet *drei Sichtweisen* auf guten Unterricht: Kompetenzen der Lehrperson, Qualität der Unterrichtsprozesse, Ergebnisqualität.

Lange Jahre wurde die Debatte über guten Unterricht geprägt von der Suche nach der guten Lehrperson. Seit aber „*Best-Practice-*" und Expertenstudien

---

41 Vgl. dazu insbesondere auch Messner 2007a. Er beschreibt im Beitrag die Entwicklung und den Einsatz eines Rasters am Institut Sekundarstufe I der PH FHNW, der zur formativen und summativen Beurteilung der Unterrichtskompetenz in der berufspraktischen Ausbildung dient. Im Vergleich der Qualitätskriterien von H. Meyer und A. Helmke zeigen sich „erstaunliche Übereinstimmungen" (Messner 2007, S. 30).

gezeigt haben, dass sich nachweislich erfolgreiche Lehrpersonen hinsichtlich ihres Unterrichts erheblich voneinander unterscheiden, ist allgemein anerkannt, dass unterschiedliche Handlungsweisen von Lehrpersonen, unterschiedliche Lehrerprofile, unterschiedliche Unterrichtswege zum Erfolg führen können (Weinert/Helmke 1996, Moser/Tresch 2003).

In der gegenwärtigen Diskussion in Mitteleuropa scheint es, dass vor allem die *Ergebnisqualität* der Massstab zur Beurteilung der Güte sei. Unterricht ist in dieser Perspektive so gut oder so schlecht wie die nachweisliche Wirkung, die er erzielt. Output und Outcome sind Schlüsselbegriffe, und mit unterschiedlichen Forschungsansätzen werden die fachlichen Leistungen oder die motivationalen und sozialen Reaktionen der Schülerinnen und Schüler gemessen. Gelegentlich geht ob der Absicht, Standards zu setzen oder durch Vergleiche ein „besser" und „schlechter" zu definieren, vergessen, dass sich „pädagogische Qualität nicht allein am Produkt festmachen lässt, sondern dass man auch Prozesse und Rahmenbedingungen berücksichtigen muss (z.B. Lernvoraussetzungen der Schülerinnen und Schüler, Zusammensetzung der Klassen und Ausfall von Unterricht oder Wechsel der Lehrerin bzw. des Lehrers). Wenn überhaupt, dann kann nur der individuelle Leistungszuwachs, der auf die unterschiedlichen Lernvoraussetzungen der Schülerinnen und der Schüler Bezug nimmt, der Schule zugerechnet werden, nicht aber ein im Vergleich mit anderen Schulen höheres oder niedrigeres Leistungsniveau" (Brügelmann 2000, S. 28).

Die Güte von Unterricht lässt sich nur begrenzt bestimmen über die Untersuchung und Beurteilung der Produkte, und Unterricht lässt sich durch Insistieren auf dieser Perspektive schon gar nicht verbessern[42]. Unterricht ist ein Geschehen mit einem Eigenwert, und er hat weder monokausale Wirkungen, noch ist er technologisch planbar. Aus diesem Grund liegt in der vorliegenden Arbeit der Akzent nicht auf der Ergebnisqualität, sondern auf der Qualität der *Unterrichtsprozesse*. „Die Qualität des Unterrichts bemisst sich danach, ob er bestimmten sachlichen Kriterien (wie Strukturiertheit, Motivierung etc.) genügt. Dies ist eine variablenorientierte Sichtweise, die in der Forschung üblich und dominierend, in der Unterrichtspraxis jedoch neu und nicht immer leicht zu vermitteln ist" (Helmke 2007, S. 3). Die Unterrichtsprozesse sind von der Lehrperson gestalt- und planbar. Selbstverständlich jedoch müssen auch bei einer Prozessperspektive für eine angemessene Beurteilung der Güte von Unterricht sowohl die Voraussetzungen der Prozesse als auch die Folgen berücksichtigt werden.

Um Unterricht angemessen beurteilen zu können, braucht es also

---

42 Polemisch formuliert liest sich das bei Meyer/Feindt/Fichten (2007, S. 67) wie folgt: „Wir müssen den engen ‚PISA-Tunnelblick' aufgeben, weil selbst aus noch so genauen Lernstandserhebungen zu ausgewählten Kompetenzbereichen keine Rückschlüsse auf die Unterrichtspraxis gezogen werden können. Vom vielen Wiegen ist noch kein Schwein fett geworden (…)".

1. eine Verständigung über grundlegende Begriffe im Umgang mit der Beurteilung von Unterricht (Abschnitt 2.3.1),
2. Kriterien zur Beurteilung der Güte sowie plausible Begründungen für deren Auswahl (2.3.2),
3. taugliche Beurteilungsinstrumente und transparente Verfahren zu einer fairen Bewertung (vgl. 3.4.4).

2.3.1 Begriffe im Umgang mit der Beurteilung von Unterricht

Wenn Unterricht als „gut" bezeichnet wird, dann schwingt automatisch mit, dass es auch „schlechten" Unterricht gibt. Das ist an und für sich eine Selbstverständlichkeit, macht aber auf die Schwierigkeit aufmerksam, dass „Güte" nicht ein absoluter, sondern ein relativer Begriff ist. Gut ist Unterricht immer im Vergleich mit etwas Anderem oder in Bezug auf etwas Anderes. In der vorliegenden Arbeit wird deshalb explizit von „gutem Unterricht" gesprochen, weil er mit im Voraus definierten Kriterien bzw. mit Normen verglichen und beurteilt wird[43].

Gut ist Unterricht immer aus einer bestimmten Perspektive. Hilbert Meyer stellt dazu die Frage, „für wen der Unterricht gut sein soll" (Meyer 2004, S. 11). Die Güte des Unterrichts wird zudem auf dem Hintergrund von expliziten oder impliziten Zielen beurteilt. Wozu soll die Güte des Unterrichts erhoben werden: zur Qualitätspflege oder zur Rechenschaftslegung, aus Forschungsneugier oder mit der Absicht, Besoldungsindikatoren für Lehrpersonen zu gewinnen?

Und schliesslich ist „Unterricht" nicht ein einfach zu definierendes Phänomen (vgl. Unterkapitel 2.1) und kann sich in vielen unterschiedlichen Daten spiegeln. Mit Unterricht kann zudem eine Sequenz, eine Lektion, eine Unterrichtseinheit oder die Ganzheit eines Faches, einer Schule, einer Schülerin oder eines Schülers, eines Jahres gemeint sein.

Selbst wenn mit Unterricht eine Lektion gemeint ist, kann sich die Beurteilung auf ganz unterschiedliche Daten stützen. Beurteilt werden kann auf Grundlage des Inputs, also beispielsweise der Lehrmittel oder Lernunterlagen, der Sitzordnung, der gewählten Themen. Beurteilt werden kann, wie oben erwähnt, auf Grundlage des Outcomes, also zum Beispiel der Leistungen der Lernenden. Beurteilt werden kann auch das Prozessgeschehen, also etwa die Kommunikation der Beteiligten, der Medieneinsatz, die Lehrerhandlungen.

Um Gespräche über und Forschung zu Unterricht besser zu ermöglichen, entstanden in den letzten Jahren eine Reihe von komplexen *Unterrichtsmodel-*

---

43 Ich folge damit in der Terminologie der Unterscheidung zwischen „guten" und „erfolgreichen" Lehrpersonen, die von D.C. Berliner (2001) geprägt worden ist. Er spricht dann von „guten" Lehrpersonen, wenn diese vorab definierten Qualitätskriterien bzw. normativen Standards genügen, und er spricht von „erfolgreichen" Lehrpersonen, wenn bei Lernenden messbare Effekte oder Erfolge eingetreten sind, die sich auf das Lehrerhandeln zurückführen lassen.

len, die aufzeigen sollen, wie die einzelnen Aspekte zusammenhängen und sich gegenseitig verstärken oder abschwächen. Fend (1981) hat dazu die aus der Wirtschaft stammende Denkfigur in die Pädagogik eingebracht, Unterricht unter dem Blickwinkel von *Angebot und Nutzung* zu betrachten. Helmke und andere haben den Gedanken aufgenommen und weiterentwickelt. Helmkes Strukturmodell geht ebenfalls „von der Grundüberlegung aus, Unterricht als Angebot zu betrachten. Ob dieses ertragreich ist, hängt von seiner Nutzung ab" (Helmke 2006, S. 43). Damit wird das Modell dem systemischen Charakter des Unterrichts gerecht, und es hat einen wichtigen Vorzug: „Es benennt die ‚Stellschrauben', an denen Lehrer und Schüler drehen können, um den Lernerfolg zu erhöhen" (Andreas Helmke im Interview mit Hilbert Meyer und Ewald Terhart in Becker/Feindt/Meyer u.a. 2007, S. 62).

Zu den in Abbildung 2.7 dargestellten Aspekten lassen sich Daten erheben, sei es durch Befragung verschiedener Personengruppen, durch Dokumentation oder durch Messungen im Feld.

Um von vorliegenden Daten zu einem Urteil über Unterricht zu kommen, gibt es verschiedene Möglichkeiten. Erstens kann das Urteil *kriterienorientiert* gefällt werden. Unterricht, der die gewählten Kriterien erfüllt, ist gut. Die meisten Unterrichtsbeurteilungen sind auf diese Weise angelegt: Zuerst werden auf der Soll-Ebene Erwartungen formuliert und Kriterien gesetzt, danach auf der Ist-Ebene Daten erhoben und schliesslich im Vergleich von Soll und Ist Urteile gefällt. Zweitens kann das Urteil auf Grundlage einer *sozialen Norm* gefällt werden. Unterricht wird entlang definierter Kriterien auf Grund eines definierten Verfahrens gereiht und danach mit Hilfe eines statistischen Verfahrens beurteilt. Diese Sozialnormorientierung, die für die Beurteilungen der Lernleistungen von Schülerinnen und Schülern und zu deren Selektion immer schon eine grosse Rolle gespielt hat, erlebte im Zuge der Bologna-Deklaration durch das prozentgeleitete Grading (5% A, 15% B usw.) auch in Hochschulen einen Aufschwung. Drittens kann das Urteil *entwicklungsorientiert* gefällt werden. Dies bedeutet, dass ausgewählter Unterricht im Vergleich zum vorherigen Unterricht derselben Klasse am selben Ort durch dieselbe Lehrperson beurteilt wird. Unterricht ist dann gut, wenn er besser ist als der vorherige. Dieselbe Geschichtslektion kann demnach kriterienorientiert, normorientiert oder entwicklungsorientiert beurteilt werden, und je nach Beurteilungsform wird das Urteil anders lauten.

Einmal vorliegenden Daten können aus unterschiedlichen Perspektiven beurteilt werden. Lernende beurteilen oft dasselbe Geschehen anders als Lehrende oder Expertinnen, Experten. Eltern beurteilen anders als Schulleitungen oder die politisch Verantwortlichen. Und auch der Zweck der Beurteilung kann zu unterschiedlichen Urteilen führen. Je nachdem, ob eine formative, summative oder prognostische Beurteilung durchgeführt wird, unterscheidet sich das Urteil erheblich.

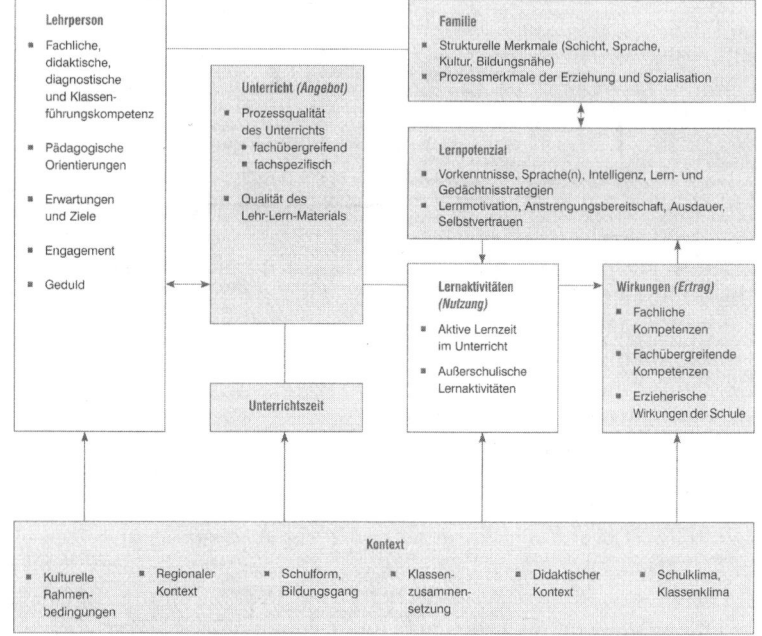

Abbildung 2.7: Das Angebot-Nutzungs-Modell zur Erklärung von Lernerfolg nach Helmke (Becker/Feindt/Meyer u.a. 2007, S. 65)

Um von vorliegenden Daten zu einem Urteil zu kommen, braucht es Kriterien. In Anlehnung an H. Meyer (2004, S. 20) wird in dieser Studie von „Gütekriterien als Massstäbe zur Beurteilung der Unterrichtsqualität" gesprochen. Gütekriterien sind normative Setzungen, die theoretisch begründet und in Kenntnis der empirischen Forschungsergebnisse ausgewählt sind[44].

---

44   In diesem Zusammenhang wird häufig auch von „Merkmalen guten Unterrichts" gesprochen. Dies sind „empirisch erforschte Ausprägungen von Unterricht, die zu dauerhaft hohen kognitiven, affektiven und/oder sozialen Lernergebnissen beitragen" (Meyer 2004, S. 20). Um Merkmale guten Unterrichts zu formulieren, braucht es Daten sowohl zur Prozessstruktur als auch zur Wirkung von Unterricht, und es braucht das methodische Wissen und Können, hier Korrelationen herzustellen. Merkmale guten Unterrichts sind demgemäss ein Element der Gütekriterien.

Was ist guter Unterricht? 81

2.3.2 Ausgewählte Gütekriterien

Gütekriterien des Unterrichts lassen sich auf Basis von theoretischen Modellvorstellungen, in Hinblick auf ausgewählte Unterrichtsziele, aus einer Perspektive mit bestimmten Absichten sowie in Kenntnis der Unterrichtsforschung formulieren. Im vorliegenden Abschnitt geschieht die Formulierung der Gütekriterien mittels Vergleich relevanter Literatur zum Thema. Herangezogen werden die
a) Didaktischen Prinzipien von Jo Kramis (1990)
b) Prinzipien wirksamen Unterrichts von Jere Brophy (2000)
c) Merkmale guten Unterrichts nach Hilbert Meyer (2004)
d) Merkmale von Unterrichtsqualität nach Andreas Helmke (2006)
e) Merkmalsbereiche zur Unterrichtsbeurteilung von Clausen/Reusser/Klieme (2003)

a) Didaktische Prinzipien von Jo Kramis (1990)

Eine in der Schweiz wegweisende Arbeit zu Gütekriterien von Unterricht hat Jo Kramis 1990 vorgelegt. Er postuliert zuerst drei fundamentale Gütekriterien für Unterricht: „1. Bedeutsamkeit (der gewählten Unterrichtsinhalte und Ziele), 2. Effizienz (der gewählten Lernorganisation, Lernaktivitäten und Medien), 3. gutes Lernklima" (Kramis 1990, S. 280). Als fundamental bezeichnet Kramis die genannten Gütekriterien deswegen, weil seiner Ansicht nach der Unterricht nicht als gut bezeichnet werden kann, wenn eines dieser drei Gütekriterien nicht erfüllt ist. Als weiteres wichtiges, viertes Kriterium für guten Unterricht definierte Kramis zudem ein „psycho-ökologisches Kriterium: keine heimlichen negativen Nebeneffekte des Unterrichts, weder auf Schüler- noch auf Lehrerseite" (Kramis 1990, S. 281).

In einem zweiten Schritt hat Kramis 36 häufig genannte „Didaktische Prinzipien" (griffig-plakative Formeln zur Gestaltung von Unterricht) kurz charakterisiert und den drei Gütekriterien Bedeutsamkeit, Effizienz und Lernklima zugeordnet. In einem dritten Schritt hat Kramis die Aussagekraft und Gliederung der Didaktischen Prinzipien empirisch untersucht und dabei mittels Faktorenanalyse festgestellt, dass sich erstens tatsächlich drei Grunddimensionen ergeben, auf die sich die didaktischen Prinzipien zurückführen lassen, und dass sich zweitens mit einem Subset von 15 Didaktischen Prinzipien die Güte von Unterricht erfassen lässt (s. Tab. 2.6).

b) Prinzipien wirksamen Unterrichts von Jere Brophy (2000)

Verschiedene Autorinnen und Autoren haben in den letzten Jahrzehnten das forschungsbasierte Wissen zu gutem Unterricht in Überblicksdarstellungen

Tabelle 2.6: 15 Didaktische Prinzipien von Kramis (1990, S. 293)

Bedeutsamkeit	1. Zukunftsbedeutung
	2. Schülerorientierung
	3. Problemorientierung
	4. Anspruchsvoller Unterricht: Analyse, Synthese, Beurteilung
	5. Selbstständigkeit und Eigenverantwortung
Effizienz	6. Mehrere Repräsentationsformen: symbolisch, ikonisch, enaktiv
	7. Funktionsrhythmus: Input-Verarbeitung-Kontrolle
	8. Lernen durch Meisterung von Situationen
	9. geeignete Schüleraktivität
	10. Individualisierung
Lernklima	11. Kooperation Lehrer-Schüler
	12. Steuerung durch positive Mittel
	13. Freiräume geben
	14. Angstfreier Unterricht
	15. Wertschätzung

zusammengestellt[45]. Bereits im Jahr 2000 hat Jere Brophy eine Publikation vorgelegt, in der er 12 Prinzipien wirksamen Unterrichtens präsentiert (vgl. Tabelle 2.7).

Tabelle 2.7: Prinzipien wirksamen Unterrichts von Brophy (2000)

1. A supportive classroom climate (ein unterstützendes Klassenklima)
2. Opportunity to learn (Lerngelegenheiten)
3. Curricular alignment (Orientierung am Lehrplan)
4. Establishing learning orientations (Aufbau einer Lern- und Aufgabenorientierung)
5. Coherent Content (Stimmige und zusammenhängende Unterrichtsinhalte)
6. Thoughtful discourse (Gut durchdachter Unterrichtsplan)
7. Practice and application activities (Schaffung von Übungs- und Anwendungsmöglichkeiten)

---

45 Zusätzlich zu den hier referierten Arbeiten ist diejenige von Sabine Gruehn (2000) zu nennen.

8.	Scaffolding students' task engagement (Das Interesse der Schüler und ihre Lerntätigkeit unterstützen)
9.	Strategy teaching (Vermittlung von Lernstrategien)
10.	Co-operative learning (Kooperatives Lernen)
11.	Goal-oriented assessment (Lernzielorientierte Leistungsbewertung)
12.	Achievement expectations (Formulierung von Lernerwartungen)

c) Merkmale guten Unterrichts nach Hilbert Meyer (2004)

Im deutschen Sprachraum populär geworden sind die zehn Merkmale guten Unterrichts von Hilbert Meyer (2004, S. 17–18). Er definiert zuerst das Gütekriterium, nennt anschliessend Indikatoren dazu, skizziert dann ausgewählte Forschungsergebnisse zur Relevanz und formuliert didaktisch-methodische Ratschläge und Beispiele zur Verbesserung des Unterrichts.

Tabelle 2.8: Merkmale guten Unterrichts von Meyer (2004, S. 17–18)

1.	Klare Strukturierung des Unterrichts (Prozess-, Ziel- und Inhaltsklarheit; Rollenklarheit, Absprache von Regeln, Ritualen und Freiräumen)
2.	Hoher Anteil echter Lernzeit (durch gutes Zeitmanagement, Pünktlichkeit; Auslagerung von Organisationskram; Rhythmisierung des Tagesablaufs)
3.	Lernförderliches Klima (durch gegenseitigen Respekt, verlässlich eingehaltene Regeln, Verantwortungsübernahme, Gerechtigkeit und Fürsorge)
4.	Inhaltliche Klarheit (durch Verständlichkeit der Aufgabenstellung, Plausibilität des thematischen Gangs, Klarheit und Verbindlichkeit der Ergebnissicherung)
5.	Sinnstiftendes Kommunizieren (durch Planungsbeteiligung, Gesprächskultur, Sinnkonferenzen, Lerntagebücher und Schülerfeedback)
6.	Methodenvielfalt (Reichtum an Inszenierungstechniken; Vielfalt der Handlungsmuster; Variabilität der Verlaufsformen und Ausbalancierung der methodischen Grossformen)
7.	Individuelles Fördern (durch Freiräume, Geduld und Zeit; durch innere Differenzierung und Integration; durch individuelle Lernstandsanalysen und abgestimmte Förderpläne; besondere Förderung von Schülern aus Risikogruppen)
8.	Intelligentes Üben (durch Bewusstmachen von Lernstrategien, passgenaue Übungsaufträge, gezielte Hilfestellungen und „übefreundliche" Rahmenbedingungen)
9.	Transparente Leistungserwartungen (durch ein an den Richtlinien oder Bildungsstandards orientiertes, dem Leistungsvermögen der Schülerinnen und Schüler entsprechendes Lernangebot und zügige förderorientierte Rückmeldungen zum Lernfortschritt)
10.	Vorbereitete Umgebung (durch gute Ordnung, funktionale Einrichtung und brauchbares Lernwerkzeug)

d) Merkmale von Unterrichtsqualität nach Andreas Helmke (2006)

Auch Andreas Helmke (2006, S. 45) präsentiert zehn fachübergreifende Merkmale, die Unterrichtsqualität ausmachen. Er bezeichnet sie als „Kern des ‚guten' Unterrichts".

Tabelle 2.9: Merkmale für Unterrichtsqualität nach Helmke (2006, S. 45)

1. Effiziente Klassenführung und Zeitnutzung: Notwendige Voraussetzung für erfolgreiches und anspruchsvolles Unterrichten; Etablierung und Einhaltung verhaltenswirksamer Regeln; Prävention von Störungen durch Strategien der Aufmerksamkeitslenkung; im Falle von Störungen: diskret-undramatische, Zeit sparende Behebung.
2. Lernförderliches Unterrichtsklima: So viele nicht mit Leistungsbewertungen verbundene Lernsituationen wie möglich, so viele Leistungssituationen wie nötig; freundlicher Umgangston und wechselseitiger Respekt; Herzlichkeit und Wärme; entspannte Atmosphäre, es wird auch mal gelacht; Humor; Toleranz gegenüber Langsamkeit; angemessene Wartezeit auf Schülerantworten; konstruktiver Umgang mit Fehlern.
3. Vielfältige Motivierung: Thematisierung unterschiedlicher lernrelevanter Motive (intrinsische Lernmotivation: Sach- und Tätigkeitsinteresse; extrinsische Lernmotivation: Akzentuierung der Wichtigkeit und Nützlichkeit des Lernstoffs und Anknüpfung an die Lebenswelt der Schüler); Anregung des Neugier- und Leistungsmotivs; Motivierung durch Lernen am Modell: Engagement, Freude der Lehrkraft am Fach und am Unterrichten („enthusiasm").
4. Strukturiertheit und Klarheit: Angemessenheit der Sprache (Wortschatz, Fachsprache); Lernerleichterung durch strukturierende Hinweise (Vorschau, Zusammenfassung, „advance organizer"); fachlich-inhaltliche Korrektheit; sprachliche Prägnanz: klare Diktion, angemessene Rhetorik, korrekte Grammatik, überschaubare Sätze; akustische Verstehbarkeit; angemessene Artikulation und Modulation, Lautstärke, Dialekt.
5. Wirkungs- und Kompetenzorientierung: Fokus auf den Erwerb fachlicher, überfachlicher und nichtfachlicher Kompetenzen als primäres Bildungsziel; empirische Orientierung: Fokus auf nachweisliche und nachhaltige Wirkungen (künftig: Orientierung an den Bildungsstandards); Nutzung aller diagnostischen Möglichkeiten für regelmässige Standortbestimmung.
6. Schülerorientierung, Unterstützung: Lehrkräfte als fachliche und persönliche Ansprechpartner; die „Kundschaft" wird ernst genommen: Sie kann in angemessenem Rahmen mitbestimmen, wird zum Unterricht befragt („Schülerfeedback").
7. Förderung aktiven, selbstständigen Lernens: „Guter Unterricht ist ein Unterricht, in dem mehr gelernt als gelehrt wird" (Franz E. Weinert); unterrichtliche Angebote für selbstständiges, eigenverantwortliches Lernen; vielfältige Sprech- und Lerngelegenheiten für möglichst alle Schüler einer Klasse; Spielräume statt Engführung, authentische statt Pseudofragen.
8. Angemessene Variation von Methoden und Sozialformen: Schüler-, fach- und lernzielangemessene Variation von Unterrichtsmethoden und Sozialformen; sowohl zu geringe („Monokultur") als auch zu starke Variation sind problematisch.

Was ist guter Unterricht? 85

9. Konsolidierung, Sicherung, Intelligentes Üben: Vielfalt an Aufgaben, die nicht bloß mechanisch, sondern „intelligent" geübt werden; Bereitstellung unterschiedlicher Transfermöglichkeiten; aber auch: Beherrschung von basic skills, automatisierten Fertigkeiten (Grundwortschatz, Grundrechenarten) als gedächtnispsychologische Voraussetzung für die Beschäftigung mit anspruchsvollen Aufgabenstellungen.

10. Passung: Variation der fachlichen und überfachlichen Inhalte, Anpassung der Schwierigkeit und des Tempos an die jeweilige Lernsituation und die Lernvoraussetzungen der Schüler(gruppen); sensibler Umgang mit heterogenen Lernvoraussetzungen und Schülermerkmalen, besonders im Hinblick auf Unterschiede im sozialen, sprachlichen und kulturellen Hintergrund sowie im Leistungsniveau.

e) Merkmalsbereiche zur Unterrichtsbeurteilung von Clausen/Reusser/Klieme (2003)

Ein Vergleich der Listen von Brophy, Meyer und Helmke zeigt eine hohe Übereinstimmung. Dies ist nicht erstaunlich, stützen sich die Autoren doch zum Teil auf dieselben Forschungen zu Unterrichtsqualität. Sie fassen die einzelnen Aspekte unterschiedlich zusammen, bezeichnen sie anders und setzen charakteristische Impulse. Besonders sichtbar wird die Übereinstimmung, wenn die Listen mit den vier Merkmalsbereichen verglichen werden, die Clausen/Reusser/Klieme 2003 bilden. Diese Forscher wählen für ihre Studie eine Reihe von bereits erprobten Kurzskalen zu verschiedenen Aspekten von gutem Unterricht aus und ergänzen sie mit eigenen Prinzipien, sodass eine Liste mit 94 Items entsteht. Diese erfassten Merkmale unterteilen sie in vier Merkmalsbereiche, die sich auch faktorenanalytisch replizieren lassen (Clausen/Reusser/Klieme 2003, S. 129).

Tabelle 2.10: Merkmalsbereiche zur Unterrichtsbeurteilung mit ausgewählten Merkmalen[46] (Clausen/Reusser/Klieme 2003, S. 129)

Instruktions-effizienz	Klassenführung, Regelklarheit, Time-on-Task, *Zeitverschwendung, Disziplinprobleme, Aggressionen (Schüler gegen den Lehrer, Schüler untereinander, Lehrer gegen Schüler)*
Schülerorientierung	Positive Fehlerkultur, Positive Schülerorientierung, Diagnostische Kompetenz (Sozialbereich), Individuelle Lernunterstützung, Individuelle Bezugsnormorientierung, Individualisierung, Multiple authentische Kontexte, *Überforderndes Tempo*
Kognitive Aktivierung	Mathematische Produktivität, Anspruchsvolles Üben, Lehrer als Mediator, Pacing, Motivierungsfähigkeit, *Repetitives Üben, Sprunghaftigkeit*
Klarheit und Strukturiertheit	Strukturierungshilfen, Klarheit, Diagnostische Kompetenz (Leistungsbereich), Fokussierung)

---

46 Rechte Spalte: Negative Merkmale sind kursiv gekennzeichnet.

f) Gütekriterien für die vorliegende Arbeit

Die Festlegung von Gütekriterien für die vorliegende Arbeit geschieht auf Basis der vier Merkmalsbereiche von Clausen/Reusser/Klieme (2004). Diese Merkmalsbereiche werden umformuliert, mit Aspekten aus den Publikationen von Kramis, Brophy, Meyer und Helmke angereichert, und es wird ihnen mittels eines werthaltigen Adjektivs eine Güte zugeschrieben. Auf diese Weise entstehen vier Gütekriterien:
- Aus „Instruktionseffizienz" entsteht *Sicherung einer effizienten Klassenführung und Zeitnutzung*.
- Aus „Schülerorientierung" entsteht *Förderung eines unterstützenden Klassenklimas*.
- Aus „Kognitive Aktivierung" entsteht *Gewährleistung von anregenden, aktivierenden und angepassten Lerngelegenheiten*.
- Aus „Klarheit und Strukturiertheit" entsteht *Schaffung von angemessener Klarheit und Strukturiertheit*.

Diese Gütekriterien werden mit ausgewählten Indikatoren präzisiert, die sich erstens an Aussagen von Kramis, Brophy, Meyer, Helmke und Clausen/Reusser/Klieme in den genannten Publikationen bei den betreffenden Aspekten orientieren und die zweitens Indikatoren aus einem bereits publizierten Beobachtungs- und Beurteilungsbogen aufnehmen (Gautschi 2005, S. 185).

Tabelle 2.11: Fachunspezifische Gütekriterien zur Unterrichtsbeurteilung mit Indikatoren für gelungene Umsetzung (Gautschi 2005, S. 185).

Sicherung einer effizienten Klassenführung und Zeitnutzung	a) Die Lehrperson pflegt klare Regeln und unterstützende Rituale und setzt sie durch.
	b) Die Lehrperson gestaltet den Lerneinstieg u. -abschluss situationsangepasst.
	c) Die Lehrperson sorgt für einen hohen Anteil von echter Lernzeit durch einen flüssigen Ablauf und durch schlanke Übergänge.
	d) Die Lehrperson verfügt über ein wirkungsvolles Zeitmanagement.
	e) Die Lehrperson wählt zielgerichtete und abwechslungsreiche Lehr- und Sozialformen.
Förderung eines unterstützenden Klassenklimas	a) Die Lehrperson sorgt für eine sinnstiftende Kommunikation: sie geht z.B. auf Fragen von Lernenden ein.
	b) Die Lehrperson steuert die Klasse durch positive Mittel, z.B. durch Anerkennung oder Konzentration aufs Positive.
	c) Die Lehrperson bietet den Lernenden im Unterricht Freiräume für ihre eigenen Interessen- und Begabungsschwerpunkte und für ihre Selbststeuerung.

	d) Die Lehrperson pflegt einen wertschätzenden und respektvollen Umgangston; sie sorgt für eine entspannte und angstfreie Lernatmosphäre.
	e) Die Lehrperson motiviert die Lernenden, z.b. durch Ermutigung u. Bestärkung.
	f) Die Lehrperson nimmt auf einzelne Schülerinnen und Schüler Rücksicht.
Gewährleistung von anregenden, aktivierenden und angepassten Lerngelegenheiten	a) Die Lehrperson passt die Lernaufgaben dem Lernstand der Schüler an. Sie sorgt dafür, dass sie von der Mehrheit der Lernenden gemeistert werden können.
	b) Die Lehrperson passt die Komplexität des Themas dem Entwicklungsstand der Lernenden an.
	c) Die Lehrperson wählt Schüleraktivitäten, die zur Erreichung der Ziele gut geeignet und lernwirksam sind.
	d) Die Lehrperson achtet darauf, dass alle Lernenden kognitiv aktiviert werden.
	e) Die Lehrperson sorgt für eine wirkungsvolle Sicherung des Gelernten. Sie verknüpft neue Inhalte mit bestehendem Wissen.
Schaffung von angemessener Klarheit und Strukturiertheit	a) Die Lehrperson strukturiert den Unterricht in eine sinnvolle Abfolge von Lehr- und Lernphasen.
	b) Die Lehrperson ermöglicht und fördert eine Konzentration aufs Wesentliche. Es ist z.B. ein „roter Faden" erkennbar.
	c) Die Lehrperson drückt ihre Erwartungen an die Schülerinnen und Schüler klar aus.
	d) Die Lehrperson gibt verständliche Hinweise zu den Arbeitsaufträgen.
	e) Die Lehrperson macht den Schülerinnen und Schülern die Lern- und Arbeitsstrategien bewusst.
	f) Die Lehrperson sorgt für Ziel-, Prozess- und Inhaltsklarheit.

Ein vergleichender Blick auf das didaktische Dreieck macht deutlich, dass in den oben vorgeschlagenen Gütekriterien und Indikatoren Aussagen zu b) Lernende, c) Lehrperson, d) Lehr-Lernkultur, e) Interaktions- und Beziehungskultur und f) Stoff-, Ziel- und Aufgabenkultur vorhanden sind. Diese Aussagen sind nicht für bestimmte Fächer, Stufen oder Schulformen ausgelegt. Gut abgedeckt mit den im Unterkapitel 2.3 vorgeschlagenen vier Gütekriterien ist also die fachunspezifische Prozessstruktur von Unterricht. Wenig oder gar nicht angesprochen ist die Dimensionen a) Gegenstand und damit das Fachspezifische des Geschichtsunterrichts. Dies geschieht im folgenden Unterkapitel „Was ist guter Geschichtsunterricht?".

2.4 Was ist guter Geschichtsunterricht?

Im Unterschied zur Frage „Was ist guter Unterricht?" gibt es zur Frage „Was ist guter Geschichtsunterricht?" bedeutend weniger Veröffentlichungen[47]. Mit dieser ernüchternden Bilanz steht die Geschichtsdidaktik allerdings nicht alleine da[48]. Die Fachdidaktik hat – mit Ausnahmen, etwa der Mathematikdidaktik – bisher diese Frage nicht oft gestellt und nur wenig zur Klärung der Frage beigetragen. Barricelli und Sauer kommen zum gleichen Schluss, wenn sie schreiben: „Zwar liegen auch Vorschläge vor, welche Kompetenzen der Geschichtsunterricht insgesamt und bis zu seinem Ende Schülerinnen und Schülern vermitteln soll. Aber wie sich dies im Hinblick auf Unterrichtsprozesse operationalisieren oder umgekehrt in Unterrichtsprozessen diagnostizieren liesse, dieser Frage ist bislang nicht mit genügender Differenziertheit und Konkretion nachgegangen worden" (Barricelli/Sauer 2006, S. 4).

Heute muss nun die Geschichtsdidaktik angesichts der pädagogischen und bildungspolitischen Diskussionen hinsichtlich Kompetenzen und Standards Überlegungen zu folgender aktueller Grundfrage anstellen: Was macht die unverwechselbare Besonderheit des Geschichtsunterrichts aus? Und: Gibt es Gütekriterien, mit denen die spezifische fachliche Qualität identifiziert, beschrieben und beurteilt werden kann?

Um diese Grundfragen zu beantworten, werden zwei Arbeiten, die dieser Frage im deutschen Sprachraum nachgegangen sind, herangezogen: „Kategorien der Geschichtsdidaktik und Praxis der Unterrichtsanalyse" von Mayer/Pandel aus dem Jahr 1976 und „Was ist guter Geschichtsunterricht?" von Barricelli/Sauer aus dem Jahr 2006. Vor allem das Kategoriensystem von Mayer/Pandel ist nach wie vor ein „angemessenes Raster zur Feststellung des spezifischen Historischen" (Mayer 2005, S. 224) und dient deshalb als eine Grundlage für diese Studie. Im letzten Abschnitt dieses Unterkapitels werden auf der Grundlage der bisherigen Überlegungen für diese Arbeit ein Rahmenmodell für Geschichtsunterricht eingeführt und die dazugehörigen Gütekriterien präsentiert.

---

47   Eine Suche mit Google ergibt gerade einmal zehn Treffer (Abfrage am 27.5.2007 bei www.google.ch), und dabei wird der Text von Barricelli/Sauer (2006) fünfmal genannt. Bei den andern Treffern handelt es sich meist um Zwischentitel aus Programmübersichten von geschichtsdidaktischen Veranstaltungen.

48   Die Suche mit Google nach der Frage „Was ist guter Biologieunterricht?" ergibt 7 Treffer, diejenige nach „Was ist guter Geographieunterricht?" 5 Treffer (Abfrage am 27.5.2007 bei www.google.ch).

2.4.1 Das Kategoriensystem von Ulrich Mayer und Hans-Jürgen Pandel

„Kategorien der Geschichtsdidaktik und Praxis der Unterrichtsanalyse" von Ulrich Mayer und Hans-Jürgen Pandel erschien 1976. Das war „in einer der heutigen Lage vergleichbaren Situation, als es darum ging, provoziert durch die Hessischen Rahmenrichtlinien Gesellschaftslehre von 1972, ein Instrument zur Feststellung des Typischen, Charakteristischen und Unverwechselbaren der historischen Bildung und des historischen Lernens zu bestimmen" (Mayer 2005, S. 224). Die Publikation und vor allem das Kategoriensystem machten deutlich, dass Inhalte im Geschichtsunterricht nicht um ihrer selbst vermittelt werden. Die beiden Autoren folgten dabei Friedrich J. Lucas (1927–1974), der das Anliegen wie folgt formulierte: „Primäres Bildungsziel ist die Vermittlung der genannten geschichtsdidaktischen Kategorien" (Lucas 1985, S. 79).

Der Selbstanspruch der Arbeit von Mayer und Pandel war hoch: Die beiden Autoren wollten mit ihrem Kategoriensystem „die Möglichkeit zu einer erwünschten und notwendigen Objektivierung des ‚spezifisch Historischen' in Unterrichtsprozessen eröffnen" (Mayer/Pandel 1976, S. 46) und auf diese Weise die Struktur der Disziplin bzw. die „Grammatik des Faches" (Mayer/Pandel 1976, S. 80) in didaktischer Absicht zum Ausdruck bringen. Diese Kategorien, zu vier Dimensionen geordnet, sind in Tabelle 2.12 dargestellt.

Die Kategorien wurden und werden vor allem in der Praxis der Unterrichtsbeobachtung in der Lehrerinnen- und Lehrerausbildung verwendet und im Laufe der Zeit angepasst. Mayer selbst legte 2005 eine neue Fassung vor, in der er sprachliche Modernisierungen vornahm, aktuellen Strömungen entsprechend die Unterpunkte „Menschen als Handelnde" durch „Männer und Frauen als Handelnde" und „Rechtfertigung" durch „Kultur" ersetzte, als neue Kategorie „Perspektivität" (als 1.3) einfügte sowie andere strich (Henke-Bockschatz/Mayer/Oswalt 2005, S. 705).

Die erste Dimension „*Bezogenheit der Geschichte auf die eigene Situation*" umfasst (in der neuen Fassung 2005) die drei Kategorien „Gegenwartsbezug", „Identifikation" und „Perspektivität". Sie verdeutlicht die Verflochtenheit von erkennendem Subjekt und zu betrachtendem Objekt, von lernendem Individuum und Universum des Historischen. Geschichte existiert nicht an sich, sondern wird immer durch Subjekte aus der jeweiligen Gegenwart wahrgenommen und befragt. So sind denn Analyse und Urteil, der forschende wie lernende Umgang mit Geschichte, immer an Menschen in der Gegenwart angebunden. Dies ermöglicht unter anderem, dass Ereignisse in der Vergangenheit als Ursachen für gegenwärtige Probleme identifiziert werden können, dass zu Menschen aus andern Zeiten bewusst und kritisch eine Wir-Beziehung aufgebaut werden kann oder dass Individuen anerkennen, dass aus demselben Sachurteil unterschiedliche Werturteile gebildet werden können. Diese Dimension hat sowohl mit dem „Was?" von Geschichtsunterricht zu tun – es gibt Themen, wo diese notwendige Bezogenheit zu den Lernenden leichter gelingen kann, und andere Themen, wo dies schwerer möglich ist – als auch mit der fachspezifischen Kompetenzentwicklung – z.b. der Ausdifferenzierung der *Erschliessungskompetenz für historische Quellen und Darstellungen* oder der *Orientierungskompetenz für Zeiterfahrung* (vgl. dazu Unterkapitel 2.2.4).

Tabelle 2.12: Geschichtsdidaktische Kategorien von Mayer/Pandel (1976, S. 49–50)

1.	*Bezogenheit der Geschichte auf die eigene Situation*
1.1	Gegenwartsbezug
1.2	Identifikation
2.	*Methoden historischer Erkenntnis*
2.1	Verstehen
2.2	Erklären
2.2.1	Punktuelles Erklären
2.2.2	Systematisierendes Erklären
2.2.3	Quantitative Verfahren
3.	*Entwicklungszusammenhang sozialer Zustände und Veränderungen in der Zeit*
3.1	Zeit
3.1.1	Zeitpunkt
3.1.2	Dauer
3.2	Gewordenheit
3.3	Veränderbarkeit
3.4	Zukunftsperspektive
4.	*Menschliches Handeln im fortschreitenden Prozess gesellschaftlicher Praxis*
4.1	Handelnde Subjekte
4.1.1	Menschen als Handelnde
4.1.2	Unangemessene Vermenschlichungen
4.2	Arbeit
4.3	Macht und Herrschaft
4.4	Rechtfertigung

Die zweite Dimension „*Methoden historischer Erkenntnis*" umfasst zum einen das hermeneutische „Verstehen" und zum andern das sozialwissenschaftliche „Erklären". Beides ist für den Geschichtsunterricht zentral, sowohl der Prozess des hermeneutischen Einfühlens in Motive und Absichten anderer Menschen zu anderen Zeiten als auch das Einbetten menschlichen Handelns in überindividuelle Verhältnisse und Bedingungen. Diese Dimension spiegelt sich im vorgestellten Struktur- und Prozessmodell zum Historischen Lernen (vgl. dazu Abschnitt 2.2.3, Grafik 2.1).

Die dritte Dimension „*Entwicklungszusammenhang aller Zustände und Veränderungen in der Zeit*" enthält (in der neuen Fassung 2005) die Kategorien „Zeitpunkt", „Dauer" sowie „Gewordenheit", „Veränderbarkeit" und „Zukunftsperspektive" und damit diejenigen Aspekte, die in aller Regel Definitionen von Geschichte bestimmen. Diese Kategorien ermöglichen unter anderem die in der heutigen Geschichtsdidaktik immer wieder postulierte Verpflichtung, den Menschen die Alterität der Vergangenheit vor Augen zu führen. „Gewordenheit", „Veränderbarkeit" und „Zukunftsperspektive" falten zudem den für die Beschäftigung mit Geschichte zentralen Sachverhalt der Veränderung aus und postulieren die Verpflichtung, bei jeder Thematisierung eines gewählten Inhalts die Entwicklungszusammenhänge aller Zustände und Veränderungen in der Zeit zu berücksichtigen.

Die vierte Dimension „*Menschliches Handeln im fortschreitenden Prozess gesellschaftlicher Praxis*" macht deutlich, dass „die handelnden Menschen in den strukturellen Bezügen ihrer jeweiligen Zeit der zentrale Gegenstand der Geschichte sind" (Mayer 2005, S. 238). In ihr spiegeln sich ebenfalls die sozialgeschichtlichen Perspektiven „Herrschaft", „Wirtschaft" und „Kultur" von Wehler (2006, S. 7). Auch in dieser Dimension finden sich klare Postulate zu den Inhalten und Themen von Geschichtsunterricht, also zum „Was". Geschichtsunterricht soll Männer und Frauen im Prozess der gesellschaftlichen Praxis – in Herrschaft, Wirtschaft und Kultur – zum Thema machen.

2.4.2 Das Kategoriensystem von Michele Barricelli und Michael Sauer

Genau 30 Jahre nach dem Kategoriensystem von Mayer/Pandel erschien das Kategoriensystem von Barricelli/Sauer (2006). Sie stellen einerseits fest, dass „die Beobachtung und Analyse von Unterricht aus der Perspektive der Pädagogik sehr viel leichter als aus der Perspektive der Fachdidaktik" fällt (Barricelli/Sauer 2006, S. 6), und bezeichnen andererseits die Publikation von Mayer/Pandel als wichtigste Vorarbeit (Barricelli/Sauer 2006, S. 6). Wie schon bei Mayer/Pandel werden hohe Ansprüche an das Raster gestellt: „Das (…) vorgestellte Raster beruht auf dem aktuellen Stand geschichtsdidaktischer Theoriebildung und Kompetenzbeschreibung. Es soll eine Gesamtbeschreibung von Geschichtsunterricht ermöglichen, eignet sich aber auch als Fundus für eine situations- und interessenspezifische Auswahl"[49].

Wie Mayer/Pandel nehmen auch Barricelli/Sauer den Unterricht als beobachtbares Phänomen in den Blick. Sie begründen dies wie folgt: „Wer sich für die Qualität von Unterrichtsergebnissen interessiert, muss sein Augenmerk auch auf den Unterrichtsprozess selber und seine Optimierung richten" (Barricelli/Sauer 2006, S. 5). Sie schlagen deshalb einen Beobachtungsbogen vor, der – wie sie selber schreiben (S. 7) – auf impliziten Auffassungen von „gutem Geschichtsunterricht" fusst, also darauf, „welche Kenntnisse und Fähigkeiten er Schülerinnen und Schülern vermitteln sollte, welche Schüleraktivitäten er zulassen und fördern sollte, welche Lehreraktivitäten dies voraussetzt (…), welche allgemeinen Begründungen und Orientierungen der Unterricht bieten sollte" (Barricelli/Sauer 2006, S. 7). Die Kategorien ordnen die beiden Autoren zu sieben Bereichen (vgl. Tabelle 2.13):

Tabelle 2.13: Kategoriensystem von Barricelli/Sauer (2006, S. 8–10)

A. Thema
1. Das Thema ist für Schüler objektiv bedeutsam.
2. Das Thema ist für Schüler subjektiv interessant.
3. Das Thema besitzt Rahmenplanbezug.
4. Das Thema ist überhaupt genuin historisch.
5. Die Lehrkraft erläutert ausdrücklich die Bedeutsamkeit des Themas (Bezug zur Lebenswelt der Schüler, Aktualität in der Geschichtskultur, historische Bedeutsamkeit).

B. Gegenwartsbezug
1. Die Schüler formulieren aus ihrer Gegenwart Fragen an die Vergangenheit.
2. Die Schüler erklären gegenwärtige Verhältnisse und Probleme aus der Vorgeschichte.
3. Die Schüler beziehen historische Situationen durch Vergleich und Analogiebildung auf die Gegenwart.
4. Vorhandene Kenntnisse, Vorstellungen, Erfahrungen und Selbstdeutungen der Schüler werden zum Ausgangspunkt des weiteren Vorgehens gemacht.
5. Die Lehrkraft verweist ausdrücklich auf Gegenwartsbezüge.
6. Die Schüler erkennen das Thema im Bezug auf ihre eigene Gegenwart als bedeutsam an.

---

49   Zitat aus dem Abstract zum Artikel von Barricelli und Sauer 2006, S. 2.

Was ist guter Geschichtsunterricht? 93

C. Einstieg/Anbahnung der historischen Begegnung

1. Die Lehrkraft motiviert die Schüler (durch Provokation, Kontroverse, kognitive Dissonanz usw.).
2. Die Lehrkraft formuliert eine "historische Frage" für die Stunde (Fixierung an der Tafel ?).
3. Die Schüler formulieren selber eine "historische Frage" für die Stunde (Fixierung an der Tafel?).
4. Die Schüler planen selber den Untersuchungsweg zur Lösung der "historischen Frage".
5. Die Schüler besorgen selber Material zur Lösung der "historischen Frage".

D. Geschichte untersuchen

1a. Die Lehrkraft spricht ausdrücklich Verfahren zur Interpretation von Textquellen an.

1b. Die Schüler können Verfahren zur Interpretation von Textquellen anwenden.

2a. Die Lehrkraft spricht ausdrücklich Verfahren zur Interpretation von Bildquellen an.

2b. Die Schüler können Verfahren zur Interpretation von Bildquellen anwenden.

3a. Die Lehrkraft spricht ausdrücklich Verfahren zur Interpretation von Sachquellen an.

3b. Die Schüler können Verfahren zur Interpretation von Sachquellen anwenden.

4a. Die Lehrkraft spricht ausdrücklich Verfahren zur Interpretation von Zeitzeugenaussagen an.

4b. Die Schüler können Verfahren zur Interpretation von Zeitzeugenaussagen anwenden.

5a. Die Lehrkraft spricht ausdrücklich Verfahren zur Interpretation von Filmen an.

5b. Die Schüler können Verfahren zur Interpretation von Filmen anwenden.

6a. Die Lehrkraft spricht ausdrücklich Verfahren zur Interpretation von Geschichtskarten an.

6b. Die Schüler können Verfahren zur Interpretation von Geschichtskarten anwenden.

7a. Die Lehrkraft spricht ausdrücklich Verfahren zur Interpretation von Statistiken an.

7b. Die Schüler können Verfahren zur Interpretation von Statistiken anwenden.

8a. Die Lehrkraft spricht ausdrücklich Verfahren zur Interpretation von darstellenden Texten (z.B. im Schulbuch) an.

8b. Die Schüler können Verfahren zur Interpretation von darstellenden Texten (z.B. im Schulbuch) anwenden.

9. Die Schüler können verschiedene Gattungen von Quellen und Darstellungen unterscheiden und ihren jeweiligen Erkenntniswert einschätzen.

E. Geschichte kennen und deuten
1. Zeitpunkte, Dauer und Abfolgen historischer Ereignisse und Prozesse werden von der Lehrkraft ausdrücklich benannt.
2. Die Schüler nehmen ausdrücklich darauf Bezug (Daten, Epochenbezeichnungen).
3. Die räumliche Situierung von historischen Ereignissen und Prozessen wird ausdrücklich benannt bzw. gezeigt (Karte).
4. Die Schüler nehmen mit Raum- und Ortsbezeichnungen ausdrücklich darauf Bezug.
5. Die Schüler verfügen über historisches Wissen (Fakten, Zahlen, Namen, Begriffe).
6. Die Lehrkraft gebraucht und erläutert fachspezifische Begriffe.
7. Die Lehrkraft erarbeitet mit den Schülern fachspezifische Begriffe.
8. Die Schüler entwickeln selber fachspezifische Begriffe.
9. Die Schüler verwenden fachspezifische Begriffe adäquat.
10. Die Schüler erkennen und nennen mögliche Ursachen für historische Ereignisse und Prozesse.
11. Schüler erkennen und benennen die Auswirkungen historischer Ereignisse und Prozesse.
12. Die Schüler erkennen und benennen die Andersartigkeit historischer Ereignisse und Prozesse.
13. Die Schüler nennen, verstehen und beurteilen Motive Handelnder (Personen, Gruppen) aus der historischen Situation heraus (persönliche Motive, Wertvorstellungen, Ideologien).
14. Die Schüler erkennen und benennen die Bedeutung von Rahmenbedingungen historischen Handelns in bestimmten Situationen (Konventionen, Traditionen, Mentalitäten; Handlungsspielräume).
15. Die Schüler vermeiden die Personalisierung von Institutionen und Ideen und Kollektiva (Nationen, Klassen/Schichten, Berufsgruppen).
16. Die Schüler benennen sprachlich präzise historisch handelnde und verantwortliche Personen (keine Passivkonstruktionen oder unpersönlichen Redewendungen: "es kam zum Krieg", "es fand ein Pogrom statt").
17. Die Schüler verstehen und benennen die historische Wirksamkeit von sozialen Verhältnissen (Macht, Herrschaft, Schichten und Klassen, Unterdrückung, Reichtum, Armut, Geschlecht).
18. Die Schüler formulieren alternative historische Entwicklungsmöglichkeiten (kontrafaktische Geschichte).

F. Perspektivität und Identität

1. Die Schüler erhalten die Möglichkeit, historische Situationen und Ereignisse aus unterschiedlichen Perspektiven zu betrachten (Multiperspektivität).
2. Die Schüler beurteilen historische Situationen und Ereignisse aus unterschiedlichen Perspektiven (Perspektivenwechsel, interkulturelles Geschichtslernen).
3. Die Schüler reflektieren ausdrücklich die Perspektivität historischer Aussagen.
4. Die Schüler entwickeln ein historisches Selbstverständnis als Teil ihrer individuellen Identität.

G. Unterrichtsstunde insgesamt

1. Der Unterricht orientiert sich an den Lehr- und Lernzielen.
2. Dem Unterricht liegt eine erkennbare "Denkfigur" zugrunde.
3. Bei den Schülern ist eine historische Sinnbildung erkennbar.
4. Die Schüler formulieren historische Erkenntnisse und Einsichten.
5. Schüler und Lehrkraft erarbeiten gemeinsam zentrale Gesichtspunkte des Themas.
6. Die Schüler reflektieren ihren eigenen Untersuchungs- und Erkenntnisprozess.
7. Mögliche Widersprüche, Unschärfen, Rätsel und Kontroversen werden zugelassen.
8. Die Schüler erkennen, dass Ergebnisse von Fragestellungen und Perspektiven abhängen und zeitlich nur begrenzt gültig sind.
9. Fachspezifische Denk- und Arbeitsweisen werden eingeübt.
10. Die Schüler erhalten Raum für eigene Vorstellungsbilder.
11. Es wird noch einmal Bezug genommen auf Kenntnisse, Erfahrungen, Vorstellungen und Selbstdeutungen der Schüler (werden bestätigt, ergänzt, modifiziert).
12. Unterrichtsergebnisse und Zeitaufwand stehen in einem vertretbaren Verhältnis.
13. Kognition und Emotion stehen in einem angemessenen Verhältnis.

In diesem Kategoriensystem scheinen einige *Probleme* auf. Zum Beispiel sind eine ganze Reihe von Aussagen fachunspezifisch, wenn etwa in Block C zum Einstieg und zur Anbahnung der historischen Begegnung steht: „Die Lehrkraft motiviert die Schüler (durch Provokation, Kontroverse, kognitive Dissonanz usw.)" (Barricelli/Sauer 2006, S. 8). Gemäss den Autoren liegt das Fachspezifische des vorliegenden Kategoriensystems in den Blöcken D und E (Barricelli/Sauer, S. 7). Block D befasst sich mit instrumentellen Fähigkeiten und Fertigkeiten, die einen adäquate Umgang mit für Wissenschaft und das

Fach Geschichte einschlägigen Quellen, Darstellungen und Medien erlauben, also um fachspezifische Kompetenzentwicklung. Darum geht es auch in Block E, nämlich „um einzelne Aspekte von Orientierung in der Geschichte und von historischem Denken" (Barricelli/Sauer 2006, S. 7).

Neben diesen Problemen der Fachspezifität sowie der Gliederung der einzelnen Kategorien wird im Vorschlag von Barricelli und Sauer ein weiteres Problem sichtbar, dessen sich die Autoren auch bewusst sind: „Um Schüler- und Lehreraktivitäten auseinander zu halten, sind die Items zu diversen Kategorien doppelt, das heisst aus beiden Perspektiven formuliert" (Barricelli/Sauer 2006, S. 7).

2.4.3 Die Gütekriterien für Geschichtsunterricht in dieser Arbeit

Das Fachspezifische des Geschichtsunterrichts manifestiert sich – wie das Beispiel der „National Standards for History" des „National Center for History in the Schools" zeigt (vgl. Abschnitt 2.2.4a) – in zwei Bereichen: Zum einen ist Geschichtsunterricht durch *spezifische Themen und Inhalte* charakterisiert (vgl. x-Achse in Grafik 2.3), zum andern dadurch, dass im Geschichtsunterricht *historisches Denken* gelernt wird (Kompetenzbereiche in Grafik 2.3). Der Lerngegenstand und der Umgang der Lernenden mit dem Lerngegenstand sind das eigentlich Fachspezifische im Geschichtsunterricht, während die Prozessstruktur von Unterricht zwar fachspezifische Eigenheiten aufweist, sich im Grossen und Ganzen aber nicht von anderen (Realien-)Schulfächern unterscheidet.

Zum Umgang der Lernenden mit dem Lerngegenstand sind in Unterkapitel 2.2 Gütekriterien formuliert. Aus dem Kategoriensystem von Mayer/Pandel, aus demjenigen von Barricelli/Sauer sowie unter Berücksichtigung der „National Standards for History" des „National Center for History in the Schools" lassen sich Gütekriterien zum Lerngegenstand identifizieren. Diese können und sollen nicht konkrete Inhalte und Themen nennen, weil weder Themen noch Inhalte ‹per se› eine Aussage zur Qualität erlauben. Allein die Benennung des Inhaltes („Die Schweiz im 2. Weltkrieg") oder des Themas („Die Beziehungen der Schweiz zum Deutschen Reich während des 2. Weltkriegs") sagen noch nichts zur Güte des Geschichtsunterrichts aus. Aber damit Geschichtsunterricht als „gut" bezeichnet werden kann, müssen grundlegende fachwissenschaftliche und fachdidaktische Kriterien eingehalten werden. Dazu gehören mit Blick auf das Kategoriensystem von Mayer/Pandel (1976) die Bezogenheit des Themas auf die Situation der Lernenden, die Thematisierung von Veränderungen in der Zeit und von Entwicklungszusammenhängen sowie die Thematisierung von menschlichem Handeln in gesellschaftlicher Praxis. Dazu gehört ferner mit Blick auf die Gütekriterien von Kramis (1990) die Bedeutsamkeit. Dazu gehören schliesslich die Sachrichtigkeit des Inhalts sowie deren multiperspektivische und kontroverse Thematisierung. Da Geschichte medial vermittelt im Unterricht erscheint, gehört als sechstes Gütekriterium die exemplarische und zielgruppenangepasste Repräsentation der Vergangenheit zur Dimension „Lerngegenstand".

Tabelle 2.14: Gütekriterien zur Beurteilung des Lerngegenstands mit Indikatoren für gelungene Umsetzung

1. Bedeutsames Thema	a)	Thema entspricht den Vorgaben der Richtlinien, des Lehrplans oder des Lehrmittels.
	b)	Am Thema werden aktuelle und künftige Schlüsselprobleme der Gesellschaft gespiegelt.
	c)	Am Thema werden Regelmässigkeiten, Grundprinzipien oder Zusammenhänge gespiegelt.
2. Thematisierung von menschlichem Handeln in gesellschaftlicher Praxis	a)	Menschen als Handelnde werden sichtbar.
	b)	Herrschaft und Partizipation werden thematisiert.
	c)	Armut und Reichtum sowie Arbeit werden thematisiert.
	d)	Kultur wird thematisiert.
3. Thematisierung von Veränderungen in der Zeit und von Entwicklungszusammenhängen	a)	Zeitpunkt, Dauer und Abfolge von Ereignissen und Prozessen werden präzis bezeichnet.
	b)	Ursachen, Voraussetzungen von Ereignissen u. Handlungen werden benannt.
	c)	Folgen, Wirkungen von Ereignissen u. Handlungen werden benannt.
	d)	Unterschiede von Phänomenen in verschiedenen Zeiten werden bezeichnet.
	e)	Veränderungen werden dargestellt.
	f)	Mögliche alternative Verläufe werden dargestellt.
4. Sachrichtigkeit, Multiperspektivität, Kontroversität	a)	Inhalte (Phänomene, Sachverhalte, Personen) sind sachrichtig thematisiert.
	b)	Inhalte sind multiperspektivisch thematisiert.
	c)	Inhalte sind mit kontroversen Materialien thematisiert.
5. Bezogenheit des Themas auf die Situation der Lernenden	a)	Thema hat einen Bezug zum Leben, zur Erlebniswelt und zu den Erfahrungen der Lernenden oder ermöglicht neue Erfahrungen.
	b)	Thema bietet Identifikations- oder Distanzierungsmöglichkeiten.
	c)	Thema löst bei Lernenden Gefühle aus.
	d)	Thema interessiert die Lernenden.
	e)	Thema ermöglicht den Lernenden eine eigene Position oder Haltung einzunehmen.

6. Exemplarische und zielgruppenangepasste Repräsentation von Geschichte	a) Vergangenes wird durch verständliche Texte sichtbar repräsentiert.
	b) Vergangenes wird durch exemplarische Bilder oder Filme anschaulich.
	c) Inhalt wird mit Hilfe von verständlichen Karten, Statistiken, Zeitenstrahl und andere Medien differenziert thematisiert.
	d) Repräsentationen sprechen mehrere Wahrnehmungskanäle an.

Die Darlegungen zu Historischem Lernen (Unterkapitel 2.2), zu gutem Unterricht (2.3) und zu gutem Geschichtsunterricht (2.4), die eine Vielzahl von Kontexten und Mechanismen deutlich machten, lassen sich mit einem Rahmenmodell repräsentieren (vgl. Grafik 2.4)[50].

Das Rahmenmodell macht einerseits deutlich, dass der *eigentliche Unterricht* durch *Voraussetzungen* geprägt ist und *Folgen* hat. Voraussetzungen und Folgen lassen sich nach den *Ebenen* „Gesellschaft", beteiligte „Individuen" sowie „Universum des Historischen" gliedern[51]. Der eigentliche unterrichtliche Prozess wiederum lässt sich in Anlehnung an das Angebots-Nutzungs-Modell der Unterrichtswirksamkeit von Helmke (2007, S. 2) in drei Bereiche gliedern: Zum Angebot gehören der *„Lerngegenstand"* und die *„Prozessstruktur"*, diese beiden Bereiche ermöglichen die *„Nutzung"* durch die Lernenden. Zu diesen drei Bereichen sind in den Unterkapitel 2.2, 2.3 und 2.4 Gütekriterien formuliert.

Die Gütekriterien zum Lerngegenstand ergeben sich aus dem Kategoriensystem von Mayer/Pandel, aus demjenigen von Barricelli/Sauer sowie unter Berücksichtigung der „National Standards for History" des „National Center for History in the Schools". Aufgenommen werden die oben genannten sechs Aspekte (vgl. Tabelle 2.14).

Die Gütekriterien zur Prozessstruktur ergeben sich aus dem Vergleich der Listen zu gutem Unterricht von Brophy (2000), Meyer (2004), Helmke (2006) und Clausen/Reusser/Klieme (2003). Aufgenommen werden die vier Aspekte, bei denen die Übereinstimmung besonders evident ist (vgl. Tabelle 2.11).

---

50 Auch andere Fächer haben entlang ihrer theoretischen Grundlagen Rahmenmodelle für Unterricht entwickelt, so zum Beispiel Sport. Vgl. dazu die Webseite des Bundesamts für Sport zu qims: www.qims.ch (aufgerufen am 1.8.2008).

51 Eine andere mögliche Gliederung der Folgen ist diejenige in „materiale fachliche Bildung", was sowohl gut organisiertes fachliches Gegenstandswissen als auch fachspezifische Fähigkeiten, Fertigkeiten und Einstellungen umfasst, und in „formale überfachliche Bildung", was vor allem kognitive, personale und soziale Schlüsselkompetenzen wie etwa Teamfähigkeit oder metakognitive Kompetenzen umfasst. Für das Rahmenmodell in dieser Arbeit wird die vorliegende Gliederung gewählt, um das Eingebettetsein von Unterricht ins Universum des Historischen und in die Gesellschaft zu akzentuieren.

Was ist guter Geschichtsunterricht?

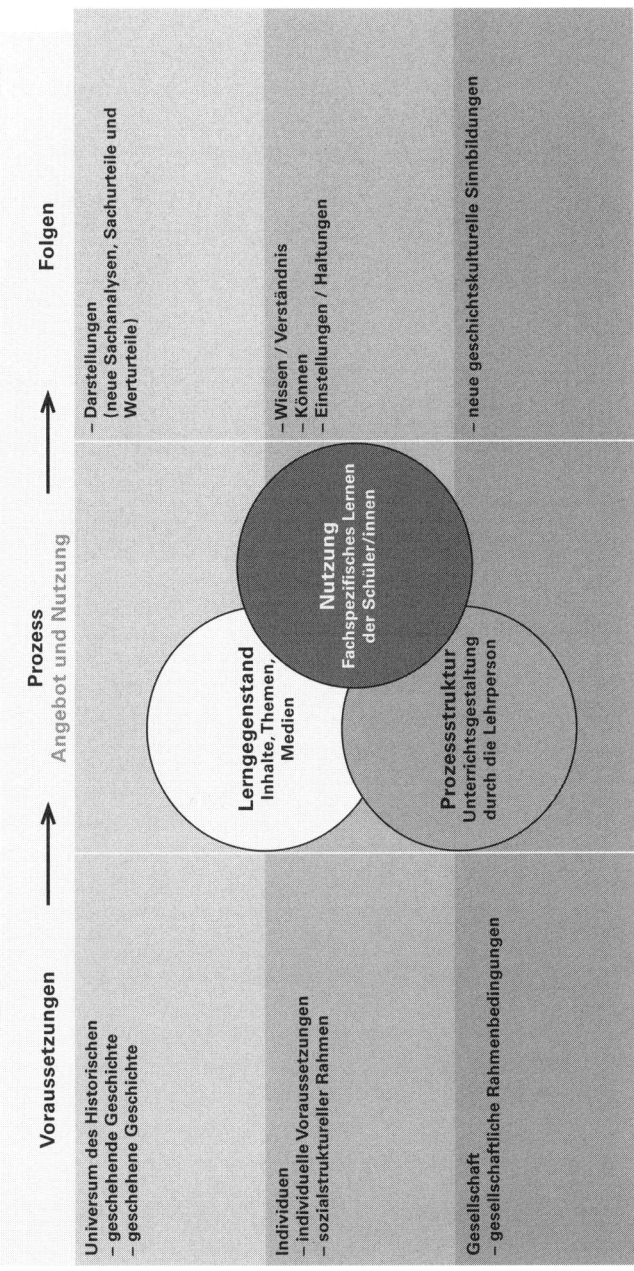

Grafik 2.4: Rahmenmodell für Geschichtsunterricht

Vier Gütekriterien zur Nutzung ergeben sich aus dem eingangs entwickelten Kompetenzmodell (vgl. Grafik 2.2). Dazu kommt die gesellschaftliche Erwartung an Geschichtsunterricht, dass sich Lernende Wissen über Vergangenes und Verständnis von Geschichte aneignen sollen (vgl. Tabelle 2.4).

Dies ergibt in drei Bereichen insgesamt 15 Kriterien zur Identifikation von gutem Geschichtsunterricht (siehe Grafik 2.5).

Diese 15 Kriterien guten Geschichtsunterrichts, die aus einer theoretischen Vorstellung über Historisches Lernen unter Berücksichtigung geschichtsdidaktischer Grundlagenliteratur und empirischer Studien zu gutem Unterricht gewonnen sind, bilden die Leitlinien zur Beobachtung und Beurteilung der Geschichtsstunden im Rahmen der vorliegenden Arbeit. Natürlich ist nicht vorausgesetzt, dass Geschichtsunterricht nur dann gut ist, wenn alle Kriterien optimal erfüllt sind. Vielmehr sind die Kriterien als Variablen konzipiert, die theoretisch eine Rolle für die Güte spielen. Damit ist gemeint, dass guter Geschichtsunterricht durchaus unterschiedliche Ausprägungen in den verschiedenen Kriterien haben kann. Die Liste soll allerdings als Instrument zur Beantwortung der Forschungsfragen dienen (siehe Abschnitt 1.2.2) und mithelfen, um Wesentliches oder gar Unabdingbares für guten Geschichtsunterricht vom Unwesentlichen zu unterscheiden.

Entlang der ausgewählten Gütekriterien lässt sich zusammenfassend definieren, was guter Geschichtsunterricht ist:

Geschichtsunterricht ist dann gut, wenn Schülerinnen und Schüler anhand von fachspezifisch bedeutsamen Inhalten und Themen mittels eines Unterrichtsprozesses, der den Ansprüchen der Bezugswissenschaften entspricht, relevantes geschichtliches Wissen und für Historisches Lernen grundlegende Kompetenzen erwerben und ausdifferenzieren.

Was ist guter Geschichtsunterricht? 101

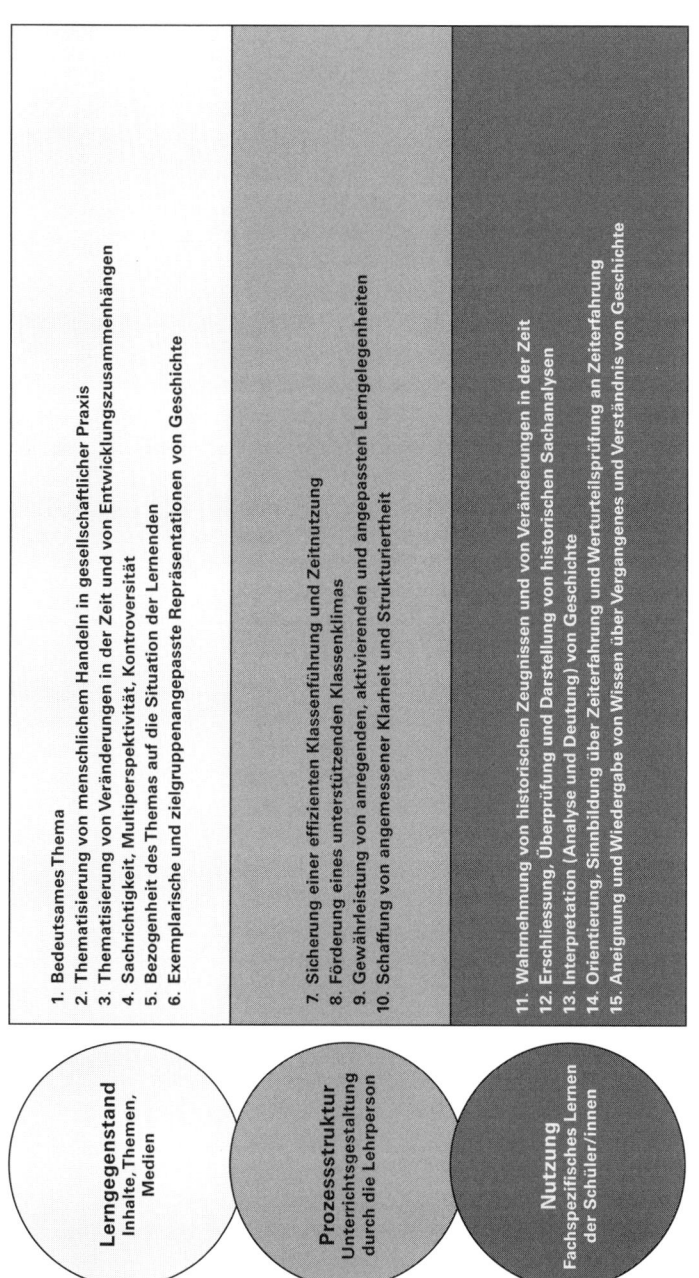

Lerngegenstand
Inhalte, Themen, Medien

1. Bedeutsames Thema
2. Thematisierung von menschlichem Handeln in gesellschaftlicher Praxis
3. Thematisierung von Veränderungen in der Zeit und von Entwicklungszusammenhängen
4. Sachrichtigkeit, Multiperspektivität, Kontroversität
5. Bezogenheit des Themas auf die Situation der Lernenden
6. Exemplarische und zielgruppenangepasste Repräsentationen von Geschichte

Prozessstruktur
Unterrichtsgestaltung durch die Lehrperson

7. Sicherung einer effizienten Klassenführung und Zeitnutzung
8. Förderung eines unterstützenden Klassenklimas
9. Gewährleistung von anregenden, aktivierenden und angepassten Lerngelegenheiten
10. Schaffung von angemessener Klarheit und Strukturiertheit

Nutzung
Fachspezifisches Lernen der Schüler/innen

11. Wahrnehmung von historischen Zeugnissen und von Veränderungen in der Zeit
12. Erschliessung, Überprüfung und Darstellung von historischen Sachanalysen
13. Interpretation (Analyse und Deutung) von Geschichte
14. Orientierung, Sinnbildung über Zeiterfahrung und Werturteilsprüfung an Zeiterfahrung
15. Aneignung und Wiedergabe von Wissen über Vergangenes und Verständnis von Geschichte

Grafik 2.5: Gütekriterien für Geschichtsunterricht

3. Vorgehen: Mehrperspektivische, explorative und deskriptive Querschnittstudie

Die vorliegende Arbeit zielt darauf ab, Merkmale guten Geschichtsunterricht zu identifizieren, zu beschreiben und zu begründen. Dies erfordert aufgrund der Komplexität der Zielsetzungen (vgl. Unterkapitel 1.2) ein mehrschrittiges Vorgehen. Und es erfordert aufgrund der Definition von gutem Geschichtsunterricht (vgl. Kapitel 2) einen mehrperspektivischen Zugang. Deshalb wird ein *Forschungsdesign* entwickelt und umgesetzt, das beim Forschungszugang die Triangulation (vgl. Abschnitt 3.2.3-3.2.5), bei der Datenerhebung die Videografie kombiniert mit Fragebogen und bei der Datenauswertung die Statistik, die Kodierung und Kategorisierung einsetzt. Damit werden die an die empirische Geschichtsdidaktik gestellten Forderungen nach „Forschungsdesigns, die qualitative Zugänge mit partieller quantitativer Auswertung verbinden" (Beilner 2003, S. 302) oder nach Methodenkombinationen im Gesamtdesign mittels Triangulation (Hasberg 2007, S. 31) konsequent umgesetzt. Die vorliegende Arbeit profitiert beim Vorgehen von den Erhebungen und Erkenntnissen des Projekts „Geschichte und Politik im Unterricht", die in der Studie „Geschichtsunterricht heute. Eine empirische Analyse ausgewählter Aspekte" (Gautschi/Moser/Reusser/Wiher 2007) veröffentlicht wurden.

Im ersten Unterkapitel wird ein Überblick über die Möglichkeiten zur Erforschung von Geschichtsunterricht gegeben: Wie kann Geschichtsunterricht erforscht werden? Der Überblick ist gegliedert nach Forschungsrichtungen, die sich von den Zielsetzungen und Fragestellungen her unterscheiden[1]. Die vorliegende Untersuchung ist der Phänomenforschung zuzuordnen.

Im zweiten Unterkapitel wird aufgezeigt, dass die Geschichtsdidaktik für die Erforschung von Geschichtsunterricht weder über spezifische Forschungszugänge noch über ein eigenes Methodenrepertoire verfügt, sondern Verfahren der empirischen Sozialforschung einsetzt.

Im dritten Unterkapitel wird der Forschungszugang und das Arbeitsprogramm vorgestellt und erläutert. Bei der vorliegenden Arbeit handelt es sich um eine mehrperspektivische, explorative und deskriptive Querschnittstudie.

---

1 Erstmals und ausführlich wurde die Gliederung vorgestellt in „Geschichtsunterricht heute" (Gautschi 2007a, S. 31-47). Hasberg kommentiert die vorgeschlagene Gliederung als einen Weg, „der zur Inventarisierung beschritten werden kann" (Hasberg 2007, S. 18).

Im vierten Unterkapitel wird die Datenerhebung vorgestellt. Besonders berücksichtigt ist dabei die Erfassung und Aufbereitung der Videodaten sowie deren Kodierung und Kategorisierung mittels Ratingbogen[2], der in Grafik 3.2 vorgestellt wird.

3.1. Wie kann Geschichtsunterricht erforscht werden?

Die deutschsprachige Geschichtsdidaktik präsentiert heute einen erheblichen Korpus an empirischer Forschung[3] und setzt eine beträchtliche Anzahl verschiedener Methoden ein. Das ist erfreulich und einigermassen überraschend, wenn man einen kurzen Blick auf die Geschichte der deutschsprachigen empirischen Geschichtsdidaktik wirft. Lange Zeit schien nämlich die Empirie keine grosse Bedeutung in der deutschsprachigen Geschichtsdidaktik zu erlangen, und es wurden bloss Einzelstudien ohne grosse Kohärenz veröffentlicht. Ausnahmen bildeten die Hamburger Arbeitsgruppe um Bodo von Borries (Borries 1999a) und die Regensburger Arbeitsgruppe um Helmut Beilner (Beilner 2002; Langer-Plän 2003), die regelmässig und kontinuierlich forschen und publizierten. Seit Beginn des Jahrhunderts erscheinen nun regelmässiger qualitative und quantitative Studien, oft Dissertationsprojekte, manchmal in ein Forschungsprogramm eingebettet[4], die deutlich machen, dass die Empirie im Vergleich zur Theorie oder zur Pragmatik erheblich an Bedeutung gewonnen hat[5]. Im Jahr 2007 erschienen zudem gleich zwei Themenhefte (Geschichte in Wissenschaft und Unterricht[6]; Zeitschrift für Geschichtsdidaktik[7]) zur geschichtsdidaktischen empirischen Forschung.

Im vorliegenden Unterkapitel wird zuerst eine Gliederung der Forschung zum Geschichtsunterricht nach *Forschungsrichtungen* mit klar erkennbarer ge-

---

2   Ein Ratingbogen (von „to rate": einschätzen) ist ein Instrument zur Durchführung eines Einschätzverfahrens und zum Festhalten des Ergebnisses dieses Verfahrens. Ein Ratingbogen in der Unterrichtsforschung leitet die Unterrichtsbeobachtung an und strukturiert die Unterrichtsbewertung.

3   Vgl. dazu etwa Hasberg, der schreibt: „Die empirische Forschung zu den unterschiedlichsten Aspekten historischen Lernens hatte bereits vor 2000 einen enormen Umfang angenommen und beträchtliche Befunde zusammengetragen (…). Nach 2000 hat sich das Forschungsaufkommen eher verstärkt als reduziert" (Hasberg 2007, S. 31).

4   Vgl. vor allem das Oldenburger Promotionsprogramm „Fachdidaktische Lehr- und Lernforschung - Didaktische Rekonstruktionen", mit dem die Universität Oldenburg die fächerübergreifende fachdidaktische Forschung als Forschungsschwerpunkt etabliert. Prof. Dr. Hilke Günther-Arndt leitet die Arbeitsgruppe Geschichte (http://www.diz.uni-oldenburg.de/20512.html; 20.1.2008).

5   Vgl. dazu insbesondere Günther-Arndt/Sauer 2006.

6   Geschichte in Wissenschaft und Unterricht, Jg. 58, Heft 12/2007: Empirische Studien zu Geschichtsdeutungen und -wahrnehmungen von Schülern.

7   Zeitschrift für Geschichtsdidaktik, Jg. 5, Jahresheft 2007: Geschichtsdidaktische empirische Forschung.

meinsamer Zielperspektive vorgenommen. Diese Vorgehensweise ist beeinflusst vom Kapitel „Research on History Teaching" im „Handbook of Research on Teaching" (Wilson 2002) und unterscheidet sich von vergleichbaren Vorhaben im deutschsprachigen Raum, z. B. von der zweibändige Publikation „Empirische Forschung in der Geschichtsdidaktik" (Hasberg 2001)[8], dadurch, dass der Fokus auf die Geschichtsdidaktik im engeren Sinn (eben auf den Geschichtsunterricht) beschränkt bleibt.

Forschungen zum Geschichtsunterricht werden in der vorliegenden Arbeit fünf Forschungsrichtungen zugeordnet, die in den folgenden Abschnitten vorgestellt werden: Phänomenforschung, Ergebnisforschung, Wirkungsforschung, Interventionsforschung, Forschung zu historischem Denken und Lernen.
Im letzten Abschnitt des Unterkapitels (3.1.6) werden kurz verschiedene Forschungszugänge, Erhebungs- und Auswertungsmethoden aufgezählt. Sowohl die Darstellung der Forschungsrichtungen als auch diejenige der Forschungsdesigns dienen der Vorbereitung des folgenden Unterkapitels (3.2), in welchem die vorliegende Arbeit situiert wird.

3.1.1 Phänomenforschung[9]

Die Phänomenforschung, die sich auch als deskriptive Unterrichtsforschung bezeichnen lässt, zielt auf die möglichst differenzierte Beschreibung und Analyse von *Unterrichtsrealitäten*, das heisst von Erscheinungsformen und Inszenierungsmustern des historischen Lehrens und Lernens, von methodischen und medialen Aspekten des Geschichtsunterrichts, aber auch auf die Beschreibung von Bedingungen wie Zeitgefässe, Lehrpläne oder Schulbücher. Die Erfassung unterrichtlicher Sichtstrukturen spielt hier ebenso eine Rolle wie die Bestimmung von Merkmalen (fach)didaktischer Lern- und Unterrichtsqualität.

Im deutschen Sprachraum herrschte diese oft situationsgesteuerte Bedarfsforschung der Geschichtsmethodik bis weit in die 80er-Jahre vor, bevor sie schwerpunktmässig von der Forschung zum historischen Denken und Lernen abgelöst wurde. Untersucht werden in der Phänomenforschung in vielen unterschiedlichen Studien vor allem die inhaltliche und methodische Gestaltung des Geschichtsunterrichts, aber auch seine organisatorischen Voraussetzungen oder die Beliebtheit in der Fächerskala. Seit den 1980er-Jahren kamen vor allem im anglo-amerikanischen Raum vermehrt Studien hinzu, die Geschichtsunterricht nicht nur unter Gesichtspunkten seiner äusseren Form, sondern auch in seiner Qualität einzuschätzen suchten (z. B. Wineburg/Wilson 1991).

---

8 Es gibt eine Reihe von anderen Gliederungen der Forschungsrichtungen innerhalb der Geschichtsdidaktik. Vgl. dazu insbesondere Hasberg 2001a, Beilner 2003, Günther-Arndt/Sauer 2006, Bernhardt 2007.

9 Dieser Abschnitt ist eine Zusammenfassung der ausführlicheren Darstellung „Geschichtsunterricht erforschen – eine aktuelle Notwendigkeit" (Gautschi 2007, S. 32–47).

Wesentliche Beiträge zur deskriptiven geschichtsdidaktischen Forschung liefert Kurt Fina in den 80er-Jahren. Angesichts eines von ihm diagnostizierten Mankos an Geschichtsunterrichtsforschung tritt er mit dem Anspruch an, zuerst eine eher theorielose, jedoch möglichst exakte Beschreibung verschiedener Phänomene von Geschichtsunterricht zu liefern (Fina 1983). Eine genaue *Deskription* der konkreten Unterrichtswirklichkeit scheint ihm notwendig, um gegen normativ geleitete, überzogene Ansprüche an den Geschichtsunterricht antreten zu können. Fina nutzt für seine Beobachtungen bereits sehr früh auch Tonband- und Videoaufzeichnungen und zitiert in seinen Auswertungen ausgiebig daraus. Er erforscht gezielt den Umgang mit Methoden und Medien. Fragestellungen, die ihn interessierten, sind unter anderem:
– Welche Quellen- oder Quellengruppen werden eingesetzt, um das Wesen des Nationalsozialismus in seinen Grundzügen zu erfassen?
– Welche Methoden werden angewendet, um dieses Ziel zu erreichen?
Im Rückblick werden Finas Studien unterschiedlich beurteilt. Ausführlich beschreibt und kritisiert Hasberg (2001a) Finas Werk und schreibt: „So berechtigt die Forderung nach deskriptiver Erfassung des Phänomens Geschichtsunterricht war und heute noch ist, so deutlich zeigt der phänomenologisch-hermeneutische Ansatz das Dilemma, von der Deskription zur Präskription zu gelangen. Fina weiss sich dieses Problems wohl bewusst und warnt davor, aus positivistischen Tatbeständen Normen abzuleiten. Gleichwohl strebt er mit seinen Versuchen danach, geschichtsdidaktische und -methodische Bemühungen an ein konkretes Fundament zurückzubinden" (Hasberg 2001a, Bd. 1, S. 527).

Auch Hug (1985) beschreibt in seiner mehrfach aufgelegten Publikation „Geschichtsunterricht in der Praxis der Sekundarstufe I" eine Reihe von Phänomenen des Geschichtsunterrichts und ist als eigentlicher Pionier der deutschsprachigen geschichtsdidaktischen *Phänomenforschung* zu bezeichnen. Mittels schriftlicher und mündlicher Befragungen von Lehrpersonen aller Schularten der Sekundarstufe I und dank eigener Unterrichtsbeobachtungen gelingt es ihm, ein umfassendes Bild für die Stufe vorzulegen. Schon das Inhaltsverzeichnis (Hug 1985, S. V-VI) veranschaulicht die Breite von Hugs Blick und die Reichweite der geschichtsdidaktischen Phänomenforschung: Inhalte und Ziele im Geschichtsunterricht; Grundformen historischer Erfahrung im Unterricht; Lehr- und Lernmotivationen; Motivation und Interesse; Ein Unterrichtsbeispiel; Wie verläuft Geschichtsunterricht?; Organisationsformen und Kommunikationsstrukturen; Lernen an fachspezifischen Medien; Offene Lernstrategien.

Geschichtsdidaktischer Phänomenforschung wird oft vorgeworfen, sie vernachlässige das Fachspezifische zugunsten des Allgemeindidaktischen. Dieser Vorwurf trifft sicher nicht auf Mayer/Pandel mit ihren Kategorien der Geschichtsdidaktik zu (vgl. Abschnitt 2.5.1). Sie diagnostizieren eine „fachdidaktische Lücke in der Unterrichtsforschung" (Mayer/Pandel 1976, S. 14) und entwickeln die bereits vorgestellten 16 fachdidaktische Kategorien, die sie zu vier Gruppen gliedern

(Mayer/Pandel 1976, S. 49-50). Das *Kategoriensystem* soll einerseits Forschende zu fachdidaktischen Studien anregen und andererseits Lehrpersonen und Studierende zum fachspezifischen Beobachten und Analysieren von Unterricht anleiten. Dazu entwickeln Mayer/Pandel Beobachtungsbögen und kodieren beispielhaft Geschichtslektionen.

Das Kategoriensystem befruchtete die Forschung allerdings nicht im angestrebten Ausmass – oder jedenfalls nicht sofort. In einigen Kategorien wird aber bereits das Strukturmodell des Geschichtsbewusstseins von Pandel (1991) sichtbar, das dazu beiträgt, den Schwerpunkt der deutschsprachigen geschichtsdidaktischen Forschung von der Phänomenforschung in Richtung Forschung zu historischem Denken und Lernen zu verlagern.

Im anglo-amerikanischen Sprachraum dagegen bekam die an der phänomenologischen Unterrichtsebene orientierte Forschung in den späten 80er-Jahren neue Impulse durch die *Best-Practice-Forschung*. In deren Rahmen wurde Geschichtsunterricht von Lehrpersonen beschrieben, die als „gut" galten[10].

Im deutschen Sprachraum und auch in der Schweiz werden vor allem Schülerinnen- und Schülerbefragungen benutzt, um zu beobachtungsnahen Beschreibungen des Geschichtsunterrichts zu gelangen. Audigier/Fink/Hammer u.a. (2004) befragen Schülerinnen und Schüler der Genfer Orientierungsstufe und stellen bei einer beträchtlichen Anzahl der Jugendlichen eher traditionelle Erwartungen an den Geschichtsunterricht fest, verbunden mit dem Wunsch nach einer im Wesentlichen chronologischen und nicht multiperspektivischen Darstellung historischer Ereignisse.

Weitere Zweige der phänomenorientierten Forschung sind die Curriculumforschung, wo die Analyse und Bestimmung von Inhalten und Zielen im Fokus ist, sowie die gerade auch im deutschen Sprachraum präsente Schulbuchforschung[11].

3.1.2 Ergebnisforschung

Diese Forschungsrichtung zielt auf die evaluative Erfassung und Messung von *Lernergebnissen* (Leistungen, Fachinteresse, themenbezogene Einstellungen und Fertigkeiten) von Lernenden nach einer Geschichtsunterrichtsstunde, -einheit

---

10 Ausführlicher in Gautschi 2007a (S. 39): Dort über Wineburgs und Wilsons Beschreibung (1991) zweier erfahrenen und angesehenen Lehrpersonen, die auf der Ebene der Sichtstruktur völlig unterschiedlich agierten.

11 Besonders auf das Georg-Eckert-Institut in Braunschweig ist zu verweisen. Das Institut führt Forschungsarbeiten zu Unterrichtsmaterialien aus den Bereichen Geschichte, Geografie und Sozialkunde durch. Es ist an zahlreichen Projekten mit internationalen Partnern beteiligt und führt auf der Homepage eine ausführliche Publikationsliste: www.gei.de (aufgerufen am 12.12.06). Dort wurde auch die für die Schweiz besonders bedeutsame Studie von Markus Furrer (2004) veröffentlicht.

oder -periode, insofern diese als Wirkung des Unterrichts interpretierbar sind. Die Ermittlung von Lernergebnissen erhält durch den Vergleich verschiedener Gruppen oder mit definierten Standards und Zielvorstellungen evaluativen Charakter.

Bodo von Borries (2002a) stellt die Längsschnittstudie von McKeown/Beck vor, in der die Lernstände der Schülerinnen und Schüler zur Amerikanischen Revolution jeweils vor und nach der Erstbehandlung in der 5. und der Zweitbehandlung nach der 8. Klasse mittels Interviews gemessen wurden. Das Resultat ist interessant: Einerseits ist ein deutlicher Lernfortschritt vom Pretest zum Posttest erkennbar. Andererseits ist der Lernfortschritt vom Posttest nach der 5. Klasse bis zum Pretest vor der 8. Klasse wieder verschwunden. Und schliesslich ist der Outcome nach der 8. Klasse tiefer als der nach der 5. Klasse. Borries stellt dazu lapidar fest: „Geschichtslehrer müssen immer wieder von vorne anfangen" (Borries 2002a, S. 68).

Für die Schweiz ist neben der bereits in Kapitel 2 vorgestellten Studie von Moser/Wiher (2007) die im Auftrag der Erziehungsdirektion der Zentralschweiz durchgeführte Studie von Barth/Messmer/Oggenfuss (2000) interessant und relevant. In dieser Arbeit stellen die Forschenden eine breite Streuung der Leistungen der einzelnen Jugendlichen fest. Zudem werden erhebliche Unterschiede zwischen einzelnen Schultypen und grosse Überschneidungen der Durchschnittskurven sichtbar. Die gemessenen Schulleistungen der Jugendlichen im Fach Geschichte werden offenbar am stärksten beeinflusst durch ihr Interesse und ihre Motivation, aber auch durch die Bildungsnähe der Eltern und durch das Geschlecht. Geschichte ist gemäss dieser Studie bei Knaben wesentlich beliebter als bei Mädchen. Wissen, Können und Einstellungen hängen eng miteinander zusammen. Die Lernergebnisse fallen bei den ausgewählten Themen recht positiv aus, allerdings mit deutlichen Unterschieden von Thema zu Thema. Die historische Groborientierung bereitet den Jugendlichen aber erhebliche Probleme, ebenso die Kenntnis der Begriffe, Institutionen und Organisationsstrukturen. Diese Studie fokussiert Leistungen und Einstellungen als mögliche Wirkungen des Unterrichts, fragt aber nicht nach den vorgängigen Unterrichtsprozessen. Damit sind – was typisch ist für eine rein beschreibende Ergebnisforschung – keine Aussagen über den Zusammenhang zwischen Merkmalen des Unterrichts und dem Unterrichtserfolg möglich.

3.1.3 Wirkungsforschung

Diese Forschungsrichtung zielt auf die Kausalanalyse von *Bedingungs-Wirkungs-Zusammenhängen* im Geschichtsunterricht. Es sollen Faktoren identifiziert werden, die für den Unterrichtserfolg verantwortlich sind. Unterrichts- und Lernqualität werden hier als Merkmale von Effektivität im Sinne eines mehrdimensionalen – Einstellungen, Lernmotivation, Fachinteresse und Fachleistungen gleichermassen umfassenden – Bildungsverständnisses aufgefasst (Reusser 2001). Wirkungsforschung verknüpft Phänomen- und Ergebnisforschung und sucht nach Zusammenhängen zwischen Unterrichtsprozessen und -produkten. Im Unterschied zur deskriptiven Ergebnisforschung zielt sie darauf ab, Gelingensbedingungen für erfolgreichen Unterricht zu identifizieren und zu bestimmen.

Bisher hat sich die deutschsprachige empirische Geschichtsdidaktik mit dieser Forschungsrichtung noch wenig befasst. Auch Hasberg, der das Forschungsfeld akribisch ausgeleuchtet hat, schreibt: „Mit Ausnahme der Wirkungsanalysen, die gelegentlich nach Abschluss der Pflichtschulzeit durchgeführt wurden, die regelmässig einen defizitären Kenntnisstand und damit ein Versagen des Geschichtsunterrichts konstatierten, hat sich die empirische Geschichtsdidaktik mit der Frage des Unterrichtserfolgs kaum befasst" (Hasberg 2001a, Bd. 2, S. 343).

Die amerikanische geschichtsdidaktische Wirkungsforschung richtet ihre Aufmerksamkeit einerseits auf Lehrpersonen, deren Schülerinnen und Schüler gute Leistungen zeigen. Im Zentrum des Interesses stehen sowohl das Verhalten dieser erfolgreichen Lehrpersonen (Teachers' Behaviors) als auch ihre Überzeugungen sowie ihr berufsbezogenes Wissen und Können (Teachers' Beliefs and Knowledge). Helmke bezeichnet diesen Forschungszweig als *„Expertenansatz"* (Helmke 2004, S. 30).

Newmann (1990) beispielsweise postuliert als Schlussfolgerungen nach seiner umfangreichen Studie, die auch auf Videobeobachtung von erfolgreichen Lehrpersonen basiert, sechs elementare und forschungsgestützte Grundsätze für erfolgreiches Lehrerhandeln im Geschichtsunterricht:
– einige wenige Themen vertieft behandeln (statt viele verschiedene Themen oberflächlich streifen),
– Kohärenz und Kontinuität in der Behandlung der Themen gewährleisten,
– herausfordernde Aufgaben und Fragen stellen,
– den Lernenden genügend Zeit zum Denken und Antworten geben,
– Verständnis aufbauen (statt Kenntnisse vermitteln),
– Erklärungen und Begründungen für Schlussfolgerungen einfordern.

Andererseits versucht die amerikanische geschichtsdidaktische Wirkungsforschung herauszufinden, ob Zusammenhänge zwischen ausgewählten Aspekten des Unterrichts (Materialien, Medien, Quantität), Schülermerkmalen (Fähigkeit, Motivation, Entwicklungsstand, Vorwissen), Lernkontext (Familie, Klasse, Gleichaltrige, Fernsehen) und dem Lerngewinn beziehungsweise Lernzuwachs bestehen. Helmke nennt diesen Forschungszweig *„Prozess-Produkt-Ansatz"* (Helmke 2004, S. 30). Auch dazu gibt es im deutschen Sprachraum keine umfassenden geschichtsdidaktischen Studien. Allerdings finden sich in verschiedenen Publikationen immer wieder interessante Einzelbefunde, etwa wenn Borries (1995a) zur 1992 durchgeführten Befragung von Jugendlichen in Ost-

und Westdeutschland schreibt: „Konkrete Einflüsse der Lehrenden und ihrer Unterrichtsformen auf die Leistungen und Einstellungen der Lernenden lassen sich nur in geringer Stärke nachweisen" (Borries 1995a, S. 9).

Um das Zusammenspiel dieser verschiedenen Momente von Unterricht zu analysieren, bedarf es auch für die Geschichtsdidaktik des Heranziehens dazu tauglicher *Rahmenmodelle*[12]. Im Unterschied zu den Annahmen der älteren Unterrichtsforschung werden Schulleistungen in einem solchen systemischen Modell nicht als allein vom methodischen Lehrerhandeln erzeugtes „Produkt", sondern als koproduktives Ergebnis der unterschiedlichen Handlungsebenen des Bildungssystems bzw. des Wirkens ihrer Akteure aufgefasst. Zur Bildungsqualität auf der Unterrichtsebene tragen somit Bedingungen, welche die Qualität des von Lehrpersonen arrangierten Bildungsangebots betreffen, ebenso bei wie Bedingungen, die sich auf dessen mehr oder weniger produktive Nutzung durch die Schüler und Schülerinnen beziehen. Dazu kommen Bedingungsfaktoren, die nicht allein von den Lehrpersonen, sondern vom Insgesamt der Ebenen (Personen-, Klassen-, Schul- und Schulsystemebene) des Bildungssystems geschaffen und kontrolliert werden. Unterrichtsforschung im vorgestellten Sinne untersucht somit, „inwieweit es Lehrpersonen gelingt, unter den Bedingungen wirkender Stützsysteme ein optimales Lernangebot zu schaffen und zugleich die Lernenden darin zu unterstützen, dieses Angebot optimal wirksam zu nutzen" (Pauli/Reusser 2006, S. 789).

3.1.4 Interventionsforschung

Rahmenmodelle machen die hohe Komplexität von Unterricht sichtbar. Es wird deutlich, dass Unterrichtsqualität ein Arrangement einer Vielzahl von Elementen darstellt. Wie das Unterrichtsangebot genutzt wird und welche Erträge daraus resultieren, hängt wiederum von einer Vielzahl von Faktoren ab, die von einer einzelnen Lehrperson nicht leicht zu kontrollieren sind. Diese Einsicht lädt dazu ein, experimentelle Inputs zu setzen und die Wirkungen, welche diese erzeugen, systematisch zu beobachten und zu messen. Ein solches Vorgehen kennzeichnet die (experimentell mehr oder weniger kontrollierte) *Interventionsforschung*. Bei dieser Forschungsrichtung werden auf der Basis von didaktisch-theoretischen Überlegungen konkrete Unterrichtssequenzen, -einheiten oder -inszenierungen entwickelt, umgesetzt, und es wird deren Wirksamkeit evaluiert. Ihr Ziel ist nicht die Beschreibung einer vorgefundenen Unterrichtsrealität, sondern die Herstellung und Qualitätsprüfung neuer Unterrichtsmodelle, das heisst, es geht

---

12   Sowohl die Instrumentenentwicklung als auch die Interpretation der Resultate ist auf ein Angebots-Nutzungsmodell schulisch-unterrichtlicher Wirksamkeit abgestützt, wie es in den letzten Jahren Eingang in die Unterrichtsforschung gefunden hat (Fend 1998; Brophy 2000; Reusser/Pauli 1999; Helmke 2004, vergleiche dazu das Modell in Abbildung 2.9).

um prozessorientierte Praxisverbesserung. Im forschungsmethodologischen Idealfall ist Interventionsforschung zugleich experimentelle Wirkungsforschung. In jüngerer Zeit wird auch von Design-Experimenten gesprochen (vgl. Barab/Squire 2004). Design-Experimente sind theoriegeleitet und verfolgen das Ziel, innovative Lernumgebungen zu entwickeln. Dies geschieht in (oft mehreren) Zyklen von Design-Entwurf, Umsetzung, Wirkungsanalyse und erneuter Design-Anpassung. In Design-Experimenten engagieren sich fachdidaktisch Forschende zusammen mit den beteiligten Akteuren aus der Praxis für eine Verbesserung des Unterrichts.

Gelegentlich werden in deskriptiven Studien gewonnene Erkenntnisse in Interventionen zur Verbesserung der Unterrichtspraxis fruchtbar gemacht. Daran wird deutlich, dass Forschende im Verlauf der Arbeit gelegentlich ihre Strategie und damit die Richtung ihrer Forschung weiterentwickeln und durch zusätzliche Fragestellungen und Methoden ergänzen (McKeown/Beck 1994).

3.1.5 Forschung zu historischem Denken und Lernen

Bei der Forschung zu historischem Denken von Lehrenden und Lernenden geht es um die Analyse der Standorte, Denkwege und Entwicklungsvoraussetzungen von Jugendlichen sowie des Denkens von Lehrpersonen in Bezug auf Geschichte, zum Beispiel ihres *Geschichtsbewusstseins*. Sie bezieht auch entwicklungspsychologische Überlegungen mit ein und zielt auf ein besseres Verständnis des Wandels individueller Denkformen und Lernprozessen bei der verstehenden und wertenden Auseinandersetzung mit Vergangenem. Diese Forschungsrichtung ist in der geschichtsdidaktischen Forschung seit langem etabliert und wird von Hasberg (2001a, Bd. 1, S. 479) gleichberechtigt mit der Unterrichtsforschung als eigener Forschungsschwerpunkt empirischer Geschichtsdidaktik bezeichnet. Dies ist für den deutschen Sprachraum sicher berechtigt, wird doch Geschichtsbewusstsein spätestens seit Jeismann (1988b) als eine der zentralen Kategorien der Geschichtsdidaktik herausgestellt.

Zu dieser Forschungsrichtung gibt es eine Reihe von aufschlussreichen Übersichtsdarstellungen. Viele davon beginnen mit Kurt Sonntag, der bereits 1932 „Das geschichtliche Bewußtsein des Schülers" (Sonntag 1932) mit einem elaborierten Methodenset aus Beobachtung, Interview, Erzählverfahren, zeichnerischen und schriftlichen Äußerungen sowie Fragebogen erforschte.

Ein Hauptinteresse der Forschung zum historischen Denken galt sodann der *Altersgemässheit der Unterrichtsgestaltung*. Heinrich Roth (1968) und Waltraud Küppers (1966) beispielsweise konstruierten aufgrund eines umfangreichen Datenmaterials und eingebettet in einen entwicklungspsychologischen Denkrahmen Stufenmodelle für den Geschichtsunterricht. Diese noch eher der Reifungstheorie zuzuordnenden Entwicklungsmodelle wurden später sowohl von der Bildungssoziologie als auch von der Lernforschung infrage gestellt, was zu einer erheblichen Verunsicherung innerhalb der Geschichtsdidaktik führte[13]. Mit Verzögerung wurden neuere entwicklungspsychologische Ansätze dann auch in der Geschichtsdidaktik aufgenommen und mit Erkenntnissen der Lehr-Lern-Forschung verknüpft[14].

Zu diesem Feld von Vorstellungen, die sich Lernende und Lehrende von Vergangenheit machen, und zu ihren Einstellungen dazu gibt es mittlerweile ein reiches Datenmaterial. Vor allem Bodo von Borries und seine Forschungsteams haben seit 1980 mit quantitativen Methoden (Unterrichtsprotokolle, Interviews, Analyse autobiografischen Materials, Fragebogen) die Morphologie und Genese von Geschichtsbewusstsein bei Kindern und Jugendlichen untersucht und hierzu viele interessante Erkenntnisse beigesteuert. Ihr hauptsächliches Forschungsinteresse galt lange Zeit der Erkundung der konkreten Ausprägung des *Geschichtsbewusstseins von Jugendlichen*. Für erhebliches Aufsehen sorgte in Deutschland zum Beispiel der mit einer repräsentativen quantitativen Befragung gewonnene Befund, dass ost- und westdeutsche Schülerinnen und Schüler über Geschichte relativ ähnlich dachten (Borries 1995a, S. 9). Borries und sein Team zielten zudem darauf ab, durch statistische Analysen ihres umfangreichen Datenmaterials die Struktur und Genese des Geschichtsbewusstseins zu erhellen. So stellen sie fest: „Die Forderung nach ‚Fremdverstehen', einer zentralen Kompetenz historischen Erkennens, bildet zwar normativ eine ‚kulturelle Selbstverständlichkeit' der jungen Deutschen; ihre praktische Ausübung wird jedoch im Verlauf der Sozialisation von den Jugendlichen nicht zunehmend eingelöst, sondern zunehmend ausgelöscht" (Borries 1995a, S. 9).

Die umfangreichste Studie zu historischem Denken von Lernenden veröffentlichten Angvik/Borries 1997 unter dem Titel *„Youth and History"*. Sie dokumentieren das Geschichtsbewusstsein von rund 32 000 vierzehn- und fünfzehnjährigen Jugendlichen in 27 europäischen Ländern[15]. Die Befragung zeigt nationale Besonderheiten und europäische Gemeinsamkeiten des Geschichtsbewusstseins, historische Vorstellungen sprachlicher, ethnischer und religiöser Minderheiten, Sozialisationseinflüsse auf das historisch-politische Lernen und die Wahrnehmung des Unterrichts durch Schüler und Lehrer.

---

13 Die Diskussion beschäftigte sich u.a. mit der Personalisierung im Geschichtsunterricht. Friedeburg/Hübner (1970) kritisierten die personalisierende Vermittlung von Geschichte, die sich auf entwicklungspsychologische Denkmodelle abstützte. Bergmann (1972) nahm die Kritik auf und erweiterte sie mit Blick auf die Erziehung zu Demokratie.
14 Vgl. dazu v.a. Klose 1994 und 2003 oder Kölbl 2004.
15 Die Schweiz nahm an der Untersuchung nicht teil. Dies war einer der Hauptanlässe für die Beantragung und einer der Hauptgründe für die Bewilligung des Projekts „*Geschichte und Politik im Unterricht*" (Gautschi/Moser/Reusser/Wiher 2007), das in einigen Forschungsaspekten (vor allem zur Phänomenforschung) und bei einigen Fragebogen-Items direkt und indirekt an „*Youth and History*" anknüpft.

Einen separaten Fragebogen füllten zudem noch rund 1300 Lehrpersonen aus. Sie wurden ebenfalls zu ihrer Unterrichtswahrnehmung, zu Geschichtsvorstellungen, zu Politikeinstellungen sowie zur Verknüpfung der Zeitebenen befragt.

Die Erkenntnisse aus „Youth and History" sind vielfältig. Insgesamt ist es Angvik/Borries und ihrem Team mit „Youth and History" gelungen, einen vertieften Einblick ins historische Denken von Lehrenden und Lernenden zu geben.

Zwar werden zum Zwecke der Analyse in diesem Unterkapitel fünf verschiedene Richtungen von Unterrichtsforschung unterschieden. Diese dienen jedoch einer eher groben Orientierung und generellen Zuordnung von in der Geschichtsdidaktik vorfindbaren Projekten und Forschungsstrategien. Manche Forschende verfolgen mit derselben Datenerhebung oft ganz verschiedene Ziele. Gerade komplexere Studien versuchen einen empirischen Zugang für unterschiedliche Theoriekonstrukte und Ziele zu nutzen, dadurch Synergien zu erzeugen und aussagekräftige Ergebnisse zu erzielen. Dies geschieht zum Beispiel auch im europäischen Grossprojekt „FUER Geschichtsbewusstsein – Förderung eines reflektierten und (selbst-)reflexiven Umgangs mit Geschichte", das sich zum Ziel gesetzt hat, auf der Grundlage eines gemeinsamen Theoriekonzeptes verschiedene Forschungsrichtungen zu verknüpfen und eng an die Praxis anzubinden (Schreiber 2002a). „FUER Geschichtsbewusstsein" ist einerseits der deskriptiven Unterrichtsforschung, der Phänomenforschung zuzuordnen: In vier Teilprojekten werden Lehrpläne und Richtlinien sowie Schulbücher analysiert, Unterrichtsstunden videografiert und Lernende und Lehrende quantitativ und qualitativ befragt. Von allem Anfang an verfolgt „FUER Geschichtsbewusstsein" aber auch das Ziel, eine innere Schulreform in Gang zu setzen. Projektmitarbeitende entwickelten und evaluierten Strategien, Methoden, Materialien, die helfen sollten, das Ziel eines reflektierten und (selbst-)reflexiven Umgangs mit Geschichte im Unterricht zu erreichen. Diese Interventionen wurden von Wissenschaftlern, von Lehrern und von Schülern getragen. Es entstand so eine Reihe von Unterrichtsmaterialien, die zum Teil methodisch diszipliniert evaluiert wurden und auf diese Weise zur Praxisverbesserung beitrugen und beitragen, etwa im Umgang mit Bildern (Krammer/Ammerer 2006).

3.2 Forschungszugänge und Methodenrepertoire

In den fünf verschiedenen Richtungen zur Erforschung von Geschichtsunterricht können grundsätzlich verschiedenste Forschungszugänge und alle zur Verfügung stehenden Möglichkeiten zur Datenerhebung und Datenauswertung angewendet werden, und tatsächlich präsentiert sich die Palette des Eingesetzten äusserst bunt. Die Geschichtsdidaktik verfügt weder über spezifische Forschungszugänge noch über ein eigenes Methodenrepertoire[16], sondern sie setzt Verfahren der *empirischen Sozialforschung* zur Erforschung des Geschichtsunterrichts ein.

Ein *Forschungsdesign* der empirischen Sozialwissenschaften legt erstens den Forschungszugang (Untersuchungsstrategie und Untersuchungsplan), zweitens die Verfahren der Datenerhebung und drittens die Verfahren der Datenauswertung fest und bestimmt sie näher (Diekmann 2007, S. 194). Dabei ist der Forschungszugang grundsätzlich den Erhebungs- und Auswertungsmethoden vorgeordnet (Mayring 2007, S. 4).

Mit dem Forschungszugang wird die Erhebung geplant und vorbereitet. Der Forschungszugang, der das methodisch disziplinierte Vorgehen antizipiert und dadurch das Projekt von suchenden Alltagstätigkeiten oder journalistischen Studien unterscheidet, richtet sich nach der Zielsetzung der Studie. Mayring (2007) unterscheidet vier *Richtungen*: explorative, deskriptive, zusammenhangsanalytische und kausalanalytische Forschungszugänge: Explorative Studien streben an, dem Forschungsgegenstand möglichst nahe zu kommen, „um zu neuen differenzierten Fragestellungen und Hypothesen zu gelangen" (Mayring 2007, S. 5). In deskriptiven Studien werden empirische Sachverhalte entweder numerisch dargestellt oder nach Feldforschung oder Fallanalysen möglichst genau und umfassend beschrieben. Sie setzen oft Hypothesen voraus und zielen in der Regel auf eine systematische Messung und Auswertung von Fakten. Zusammenhangsanalytische Studien, die einzelne Variabeln aus dem Gegenstandsbereich herausgreifen und untersuchen, ob diese Variabeln in Verbindung stehen, und kausalanalytische Studien, die einen Zusammenhang zwischen Ursachen und Wirkungen einzelner Variabeln suchen, können sowohl quantitativ wie qualitativ orientiert sein (Mayring 2007, S. 5).

Aufgrund dieser Erstentscheidung der Richtung sind bei der *Festlegung des Forschungszugangs* vier weitere Entscheidungen zu treffen. Zunächst muss die Untersuchungsebene bestimmt werden. Diekmann (2007, S. 192) unterscheidet als Untersuchungseinheiten Individuen (zum Beispiel Schülerinnen und Schüler) und Kollektive (zum Beispiel Schulklassen). Studien, die zur Überprüfung von Kontexthypothesen sowohl Individuen als auch Kollektive in den Blick nehmen, bezeichnet er als „Mehrebenenuntersuchungen" (Diekmann 2007, S. 194). Zu

---

16 Vgl. dazu auch Hasberg 2007, der feststellt: „Die Spezifik geschichtsdidaktischer Forschung ist nicht darin zu suchen, dass sie Gegenstände erforscht, die ihr alleine gegeben sind, und sie besteht noch weniger darin, dass sie über ein eigenes Methodenrepertoire verfügt, da sie – wie deutlich geworden ist – die zum Einsatz gebrachten Verfahrensweisen anderen Wissenschaftsdisziplinen entlehnt. Ihr Proprium besteht vielmehr in dem ihr eigenen Erkenntnisinteresse (…)" (Hasberg 2007, S. 24–25). Auch Handro und Schönemann stellen bereits 2002 in der Einleitung des Bandes zur 1. Nachwuchskonferenz der ‚Konferenz für Geschichtsdidaktik' fest, „dass die Frage nach einer spezifisch geschichtsdidaktischen Forschungsmethodik mit einem eindeutigen Nein beantwortet werden musste" (Handro/Schönemann 2002, S. 4).

dieser zweiten Entscheidung im Bereich des Forschungszugangs gehört auch, ob eine Vergleichs- oder Kontrollgruppe festgelegt wird oder nicht.

Dieser letzte Aspekt hängt direkt mit der dritten Entscheidung im Bereich des Forschungszugangs zusammen: Handelt es sich um ein nichtexperimentelles, um ein quasiexperimentelles oder um ein experimentelles Design (Diekmann 2007, S. 192)? Die letzten beiden Möglichkeiten erfordern mindestens zwei Gruppen.

Eine vierte Entscheidung im Bereich des Forschungszugangs bezieht sich auf die zeitliche Festlegung der Datenerhebung: Soll eine Quer- oder eine Längsschnittstudie erfolgen, und wenn es eine Längsschnittstudie ist, wie werden dann die Einheiten ausgewählt: Soll eine Trend-, eine Panel- oder eine Kohortenstudie durchgeführt werden? Während bei einem Trenddesign die Werte der gleichen Variabeln zu mehreren Zeitpunkten mit jeweils unterschiedlichen Stichproben erhoben werden, geschieht dasselbe bei einem Paneldesign mit der identischen Stichprobe (Diekmann 2007, S. 305), ebenso bei einem Kohortendesign, bei der die Stichprobe eine Bevölkerungsgruppe ist, „die durch ein gemeinsames, längerfristig prägendes Starterereignis definiert wird" (Diekmann 2007, S. 318).

Eine fünfte und letzte Entscheidung ist schliesslich in Bezug auf Typ und Grösse der *Stichprobe* erforderlich: Soll eine „Zufallsstichprobe", ein „Quotensample" oder eine „willkürliche Stichprobe" gezogen werden. Für deskriptive Forschungsziele sind (gemäss Diekmann 2007, S. 195) oft repräsentative Stichproben günstiger, für explorative Forschungsziele scheinen die andern Typen besser geeignet.

Die Verfahren der Datenerhebung und -auswertung wurden lange Zeit in die beiden Richtungen „*Qualitative Sozialforschung*" und „*Quantitative Sozialforschung*" unterschieden, wobei die Anwendung der qualitativen Methoden hauptsächlich für explorative Verfahren als geeignet erschien. Die Prüfung von Hypothesen wurde als Domäne der quantitativen Sozialforschung angesehen (Diekmann 2007, S. 531). Vertreterinnen und Vertreter qualitativer Methoden[17] teilen diese Sichtweise nicht. Sie betrachten qualitative Verfahren als eigenständige Alternative zu den quantitativen Verfahren sowohl bei der Erhebung als auch bei der Auswertung von Daten. Auch mit qualitativen Methoden könnten Hypothesen überprüft werden. Angestrebt werden folgende Forschungsziele: „Deskription empirischer Sachverhalte und sozialer Prozesse; Aufstellung von Klassifikationen oder Typologien; Gewinnung von Hypothesen am empirischen Material; Prüfung von Forschungshypothesen" (Diekmann 2007, S. 532).

Quantitative Methoden zur Datenerhebung in der Sozialforschung, also Vorgehensweisen zur Erfassung zählbarer Eigenschaften, sind Beobachtungen, Befragungen, Experimente oder Inhaltsanalysen. Die Daten werden auf verschiedenste Arten analysiert, zum Beispiel mittels deskriptiver Statistik (mit Median

---

17 Die vorliegende Arbeit stützt sich neben Diekmann (2007) vor allem auf Flick (2004, 2006), Glaser/Strauss (2005), Hopf/Weingarten (1993) sowie Mayring (2002, 2003, 2007).

und Varianz) oder mittels multivariater Statistik (z.B. mit Faktorenanalyse und Clusteranalyse). Vor allem die Arbeiten von Bodo von Borries (1995a, 1999a) haben die methodische Messlatte für quantitative Studien in der Geschichtsdidaktik hoch gelegt.

Mit qualitativen Methoden werden gemäss Flick (2006) verbale oder visuelle Daten erhoben. Flick unterscheidet zur Erhebung verbaler Daten die Leitfaden-Interviews, die Erzählungen sowie die Gruppenverfahren, bei der Erhebung visueller Daten die Beobachtung ohne Teilnahme, die teilnehmende Beobachtung, die Ethnographie, die Fotoanalyse sowie die Filmanalyse[18]. Die Auswertungsmethoden werden als Methoden der Textinterpretation bezeichnet und einerseits nach der Kodierung und Kategorisierung (Theoretisches Kodieren, Thematisches Kodieren, Qualitative Inhaltsanalyse, Globalauswertung) und andererseits nach der sequenziellen Analyse (Konversationsanalyse, Diskursanalyse, Narrative Analyse, Objektive Hermeneutik) unterschieden. Seit einigen Jahren ist in der Geschichtsdidaktik „eine klare Hinwendung zur qualitativen Forschung" (Hasberg 2007, S. 22) zu konstatieren, und so können hier eine ganze Reihe von Studien genannt werden, die methodisch modellhaft sind, etwa von Kölbl (2004), Meseth/Proske/Radtke (2004a) und Barricelli (2005), oder die Arbeiten im Rahmen des Oldenburger Projekts „Fachdidaktische Lehr- und Lernforschung – didaktische Rekonstruktion" bei Günther-Arndt.

In der Geschichtsdidaktik – wie generell in der empirischen Sozialforschung – hat sich die Erkenntnis durchgesetzt, dass ein „Entweder – Oder" in der Frage der quantitativen bzw. qualitativen Forschungsrichtung nicht hilfreich ist, sondern dass die Auswahl der Methode vom *Erkenntnisinteresse* bestimmt werden soll (Handro/Schönemann 2002, S. 5). Auch Borries postuliert[19], dass verschiedene Methodentypen nicht gegeneinander ausgespielt werden sollen. Er geht noch weiter und fordert: „Es sollte unbedingt zu einem wirklichen Ergänzungsverhältnis, einer Kombination kommen. Missachtung und Streit schaden beiden, und faule Kompromisse, d.h. ein unverbundenes Nebeneinander (‚formelhafter Waffenstillstand'), helfen nicht. Tatsächlich kann man leicht zeigen, dass nur eine produktive Ergänzung beider Grundformen in Theoriebildung und Praxisanleitung weiterhilft"[20]. Dies soll mit dem folgenden Unterkapitel geschehen.

---

18 Gute Übersichten bieten die Tabellen von Flick (2006) auf den Seiten 190–191 sowie 236–237.
19 Schlusswort zur Tagung „Geschichtsdidaktik empirisch" in Basel am 25. August 2007; Publikation für 2009 geplant.
20 Vgl. Fussnote 19.

3.3 Forschungszugang der vorliegenden Arbeit

Empirische Studien erfordern gemäss Bodo von Borries „unabdingbar vier Charakteristika: eine explizite wissenschaftliche Fragestellung, eine theoretisch einordnende Fundierung, ein – erhobenes oder aufgefundenes – Materialkorpus und eine systematische Auswertungsmethode"[21]. Die Fragestellung wurde in Kapitel 1 (Einleitung), die theoretisch einordnende Fundierung in Kapitel 2 (Grundlage) dargelegt. Das vorliegende Unterkapitel zeigt den Forschungszugang der vorliegenden Arbeit und damit die Art und Weise, wie die Daten systematisch erhoben wurden. Die Auswertung wird in Kapitel 4 vorgestellt.

3.3.1 Anknüpfung an das Projekt „Geschichte und Politik im Unterricht"

Der Forschungsüberblick im Unterkapitel 2.1 macht deutlich, dass für den deutschsprachigen Raum bislang kaum forschungsgestütztes Wissen über die konkrete alltägliche Praxis des Geschichtsunterrichts vorliegt und dass Studien zu „gutem Geschichtsunterricht" fehlen. Aus diesem Grund liegt es nahe, eine *explorative und deskriptive Studie* zum Gegenstand „Geschichtsunterricht" zu konzipieren, die es ermöglichen soll, anhand des erhobenen empirischen Materials Hypothesen zu „gutem Geschichtsunterricht" zu entwickeln.

Zu diesem Zweck wird in einem ersten Schritt im Sinne der Feldforschung auf die Ebene des Unterrichtsgeschehens fokussiert. Der Grundgedanke von Feldforschung ist, „ihren Gegenstand in möglichst natürlichem Kontext zu untersuchen, um Verzerrungen durch den Eingriff der Untersuchungsmethoden bzw. durch die wirklichkeitsferne Aussenperspektive zu vermeiden" (Mayring 2002, S. 54). Feldforschung führt zu „visuellen Daten" (Flick 2006, S. 199–242) und erfordert Beobachtungsverfahren zur Datenerhebung. Dank der Kooperation verschiedener Partner im Projekt „Geschichte und Politik im Unterricht" und der dadurch vorhandenen Erfahrung konnte dafür die *„Videografierung"* gewählt werden. Mit der Videografierung alltäglichen Geschichtsunterrichts vermag die vorliegende Arbeit zudem auf eine wichtige Forderung zu reagieren, die in der Scientific Community in den letzten Jahren immer wieder gestellt wurde, nach einer Unterrichtsforschung nämlich, welche Daten über Unterrichtswirklichkeit generiert (Beilner 2003, S. 302). Mit Beilner ist zu hoffen, dass Geschichtslehrpersonen durch die gewonnenen Ergebnisse in ihren täglich wiederkehrenden Problemen angesprochen werden und dadurch „ein breiteres Reflexionspotenzial für Möglichkeiten und Grenzen ihrer Arbeit" (Beilner 2003, S. 302) gewinnen.

---

21 Vgl. Fussnote 18.

Da Unterricht „gut" immer im Vergleich mit etwas Anderem oder in Bezug auf etwas Anderes und „gut" immer aus einer bestimmten Perspektive ist, liegt es für die vorliegende Arbeit nahe, einen *mehrperspektivischen Zugang* zu wählen. In den Blick kommen sollen also sowohl die beteiligten Lernenden und Lehrenden als auch Expertinnen und Experten mit einer Aussenperspektive. Mit diesem Vorgehen ist die Studie in Übereinstimmung mit dem aktuellen Forschungsparadigma, Wirkungsmechanismen von Unterricht auf verschiedenen Ebenen und aus unterschiedlichen Perspektiven zu betrachten (Waldis/Reusser/Moser 2007, S. 64).

Bewusst wird zudem ein nichtexperimentelles Design gewählt. Damit soll der Forderung nach Vermehrung der auf konkretes Vermittlungsgeschehen gerichteten Empirie Rechnung getragen werden[22].

Da die vorliegende Studie den Anschluss an das Kooperationsprojekt „Geschichte und Politik im Unterricht" sucht und so zur Etablierung eines Verdichtungspunktes von mehrperspektivischer Unterrichtsforschung in der Geschichtsdidaktik beitragen will, ergibt sich aufgrund der Datenlage bei dieser explorativen und deskriptiven Arbeit eine Querschnittstudie. Aus demselben Grund ist die Stichprobe der vorliegenden Arbeit bezüglich Geschichtsunterrichts diejenige des Projekts „Geschichte und Politik im Unterricht".

3.3.2 Ziehung der Stichprobe[23]

Im Gegensatz zu Unterrichtsdokumentationen, welche entweder unsystematisch oder nach qualitativen Samplingmethoden[24] erhoben wurden, wurde im Projekt „Geschichte und Politik im Unterricht" mit einer gestaffelten *Stichprobenziehung* gearbeitet. Zu diesem Zweck wurde in einem ersten Schritt für jeden Kanton eine zufällige Auswahl von 120 Schulen getroffen, welche in etwa die Verteilung von Schultypen und Schulgrössen in der Gesamtpopulation systematisch repräsentierte. Aus diesem Pool ausgewählter „Schulen-pro-Schultyp-Einheiten" wurden zunächst je 15 Schulen für die Videostichprobe ausgewählt. In einem zweiten Schritt erfolgte die Ziehung der 30 Schulen, die zur Teilnahme bei den schriftlichen Schüler- und Lehrerbefragungen vorgesehen waren (sog. Zusatzklassen) und als Reserveklassen für die Videostichprobe dienten. In einem dritten Schritt wurden jene 60 Schulen bestimmt, die für eine Teilnahme bei den schriftlichen Lehrerbefragungen angeschrieben wurden (sog. Zusatzstichprobe).

---

22 Hasberg (2007) stellt fest, dass dieser Ruf nach Vermehrung der auf konkretes Unterrichtsgeschehen gerichteten Empirie bislang ohne Echo geblieben sei (S. 28).
23 Zusammenfassung der Darlegungen zur Datenerhebung in Waldis/Gautschi/Hodel/Reusser 2006, S. 162–164.
24 Vgl. dazu Kelle/Kluge 1999, S. 45.

Weil in der Schweiz aufgrund der föderalistischen Schulstrukturen gerade auf der Sekundarstufe I die unterschiedlichsten Organisationsformen zu finden sind, bildet insbesondere die Zuordnung der Klassen zum *Niveau* ein besonderes Problem. Aus pragmatischen Gründen wurde deshalb eine Zuordnung zu drei Niveaus vorgenommen (vgl. Tabelle 3.1).

Tabelle 3.1: Zuordnung der Klassen aus den verschiedenen Kantonen in Schultypenniveaus

	Kanton Aargau	*Kanton Bern*	*Kanton Zürich Dreigliedriges System*	*Kanton Zürich Zweigliedriges System*	*Kanton Zürich Weitere Typen*
Grundansprüche	Realschule	Realschule	Sek C	Stammklassen G	
Erweiterte Ansprüche	Sekundarschule	Sekundarschule	Sek B	Stammklassen E	
Hohe Ansprüche	Bezirksschule	Spezialklassen an Sekundarschulen/ Quartaklassen an Gymnasien	Sek A		Langzeitgymnasium

Nach der Ziehung der Zufalls-Schulstichprobe wurden im Sommer 2003 die zuständigen Schulleitungen angefragt, ob ihre Schule grundsätzlich zur Teilnahme an der Studie bereit wäre. Gleichzeitig wurde um eine Liste aller Lehrpersonen gebeten, die im Schuljahr 2003/04 in der ausgewählten Schule eine Klasse in der 9. Schulstufe im festgelegten Schultypus das Fach Geschichte unterrichteten. Auf der Grundlage dieser Lehrerlisten wurde wiederum mittels Zufallsgenerator je eine Lehrperson pro Schule ausgewählt.

Die ausgewählten Lehrpersonen der ersten und zweiten Priorität wurden telefonisch angefragt, ob sie an der Studie teilnehmen würden. Im Falle einer Absage wurde eine äquivalente Ersatzschule kontaktiert, die ebenfalls zufällig ausgewählt worden war.

Die Rekrutierung der Lehrpersonen und Klassen für die Videostichprobe erwies sich als ausgesprochen schwierig. In etlichen Fällen sagten bereits die Schulleitungen ab; hinzu kamen Absagen von angefragten Lehrpersonen. Die Gründe dafür waren vielfältig: Die Untersuchung nehme zuviel Unterrichtszeit in Anspruch, die Mitarbeit in anderen Studien und Projekten erlaube keine Beteiligung an diesem Projekt. Persönliche Gründe von Lehrpersonen wie gesundheitliche Probleme oder aber eine disziplinarisch schwierige Klasse bildeten eine weitere Kategorie von Absagen.

Hervorzuheben ist dennoch, dass die gefilmte Videostichprobe einer zufälligen Auswahl von Lehrpersonen und Klassen entspricht. Es wurden nicht nur Lehrpersonen gefilmt, von denen Schulleitungen und Lehrerkollegium überzeugt waren, dass diese eine „gute" Unterrichtslektion vorführen konnten. Allerdings brauchte es von Seiten der Lehrpersonen etwas Mut, sich vor die Kamera zu stellen. Stark verunsicherte Lehrpersonen oder Klassen mit gravierenden Disziplinschwierigkeiten scheinen in der Videostichprobe nicht enthalten.

Ein auf Klassenebene vollständiger Datensatz liegt von *39 Klassen* vor. Mit dieser, in Tabelle 3.2 dargestellten und kommentierten Stichprobe wird die vorliegende Arbeit durchgeführt.

Tabelle 3.2: Stichprobe

	Unterrichts-video	SFB[25] Video	LFB[26] Video	Beurteilung Autor	Experten-gutachten
Unterrichtsstunden (Einzel- oder Doppelstunden)	41 Klassen[27]	41 Klassen n=729[28]	39 Lehrpersonen	41 Beurteilungen	10 x 4 Beurteilungen
Total N	41	727	39	41	40[29]
Datenausfälle	keine	keine	2 LFB	keine	keine

3.3.3 Zugang mittels „Triangulation"

In den letzten Jahren wurde gefordert, zur empirischen Erforschung des Geschichtsunterrichts die *Triangulation* einzusetzen[30].

Triangulation wird als Begriff in den verschiedensten Bereichen verwendet. In der Trigonometrie und elementaren Geometrie bedeutet Triangulation die Teilung einer Fläche in Dreiecke, um die gegenseitige Lage von Punkten dieser Fläche zu bestimmen. Sie wird auch Triangulierung genannt und ist Grundlage

---

25 SFB= Schülerfragebogen
26 LFB=Lehrerfragebogen
27 Von den 41 Klassen stammen 14 aus dem Kanton Aargau, 12 aus dem Kanton Bern, 12 aus dem Kanton Zürich, 2 aus dem Kanton Luzern, 1 aus dem Kanton Nidwalden. Von den 41 Klassen sind 8 Klassen dem Niveau Grundansprüche, 18 Klassen dem Niveau Erweiterte Ansprüche und 15 Klassen dem Niveau Hohe Ansprüche zuzuordnen.
28 Mit „n" ist die Anzahl Schülerinnen und Schüler gemeint. Hin und wieder fehlten einzelne Schülerinnen und Schüler am Tag der jeweiligen Datenerhebungen. Falls möglich, wurde die Befragung nachgeholt.
29 Da die Zweitbegutachtung durch die Kontroll-Expertinnen/Experten nach Rücklauf der Lehrer-Fragebogen erfolgte, wurde darauf verzichtet, alle 41 Lektionen dieser Zweitbegutachtung zu unterziehen.
30 Vgl. etwa Hasberg 2007, S 31.

für verschiedene geometrische Verfahren, vor allem in der Geodäsie zur Erstellung und Messung eines Dreiecksnetzes (Blaikie 1991, S. 118). In diesem Sinne wurde der Begriff Triangulation im Bauwesen bereits in der Phase der Gotik zur Ausmessung eines Bauwerks mit Dreiecken verwendet und wird heute in der Messtechnik zur Entfernungsmessung und Formerfassung oder in der Robotik zur Bestimmung von Gelenkstellungen gebraucht (Grosjean 1996). Der Begriff Triangulation hat auch in der Entwicklungspsychologie und Tiefenpsychologie seine spezifische Bedeutung und bezeichnet die Beziehungsentwicklung zwischen drei Beteiligten, in der Psychoanalyse insbesondere die zunehmende Bedeutung des Vaters für das Kind in den ersten Lebensjahren (Ermann 2007). Im Pflanzenbau bedeutet „Triangulation" eine spezielle Veredelungsart, das dreikantige Pfropfen, und bei der Europäischen Zentralbank das vorgeschriebene Verfahren zur Umrechnung der europäischen Währungen mit Einführung des Euro[31].

In der qualitativen Sozialforschung bedeutet Triangulation vereinfacht ausgedrückt, „(…) dass ein Forschungsgegenstand von (mindestens) zwei Punkten aus betrachtet – oder konstruktivistisch formuliert: konstruiert – wird. In der Regel wird die Betrachtung von zwei und mehr Punkten aus durch die Verwendung verschiedener methodischer Zugänge realisiert" (Flick 2004, S. 11).

Da es in der vorliegenden Untersuchung darum geht, guten Geschichtsunterricht zu identifizieren, zu beschreiben und zu begründen, und da dies aufgrund der Komplexität des Konstrukts „Guter Geschichtsunterricht" (siehe Kapitel 2) und des aktuellen Stands der Unterrichtsforschung (siehe Abschnitt 3.1) mehrperspektivisch erfolgen muss, liegt es nahe, *Triangulation* erstmals in der neueren Forschung zu Geschichtsunterricht im deutschsprachigen Raum als Zugang konsequent anzuwenden.

Unter Triangulation soll – mit Uwe Flick – Folgendes verstanden werden:
„Triangulation beinhaltet die Einnahme unterschiedlicher Perspektiven auf einen untersuchten Gegenstand oder allgemeiner: bei der Beantwortung von Forschungsfragen. Diese Perspektiven können in unterschiedlichen Methoden, die angewandt werden, und/oder unterschiedlichen gewählten theoretischen Zugängen konkretisiert werden, wobei beides wiederum mit einander in Zusammenhang steht bzw. verknüpft werden sollte. Weiterhin bezieht sie sich auf die Kombination unterschiedlicher Datensorten jeweils vor dem Hintergrund der auf die Daten jeweils eingenommenen theoretischen Perspektiven. Diese Perspektiven sollten so weit als möglich gleichberechtigt und gleichermassen konsequent behandelt und umgesetzt werden. Gleichermassen sollte durch die Triangulation (etwa verschiedener Methoden oder verschiedener Datensorten) ein prinzipieller Erkenntniszuwachs möglich sein, dass also bspw. Erkenntnisse auf unterschiedlichen Ebenen gewonnen werden, die damit weiter reichen, als es mit einem Zugang möglich wäre" (Flick 2004, S. 12).

---

31 Vgl. dazu auch: http://de.wikipedia.org/wiki/Triangulation (aufgerufen am 4.2.2008).

Mit dieser Definition stellt Flick die Triangulation in eine *Forschungstradition*, der er auch die klassische Studie der qualitativen Sozialforschung von Marie Jahoda, Paul Lazarsfeld und Hans Zeisel „Die Arbeitslosen von Marienthal" aus dem Jahr 1933 zurechnet, weil sie gemäss Jahoda (1995, S. 121) unter anderem zur Erfassung der sozialen Wirklichkeit qualitative und quantitative Methoden einsetzt oder weil sie objektive Tatbestände und subjektive Einstellungen erhebt.

Ein weiteres klassisches Beispiel für Triangulation ist die Studie von Gregory Bateson und Margret Mead „Balinese Character: A Photographic Analysis" (Bateson/Mead 1942), in welcher die Forschenden visuelle und verbale Daten erheben und auswerten. Auch Glaser/Strauss, die mit ihren Schriften zur Methodik (2005, engl. 1967) zentral für die Renaissance der qualitativen Sozialforschung waren, empfehlen die Verwendung verschiedener Datentypen, um die Untersuchungsgegenstände aus verschiedenen Perspektiven analysieren zu können (Glaser/Strauss 2005, S. 57-68).

In all diesen Studien wird das Vorgehen noch nicht als Triangulation bezeichnet. Erst seit Norman Denzin (1970), der zur Triangulation eine systematische Konzeptualisierung vorgelegt hat, ist der Begriff in der qualitativen Sozialforschung eingeführt. Denzin versteht unter Triangulation allgemein „the combination of methodologies in the study of the same phenomena" (1970, S. 297).

3.3.4 Formen und Ziele der „Triangulation"

Denzin (1970, S. 300-312) unterscheidet *vier verschiedene Formen* der Triangulation:
– Data Triangulation
– Investigator Triangulation
– Theory Triangulation
– Methodological Triangulation

Data Triangulation bezeichnet die Einbeziehung unterschiedlicher Datenquellen. Durch die Triangulation von Datenquellen könne der Forscher mit denselben Methoden effizient ein Höchstmass an theoretischem Gewinn erzielen. Denzin unterscheidet verschiedene Daten-Triangulationen (nach Zeit, Raum und Personen) und propagiert die Untersuchung desselben Phänomens zu verschiedenen Zeitpunkten, an verschiedenen Orten und durch verschiedene Personen. Damit nähert sich Denzin nach eigener Einschätzung der Strategie des „theoretical samplings" von Glaser und Strauss (1967) an. In beiden Fällen wird von der gezielten und systematischen Auswahl und Einbeziehung von Personen und Untersuchungsgruppen, Zeitpunkten und lokalen Settings in die Untersuchung ausgegangen.

Investigator Triangulation bezeichnet die Einbeziehung verschiedener Forscherinnen und Forscher, um Verzerrungen durch die Person der Forschenden aufzudecken oder zu minimieren. Dabei ist gemäss Flick (2004, S. 14) jedoch nicht die schlichte Arbeitsteilung oder Delegation vermeintlicher Routinetätigkeiten an Hilfskräfte gemeint, sondern der systematische Vergleich des Einflusses verschiedener Forscherinnen und Forscher auf den Untersuchungsgegenstand und die erhaltenen Resultate (Denzin 1970, S. 303).

Theory Triangulation empfiehlt Denzin insbesondere bei Problemen und Fragen, die durch ein geringes Mass an theoretischer Kohärenz gekennzeichnet sind. Die Forschenden sollen sich solchen Daten mit verschiedenen Hypothesen nähern und eine nach der andern prüfen, um ihre Nützlichkeit und Erklärungskraft zu prüfen (Denzin 1970, S. 303). Denzin schildert vorab drei Vorteile der Theorien-Triangulation: Sie verhindere erstens, dass Forschende an ihren Vorannahmen festhalten und alternative Erklärungen ignorieren würden. Sie bewirke zweitens ein Hinausgehen über theorie-spezifische Untersuchungen zu generalisiert-theoretischen Untersuchungen. Und sie führe drittens durch die vergleichende Überprüfung verschiedener theoretischer Modelle zur Entwicklung neuer theoretischer Synthesen.

Methodological Triangulation schliesslich soll vor allem die Begrenztheit von Einzelmethoden durch die Kombination verschiedener Methoden überwinden. Die methodische Triangulation dient bei Denzin vor allem zur Validierung der Feldforschung (Denzin 1970, S. 310).

Gemäss Flick (2004, S. 17) handelt es sich bei Denzins Vorschlag nicht nur um die am häufigsten zitierte und diskutierte Triangulationskonzeption, sondern auch um die am meisten kritisierte. Hauptansatzpunkt der *Kritik* ist das offenbar Denzins Publikation 1970 zugrunde liegende Gegenstandsverständnis. Denzin lasse ausser Acht, dass „jede Methode den Gegenstand, der mit ihr erforscht bzw. abgebildet werden soll, auf spezifische Weise konstituiert. Dies hat zur Folge, dass bei der Kombination von Surveys und Feldforschung (Fielding/Fielding 1979), Interviews und (teilnehmender) Beobachtung (Becker/Geer 1984; Hammersley/Atkinson 1983) oder allgemeiner von qualitativen und quantitativen Verfahren nicht davon ausgegangen werden kann, dass jeweils der eine Ansatz das Gleiche zu Tage fördern wird wie der andere oder dass bei Diskrepanzen der Ergebnisse das eine (oder das andere) Resultat damit widerlegt sei" (Flick 2004, S. 17).

In seinen neueren Arbeiten hat Denzin (1989) das Konzept der Triangulation aufgrund der Kritiken revidiert. Er sieht nun neu Triangulation als Strategie auf dem Weg zu einem tieferen Verständnis des untersuchten Gegenstandes und damit als Schritt auf dem Weg zu mehr Erkenntnis und weniger zu Validität und Objektivität in der Interpretation: „The goal of multiple triangulation is a fully grounded interpretive research approach. Objective reality will never be captured. In-depht understanding, not validity, is sought in any interpretive study" (Denzin 1989, S. 246).

3.3.5 Triangulationen in der vorliegenden Untersuchung

In der vorliegenden Untersuchung dient die Triangulation *verschiedenen Zwecken*. Sie dient erstens in der explorativen Phase der Identifikation von gutem Geschichtsunterricht der wechselseitigen Überprüfung der Ergebnisse. Mittels Triangulation werden aus dem Gesamtdatensatz Lektionen herausgefiltert, die sowohl aus der Perspektive der beteiligten Lernenden und Lehrenden wie auch aus der Perspektive der aussen stehenden Expertinnen und Experten als „gut" bezeichnet werden. Sie dient zweitens in der Phase der Deskription der Erkenntniserweiterung und hilft erklären, wieso die ausgewählten Lektionen als „gut" bezeichnet werden. Dieses Vorgehen trägt zur datenbasierten Anreicherung der elementaren Gütekriterien für Geschichtsunterricht bei.

In der vorliegenden Untersuchung wird Triangulation *in unterschiedlichen Formen* angewendet:

Zur Identifikation von gutem Geschichtsunterricht werden verschiedene Datenquellen verwendet (Data Triangulation): Videografien von Geschichtslektionen einerseits sowie Fragebogen-Antworten der beteiligten Lehrenden, Lernenden und Expertinnen und Experten andererseits. Dasselbe Phänomen Geschichtsunterricht wird zu verschiedenen Zeitpunkten, an verschiedenen Orten und durch verschiedene Personen beurteilt. Jede Lektion wird unmittelbar nach der Durchführung durch die Lehrenden und Lernenden, ein Jahr später durch den Autor und zwei Jahre später durch Kontroll-Expertinnen/Experten begutachtet und beurteilt.

Zur Überprüfung des Urteils des Autors, um Verzerrungen durch die Person des Forschenden aufzudecken oder zu minimieren, wird „Investigator Triangulation" eingesetzt. Jede Geschichtslektion wird einmal durch den Autor und dann durch eine Kontroll-Expertin, einen Kontroll-Experten, insgesamt also durch zwei Expertinnen, Experten begutachtet, und nur Lektionen, die von beiden als „gut" bezeichnet werden, bekommen das Expertenurteil „gut".

Theorien-Triangulation findet in der Entwicklung des Beurteilungsrasters für guten Geschichtsunterricht statt (vgl. Kapitel 2). Damit wird verhindert, dass an Vorannahmen festgehalten wird und alternative Erklärungen ignoriert werden. Dieses Vorgehen führt zweitens durch die vergleichende Überprüfung verschiedener theoretischer Modelle zu neuen theoretischen Synthesen wie beispielsweise zum Rahmenmodell für Geschichtsunterricht (vgl. Abbildung 2.10).

Die methodische Triangulation schliesslich hat die eingangs erwähnten beiden Funktionen Validierung und Erkenntnisanreicherung. Während die Urteile der Lehrenden und Lernenden unmittelbar nach dem erlebten Unterricht mittels Fragebogen mit geschlossenen und offenen Fragen erhoben und danach zur

Validierung quantitativ und zur Erkenntnisanreicherung qualitativ ausgewertet werden, sind die Urteile der Experten aufgrund des videografierten Unterrichts mittels Fragebogen erhoben und ebenfalls zur Validierung quantitativ und zur Erkenntnisanreicherung qualitativ ausgewertet. Auf diese Weise werden qualitative und quantitative Methoden ganz im Sinne von Jick eher als komplementäre Ansätze und nicht als „rivalisierende Lager" (Jick 1979, S. 135) verstanden. Dieses Vorgehen entspricht verschiedenen Bemühungen, qualitative und quantitative Forschung zu verbinden.

Bryman hat bereits 1988 (S. 59–61) elf Varianten der Integration qualitativer und quantitativer Forschung identifiziert[32]. In der vorliegenden Untersuchung dient das *Miteinander von qualitativer und quantitativer Forschung* vor allem der Überprüfung der Ergebnisse sowie der Herstellung eines allgemeineren Bildes von Geschichtsunterricht, und qualitative und quantitative Forschung kommt in unterschiedlichen Phasen des Forschungsprozesses vor.

3.3.6 Forschungsdesign und Arbeitsprogramm im Überblick

Die oben dargestellten Überlegungen zum Forschungszugang führen zu dem in Grafik 3.1 dargestellten *Forschungsdesign*:

Das Forschungsdesign lässt sich wie folgt beschreiben:

Die Arbeit exploriert real stattfindenden Geschichtsunterricht, identifiziert unter Mithilfe von Videografien und mittels Triangulation gute Geschichtslektionen und macht mittels Analyse von Einzelfalldarstellungen Aussagen zu gutem Geschichtsunterricht.

Die Studie ist gekennzeichnet durch *zwei Datenerhebungsphasen*:
– Die erste Datenerhebungsphase erfolgte im Rahmen des Projektes „Geschichte und Politik im Unterricht". Dabei wurden 41 mit einer Stichprobenziehung festgelegte Geschichtslektionen (Einzel- und Doppelstunden) videografiert (Arbeitsschritt 1), danach die Lernenden dieser Lektionen (Arbeitsschritt 2) sowie die Lehrenden dieser Lektionen (Arbeitsschritt 3) zur Lektion schriftlich befragt.
– Die zweite Datenerhebungsphase erfolgt im Rahmen der vorliegenden Studie. Dabei kodiert und kategorisiert der Autor die Videos mittels Globalauswertung (Arbeitsschritt 4), und es werden 10 Expertinnen, Experten aufgrund ihrer Verfügbarkeit und Bereitschaft willkürlich ausgewählt (convenience sample, vgl. Abschnitt 3.4.5) und zu den videografierten Geschichtslektionen befragt (Arbeitsschritt 5).

Die Studie umfasst *zwei Datenauswertungsphasen*:
– Die erste Datenauswertungsphase – im Forschungsdesign als 1. Triangulationsphase bezeichnet (vgl. Grafik 3.1) – dient zur Identifikation von guten

---
32 Vgl. dazu auch Flick 2004, S. 68.

Geschichtslektionen. Erstens wird auf Grundlage der Antworten der befragten Lernenden mittels Statistik ein erstes Set von guten Lektionen aus Sicht der Lernenden herausgerechnet (Arbeitsschritt 6). Zweitens wird auf Grundlage der Antworten der befragten Lehrenden mittels Statistik ein zweites Set von guten Lektionen aus Sicht der Lehrenden herausgerechnet (Arbeitsschritt 7). Drittens beurteilt der Autor die Lektionen entlang des theoretisch hergeleiteten Ratingbogens (Arbeitsschritt 8), es werden die Urteile der Kontroll-Expertinnen/Experten herangezogen (Arbeitsschritt 9), und danach werden die Beurteilungen mittels Investigator-Triangulation abgeglichen, was zu einem dritten Set von guten Lektionen führt (Arbeitsschritt 10). Die drei Sets von guten Lektionen werden mittels Daten-Triangulation abgeglichen, was zur Auswahl guter Geschichtslektionen führt (Arbeitsschritt 11).
- Die zweite Datenauswertungsphase mittels fallbezogener Exploration – im Forschungsdesign als 2. Triangulationsphase bezeichnet (vgl. Grafik 3.1) – dient zur Festlegung von Aussagen zu gutem Geschichtsunterricht. Dazu werden Äußerungen von Lernenden und Lehrenden zu den ausgewählten Lektionen zusammengestellt und mit den Beurteilungen aus der Kriterienliste des Autors sowie mit Aussagen der Kontroll-Expertinnen/Experten verglichen und erneut mittels Daten-Triangulation abgeglichen (Arbeitsschritt 12), was allgemeine Aussagen zu guten Geschichtslektionen ermöglicht.

Aus dem Forschungsdesign ergibt sich das *Arbeitsprogramm*. Es umfasst sieben Arbeitsphasen einschließlich der Arbeitsschritte (vgl. Tabelle 3.1).

Tabelle 3.3: Arbeitsphasen und Arbeitsprogramm

Arbeitsschritte und -phasen	2002	2003	2004	2005	2006	2007	2008
Vorarbeiten							
Antragstellung für Projekt Geschichte und Politik im Unterricht (GuP)	X						
Genehmigung für Projekt GuP	X						
Konzeptentwicklung und Antragstellung zum Dissertationsprojekt		X					
Genehmigung Dissertationsprojekt		X					
Auswahl: Stichprobe für Videografierung festlegen		X					

Forschungszugang der vorliegenden Arbeit 127

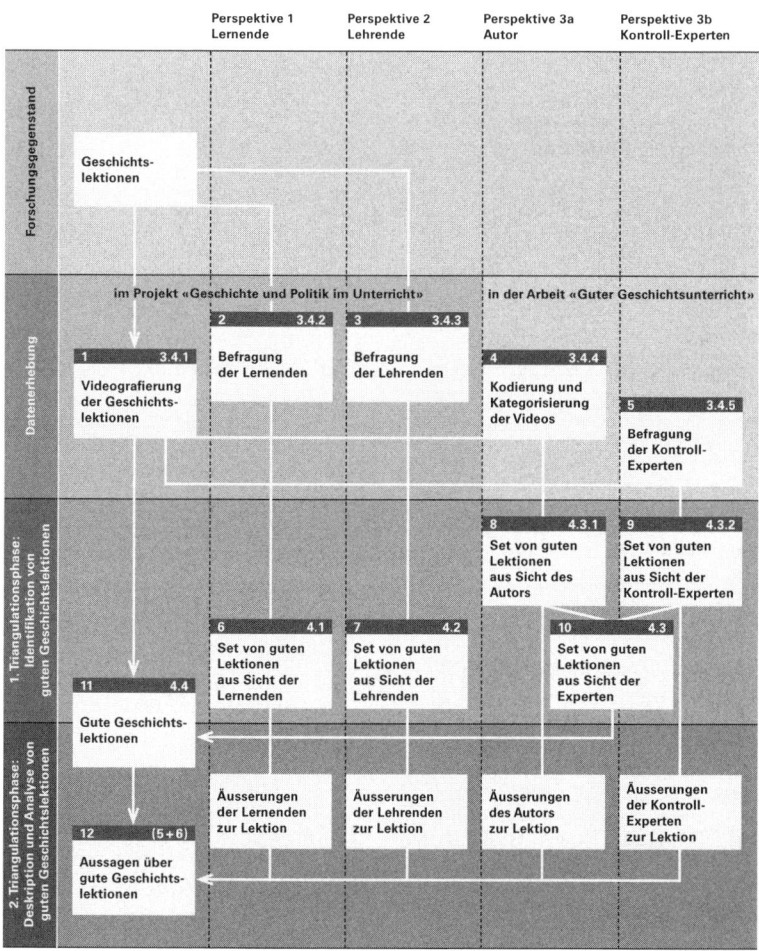

Grafik 3.1: Forschungsdesign der Arbeit «Guter Geschichtsunterricht».
Die erste Zahl auf der ersten Zeile in den Kästchen bezeichnet den Arbeitsschritt, die zweite Zahl rechts weist auf die Abschnitte hin, in denen der Arbeitsschritt in der vorliegenden Publikation erläutert wird.

Arbeitsschritte und -phasen	2002	2003	2004	2005	2006	2007	2008
Felderschliessung: Anfragen für Videografierung, Rekrutierung der Lehrpersonen und Klassen, rechtliche Abklärungen		X					
Entwicklung Kameraskript und Training der Kamerapersonen		X					
Pilotphase Videografierung mit Feldtestlektionen und Selbsterprobung		X					
Entwicklung Fragebogen		X					
Datenerhebung I: Projekt Geschichte u. Politik							
1. Videografierung und Dokumentation der Lektionen (Sammlung der Unterrichtsmaterialien)		X					
2. Befragung der Lernenden im Anschluss an Lektionen		X					
3. Befragung der Lehrenden im Anschluss an Lektionen		X					
Aufarbeitung der Videodaten: Digitalisierung, Transkription und Codierung		X					
Konzeptphase Dissertation							
Studium Theorie zu gutem Geschichtsunterricht				X			
Studium Forschungslandschaft zu Geschichtsunterricht				X			
Klärung des Untersuchungsdesigns				X			
Erste Sichtung der Videos und Entwicklung der Kriterienliste				X			
Arbeiten am Projekt „Geschichte und Politik"					X		

Arbeitsschritte und -phasen	2002	2003	2004	2005	2006	2007	2008
Datenerhebung II: Studie Guter Geschichtsunterr.							
4. Kodierung und Kategorisierung durch Autor					X		
5. Befragung der Kontroll-Expertinnen/Experten					X		
Datenauswertung I: 1. Triangulationsphase							
6. Auswertung der Fragebogen für Lernende					X		
7. Auswertung der Fragebogen für Lehrende					X		
8. Beurteilung der Lektionen durch den Autor					X		
9. Beurteilung der Lektionen durch Kontroll-Experten						X	
10. Abgleich der Sets Autor – Kontroll-Experten						X	
11. Triangulation und Identifikation guter Lektionen						X	
Datenauswertung II: 2. Triangulationsphase							
12. Aufarbeitung und Auswertung der Äusserungen von Lernenden, Lehrenden, des Autors und der Kontroll-Expertinnen, Experten zu den als gut charakterisierten Lektionen							X
Verschriftlichung							
Verschriftlichung der verschiedenen Kapitel							X
Diskussion einzelner Kapitel und Überarbeitung							X
Schlussredaktion							X

3.4 Datenerhebungen

Die vorliegende Arbeit ist gekennzeichnet durch *zwei Datenerhebungsphasen*: In der ersten Datenerhebungsphase werden 41 mit einer Stichprobenziehung festgelegte Geschichtslektionen (Einzel- und Doppelstunden) videografiert. Dies wird im Abschnitt 3.4.1 dargelegt. Da diese Erhebung schon ausführlicher dargestellt wurde (Waldis/Gautschi/Hodel/Reusser 2006), werden hier nur noch ausgewählte wichtige Aspekte thematisiert. Ebenfalls in der ersten Datenerhebungsphase werden die Lernenden und Lehrenden zu den von ihnen mitgestalteten und miterlebten Lektionen befragt (Abschnitte 3.4.2 und 3.4.3). In der zweiten Datenerhebungsphase werden die Lektionen durch den Autor mittels Globalauswertung kodiert und kategorisiert (Abschnitt 3.4.4), und es werden zehn Expertinnen, Experten zu gutem Geschichtsunterricht befragt. Dies wird im Abschnitt 3.4.5 beschrieben.

3.4.1 Videografierung von 41 Geschichtslektionen[33]

In den letzten 30 Jahren hat sich die Videotechnologie rasant entwickelt. Heute liefern moderne Kameras technisch hochwertige Aufzeichnungen, und die Tonqualität, welche in Klassenzimmern ohne fix installierte Infrastruktur eine besondere Herausforderung darstellt, erreicht mittlerweile dank technologischen Fortschritten bei den Mikrophonen ein befriedigendes Niveau ohne störendes Rauschen. Zudem erlauben Software-Entwicklungen im Bereich der Videoanalysetools und der Anstieg der Arbeitskapazität von Computern heute die Verarbeitung grosser Datensätze. Deshalb werden Videoaufnahmen nicht mehr nur zur Dokumentation von Einzelfällen eingesetzt, sondern können auch zur Erfassung eines *Querschnitts* durch die Unterrichtspraxis herangezogen werden. Als Pionierprojekte gelten dabei die TIMSS 1995 Video Study[34] wie auch die TIMSS 1999 Video Study[35]. Hier wurden im Sinne eines „Video Surveys" Hunderte von Unterrichtsstunden gefilmt und analysiert. Dies erlaubte somit einen Überblick über die Unterrichtswirklichkeit bzw. -kultur in den jeweiligen Teilnehmerländern.

Videobasierte, vergleichende Unterrichtsanalysen stellen seit diesen Grossprojekten eine methodische Erweiterung der Unterrichtsforschung dar[36]. Im

---

33 Der vorliegende Text folgt der ausführlichen Darstellung methodischer Fragen der Datenerhebung mittels Videografie in Waldis/Gautschi/Hodel/Reusser 2006, S. 155–169. Er beschreibt Arbeitsschritt 1 der vorliegenden Studie. Vgl. dazu das Forschungsdesign in Grafik 3.1.
34 Vgl. dazu Stigler 1998, Stigler/Gonzales/Kawanaka u.a. 1999 und Stigler/Hiebert 1999.
35 Vgl. dazu Hiebert/Gallimore/Garnier u.a. 2003.
36 In die deutschsprachige geschichtsdidaktische Unterrichtsforschung Eingang gefunden hat diese Vorgehensweise zur selben Zeit wie im Projekt „Geschichte und Politik im Unterricht"

Vergleich mit den traditionell verwendeten Methoden (Fragebogen, Interviews und direkte Beobachtung im Klassenzimmer) ergeben sich eine Reihe von *Vorteilen*, insbesondere aus der Tatsache, dass mit Hilfe von Videos das Unterrichtsgeschehen von verschiedenen Personen beliebig oft und unabhängig vom Zeitpunkt der Aufnahme betrachtet werden kann. Unter anderem
- kann mit Hilfe von Videoanalysen die Komplexität von Unterrichtsprozessen besser erfasst werden,
- können Unterrichtssequenzen unter mehreren Perspektiven und Fragestellungen analysiert werden,
- wird die Integration von quantitativen und qualitativen Analysen erleichtert,
- sind Sekundäranalysen des Datenmaterials zu einem späteren Zeitpunkt möglich,
- wird die Kommunikation von Ergebnissen anhand von Beispielen möglich.

Gerade für die Untersuchung des Geschichtsunterrichts, wo zurzeit noch nicht auf eine gründliche Vorkenntnis des zu erforschenden Gegenstandes zurückgegriffen werden kann, scheint zudem die geringere Subjekt- und Theoriegebundenheit von Videodaten ein wichtiger Vorteil sein. Im Gegensatz zu herkömmlichen Untersuchungsmethoden müssen bei Videoanalysen Fragestellungen und Kategorienraster nicht bereits vor der Erhebung im Detail festgelegt werden. Dadurch kann eine gewisse Offenheit gegenüber noch nicht bekannten Sachverhalten gewährleistet werden, was für eine *explorative Arbeit* wie die vorliegende ein Vorteil ist.

Diesen Vorteilen steht als Nachteil gegenüber, dass Videografierungen einen hohen Zeit- und Personalaufwand erfordern und nur in finanziell abgesicherten Teamprojekten zu leisten sind. Zudem stellen sich für die Videografierung eine *Reihe von methodologischen Fragen*, die allerdings auch in verwandten Projekten – zum Beispiel im Mathematik- und Physikunterricht[37] – bereits gestellt und zum Teil beantwortet wurden.

Ein erstes Problem bei Videografierungen ist der Umstand, dass die Daten *nicht anonymisiert* werden können. Die Arbeit mit den Videoaufzeichnungen bringt mit sich, dass Gesichter von Lehrpersonen, Schülerinnen und Schülern im Video erkennbar und damit grundsätzlich identifizierbar sind. Aus diesem Grund müssen personenbezogene Daten vor allem durch Regelungen des Zugangs zu den Daten geschützt werden, und es muss vor dem Filmen von

---

auch im Projekt „FUER Geschichtsbewusstsein". Dort wurden durch die Gruppe um Andreas Körber ebenfalls Videografien für die Analyse der Unterrichtsstunden verwendet. Vgl. dazu Körber 2003a.
37 Vgl. dazu Reusser/Pauli 2003, Prenzel/Seidel/Lehrke u.a. 2002 und Klieme/Reusser 2003.

den betroffenen Personen die schriftliche Einwilligung zur Teilnahme an der Studie eingeholt werden. Die Situation wurde im vorliegenden Projekt so gehandhabt, dass in einem ersten Schritt Schulleitungen, Lehrpersonen und Erziehungsberechtigte – in der Regel die Eltern der betroffenen Schülerinnen und Schüler – um ihr schriftliches Einverständnis für die Videoaufzeichnungen gebeten wurden. Es wurde dabei eine zweckgebundene Verwendung der Videodaten für wissenschaftliche Auswertungen und für Bedürfnisse der Lehreraus- und -weiterbildung versprochen. Mehrfach waren dennoch Eltern nicht bereit, ihre Einwilligung für die Videoaufzeichnung zu geben. In diesem Falle wurde die betreffenden Schülerinnen und Schüler entweder in einen toten Winkel der Kamera gesetzt, so dass sie auf den Videoaufnahmen nicht zu sehen sind, oder die betreffenden Schülerinnen und Schüler erhielten von ihren Lehrpersonen einen Arbeitsauftrag zur Bearbeitung in einem Nebenzimmer.

Den teilnehmenden Lehrpersonen wurde die Möglichkeit eingeräumt, ihre Lektion im Nachhinein zu betrachten. Danach konnten sie nochmals über die Freigabe „ihres" Videos über die wissenschaftliche Auswertung hinaus befinden. Der grössere Teil der gefilmten Lehrpersonen bewilligte eine Verwendung ihres Videos für wissenschaftliche Anschauungszwecke (Expertenmeetings, wissenschaftliche Tagungen, usw.) und für den Einsatz in der Aus- und Weiterbildung von Lehrerinnen und Lehrern.

Ebenso problematisch ist bei Videoaufnahmen der *Einfluss der Kamera* und des Kamerateams auf den gefilmten Unterricht. Diese Effekte werden allerdings dadurch abgemildert, dass das Filmen im angestammten Klassenzimmer stattfindet. Dies trägt dazu bei, dass sich die Beteiligten in einer vertrauten Situation wiederfinden. Die Lehrpersonen wurden zudem bei der Planung der Datenerhebung explizit darauf hingewiesen, dass von ihnen eine alltägliche Lektion erwartet wurde, die der persönlichen Unterrichtsplanung folgt. Für die Videoaufnahmen wurde so wenig technisches Material wie nötig eingesetzt und auf aufwändige Installationen für Tonaufzeichnungen, wie zum Beispiel die Anbringung von Mikrophonen an Schülertischen, verzichtet. Ausserdem wurde die dynamisch geführte Kamera im Hintergrund des Klassenzimmers aufgestellt. Die Kamerapersonen waren angehalten, sich während den Filmaufnahmen möglichst unauffällig zu verhalten.

Insgesamt sind die Probleme des Kameraeffekts weniger gewichtig als zunächst vermutet werden kann[38]. Auf Fragen hierzu gab beispielsweise in der schweizerisch-internationalen Videostudie der weitaus grösste Teil der Lehrpersonen an, dass die Lektion wie üblich verlaufen sei und sich die Schülerinnen und Schüler nicht anders als sonst verhalten hätten[39]. Deshalb kann die Einschätzung von Stigler geteilt werden, dass Videoaufnahmen von Unterricht eine „somewhat

---

38 Ausführlicher in Petko/Waldis/Pauli/Reusser 2003.
39 Vgl. dazu Petko/Waldis/Pauli/Reusser 2003, S. 270.

idealized version of what the teacher normally does in the classroom" (Stigler 1998, S. 141) abbilden[40].

Ein drittes Problem bei Videoaufnahmen von Unterricht ist die Herausforderung, trotz der Unterschiede bei den gefilmten Lektionen eine gewisse Vergleichbarkeit zu erreichen. Deshalb müssen Entscheidungen zur Art und Weise des Zoomens oder des Schwenkens der Kamera im Voraus festgelegt werden. Die Standardisierung der Kameraprozeduren erfolgte im vorliegenden Projekt über ein festgeschriebenes *Kameraskript* und ein Training der Kamerapersonen. Der Rahmen des Kameraskripts wurde in wesentlichen Teilen von der TIMSS 1999 Video Study übernommen (Jacobs/Garnier/Gallimore u.a. 2003) und in einigen Punkten an die Bedürfnisse des Geschichtsunterrichts angepasst. Grob umrissen geht es um Folgendes: Der Unterricht wird von zwei Kameras gefilmt. Die erste Kamera wird im hinteren Teil des Klassenraums, gegenüber der Wandtafel aufgestellt. Diese Kamera wird dynamisch geführt und hat primär die Funktion, die Interaktion der Lehrperson mit den Schülerinnen und Schülern zu dokumentieren. Als Leitgedanke bei der Kameraführung stehen die Aufträge „Folge der Lehrperson!" und „Dokumentiere, mit wem die Lehrperson spricht!". Mit der zweiten Kamera wird das Klassengeschehen statisch im Überblick aus einer vorderen Ecke des Klassenzimmers, üblicherweise neben der Wandtafel, gefilmt. Für die vorliegende Arbeit werden ausschliesslich Aufnahmen der ersten Kamera verwendet.

Bei Videoaufnahmen von Unterricht stellt sich die Frage nach der geeigneten Videoanalyse-Software. In einem frühen Stadium im Projekt „Geschichte und Politik im Unterricht" entschieden wir uns für die *Videoanalysesoftware „Videograph"*, welche am Leibniz Institut für die Pädagogik der Naturwissenschaften an der Universität Kiel entwickelt worden ist[41]. Diese Software bietet auch technische Unterstützung bei der Aufbereitung und Analyse von Videodaten und stellt somit eine enorme Arbeitserleichterung dar. Das Programm integriert die folgenden Grundfunktionen[42]: Es ist ein Multimedia-Player zur Wiedergabe von digitalisiertem Video- oder Audiomaterial. Parallel zur Wiedergabe können Transkripte des sprachlichen Inhalts angefertigt werden. Die multimedialen Inhalte können mittels konstruierter Beobachtungskategorien und Ratingskalen kodiert werden. Ausserdem enthält das Programm umfangreiche Optionen für

---

40 Um die Effekte der Videografierung auf die Lehrperson besser kennenzulernen und abschätzen zu können, habe ich mich mit meiner Klasse in der Pilotphase des Projektes einem Video-Selbstversuch unterzogen. Diese Introspektion bestätigte die in der Literatur auffindbare Einschätzung, dass die Probleme des Kameraeffekts geringer sind als die Skeptikerinnen und Skeptiker der Methode behaupten, die keinen Selbstversuch durchgeführt haben. Die Videografie der Lektion ist im Internet aufrufbar unter: http://www.didac.unizh.ch/videoportal/(aufgerufen am 7.2.2008).
41 Ausführliche Beschreibung in Rimmele 2002.
42 Ausführlicher in Seidel/Prenzel/Duit u.a. 2003, S. 77–98.

den Datenexport und -import. So besteht die Möglichkeit, die fertig gestellten Transkripte in eine Word-Datei zu exportieren bzw. entsprechende Text-Dateien wieder in den „Videograph" einzulesen. Die eingegebenen Kodes können jederzeit in ein Tabellenformat (z.b. Excel, SPSS) exportiert und damit der statistischen Auswertung zugänglich gemacht werden.

Die Erscheinungsoberfläche des „Videograph" ist so aufgebaut, dass simultan ein *Videofenster*, ein *Transkriptfenster* mit den verschriftlichten Sprechsequenzen sowie ein *Kodierfenster* erscheinen, in dem die vorgegebenen Kodierkategorien auf einer Zeitleiste visuell abbildat werden können. Bei der Transkription und der Kodierung stehen demzufolge immer auch die Videodaten zur Verfügung. Das Programm erlaubt das schnelle Navigieren innerhalb einer Lektion mittels der voreingestellten Zeitleiste.

Ein weiteres Problem bei Videoaufnahmen von Unterricht ist der Umgang mit dem *Ton*. Wir entschieden uns im Projekt „Geschichte und Politik im Unterricht", die videografierten Lektionen nach standardisierten Richtlinien, die im Wesentlichen von der TIMSS 1999 Videostudie (Jacobs/Garnier/Gallimore u.a. 2003) und der schweizerisch-deutschen Videostudie „Unterrichtsqualität, Lernverhalten und mathematisches Verständnis" (Pauli 2006; Pauli/Reusser 2002) übernommen wurden, zu transkribieren. Grundsätzlich galt es, alle gesprochenen Redebeiträge zu verschriftlichen. Zusätzlich wurden weitere Kommunikationsmerkmale, die zum Verständnis unerlässlich sind, wie z.B. Überlappungen oder Pausen, vermerkt. Da mit der Verwendung von „Videograph" die Videodaten ständig zur Verfügung stehen, konnte auf die aufwändige Transkription von non-verbalen Informationen wie Gestik und Mimik verzichtet werden. Die Herstellung der Transkripte geschah manuell und wurde von studentischen Hilfskräften mit der Videosoftware „Videograph" erledigt.

Die vorliegenden Videodaten erlauben erstens die quantitative Beschreibung der Lektionen (Hodel/Waldis 2007), zweitens die qualitative Beschreibung und Beurteilung des Unterrichts (vorliegende Arbeit) und drittens fachdidaktische Arbeit in der Lehrerinnen- und Lehrerbildung (Reusser/Waldis/Gautschi 2007). Diese verschiedenen Verwendungsmöglichkeiten machen deutlich, dass sich der grosse Aufwand zur Videografierung von Unterricht lohnt.

3.4.2 Befragung von Lernenden zum videografierten Unterricht[43]

Was macht guten Unterricht aus der Sicht der Lernenden aus? Das Angebots-Nutzungs-Modell des Unterrichts (vgl. Abbildung 2.9) legt nahe, dass das Urteil der Lernenden über eine erlebte Geschichtslektion durch mehrere unterschiedliche Faktoren geprägt werden kann. Dadurch weitet sich das Feld für

---

43 Arbeitsschritt 2 der vorliegenden Studie. Vgl. dazu das Forschungsdesign in Grafik 3.1.

mögliche Fragen, mit denen die Einschätzung der Güte des Unterrichts durch die Lernenden erhoben werden kann.

Die Entwicklung der Fragen und Antwortvorgaben für den Fragebogen (in der Folge als Itementwicklung bezeichnet), mit dem die Lernenden nach den videografierten Lektionen konfrontiert wurden, fand im Team des Projekts „*Geschichte und Politik im Unterricht*" statt[44]. Dieses Vorgehen im Team war deshalb nötig, weil die Antworten der Lernenden in unterschiedlichen Studien mit unterschiedlichen Zielsetzungen ausgewertet werden sollten. Die Fragen wurden an zwei Expertenkonferenzen mit der Delphi-Methode[45] diskutiert und daraufhin angepasst. Auf diese Weise entstand ein Instrument für eine *explorierende Datenerhebung*, für dessen Beantwortung die Lernenden im unmittelbaren Anschluss an die videografierten Lektionen nicht mehr als 20 Minuten aufwenden sollten. Folgende Dimensionen wurden zwischen einem allgemeinen Prompt am Anfang und den üblichen Personenangaben am Schluss abgefragt: Ergebnisbeurteilung, Emotion, Motivation, Kognitive Lernaktivitäten, Zielvorstellungen des Geschichtsunterrichts, Qualität des Unterrichts, Vergleich der gefilmten Lektion mit üblicher Lektion. Die einzelnen Items stammten zum Teil aus verschiedenen verwandten Instrumenten[46] und wurden zum Teil selber entwickelt. Für die Identifikation von guten Geschichtslektionen wurden 17 geschlossene Einzelitems vorgesehen, für die Beschreibung guter Geschichtslektionen wurde die offene Frage „Was hat dir an der vergangenen Lektion besonders gut gefallen?" in den Fragebogen aufgenommen. Die Pilotierung des Fragebogens zeigte, dass die Fragen verständlich waren und dass das vorgesehene Zeitbudget ausreichte.

Die Fragen wurden allen Lernenden, die an einer videografierten Lektion mitwirkten, nach Lektionsschluss vorgelegt. Die Mitarbeitenden des Projekts „Geschichte und Politik im Unterricht" überwachten die Beantwortung der Fragebogen und sammelte sie anschliessend wieder ein (vgl. Abschnitt 3.4.2). Ausgewertet werden konnten die Antworten von 689 Schülerinnen und Schülern in 39 verschiedenen Klassen, die zum Zeitpunkt der Erhebung eine 9. Klasse oder eine Abschlussklasse in den Kantonen Aargau, Bern oder Zürich besuchten. Die 40 Fragebögen von 40 Lernenden aus zwei Klassen wurden nicht ausgewertet, weil in diesen zwei Klassen die beiden Lehrpersonen ihren

---

44 Bei der Itementwicklung wirkten mit: Alex Buff, Peter Gautschi, Helmut Messner, Kurt Reusser, Monika Waldis.
45 Für die theoretische Abstützung der Delphi-Methode vgl. Lamnek 1998 und Häder 2002.
46 Bei der Itementwicklung profitierten wir insbesondere vom Pythagoras-Projekt, vom Kieler Video-Schülerfragebogen sowie vom TIMSS-Videofragebogen aus dem Schweizer Projekt.

Fragebogen nicht ausfüllten[47] und der Datensatz für die Triangulation deshalb nicht vollständig gewesen wäre.

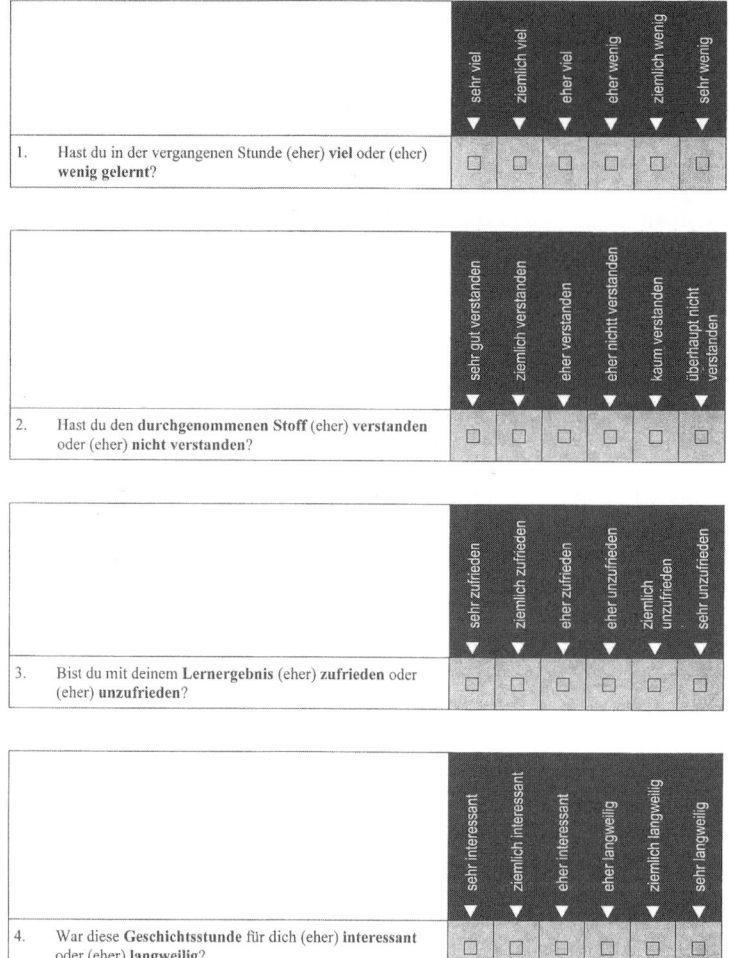

Abbildung 3.1: Musterseite aus dem Fragebogen für Schülerinnen und Schüler[48]

---

47 Die Lehrpersonen erklärten auf Nachfrage hin, ihnen würde die Zeit fehlen, um den Fragebogen auszufüllen.
48 Der vollständige Videoschülerfragebogen kann beim Autor bezogen werden.

3.4.3 Befragung von Lehrenden zum videografierten Unterricht[49]

Die Lehrperson und ihr Handeln werden als Schlüsselfaktoren für den Unterrichtserfolg betrachtet, auch wenn systemische Modelle der Unterrichtsforschung aufzeigen, dass zwischen verschiedenen Faktoren und Bedingungen des Unterrichtsgeschehens vielseitige Wechselwirkungen bestehen (vgl. Helmke 2004, S. 41–54). Aus dieser Perspektive ist die Frage „Welcher Unterricht ist aus Sicht der Lehrenden gut?" besonders interessant.

Die Itementwicklung für den Fragebogen, mit dem die Lehrenden nach den videografierten Lektionen konfrontiert wurden, fand analog zum Fragebogen für die Lernenden statt. Den Lehrenden, die in einer videografierten Lektion unterrichteten, wurde nach Abschluss der Lektion der Fragebogen übergeben. Sie wurden gebeten, den Fragebogen wenn möglich innerhalb der nächsten beiden Tage auszufüllen und im beigelegten Briefumschlag zu retournieren.

Die Lehrpersonen wurden in ihrem Videofragebogen zum Verlauf der Lektion befragt und gebeten, Auskunft zu geben über die Ziele der Lektion, über die Einbettung der Lektion in eine grössere thematische Einheit und über ihr Vorgehen bei der Lektionsvorbereitung. Für die Identifikation von guten Geschichtslektionen waren neun geschlossene Einzelitems vorgesehen, und für die Beschreibung guter Geschichtslektion wurde die Aufforderung „Bitte beschreiben Sie zwei Situationen oder Prozesse, mit denen Sie speziell zufrieden waren!" in den Fragebogen aufgenommen.

Das Ausfüllen dieses Fragebogens nahm etwa 45 Minuten Zeit in Anspruch. Ausgewertet werden konnten die Antworten von 39 Lehrpersonen, die zum Zeitpunkt der Erhebung eine 9. Klasse oder eine Abschlussklasse in den Kantonen Aargau, Bern oder Zürich unterrichteten. Zwei Lehrpersonen, deren Unterricht videografiert worden war, füllten den Fragebogen auch auf Nachfrage hin nicht aus.

Die schriftlichen Daten wurden von Hilfskräften in ein elektronisches Tabellenformat eingegeben und stehen so den verschiedenen Kooperationspartnern zur Auswertung zur Verfügung. In einer Projektvereinbarung wurden die Auswertungsinteressen der beteiligten Forscherinnen und Forscher festgehalten.

---

49 Arbeitsschritt 3 der vorliegenden Studie. Vgl. dazu das Forschungsdesign in Grafik 3.1.

In der gefilmten Lektion ...	stimmt genau	stimmt eher	stimmt eher nicht	stimmt gar nicht
1. ... haben sich die Schülerinnen und Schüler am Unterricht rege beteiligt.	☐	☐	☐	☐
2. ... waren meine Anweisungen und Erklärungen klar und deutlich.	☐	☐	☐	☐
3. ... waren die Schülerinnen und Schüler konzentriert bei der Sache.	☐	☐	☐	☐
4. ... habe ich, wo nötig, Hilfestellungen gegeben.	☐	☐	☐	☐
5. ... war die Stimmung in der Klasse recht angespannt.	☐	☐	☐	☐
6. ... ist mir die Durchsetzung einer gewissen Arbeitsdisziplin gelungen.	☐	☐	☐	☐
7. ... haben gewisse Schülerinnen und Schüler getestet, welche Verhaltensweisen ich durchgehen lasse und welche nicht.	☐	☐	☐	☐
8. ... war der Aufbau der Lektion klar strukturiert.	☐	☐	☐	☐
9. ... ging ich im Stoff zügig voran, ohne die Schülerinnen und Schüler zu überfordern.	☐	☐	☐	☐
10. ... war das Vorgehen im Unterricht den Schülerinnen und Schülern jederzeit transparent und einsichtig.	☐	☐	☐	☐
11. ... war die Klasse eher passiv.	☐	☐	☐	☐
12. ... hätte die Lektionszeit besser genutzt werden können.	☐	☐	☐	☐
13. ... war zu Beginn klar, womit wir uns darin beschäftigen werden.	☐	☐	☐	☐
14. ... dauerte es lange, bis alle zur Arbeit bereit waren.	☐	☐	☐	☐
15. ... verhielten sich bestimmte Schülerinnen und Schüler mir gegenüber recht unverschämt.	☐	☐	☐	☐
16. ... war ich im Bilde darüber, was in der Klasse vor sich geht.	☐	☐	☐	☐
17. ... ging ich so schnell voran, dass die Schülerinnen und Schüler bei der Sache sein mussten, um nichts zu verpassen.	☐	☐	☐	☐
18. ... habe ich hervorgehoben, was wichtig ist.	☐	☐	☐	☐
19. ... wurden die wichtigsten Dinge zusammengefasst, damit die Schülerinnen und Schüler sie sich gut merken können.	☐	☐	☐	☐
20. ... wollten die Schülerinnen und Schüler nichts falsch machen.	☐	☐	☐	☐
21. ... haben die Schülerinnen und Schüler ein aktives Frageverhalten gezeigt.	☐	☐	☐	☐
22. ... gaben verschiedene Schülerinnen und Schüler freche Antworten.	☐	☐	☐	☐
23. ... habe ich eingegriffen, bevor Unruhe und Störungen entstehen konnten.	☐	☐	☐	☐

Abbildung 3.2: Musterseite aus dem Fragebogen für Lehrerinnen und Lehrer[50]

---

50 Der vollständige Videolehrerfragebogen kann beim Autor bezogen werden.

3.4.4 Kodierung und Kategorisierung der videografierten Geschichtslektionen[51]

Grundsätzlich sind für videografierte Geschichtslektionen ebenso wie für die Textinterpretation verschiedene *Herangehensweisen* möglich[52]. Es eignen sich beispielsweise die Methode der „Objektiven Hermeneutik" nach Oevermann/Allert/Konau u.a. (1979), linguistische Analysen (vgl. Brinker/Sager 2001), inhaltsanalytische Verfahren (vgl. Bos/Tarnai 1999; Mayring 1995) oder hoch inferente Ratingverfahren (Clausen 2002). Von ihrem theoretischen Hintergrund abgesehen, unterscheiden sich die methodischen Zugänge auch im Erkenntnisinteresse und in der *Wahl der Analyseeinheit*. Das Spektrum der Herangehensweisen in diesem Punkt bewegt sich dabei erstens zwischen den Extremen der kleinschrittigen Zergliederung gesprochener Sätze wie bei der objektiven Hermeneutik nach Oevermann/Allert/Konau u.a. (1979) auf der einen und der Betrachtung ganzer Lektionen als einer einzigen Kodiereinheit auf der anderen Seite und zweitens in der Polarität „niedrig-inferent" – „hochinferent".

Grundsätzlich lassen sich zwei verschiedene *Interpretationsstrategien* im Umgang mit Videografien unterscheiden: Die eine Strategie zielt auf Anreicherung des Materials: zu kurzen Sequenzen werden ausführliche Interpretationen geschrieben. Die andere Strategie zielt auf Reduktion, auf Zusammenfassung, Kategorisierung oder Typisierung. Flick bezeichnet die erste Strategie als *Sequenzielle Analysen* und unterscheidet „Konversationsanalyse", „Diskursanalyse", „Narrative Analyse" und „Objektive Hermeneutik". Die zweite Strategie bezeichnet Flick als *Kodierung und Kategorisierung* und unterscheidet „Theoretisches Kodieren", „Thematisches Kodieren", „Qualitative Inhaltsanalyse" und „Globalauswertung" (Flick 2006, S. 310-311). Kodierungen sind „die Vorgehensweisen (…), durch die die Daten aufgebrochen, konzeptualisiert und auf neue Art zusammengesetzt werden. Es ist der zentrale Prozess, durch den aus den Daten Theorien entwickelt werden" (Strauss/Corbin 1996, S. 39).

Bei der Interpretation von Videografien werden *niedrig-inferente Kodierungen* mit dem Ziel eingesetzt, Sicht- bzw. Strukturmerkmale des Unterrichts zu erfassen und über diesen Weg zur Beschreibung der stattgefundenen Unterrichtsaktivitäten zu gelangen. Mit solchen Kodes kann in Erfahrung gebracht werden, welche Lehr- und Lernmethoden und welche Sozialformen im Unterricht eingesetzt werden, zu welchen Lernaktivitäten die Schülerinnen und Schüler angeleitet werden, welche medialen Informationsträger wie Text-, Bild- oder Filmdokumente zur

---

51 Ich folge in diesem Abschnitt der ausführlicheren Darstellung methodischer Fragen der Datenauswertung mittels Videografie in Waldis/Gautschi/Hodel/Reusser 2006, S. 169-171. Der Abschnitt beschreibt Arbeitsschritt 4 der vorliegenden Studie. Vgl. dazu das Forschungsdesign in Grafik 3.1.
52 Vgl. dazu die Übersicht von Flick (Flick 2006, S. 310-311).

Anwendung kommen. Darüber hinaus kann eine Angabe zur zeitlichen Dauer der beobachteten Ereignisse gemacht werden. Alle in diesem Projekt verwendeten Videographien von Geschichtslektionen wurden auf diese Weise kodiert und ausgewertet (Hodel/Waldis 2007).

Bei der „niedrig-inferenten Beobachtung" beschränken sich Forschende auf einfach und eindeutig beobachtbare Einzelmerkmale: Beim im Kapitel 2 festgehaltenen Gütekriterium 1 „Unterstützendes Klassenklima" kann beispielsweise ausgezählt werden, wie viele Lehreräusserungen vorkommen, die ein Lob ausdrücken. Der Vorteil dieses Vorgehens liegt darin, dass die Beobachtenden relativ wenig vom Beobachteten verstehen müssen und entlang einer Handlungsanweisung „mechanisch" vorgehen können. Dieses Vorgehen kann aber auch dazu führen, dass das Ganze unübersichtlich wird und „leicht zur ‚Erbsenzählerei', die zwar objektiv ist, aber wenig über die tatsächliche Unterrichtsqualität aussagt" (Messner 2007, S. 31), verkommt.

Während niedrig inferente Kodierungen zur deskriptiven Erfassung von beobachtbaren Oberflächenphänomenen taugen, erlauben *Ratingbögen*, wie sie im Rahmen verschiedener Videoprojekte angewandt wurden (Clausen 2001; Hugener/Rakoczy/Pauli u.a. 2006), darüber hinaus die qualitative Bewertung von Beobachtungen. Natürlich hängen solche Kodierungen von den angelegten Beobachtungsmassstäben und diese wiederum von den „Gütekriterien" der Beurteilerinnen und Beurteiler ab.

Die Erschliessung der videografierten Lektionen in dieser Arbeit erfolgte durch den Autor in zwei Schritten: Erstens wurden alle Lektionen durch Kodieren und Kategorisieren mittels *Globalauswertung* nach Legewie (1994) zusammengefasst. Diese Methode ist eine Form der Kodierung und Kategorisierung (Flick 2006, S. 310). Es ist „eine für praktische Zwecke entwickelte Methode, die es erlaubt, in der qualitativen sozialwissenschaftlichen Forschung bei Vorliegen einer grösseren Anzahl von Texten eine erste Übersicht zu schaffen. Sie dient sowohl zur Vorbereitung gezielter weiterführender Interpretation von Einzeltexten als auch zur überblicksartigen Gesamtauswertung eines Textcorpus" (Legewie 1994, S. 182). Die Globalauswertung wurde für die Auswertung von Interviews entwickelt und soll die Daten für eine spätere fallorientierte oder fallvergleichende Analyse aufbereiten (Flick 2006, S. 309). Die auf die Unterrichtsforschung und Zielsetzung angepasste Methode ermöglicht einen Überblick über alle videografierten Lektionen sowie die Erschliessung der als „gut" identifizierten Lektionen durch den Autor. Dieses Vorgehen bahnt den Weg, um in Kapitel 5 einzelne Lektionen ausführlicher zu analysieren und legt eine Datenbasis für mögliche Folgestudien, in denen die Lektionen intensiver und mit andern Methoden (Qualitative Inhaltsanalyse oder Sequentielle Analysen) ausgewertet werden können.

Für das Erarbeiten einer Globalauswertung ist es nach Legewie (1994) erforderlich, zuerst den eigenen Wissenshintergrund und die Fragestellung zu vergegenwärtigen. Dies ist in der vorliegenden Arbeit in den Kapiteln 1 (Einleitung) und 2 (Grundlage) geschehen. Danach soll eine Übersicht und Groborientierung erfolgen, bevor die Daten durchgearbeitet werden. Dies führt zu „‚Kurzgeschichten‘ oder Zusammenfassungen" (Legewie 1994, S. 180). Für diese ersten Zusammenfassungen „zentraler Aspekte in prägnanter Form" (Legewie 1994, S. 180) wurden für alle videografierten Lektionen im Rahmen des Projekts „Geschichte und Politik im Unterricht" *Lektionsprofile* entwickelt.

Parallel zu dieser Globalauswertung wurde zweitens mittels Kategorienentwicklungszyklus ein *Ratingbogen* für eine hoch-inferente Kodierung mittels Schätzskala[53] entwickelt. Damit wurden die Lektionen beobachtet und beurteilt. Zwar unterliegt dieses Vorgehen subjektiven Wahrnehmungsverzerrungen, weil die Wahrnehmungen immer selektiv und kontextabhängig sind. Das hoch-inferente Vorgehen wird deshalb als die weniger objektive Variante angesehen. Dies ist in der vorliegenden Studie deshalb weniger gravierend, weil das Forschungsdesign insgesamt mittels Triangulation eine Validierung der Ergebnisse sicherstellt (vgl. Abschnitt 3.3.5). Aus diesem Grund kann in dieser explorativer Studie auf die Eichung des Instrumentes zur Bestimmung der Güte des Unterrichts vorderhand verzichtet werden[54]. Zudem wurde der Ratingbogen in zwei Expertinnen-Expertenkonferenzen[55] diskutiert, um sicherzustellen, dass die einzelnen Indikatoren verständlich sind, dass deren Zuordnung zu den Gütekriterien plausibel und sinnvoll ist und dass die Indikatoren bedeutsame Aspekte bezeichnen.

Der grosse Vorteil der Kodierung und Kategorisierung mittels eines Ratingbogens liegt darin, dass relevante Aspekte und der Unterricht als Ganzes tatsächlich in den Blick kommen. Zudem ermöglicht dieses Vorgehen die Beurteilung einer relativ grossen Zahl von Lektionen durch einen Beobachter in vernünftiger Zeit und ist gut in die Praxis der Unterrichtsbeurteilung in der Lehrerbildung transferierbar.

In Anlehnung an den in der Publikation „Geschichte lehren" vorgestellten Ratingbogen (Gautschi 2005, S. 184) wurden auch bei der Entwicklung des Ratingbogens für diese Arbeit zu jedem Gütekriterium verschiedene Indikatoren ausgewählt, die eine gelungene Umsetzung des Kriteriums beschreiben und damit transparent an Daten rückgebunden werden können. Die Entwicklung des Ratingbogens hatte zum Ziel, präzise Beurteilungskategorien zu formulieren, die den Beurteilenden möglichst klare Entscheidungsleitlinien an die Hand geben.

---

53 Zum Vorgehen bei der Erfassung von Unterrichtsqualität vergleiche insbesondere Clausen/Reusser/Klieme 2003.
54 Wie dies bei einem anderen Forschungszugang geschehen könnte, wird in Abschnitt 7.4.1 dargelegt.
55 An den Expertenkonferenzen nahmen teil: Jan Hodel, Erwin Lautsch, Ulrich Mayer, Helmut Messner, Hans-Jürgen Pandel und Dominik Sauerländer.

Die angewandten Kriterien sollten darüber hinaus an theoretische Konzepte angebunden sein.

Die Entwicklung des vorliegenden Ratingbogens geschah mittels *Kategorienentwicklungszyklus*: Theorie gestützt werden die drei Bereiche Lerngegenstand, Prozessstruktur, Nutzung (vgl. Grafik 2.4) sowie die 15 Gütekriterien (vgl. Grafik 2.5) festgelegt. Diese Gütekriterien wurden mit ausgewählten Indikatoren präzisiert, die eine gelungene Umsetzung des Kriteriums anzeigen. Gewonnen wurden die Kriterien aus der Literatur[56]. Anschliessend wurden die Bereiche, die Gütekriterien sowie die Indikatoren zu einem ersten Entwurf des Ratingbogens zusammengestellt.

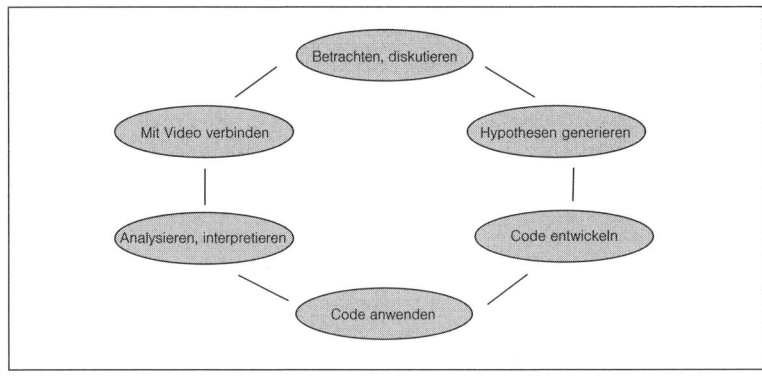

Abbildung 3.3: Kategorienentwicklungszyklus bei der Analyse von Videodaten (nach Jacobs/Kawanaka/Stigler 1999, S. 719)

Dieser Zyklus ist entwicklungsoffen und führt selbstverständlich weder zu einer abschliessenden Aufzählung der Gütekriterien noch zu einer umfassenden Liste der Indikatoren zu den einzelnen Gütekriterien. Dies wird im Ratingbogen wo möglich[57] mit den Leerzeilen deutlich gemacht. Trotz dieser Offenheit garantiert das gewählte Vorgehen ein Mindestmass an Intersubjektivität und Nachprüfbarkeit.

Mit diesem Ratingbogen wurden die Feldtestlektionen bearbeitet und dabei die Kodes erprobt, verändert, wieder erprobt, ergänzt und verbessert, bis der Ratingbogen für die Hauptuntersuchung feststand.

---

56 Die Herleitung der Indikatoren zur Nutzung ist in Unterkapitel 2.2, zur Prozessstruktur in Unterkapitel 2.4 und zum Lerngegenstand in Unterkapitel 2.5 beschrieben.

57 Ein Ziel bei der Entwicklung des Ratingbogens war ferner, dass dieser übersichtlich bleiben sollte. Jeder Bereich sollte auf einer A4-Seite Platz haben. Nur auf diese Weise wird das Instrument praxistauglich.

Beim Ratingbogen ist in der ersten Spalte ein *Bereich* gemäss dem Rahmenmodell für Geschichtsunterricht (vgl. Grafik 2.4) genannt. In Klammern erwähnt sind die Methoden, mit denen relevante Daten für den Bereich erhoben werden. Aufgeführt ist zudem die *Regel*, wann der Bereich insgesamt als „gut" beurteilt wird. In den beiden durchgeführten Expertenkonferenzen stiess Folgendes auf die grösste Akzeptanz:
– Beim *Lerngegenstand* müssen mindestens drei Gütekriterien als „gut" beurteilt werden, und die Gütekriterien „Bedeutsames Thema" und „Sachrichtigkeit, Multiperspektivität, Kontroversität" dürfen nicht negativ beurteilt werden.
– Bei der *Prozessstruktur* müssen mindestens zwei Gütekriterien als „gut" beurteilt werden.
– Bei der *Nutzung* muss mindestens ein Gütekriterium als „gut" beurteilt und es dürfen nicht mehr als zwei Gütekriterien negativ beurteilt werden.

In der zweiten Spalte sind die Gütekriterien (vgl. Grafik 2.5) aufgezählt. In der dritten Spalte werden die Gütekriterien mit Indikatoren konkretisiert. Die Spalten vier bis sieben dienen der *Beurteilung:* „++" bedeutet „sehr gut"; „+" bedeutet „gut"; „o" bedeutet „genügend"; „-" bedeutet „ungenügend". Die achte Spalte bietet Raum zum Festhalten von Beobachtungen zu den entsprechenden Indikatoren.

In der vorliegenden Studie wurde aus forschungspragmatischen und zeitökonomischen Gründen bei der Bearbeitung der Lektionen direkt mit dem Ratingbogen gearbeitet[58]. Wenn ein „Ereignis" auftrat, wurde dies in der Spalte „Bemerkungen" beim entsprechenden Indikator mit der Zeitangabe der Videografie festgehalten (vgl. Abschnitt 4.3.1). Auf diese Weise lässt sich zurückverfolgen, welches „Ereignis" bei welchem Indikator zu welchem Urteil geführt hat. Dabei wird aus konzeptionellen und ebenfalls aus den oben erwähnten forschungspragmatischen und zeitökonomischen Gründen auf eine Reliabilitätsprüfung verzichtet (vgl. Bakemann/Gottmann 1994). Diese Prüfung ist eine Idee für ein Folgeprojekt (vgl. 7.4.1).

In der folgenden Grafik 3.2 ist der Ratingbogen abgebildet, der mittels Kategorienentwicklungszyklus auf Grundlage der Gütekriterien entwickelt und in der Hauptuntersuchung verwendet wurde.

---

58 Wie Geschichtsunterricht beobachtet und beurteilt wird, wenn keine Videografien zur Verfügung stehen, ist ausführlich dargestellt bei Gautschi 2005, S. 184, oder bei Achermann/Gautschi/Rüegsegger 2000, S. 13 sowie 32–38. In einem ersten Schritt wird ein Protokoll erstellt. In einem zweiten Schritt wird das Protokoll entlang der gewählten Kategorien (z.B. der Indikatoren des Ratingbogens) kodiert: Jedes Mal, wenn ein definiertes „Ereignis" auftritt – zum Beispiel explizite Bewusstmachung von Arbeitsstrategien durch die Lehrperson oder multiperspektivische Thematisierung eines Inhaltes oder Lernende, die eine Verlässlichkeitsprüfung durchführen, wird das Beobachtungsprotokoll mit einer Referenz versehen. In einem dritten Schritt werden die Kodes auf dem Ratingbogen zusammengetragen (vgl. dazu Abschnitt 4.3.1).

Grafik 3.2: Ratingbogen für Geschichtsunterricht

1. Lerngegenstand: Inhalte, Themen und Medien
(durch Analyse von Lehr-Lernmaterialien, durch Befragung von Lehrenden und Lernenden sowie durch Unterrichtsbeobachtung zu erschliessen)

Beurteilungsregel: für guten Geschichtsunterricht müssen mindestens 3 der 6 Gütekriterien 1–6 positiv beurteilt und dürfen die Gütekriterien 1 und 4 nicht negativ beurteilt werden.

Bereich	Gütekriterien	Indikatoren für gelungene Umsetzung	++	+	o	-	Bemerkungen
	1. Bedeutsames Thema	a) Thema entspricht den Vorgaben der Richtlinien, des Lehrplans oder des Lehrmittels.					
		b) Am Thema werden aktuelle und künftige Schlüsselprobleme der Gesellschaft gespiegelt.					
		c) Am Thema werden Regelmässigkeiten, Grundprinzipien oder Zusammenhänge gespiegelt.					
		d)					
	2. Thematisierung von menschlichem Handeln in gesellschaftlicher Praxis	a) Menschen als Handelnde werden sichtbar.					
		b) Herrschaft und Partizipation werden thematisiert.					
		c) Armut und Reichtum sowie Arbeit werden thematisiert.					
		d) Kultur wird thematisiert.					
	3. Thematisierung von Veränderungen in der Zeit und von Entwicklungszusammenhängen	a) Zeitpunkt, Dauer und Abfolge von Ereignissen und Prozessen werden präzis bezeichnet.					
		b) Ursachen, Voraussetzungen von Ereignissen u. Handlungen werden benannt.					
		c) Folgen, Wirkungen von Ereignissen u. Handlungen werden benannt.					
		d) Unterschiede von Phänomenen in verschiedenen Zeiten werden bezeichnet.					
		e) Veränderungen werden dargestellt.					
		f) Mögliche alternative Verläufe werden dargestellt.					
		g)					
	4. Sachrichtigkeit, Multiperspektivität, Kontroversität	a) Inhalte (Phänomene, Sachverhalte, Personen) sind sachrichtig thematisiert.					
		b) Inhalte sind multiperspektivisch thematisiert.					
		c) Inhalte sind mit kontroversen Materialien thematisiert.					
	5. Bezogenheit des Themas auf die Situation der Lernenden	a) Thema hat einen Bezug zum Leben, zur Erlebniswelt und zu den Erfahrungen der Lernenden oder ermöglicht neue Erfahrungen.					
		b) Thema bietet Identifikations- oder Distanzierungsmöglichkeiten.					
		c) Thema löst bei Lernenden Gefühle aus.					
		d) Thema interessiert die Lernenden.					
		e) Thema ermöglicht den Lernenden eine eigene Position oder Haltung einzunehmen.					
		f)					
	6. Exemplarische und zielgruppen-angepasste Repräsentation von Geschichte	a) Vergangenes wird durch verständliche Texte sichtbar repräsentiert.					
		b) Vergangenes wird durch exemplarische Bilder oder Filme anschaulich.					
		c) Inhalt wird mit Hilfe von verständlichen Karten, Statistiken, Zeitenstrahl und andere Medien differenziert thematisiert.					
		d) Repräsentationen sprechen mehrere Wahrnehmungskanäle an.					
		e)					

Datenerhebungen

2. Prozessstruktur: Unterrichtsgestaltung durch die Lehrperson
(durch Unterrichtsbeobachtung zu erschliessen)
Beurteilungsregel: für guten Unterricht müssen mindestens 2 der 4 Gütekriterien 7–10 positiv beurteilt werden.

Bereich	Gütekriterien	Indikatoren für gelungene Umsetzung	++	+	o	-	Bemerkungen
	7. Sicherung einer effizienten Klassenführung und Zeitnutzung	a) Die Lehrperson pflegt klare Regeln und unterstützende Rituale und setzt sie durch.					
		b) Die Lehrperson gestaltet den Lerneinstieg u. -abschluss situationsangepasst.					
		c) Die Lehrperson sorgt für einen hohen Anteil von echter Lernzeit durch einen flüssigen Ablauf und durch schlanke Übergänge.					
		d) Die Lehrperson verfügt über ein wirkungsvolles Zeitmanagement.					
		e) Die Lehrperson wählt zielgerichtete und abwechslungsreiche Lehr- und Sozialformen.					
		f)					
	8. Förderung eines unterstützenden Klassenklimas	a) Die Lehrperson sorgt für eine sinnstiftende Kommunikation, sie geht z. B. auf Fragen von Lernenden ein.					
		b) Die Lehrperson steuert die Klasse durch positive Mittel, z. B. durch Anerkennung oder Konzentration aufs Positive.					
		c) Die Lehrperson bietet den Lernenden im Unterricht Freiräume für ihre eigenen Interessen- und Begabungsschwerpunkte und für ihre Selbststeuerung.					
		d) Die Lehrperson pflegt einen wertschätzenden und respektvollen Umgangston; sie sorgt für eine entspannte und angstfreie Lernatmosphäre.					
		e) Die Lehrperson motiviert die Lernenden, z. B. durch Ermutigung u. Bestärkung.					
		f) Die Lehrperson nimmt auf einzelne Schülerinnen und Schüler Rücksicht.					
		g)					
	9. Gewährleistung von anregenden, aktivierenden und angepassten Lerngelegenheiten	a) Die Lehrperson passt die Lernaufgaben dem Lernstand der Schüler an. Sie sorgt dafür, dass sie von der Mehrheit der Lernenden gemeistert werden können.					
		b) Die Lehrperson passt die Komplexität des Themas dem Entwicklungsstand der Lernenden an.					
		c) Die Lehrperson wählt Schüleraktivitäten, die zur Erreichung der Ziele gut geeignet und lernwirksam sind.					
		d) Die Lehrperson achtet darauf, dass alle Lernenden kognitiv aktiviert werden.					
		e) Die Lehrperson sorgt für eine wirkungsvolle Sicherung des Gelernten. Sie verknüpft neue Inhalte mit bestehendem Wissen.					
	10. Schaffung von angemessener Klarheit und Strukturiertheit	a) Die Lehrperson strukturiert den Unterricht in eine sinnvolle Abfolge von Lehr- und Lernphasen.					
		b) Die Lehrperson ermöglicht und fördert eine Konzentration aufs Wesentliche. Es ist z. B. ein „roter Faden" erkennbar.					
		c) Die Lehrperson drückt ihre Erwartungen an die Schülerinnen und Schüler klar aus.					
		d) Die Lehrperson gibt verständliche Hinweise zu den Arbeitsaufträgen.					
		e) Die Lehrperson macht den Schülerinnen und Schülern die Lern- und Arbeitsstrategien bewusst.					
		f) Die Lehrperson sorgt für Ziel-, Prozess- und Inhaltsklarheit.					

146 Vorgehen: Mehrperspektivische, explorative und deskriptive Querschnittstudie

3. Nutzung: Fachspezifisches Lernen der Schüler/innen
(durch Analyse von Lehr-Lernmaterialien, durch Befragung von Lehrenden und Lernenden sowie durch Unterrichtsbeobachtung zu erschliessen)
Beurteilungsregel: für guten Geschichtsunterricht muss mindestens 1 der 5 Gütekriterien 11–15 positiv und dürfen nicht mehr als 2 Gütekriterien negativ beurteilt werden.

Bereich	Gütekriterien	Indikatoren für gelungene Umsetzung (* mit Lernende sind mehrere gemeint)	++	+	o	-	Bemerkungen
	11. Wahrnehmung von historischen Zeugnissen und von Veränderungen in der Zeit (Wahrnehmungskompetenz für Veränderungen in der Zeit)	a) Lernende erkennen in der eigenen Gegenwart und Umgebung Phänomene, Sachverhalte, Spuren, die in die Vergangenheit weisen.					
		b) Lernende erkennen Veränderungen in der Zeit und Zeitdifferenzen. Sie unterscheiden Altes von Neuem.					
		c) Lernende suchen und finden selber gezielt Materialien oder Menschen, die über die Vergangenheit Auskunft geben.					
		d) Lernende stellen Fragen an die Vergangenheit und diskutieren Wege der Beantwortung.					
	12. Erschliessung, Überprüfung und Darstellung von historischen Sachanalysen (Erschliessungskompetenz für historische Quellen und Darstellungen)	a) Lernende überprüfen Vermutungen anhand von Quellen/Darstellungen.					
		b) Lernende identifizieren in Quellen/Darstellungen verschiedene Phänomene, Sachverhalte und Personen.					
		c) Lernende unterscheiden verschiedene Gattungen und Textsorten; sie beschreiben und charakterisieren sie, sie schätzen ihren Erkenntniswert ein.					
		d) Lernende führen eine Verlässlichkeitsprüfung durch.					
		e) Lernende identifizieren und charakterisieren Autoren von hist. Zeugnissen.					
		f) Lernende finden sich in Umgebungen zurecht, die Daten über die Vergangenheit aufbewahren: Bibliotheken, Archive, Museen, Internet usw.					
	13. Interpretation (Analyse und Deutung) von Geschichte (Interpretationskompetenz für Geschichte)	a) Lernende ordnen Ereignisse, Sachverhalte und Personen zeitlich und setzen sie zueinander in Beziehung.					
		b) Lernende identifizieren in Erzählungen u. Erklärungen Ursache und Wirkung.					
		c) Lernende vergleichen unterschiedliche Erzählungen und Erklärungen zu derselben Person, zu demselben Ereignis oder Sachverhalt.					
		d) Lernende äussern Vermutungen zum Zweck von Quellen und Darstellungen.					
		e) Lernende erzählen eine Geschichte oder geben eine Erklärung ab.					
	14. Orientierung: Sinnbildung über Zeiterfahrung und Werturteilsprüfung an Zeiterfahrung (Orientierungskompetenz für Zeiterfahrung)	a) Lernende finden in der Geschichte Orientierung für die Bewältigung ihrer Gegenwart und die Gestaltung der Zukunft.					
		b) Lernende stellen einen Bezug von Phänomenen aus der Vergangenheit zur eigenen Person oder Gegenwart her.					
		c) Lernende erklären den Einfluss vergangener Phänomene für die Gegenwart.					
		d) Lernende erkennen in Erzählungen und Erklärungen Sinnbildungsmuster.					
		e) Lernende vergleichen und reflektieren ihre Werturteile mit andern Werturteilen.					
		f) Lernende benennen den eigenen Lernfortschritt und Handlungsmöglichkeiten					
	15. Aneignung und Wiedergabe von Wissen über Vergangenes und Verständnis von Geschichte	a) Lernende eignen sich neue Kenntnisse über Vergangenes/Geschichte an.					
		b) Lernende vertiefen ihr Verständnis über Vergangenes/von Geschichte.					
		c) Lernende präsentieren ihr Wissen über das Universum des Historischen.					
		d) Lernende verwenden fachspezifische Begriffe adäquat.					

3.4.5 Befragung von Expertinnen und Experten zum videografierten Unterricht[59]

In einem weiteren Schritt der Datenerhebung wurden *Expertinnen und Experten* zum videografierten Unterricht befragt. Diese Befragung soll einerseits das Expertenurteils des Autors validieren und andererseits zusätzliches Datenmaterial zur Beschreibung von gutem Geschichtsunterricht im Allgemeinen und der guten Lektionen im Speziellen liefern.

Da die Beurteilung einer Lektion etwa dreimal soviel Zeit in Anspruch nimmt wie die Lektion selber dauert, ist es für aussenstehende Expertinnen und Experten nicht zumutbar, eine grosse Zahl von Lektionen zu beurteilen, was mit Blick auf die Überprüfung des Autorenurteils wünschbar gewesen wäre. Andererseits soll die Anzahl zu beurteilender Lektionen nicht zu gering sein, damit den Expertinnen und Experten eine Differenzierung ihres Urteils leichter fallen sollte. Aus diesem Grund wurden allen Expertinnen und Experten je vier Lektionen zugeteilt.

Die aufgrund dieser Festlegung erforderlichen elf Expertinnen und Experten für guten Geschichtsunterricht[60] wurden mittels *„Convenience Sampling"* (Flick 2006, S. 110) aufgrund ihrer Verfügbarkeit und Bereitschaft ausgewählt. Dieses Vorgehen erfüllte im Hinblick auf die festgelegten Zielsetzungen die Anforderungen genügend.

In einem *ersten Schritt* wurden die Kontroll-Expertinnen/Experten ausgewählt und schriftlich angefragt, ob sie eine Anzahl Geschichtslektionen beurteilen würden. In einem *zweiten Schritt* wurden den Kontroll-Expertinnen/Experten die Lektionen zufällig zugelost. In einem *dritten Schritt* wurden den Kontroll-Expertinnen/Experten die Videos der Lektionen und ein Rückantwortformular zugesandt, mit dem sie erstens aufgefordert wurden, die vier zugelosten Geschichtslektionen nach der Visionierung der Güte nach zu reihen, zweitens gebeten wurden, jede Geschichtslektion mit einem der vier Prädikate „sehr gut", „gut", „genügend" und „ungenügend" zu bezeichnen, und drittens eingeladen wurden, das gesetzte Prädikat bei der als beste rangierten Lektion kurz zu begründen.

Wenn Kontroll-Expertinnen/Experten den Ratingbogen und eine Vorgehensanleitung verlangten, dann wurden ihnen diese zugeschickt. Möglich war auch, dass sie ihre eigenen bewährten Instrumente zur Unterrichtsbeobachtung und -beurteilung gemäss der von ihnen bevorzugten Vorgehensweise einsetzten. Zum Schluss schickten die Kontroll-Expertinnen/Experten die Unterlagen zurück.

---

59 Arbeitsschritt 5 der vorliegenden Studie. Vgl. dazu das Forschungsdesign in Grafik 3.1.
60 Auf Anfrage hin stellten sich zur Verfügung (in alphabetischer Reihenfolge): Karin Fuchs, Jan Hodel, Dr. Robert Labhardt, Prof. Dr. Ulrich Mayer, Prof. Dr. Kurt Messmer; Prof. Dr. Helmut Messner, Dr. Christine Pflüger, Dr. Dominik Sauerländer; Prof. Dr. Gerhard Schneider, Dr. Hans Utz, Prof. Dr. Béatrice Ziegler.

Guter Geschichtsunterricht: Theoretischer Rahmen, empirische Erkenntnisse, praktische Hinweise

Beurteilung von 4 Geschichtslektionen

Expertin / Experte: _____

Lektionen

Bitte reihen Sie zuerst die 4 Geschichtslektionen der Güte nach. Die im Vergleich beste Lektion kommt zuoberst hin.

Beurteilen und bezeichnen Sie dann die Geschichtslektion mit einem der 4 Prädikate "sehr gut", "gut", "genügend", "ungenügend".

Reihe	Nummer	Prädikat
1.		
2.		
3.		
4.		

Begründen Sie bitte kurz Ihr Prädikat bei der Lektion, die Sie als Nummer 1 gereiht und damit als Beste der visionierten Lektionen beurteilt haben.

_____
_____
_____
_____
_____
_____
_____

Besten Dank für Ihre Arbeit und die Rückmeldung
Peter Gautschi

Peter Gautschi, Stöckliackerweg 26 A, CH-4800 Zofingen, 0041 62 751 09 31, gautschi@bluewin.ch

Abbildung 3.4: Fragebogen für die Kontroll-Expertinnen/Experten

4. Exploration: Identifikation von gutem Geschichtsunterricht[1]

Das vorliegende Kapitel beschreibt, auf welche Weise aus den für diese Studie in Betracht gezogenen Geschichtslektionen „gute Lektionen" identifiziert und welche Lektionen als „gut" charakterisiert werden können. Dieser Arbeitsschritt wird im Forschungsdesign als *1. Triangulationsphase* bezeichnet (vgl. Grafik 3.1).

Auf der Grundlage der Antworten von Schülerinnen, Schülern und Lehrpersonen, die mit einem Fragebogen im Anschluss an die videografierte Geschichtslektion erhoben wurden, werden mittels *Statistik* zuerst zwei Sets von Lektionen herausgerechnet, die zum einen aus Sicht der Lernenden (Unterkapitel 4.1) und zum anderen aus Sicht der Lehrenden (Unterkapitel 4.2) als „gut" eingeschätzt werden. Danach wird beschrieben, wie alle videografierten Lektionen durch den Autor der Studie mittels Kodierung und Kategorisierung beurteilt und wie anschliessend die Beurteilungen mittels Investigator-Triangulation[2] überprüft werden. Dadurch entsteht ein drittes Set von Lektionen, die aus Sicht von Expertinnen und Experten als „gut" eingeschätzt werden (Unterkapitel 4.3). Im vierten Unterkapitel werden die drei Sets mittels *Daten-Triangulation*[3] abgeglichen, und es werden auf diese Weise Lektionen identifiziert, die sowohl im Urteil der Lernenden als auch der Lehrenden und der Expertinnen und Experten als „gut" gelten (Unterkapitel 4.4).

4.1 Die Sicht der Lernenden[4]

Um die Güte der Geschichtslektionen aus Sicht der Lernenden zu bestimmen, werden für die Datenauswertung folgende sechs Schritte unternommen:

In einem *ersten Schritt* werden aus den im Fragebogen vorliegenden Items diejenigen ausgewählt, die aus fachdidaktischer Perspektive Indikatoren für die Güte des erlebten Unterrichts sind. Die ausgewählten Fragen werden mit Blick auf das Rahmenmodell von Geschichtsunterricht (vgl. Grafik 2.4) den

---

1 Dieses Kapitel beschreibt die erste Datenauswertungsphase, bei der mich Prof. Dr. Dr. Erwin Lautsch und Prof. Dr. Vera Husfeldt methodisch beraten und unterstützt haben.
2 Investigator-Triangulation bezeichnet die Einbeziehung verschiedener Forscherinnen und Forscher, um Verzerrungen durch die Person der Forschenden aufzudecken oder zu minimieren. Vgl. 3.2.4.
3 Daten-Triangulation bezeichnet die Einbeziehung unterschiedlicher Datenquellen, um einen höheren Erkenntnisgewinn zu realisieren. Vgl. 3.2.4.
4 Dieses Unterkapitel führt gemäss Forschungsdesign (vgl.Grafik 3.1) zu Arbeitsprodukt 6.

Bereichen „Prozess" (im Folgenden als Lernprozess bezeichnet) und „Ergebnis" (Lernergebnis) zugeordnet.
Folgende geschlossene Fragen, zu deren Beantwortung eine vierstufige Skala[5] vorgegeben war, werden für die Beurteilung des Lernprozesses herangezogen:
– In dieser Geschichtsstunde hat mich die Sache so fasziniert, dass ich mich voll einsetzte (LP1)[6] (3.1-5)[7].
– In dieser Geschichtsstunde wollte ich den Stoff wirklich verstehen (LP2) (3.1-1).
– In dieser Geschichtsstunde bin ich die ganze Zeit über gut mitgekommen (LP3) (3.2-1).
– In dieser Geschichtsstunde habe ich darauf geachtet, dass ich die Sache wirklich verstehe (LP4) (3.2-2).
– In dieser Geschichtsstunde habe ich genau aufgepasst, damit ich das Wichtigste behalte (LP5) (3.2-7).
– In dieser Geschichtsstunde überlegte ich mir, was zu tun ist und wie ich genau vorgehen soll (LP6) (3.2-9).
– In dieser Geschichtsstunde habe ich sofort erkannt, was ich tun oder antworten muss (LP7) (3.2-11).

Folgende geschlossene Fragen, für deren Beantwortung eine sechsstufige Skala[8] vorgegeben war, werden für die Beurteilung des Lernergebnisses herangezogen:
– Hast du in der vergangenen Stunde (eher) viel oder (eher) wenig gelernt (LE1) (4.1)?
– Hast du den durchgenommenen Stoff (eher) verstanden oder (eher) nicht verstanden (LE2) (4.2)?
– Bist du mit deinem Lernergebnis (eher) zufrieden oder (eher) unzufrieden (LE3) (4.3)?
– War diese Geschichtsstunde für dich (eher) interessant oder (eher) langweilig (LE4) (4.4)?

In einem *zweiten Schritt* wird auf Ebene der einzelnen Lernenden mit Hilfe der Faktoren- und Reliabilitätsanalyse geprüft, ob sich zu den beiden Bereichen

---

5   Die vierstufige Antwortvorgabe lautet: stimmt genau – stimmt eher – stimmt eher nicht – stimmt gar nicht.
6   Die erste Klammer verweist auf die Itembezeichnung im Datensatz.
7   Die zweite Klammer verweist auf das Item im Video-Fragebogen für Schülerinnen und Schüler. Die erste Zahl ist die Seitenzahl des Fragebogens, wo das Item steht. Die zweite Zahl ist eine Ordnungszahl und bezeichnet das Fragebogenkonstrukt auf dieser Seite. Die dritte Zahl ist eine Ordnungszahl und bezeichnet den Platz des Items im Fragebogenkonstrukt. Item 3.1-5 bedeutet: Seite 3 des Fragebogens, 1. Fragebogenkonstrukt, 5. Item in diesem Konstrukt.
8   Die sechsstufige Antwortvorgabe lautet z.B. bei LE3 wie folgt: sehr zufrieden – ziemlich zufrieden – eher zufrieden – eher unzufrieden – ziemlich unzufrieden – sehr unzufrieden.

Die Sicht der Lernenden

„Prozess" und „Ergebnis" je eine eindimensionale Güteskala bilden lässt. Für den Bereich *„Prozess"* ergeben sich folgende Resultate:

Tabelle 4.1: Ladung auf den Faktor „Prozess" aus Sicht der Lernenden

		Faktorladung
LP4 Lernprozess:	In dieser Geschichtsstunde habe ich darauf geachtet, dass ich die Sache wirklich verstehe.	.790
LP1 Lernprozess:	In dieser Geschichtsstunde hat mich die Sache so fasziniert, dass ich mich voll einsetzte.	.752
LP5 Lernprozess:	In dieser Geschichtsstunde habe ich genau aufgepasst, damit ich das Wichtigste behalte.	.699
LP2 Lernprozess:	In dieser Geschichtsstunde wollte ich den Stoff wirklich verstehen.	.681
LP3 Lernprozess:	In dieser Geschichtsstunde bin ich die ganze Zeit über gut mitgekommen.	.631
LP6 Lernprozess:	In dieser Geschichtsstunde überlegte ich mir, was zu tun ist und wie ich genau vorgehen soll.	.563
LP7 Lernprozess:	In dieser Geschichtsstunde habe ich sofort erkannt, was ich tun oder antworten muss.	.511

Tabelle 4.1 zeigt die empirisch ermittelten Faktorladungen, die in Schritt 3 zur Berechnung des gewichteten Summenindex der einzelnen Schülerinnen und Schüler dienen sollen. Das Item „In dieser Geschichtsstunde habe ich darauf geachtet, dass ich die Sache wirklich verstehe" hat mit .79 die grösste Ladung. Die Varianzaufklärung beträgt 44,5%. Cronbachs Alpha für diese 7 Items beträgt $\alpha = .79$. Demnach ist es berechtigt, mit den gewählten Items eine eindimensionale Skala zu bilden[9]. Zudem dürfen alle 7 Items zur Beurteilung der Güte herangezogen werden, da Cronbachs Alpha jeweils sinken würde, wenn ein einzelnes Item weggelassen würde (vgl. Tabelle 4.2).

Tabelle 4.3 zeigt, dass das Item „Bist du mit deinem Lernergebnis (eher) zufrieden oder (eher) unzufrieden" mit .822 die grösste Ladung hat. Die Varianzaufklärung beträgt 57,8%. Cronbachs Alpha für diese vier Items beträgt $\alpha = .76$, und es ist demnach auch mit diesen gewählten Items berechtigt, eine eindimensionale Skala zu bilden. Die Item-Skala-Statistik zu „Prozess" zeigt zudem, dass alle 4 Items zur Beurteilung der Güte herangezogen werden dürfen,

---

9 Schnell/Hill/Esser betrachten einen Wert von .8 für Cronbachs Alpha, der mit der vorliegenden Skala (aufgerundet) erreicht wird, als akzeptabel und fügen an: „In der Praxis werden meist weit niedrigere Koeffizienten noch akzeptiert" (Schnell/Hill/Esser 2005, S. 153).

da Cronbachs Alpha jeweils sinken würde, wenn ein einzelnes Item weggelassen würde (vgl. Tabelle 4.4).

Tabelle 4.2: Item-Skala-Statistiken zum „Prozess" aus Sicht der Lernenden

	Korrigierte Item-Skala-Korrelation	Cronbachs Alpha, wenn Item weggelassen
LP1: In dieser Geschichtsstunde hat mich die Sache so fasziniert, dass ich mich voll einsetzte.	.592	**.739**
LP2: In dieser Geschichtsstunde wollte ich den Stoff wirklich verstehen.	.530	**.751**
LP3: In dieser Geschichtsstunde bin ich die ganze Zeit über gut mitgekommen.	.481	**.760**
LP4: In dieser Geschichtsstunde habe ich darauf geachtet, dass ich die Sache wirklich verstehe.	.641	**.731**
LP5: In dieser Geschichtsstunde habe ich genau aufgepasst, damit ich das Wichtigste behalte.	.538	**.748**
LP6: In dieser Geschichtsstunde überlegte ich mir, was zu tun ist und wie ich genau vorgehen soll.	.425	**.771**
LP7: In dieser Geschichtsstunde habe ich sofort erkannt, was ich tun oder antworten muss.	.381	**.780**

Für den Bereich „*Ergebnis*" sehen die Resultate wie folgt aus:

Tabelle 4.3: Ladung auf den Faktor „Ergebnis" aus Sicht der Lernenden

	Faktorladung
LE3 Lernergebnis: Bist du mit deinem Lernergebnis (eher) zufrieden oder (eher) unzufrieden?	.822
LE1 Lernergebnis: Hast du in der vergangenen Stunde (eher) viel oder (eher) wenig gelernt?	.752
LE4 Lernergebnis: War diese Geschichtsstunde für dich (eher) interessant oder (eher) langweilig?	.749
LE2 Lernergebnis: Hast du den durchgenommenen Stoff (eher) verstanden oder (eher) nicht verstanden?	.715

Tabelle 4.4: Item-Skala-Statistiken zum „Prozess" aus Sicht der Lernenden

	Korrigierte Item-Skala-Korrelation	Cronbachs Alpha, wenn Item weggelassen
LE1 Lernergebnis: Hast du in der vergangenen Stunde (eher) viel oder (eher) wenig gelernt?	.548	.691
LE2 Lernergebnis: Hast du den durchgenommenen Stoff (eher) verstanden oder (eher) nicht verstanden?	.492	.722
LE3 Lernergebnis: Bist du mit deinem Lernergebnis (eher) zufrieden oder (eher) unzufrieden?	.624	.651
LE4 Lernergebnis: War diese Geschichtsstunde für dich (eher) interessant oder (eher) langweilig?	.543	.703

In einem *dritten Schritt* wird auf der Ebene der einzelnen Lernenden für beide Sachverhalte mit den bei der Faktorenanalyse ermittelten Faktorwerten jeweils ein gewichteter Summenindex berechnet. Als Gewichte dienen die empirisch ermittelten Faktorenladungen. Damit werden für alle Lernenden die jeweiligen Werte der einzelnen Skala multipliziert und addiert. Anschliessend werden in einem *vierten Schritt* beide Skalen gemäss des Spektrums der Antwortvorgaben ihrer Ursprungsitems transformiert, für den Bereich „Prozess" auf die Vierer-Skala (1–4), für den Bereich „Ergebnis" auf die Sechser-Skala (1–6). Jede Schülerin und jeder Schüler erhält so einen Skalenwert auf jeder Skala. Durch diese Transformation wird es möglich, die Wertigkeit der Aussagen der Ursprungsitems[10] bei der neu gebildeten Skala anzuwenden.

In einem *fünften Schritt* werden die Skalenwerte aller Schülerinnen und Schüler einer Klasse addiert und zu einem Klassenmittelwert zusammengezogen.
In einem *sechsten* Schritt werden die Lektionen identifiziert, die aus der Sicht der Lernenden als „gut" eingeschätzt werden. Dafür wird gemäss der Konstruktion der Ursprungsitems festgelegt, dass eine Lektion dann als „gut" gelten soll, wenn der arithmetische Mittelwert im Bereich „Prozess" grösser oder gleich 3 und im Bereich „Ergebnis" grösser oder gleich 4 ist. Diejenigen Lektionen, die beide Bedingungen erfüllen, sind in der Tabelle 4.5 grau markiert.

Tabelle 4.5 zeigt, dass es aus Sicht der jeweils beteiligten Lernenden zwischen den Lektionen *erhebliche Unterschiede* gibt, sowohl hinsichtlich der Lernprozesse als auch der Lernergebnisse. Die Schülerinnen und Schüler beurteilen die Lektion 34 hinsichtlich der Lernprozesse und die Lektion 37 hinsichtlich der

---

10 Bei der 4er-Skala lauten die Wertigkeiten der Aussagen beispielsweise wie folgt: stimmt genau – stimmt eher – stimmt eher nicht – stimmt gar nicht. Vgl. dazu die Fussnoten 5 und 8.

Tabelle 4.5: Beurteilung der videografierten Lektionen aus Sicht der Schülerinnen und Schüler in Hinblick auf den Lernprozess und die Lernergebnisse (Klassenmittelwerte)

Lektions-nummer	Lernprozess Gewichteter Summenindex der Items LP1-LP7 [Minimum = 1; Maximum = 4]	Lernergebnis Gewichteter Summenindex der Items LE1-LE4 [Minimum = 1, Maximum = 6]
1	3.21	4.64
2	2.54	3.87
3	2.60	3.66
4	2.62	3.44
5	2.88	4.25
6	3.02	4.41
7	3.18	4.53
8	2.98	4.26
9	3.11	4.46
10	3.11	4.59
11	3.16	4.09
12	3.05	4.04
13	2.99	4.60
14	3.06	4.60
15	2.88	4.31
16	3.44	4.71
17	3.32	4.65
18	3.01	4.40
19	2.82	3.85
20	2.98	4.19
21	3.09	4.57
22	2.92	4.00
23	3.32	4.52
24	3.20	4.50
25	2.84	4.35
26	2.81	4.22
27	2.92	4.54
28	2.64	3.77

29	2.86	4.36
30	2.84	4.51
31	2.58	4.21
32	3.26	4.31
33	2.67	3.86
34	3.58	4.90
35	2.75	3.95
36	2.79	4.05
37	3.33	4.98
38	3.33	4.78
39	2.72	4.09
40	3.09	4.29
41	2.76	4.21

Lernergebnisse am besten. Beide Lektionen erreichen in beiden Dimensionen Mittelwerte, die über dem Durchschnitt liegen, ebenso wie die folgenden Lektionen: 1, 6, 7, 9, 10, 11, 12, 14, 16, 17, 18, 21, 23, 24, 32, 38, 40.

Diese 19 Lektionen werden für die Triangulation (Unterkapitel 4.4) aus der Sicht der Lernenden als „gut" charakterisiert und mit dem binären Zeichen „1" bezeichnet. Lektionen, die nicht als „gut" identifiziert wurden, erhalten die „0".

Die Kontrollrechnung mittels bivariater Kreuztabelle mit Test zeigt, dass zwischen den beiden Bereichen „Einschätzung des Lernprozesses durch die Lernenden" und „Einschätzung des Lernergebnisses durch die Lernenden" ein *statistisch gesicherter Zusammenhang* besteht: Wenn Schülerinnen, Schüler den Lernprozess negativ einschätzen, dann schätzen sie auch das Lernergebnis überzufällig häufig negativ ein; das Gleiche gilt für die positive Einschätzung[11].

---

11 Vgl. dazu Abschnitt 7.1.4: Der Vergleich der Resultate der vorliegenden Studie mit dem im Projekt „Geschichte und Politik im Unterricht" durchgeführten Leistungstest zeigt, dass Klassen, deren Unterricht aus drei Perspektiven als „gut" identifiziert wurde, mit ihren Leistungen unmittelbar neben solchen liegen, deren Unterricht aus keiner der drei Perspektiven als „gut" identifiziert wurde. Dieser Befund kann unterschiedlich interpretiert werden. Zum einen wäre denkbar, dass die Einschätzung der Lernenden nicht stimmt, dass also auch ein negativ erlebter Lernprozess zu positiven Lernergebnissen in einem Leistungstest führt. Zum Andern wäre auch möglich, dass der Leistungstest nicht das gemessen hat, was im Lernprozess vermittelt wurde.

Tabelle 4.6: Bivariate Kreuztabelle mit Test zur Überprüfung des statistischen Zusammenhangs zwischen „Lernprozess" und „Lernergebnis"

Beurteilung des Lernergebnisses		LE_FW1_6_2		Gesamt
Beurteilung des Lernprozesses		0	1	
LP_FW1_4_2 0	Anzahl	273	69	342
	Erwartete Anzahl	190.1	151.9	342.0
	Standardisierte Residuen	**6.0**	−6.7	
1	Anzahl	116	242	358
	Erwartete Anzahl	198.9	159.1	358.0
	Standardisierte Residuen	−5.9	**6.6**	
Gesamt	Anzahl	389	311	700
	Erwartete Anzahl	389.0	311.0	700.0

$\chi^2 = 159{,}32$; df = 2; p = 0,000 < α = 0,05, d.h. Signifikanz

4.2 Die Sicht der Lehrenden[12]

Da die explorative Faktorenanalyse der Items der Lernenden die beiden Bereiche des Rahmenmodells zu Geschichtsunterricht „Prozess" und „Ergebnis" wie theoretisch erwartet auch empirisch hervorgebracht hat, werden im Fragebogen für Lehrpersonen in einem *ersten Schritt* ebenfalls Items identifiziert, die diesen beiden Bereichen zugeordnet werden können.

Der Bereich „Lernprozess" wird mit 4 geschlossenen Items gefasst. Es handelt sich dabei um Aussagen, die die Lehrenden entlang von vierstufigen Antwortvorgaben[13] bewerteten.

Die 1. Aussage lautet nach der allgemeinen Einleitung (Wie beurteilen Sie zusammenfassend die gefilmte Lektion in den folgenden Punkten?) wie folgt: In der gefilmten Lektion haben sich die Schülerinnen und Schüler am Unterricht rege beteiligt (LP1)[14] (16.1–1)[15].

Die 2. Aussage lautet: In der gefilmten Lektion waren die Schülerinnen und Schüler konzentriert bei der Sache (LP2) (16.1–3).

Die 3. Aussage, die invers mitgerechnet wird, lautet: In der gefilmten Lektion war die Klasse eher passiv (LP3) (16.1–8).

---
12 Dieses Unterkapitel führt gemäss Forschungsdesign (vgl. Grafik 3.1) zu Arbeitsprodukt 7.
13 Die vierstufige Antwortvorgabe lautet: stimmt genau – stimmt eher – stimmt eher nicht – stimmt gar nicht.
14 Die erste Klammer verweist auf die Itembezeichnung im Datensatz.
15 Die zweite Klammer verweist auf das Item im Video-Fragebogen für Lehrerinnen und Lehrer. Die erste Zahl bezeichnet die Seitenzahl des Fragebogens, wo das Item steht. Die zweite Zahl ist eine Ordnungszahl und bezeichnet das Fragebogenkonstrukt auf dieser Seite.

Die 4. Aussage lautet: In der gefilmten Lektion wurden unterschiedliche Arbeitsresultate akzeptiert (LP4) (17.1–29)[16].

Die Dimension „Lernergebnis" wird ebenfalls mit 4 Items gefasst. Es handelt sich dabei um drei Fragen an die Lehrenden, die diese mit einer Prozentschätzung beantworten sollten:

Die 1. Frage lautet nach der allgemeinen Einleitung[17] wie folgt: Wieviel Prozent der Schülerinnen und Schüler haben Ihrer Meinung nach in der vergangenen Stunde (eher) viel gelernt bzw. (eher) wenig gelernt? Als Antworten waren zwei offene Rubriken vorgegeben (eher viel gelernt ... %/eher wenig gelernt ...%), in welche die Lehrpersonen handschriftlich zwei Prozentzahlen einschreiben sollten (LE1) (10.1–1).

Die 2. analog konstruierte Frage lautet: Wieviel Prozent der Schülerinnen und Schüler haben Ihrer Meinung nach den durchgenommenen Stoff (eher) verstanden bzw. (eher) nicht verstanden? (LE2) (10.1–2)

Die 3. Frage lautet: Für wieviel Prozent der Schülerinnen und Schüler war die vergangene Geschichtsstunde (eher) interessant bzw. (eher) langweilig? (LE3) (10.1–3)

Die 4. Frage, die die Lehrer entlang einer sechsstufigen Vorgabe beantworten mussten, lautet: Sind Sie mit dem mutmasslichen Lernergebnis Ihrer Schülerinnen und Schüler zufrieden? (LE4) (11.1–1)

In einem *zweiten Schritt* wird auf Ebene der einzelnen Lehrenden mit Hilfe der Faktoren- und Reliabilitätsanalyse geprüft, ob sich zu den beiden Bereichen „Lernprozess" und „Lernergebnis" je eine eindimensionale Güteskala bilden lässt.

Für den Bereich *„Prozess"* ergeben sich folgende Resultate:

Tabelle 4.7: Ladung auf den Faktor „Prozess" aus Sicht der Lehrenden

	Faktorenladung
LP1 Lernprozess: Schülerinnen und Schüler rege am Unterricht beteiligt	.803
LP3 Lernprozess: Klasse eher passiv (invers)	.730
LP4 Lernprozess: unterschiedliche Arbeitsresultate akzeptiert	.698
LP2 Lernprozess: Schülerinnen und Schüler konzentriert bei der Sache	.664

Die dritte Zahl ist eine Ordnungszahl und bezeichnet den Platz des Items im Fragebogenkonstrukt. Item 16.1–1 bedeutet: Seite 16 des Fragebogens, 1. Fragebogenkonstrukt, 1. Item in diesem Konstrukt.

16 Schritt 1 (Itembestimmung) und Schritt 2 (Faktoren- und Reliabilitätsanalyse) wurden iterativ durchgeführt. Erst auf Grund dieses Verfahrens wurde die 4. Aussage als relevant für den Bereich „Lernprozess" identifiziert.

17 Die allgemeine Einleitung lautete wie folgt: „Im Folgenden bitten wir Sie, hinsichtlich der gefilmten Lektion die folgenden Einschätzungen vorzunehmen (die beiden Zahlen zusammengerechnet sollten 100% Ihrer Klasse ergeben!)".

Tabelle 4.7 zeigt, dass das Item „In der gefilmten Lektion haben sich die Schülerinnen und Schüler am Unterricht rege beteiligt" mit .803 die grösste Ladung hat. Die Varianzaufklärung beträgt 52,6%. Cronbachs Alpha für die vier Items beträgt α =.70, und es ist demnach mit den gewählten Items berechtigt, eine eindimensionale Skala zu bilden. Die Item-Skala-Statistiken zum „Prozess" zeigen zudem, dass alle 4 Items zur Beurteilung der Güte herangezogen werden dürfen, da Cronbachs Alpha jeweils sinken würde, wenn ein einzelnes Item weggelassen würde.

Tabelle 4.8: Item-Skala-Statistiken zum „Prozess" aus Sicht der Lehrenden

	Korrigierte Item-Skala-Korrelation	Cronbachs Alpha, wenn Item weggelassen
LP1 Schülerinnen und Schüler rege am Unterricht beteiligt	.586	**.531**
LP2 Schülerinnen und Schüler konzentriert bei der Sache	.389	**.651**
LP3 Klasse eher passiv (invers)	.479	**.591**
LP4 unterschiedliche Arbeitsresultate akzeptiert	.455	**.651**

Für den Bereich „*Ergebnis*" sehen die Resultate wie folgt aus:

Tabelle 4.9: Ladung auf den Faktor „Ergebnis" aus Sicht der Lehrenden

	Faktorenladung
LE3 Lernergebnis: Stunde war interessant	.866
LE2 Lernergebnis: Schüler/innen haben Stoff verstanden	.804
LE4 Lernergebnis: Lehrer/in ist mit Lernergebnis zufrieden	.784
LE1 Lernergebnis: Schüler/innen haben viel gelernt	.612

Tabelle 4.9 zeigt, dass das Item „Für die Schülerinnen und Schüler war die vergangene Stunde (eher) interessant" mit .866 die grösste Ladung hat. Die Varianzaufklärung beträgt 59,7%. Cronbachs Alpha für diese vier Items beträgt α =.77 beträgt, und es ist demnach mit den gewählten Items berechtigt, eine eindimensionale Skala zu bilden. Auch hier zeigen die Item-Skala-Statistiken zum „Ergebnis", dass alle 4 Items zur Beurteilung der Güte herangezogen werden dürfen, da Cronbachs Alpha jeweils sinken würde, wenn ein einzelnes Item weggelassen würde[18].

---

18 Bei LE1 stimmt dies knapp nicht. Da die Differenz bloss 5 Tausendstel beträgt und die Zuordnung des Items zum Bereich „Lernergebnis" plausibel ist, bleibt das Item in der Rechnung.

Tabelle 4.10: Item-Skala-Statistiken zum „Ergebnis" aus Sicht der Lehrenden

	Korrigierte Item-Skala-Korrelation	Cronbachs Alpha, wenn Item weggelassen
LE1 Lernergebnis: Schüler/innen haben viel gelernt	.412	.774
LE2 Lernergebnis: Schüler/innen haben Stoff verstanden	.573	.658
LE3 Lernergebnis: Stunde war interessant	.694	.575
LE4 Lernergebnis: Lehrer/in ist mit Lernergebnis zufrieden	.575	.697

In einem *dritten Schritt* wird auf der Ebene der Lehrenden für beide Sachverhalte jeweils ein gewichteter Summenindex berechnet. Anschliessend werden in einem *vierten Schritt* beide Skalen transformiert, diejenige für den Bereich „Prozess" in Richtung der Skalen der Ursprungsitems auf die Vierer-Skala (1–4), diejenige für den Bereich „Ergebnis" auf die Sechser-Skala (1–6)[19]. Jede Lektion erhält so einen Skalenwert auf jeder Skala.

In einem *fünften Schritt* werden die Lektionen identifiziert, die aus der Sicht der Lehrenden als „gut" eingeschätzt werden. Dafür wird gemäss der Konstruktion der Ursprungsitems festgelegt, dass eine Lektion dann als „gut" gelten soll, wenn der arithmetische Mittelwert im Bereich „Prozess" grösser oder gleich 3 und im Bereich „Ergebnis" grösser oder gleich 4 ist. Diejenigen Lektionen, die beide Bedingungen erfüllen, sind in der Tabelle 4.11 grau markiert.

Tabelle 4.11: Beurteilung der videografierten Lektionen aus Sicht der Lehrpersonen in Hinblick auf den Lernprozess und die Lernergebnisse (Klassenmittelwerte)

Lektionsnummern	Lernprozess Gewichteter Summenindex der Items LP1-LP4 [Minimum = 1, Maximum = 4]	Lernergebnis Gewichteter Summenindex der Items LE1-LE4 [Minimum = 1, Maximum = 6]
1	3.19	5.82
2	2.39	4.09
3	2.70	3.02
4	2.70	5.82
5	2.79	4.76

---

19 Für die Umrechnung wurden die Prozentzahlen herangezogen, die ein positives Lernergebnis ausdrücken, und wie folgt zugeteilt: Bis 25% entspricht dem Wert 1, 26%-40% = 2, 41%-50% = 3, 51%-60% = 4, 61%-75% = 5, 76%-100% = 6.

6	3.00	5.82
7	2.70	4.76
8	3.75	5.45
9	2.79	4.97
10	3.10	5.82
11	3.81	6.00
12	2.70	4.33
14	2.79	4.90
15	3.10	1.00
16	3.10	4.57
17	3.97	5.64
18	2.79	4.86
19	2.79	4.58
20	2.34	3.68
21	2.05	4.59
22	2.76	4.39
23	2.78	2.53
24	1.73	3.98
25	3.10	4.69
26	1.47	3.83
28	2.61	5.35
29	1.86	4.04
30	2.29	3.61
31	2.70	3.69
32	2.70	3.51
33	1.95	4.96
34	3.11	5.27
35	3.07	4.98
36	1.00	1.49
37	2.79	5.82
38	2.39	5.45
39	2.61	4.32
40	3.53	5.53
41	2.26	3.79

Tabelle 4.11 zeigt, dass es auch aus Sicht der beteiligten Lehrpersonen zwischen den Lektionen erhebliche Unterschiede gibt, sowohl hinsichtlich der Lernprozesse als auch der Lernergebnisse. Lektion 11 wird in Bezug auf die Lernergebnisse durch die Lehrperson am besten beurteilt. Diese Lektion erreichte beim Lernprozess den Mittelwert 3.81 und wird in diesem Bereich bloss durch die Lektion 17 übertroffen, die den Mittelwert 3.97 erreichte. Diese beiden Lektionen erreichen in beiden Dimensionen Mittelwerte, die über dem Durchschnitt liegen, ebenso wie die Lektionen 1, 6, 8, 10, 16, 25, 34, 35 und 40. Diese 11 Lektionen werden für die Triangulation (Unterkapitel 4.4) aus der Sicht der Lehrenden als „gut" charakterisiert und mit „1" bezeichnet, die andern erhalten die „0".

4.3 Die Sicht des Autors und der Kontroll-Expertinnen/Experten[20]

Gut ist ein Unterricht immer auf dem Hintergrund von expliziten oder impliziten Massstäben und aus einer bestimmten Perspektive. Für die methodisch disziplinierte Beurteilung der Lektionen aus Sicht des Autors war es deshalb notwendig, erstens den Theoriehintergrund zu klären (Kapitel 2) und zweitens die Perspektive offenzulegen (Abschnitt 3.4.1). Beides schützt nicht vor Verzerrungen oder blinden Flecken. Aus diesem Grund wird zu allen Lektionen zusätzlich zur Beurteilung des Autors ein *Zweiturteil* eingeholt („Investigator Triangulation"). In diesem Unterkapitel werden im ersten Abschnitt 4.3.1 das methodische Vorgehen zur Identifikation guter Geschichtslektionen sowie die Resultate aus Sicht des Autors und im zweiten Abschnitt 4.3.2 Vorgehen und Resultate aus Sicht der Kontroll-Expertinnen/Experten vorgestellt. Im abschliessenden dritten Abschnitt 4.3.3 werden diejenigen Geschichtslektionen identifiziert, die für die Triangulation aus Sicht der Expertinnen, Experten herangezogen werden.

4.3.1 Gute Lektionen aus Sicht des Autors[21]

Wie in Abschnitt 3.4.4 dargelegt, muss vor der Analyse und Beurteilung der videografierten Lektionen der grosse Materialkorpus „aufgebrochen, konzeptualisiert und auf neue Art zusammengesetzt werden" (Strauss/Corbin 1996, S. 39). Dies geschieht durch Kategorisierung mittels *Globalauswertung* und paralleler Entwicklung eines *Ratingbogens* mittels Kategorienentwicklungszyklus. Mit dem so entwickelten Ratingbogen können die Videografien selektiv bearbeitet

---

20 Dieses Unterkapitel führt gemäss Forschungsdesign (vgl. Grafik 3.1) zu Arbeitsprodukt 10.
21 Dieser Abschnitt beschreibt gemäss Forschungsdesign (vgl. Grafik 3.1) den Arbeitsschritt, der zu Arbeitsprodukt 8 führt.

werden. Mittels Kodierung wird ein kontrollierter Übergang von der Videografie auf den Ratingbogen vollzogen:

In einem *ersten Schritt* werden die videografierten Geschichtslektionen erneut betrachtet: Jedes Mal, wenn ein auf dem Ratingbogen definiertes „Ereignis" auftritt – zum Beispiel explizite Bewusstmachung von Arbeitsstrategien durch die Lehrperson oder verständliche Hinweise der Lehrperson zu den Arbeitsaufträgen (vgl. dazu den Ratingbogen in Grafik 3.2) – wird auf dem Ratingbogen beim entsprechenden Indikator ein *Kode* gesetzt und in der Rubrik Bemerkung eine Erklärung festgehalten, auf welche Stelle des Unterrichts der Kode sich bezieht, worum es sich handelt und wie es beurteilt wird[22]: So steht beispielsweise beim Gütekriterium 10 „Schaffung von angemessener Klarheit und Strukturiertheit":

„19:04–22:52. Lehrperson erklärt zweite Aufgabe: zuerst allgemeines Vorgehen, dann Beispiel, schliesslich Wiederholung des Vorgehens und Frage, ob es alle verstanden haben. Ausgezeichnete Hinweise zum Arbeitsauftrag, ++."

Auf diese Weise lässt sich zurückverfolgen, welches „Ereignis" bei welchem Indikator zu welchem Urteil geführt hat.

Der *zweite Schritt* führt von den Kodes zum Rating. Zuerst wird auf dem Ratingbogen bei den einzelnen Gütekriterien eine Einschätzung in der vorgegebenen vierstufigen Skala festgehalten. Hat es mehr negative als positive Bemerkungen oder ist eine negative Bemerkung gravierend, lautet das Urteil für das Gütekriterium „-", also „ungenügend". Finden sich entweder gleich viele positive wie negative Bemerkungen oder gar keine Bemerkungen, wird ein „o" gesetzt. Hat es mehr positive als negative Bemerkungen, lautet das Urteil für das entsprechende Gütekriterium „+", also gut. Hat es ausschliesslich positive Bemerkungen oder ist eine positive Bemerkung ausserordentlich bedeutsam, wird ein „++" für „sehr gut" gesetzt. Mit diesen Beurteilungen aller Gütekriterien entsteht auf dem Ratingbogen ein *Güteprofil* der Lektion (vgl. z.B. Tabelle 5.1).

Der *dritte Schritt* führt vom Güteprofil zum Globalurteil für die Lektion. Die Praxis der Unterrichtsbeurteilung durch den Autor und Erfahrungsberichte in der Literatur (Messner 2007a, S. 33) legen nahe, dass dafür nicht eine Addition der Urteile bei den einzelnen Gütekriterien taugt, sondern dass dies günstigerweise entlang einer neuen, offeneren Festlegungen zu geschehen hat. In zwei für die Überprüfung der Gütekriterien durchgeführten Expertenkonferenzen stiessen die folgenden Bedingungen, damit eine Geschichtslektion als „gute" Lektion

---

22 Dieses Vorgehen der Datencharakterisierung direkt auf dem Ratingbogen der entsprechenden Lektion wird in der vorliegenden Studie aus forschungspragmatischen und zeitökonomischen Gründen gewählt. Alternativ dazu können bei der Datenauswertung von Videografien die Referenzen als Flächen- oder Erscheinungscodes zu den Videografien gesetzt werden (vgl. Waldis/Gautschi/Hodel/Reusser 2006, S. 169–179). Dieses Vorgehen ist aufwändiger, aber valider, jedoch bei der vorliegenden Datenmenge nur im Team zu leisten.

gelten darf, auf die grösste Akzeptanz (vgl. Abschnitt 3.4.4): Beim Lerngegenstand müssen mindestens drei Gütekriterien als „gut" beurteilt werden, und die Gütekriterien „Bedeutsames Thema" und „Sachrichtigkeit, Multiperspektivität, Kontroversität" dürfen nicht negativ beurteilt werden. Bei der Prozessstruktur müssen mindestens zwei Gütekriterien als „gut" beurteilt werden. Bei der Nutzung muss mindestens ein Gütekriterium als „gut" beurteilt und es dürfen nicht mehr als zwei Gütekriterien negativ beurteilt werden. Wenn alle drei Bedingungen erfüllt sind, darf eine Lektion insgesamt als „gut" bezeichnet werden.

Da es mit der hier geschilderten Datenauswertung um die Identifikation von „guten" Lektionen und damit um ein Globalurteil geht, werden nicht alle Lektionen gleich ausführlich ausgewertet. Sobald sich zeigt, dass eine Lektion das Globalurteil „gut" nicht mehr erreichen kann – zum Beispiel aufgrund gravierender fachlich-inhaltlicher Fehler – wird das Verfahren abgekürzt. Die Beurteilung einer Lektion erfordert rund das 3-fache an Zeit der Lektionsdauer.

Aus Sicht des Autors sind nach Durchführung des hier geschilderten Verfahrens folgende 14 Lektionen als „gut" zu bezeichnen (vgl. Tabelle 4.12): 1, 6, 9, 10, 17, 18, 25, 26, 34, 35, 37, 38, 40, 41.

4.3.2 Gute Lektionen aus Sicht der Kontroll-Expertinnen/Experten[23]

Parallel zu dieser Beurteilung der Lektionen durch den Autor der Studie wird eine Befragung von *Kontroll-Expertinnen/Experten* zum videografierten Unterricht durchgeführt (vgl. Abschnitt 3.4.5). Für die Identifikation der „guten" Lektionen wird die Spalte „Prädikat" auf dem Fragebogen für Kontroll-Expertinnen/Experten herangezogen (vgl. Abbildung 3.4). Alle Lektionen, die die Prädikate „sehr gut" oder „gut" bekommen haben, werden für die vorliegende Studie als „gut" charakterisiert. Bei einzelnen Lektionen gibt es kein eindeutiges Prädikat durch die Kontroll-Expertinnen/Experten, zum Beispiel „genügend bis gut". In diesem Fall wird das schlechtere Prädikat gesetzt. Da allen 11 Kontroll-Expertinnen/Experten vier Lektionen zugeteilt werden, sind einzelne Lektionen von 2 Kontroll-Expertinnen/Experten beurteilt. Auch hier wird für die weitere Arbeit im Fall von abweichenden Prädikaten das schlechtere gewählt[24].

Aus Sicht der Kontroll-Expertinnen/Experten sind nach Durchführung des hier geschilderten Verfahrens folgende 21 Lektionen als „gut" zu bezeichnen

---

23 Dieser Abschnitt beschreibt gemäss Forschungsdesign (vgl. Grafik 3.1) den Arbeitsschritt, der zu Arbeitsprodukt 9 führt.

24 5 Lektionen wurden von 2 Kontroll-Expertinnen/Experten beurteilt. 2x war der Prädikatswert identisch, 2x unterschieden sich die Prädikate um einen Wert, 1x unterschieden sich die Prädikate um zwei Werte („gut" zu „ungenügend").

(vgl. Tabelle 4.12): 1, 2, 6, 9, 10, 12, 16, 17, 18, 19, 21, 22, 23, 26, 28, 29, 33, 35, 38, 40, 41.

4.3.3 Gute Lektionen aus Sicht der Expertinnen und Experten[25]

In der folgenden Tabelle 4.12 sind in der linken Spalte alle Lektionen aufsteigend geordnet entlang ihrer Lektionsnummer aufgeführt. In der zweiten Spalte sind die Beurteilungen des Autors aufgeführt. Alle Lektionen, die als „gut" beurteilt sind, werden mit einer „1" bezeichnet. In der dritten Spalte sind einerseits die Beurteilungen der Kontroll-Expertinnen/Experten und andererseits ein Buchstabenkode aufgeführt, der die Identifikation der Kontroll-Expertinnen/Experten erlaubt. Auch hier werden alle Lektionen, die als „gut" beurteilt sind, mit einer „1" bezeichnet. Wenn eine Lektion sowohl im Urteil des Autors als auch in der Beurteilung der Kontroll-Expertinnen/Experten das Urteil „gut" erhält, wird die Lektion aus *Sicht der Expertinnen und Experten* als „gut" charakterisiert und mit „1" bezeichnet. Diese Lektionen sind in der Tabelle grau hinterlegt.

Tabelle 4.12 zeigt, dass aus Sicht der Expertinnen und Experten 11 Lektionen als „gut" charakterisiert wurden. Es handelt sich um die Lektionen 1, 6, 9, 10, 17, 18, 26, 35, 38, 40, 41.

Tabelle 4.12: Beurteilung der videografierten Geschichtslektionen aus Sicht des Autors und der Kontroll-Expertinnen/Experten

Lektions-nummer	Erst-Beurteilung Autor	Beurteilung Kontroll-Expertinnen/Experten		Gesamt-Beurteilung Expertinnen/Experten
		Urteil	Kontroll-Expertin/Experte[26]	
1	1	1	a	1
2	0	1	b	0
3	0	0	a	0
4	0	0	c	0
5	0	0	d	0
6	1	1	i	1
7	0	0	h	0
8	0	0	i	0

---

25 Dieser Abschnitt beschreibt gemäss Forschungsdesign (vgl. Grafik 3.1) den Arbeitsschritt, der zu Arbeitsprodukt 10 führt.
26 Jede Expertin, jeder Experte ist mit einem Buchstaben Gekennzeichnet. Vgl. dazu Abschnitt 3.3.3.

Die Sicht des Autors und der Kontroll-Expertinnen/Experten 165

9	1	1		d	1
10	1	1		e	1
11	0	0		c	0
12	0	1		h	0
14	0	0		b	0
15	0	0		a	0
16	0	1		k	0
17	1	1		c	1
18	1	1		b	1
19	0	1		k	0
20	0	0		f	0
21	0	1		g	0
22	0	1		e	0
23	0	1		f	0
24	0	0		h	0
25	1	0		g	0
26	1	1		i	1
28	0	1		d	0
29	0	1		j	0
30	0	0		g	0
31	0	0		f	0
32	0	0		b	0
33	0	1		k	0
34	1	0		e	0
35	1	1		i	1
36	0	0		j	0
37	1	0		d	0
38	1	1		a	1
39	0	0		e	0
40	1	1		h	1
41	1	1		c	1
Summe	14 „gute" Lekt.	21 „gute" Lekt.			**11 „gute" Lekt.**

4.4 Triangulationsergebnisse[27]

Die Güte von Geschichtsunterricht lässt sich nicht unmittelbar bestimmen. Sie muss über die Urteile von Lernenden, Lehrenden und Expertinnen, Experten erschlossen werden. Diese Erschliessung geschieht mittels *Triangulation* der drei unterschiedlichen Unterrichtswahrnehmungen. In den vorangehenden Unterkapiteln wurde dargelegt, welche Lektionen aus Sicht der Lernenden, der Lehrenden und der Expertinnen als „gut" charakterisiert werden. Sie wurden mit einer „1" bezeichnet. In Abschnitt 4.4.1 werden die unterschiedlichen Urteile trianguliert, und im Abschnitt 4.4.2 werden die Übereinstimmungen und Unterschiede der jeweiligen Beurteilungen festgehalten.

4.4.1 Triangulation aus unterschiedlicher Perspektive

In der folgenden Tabelle sind die beurteilten Lektionen entlang der Lektionsnummern (Spalte 1) aufgeführt. In den Spalten 3, 4 und 5 sind die Beurteilungen des Geschichtsunterrichts aus Sicht der Lernenden, der Lehrenden, und der Expertinnen, Experten dargestellt. Wenn die Lektionen als gut charakterisiert werden, ist die Lektion in der entsprechenden Zeile mit „1" bezeichnet. Wenn eine Lektion aus den drei verschiedenen Perspektiven als „gut" charakterisiert wird, dann gilt die Gesamtbeurteilung (Spalte 2) als „gut". Dies ist bei *fünf Lektionen* der Fall. Sie sind grau markiert.

Tabelle 4.13: Zusammenstellung der Lektionsbeurteilung aus drei unterschiedlichen Perspektiven

Lektions-nummer	Beurteilung der Lernenden[28]	Beurteilung der Lehrenden[29]	Beurteilung der Experten[30]	Gesamt-Beurteilung
1	1	1	1	1
2	0	0	0	0
3	0	0	0	0
4	0	0	0	0
5	0	0	0	0
6	1	1	1	1
7	1	0	0	0

---

27 Dieser Abschnitt beschreibt gemäss Forschungsdesign (vgl. Grafik 3.1) den Arbeitsschritt, der zu Arbeitsprodukt 11 führt.
28 Übertrag aus Tabelle 4.5.
29 Übertrag aus Tabelle 4.11.
30 Übertrag aus Tabelle 4.12.

Triangulationsergebnisse 167

8	0	1	0	0
9	1	0	1	0
10	1	1	1	1
11	1	1	0	0
12	1	0	0	0
14	1	0	0	0
15	0	0	0	0
16	1	1	0	0
17	1	1	1	1
18	1	0	1	0
19	0	0	0	0
20	0	0	0	0
21	1	0	0	0
22	0	0	0	0
23	1	0	0	0
24	1	0	0	0
25	0	1	0	0
26	0	0	1	0
28	0	0	0	0
29	0	0	0	0
30	0	0	0	0
31	0	0	0	0
32	1	0	0	0
33	0	0	0	0
34	1	1	0	0
35	0	1	1	0
36	0	0	0	0
37	1	0	0	0
38	1	0	1	0
39	0	0	0	0
40	1	1	1	1
41	0	0	1	0
Summe	19 „gute" Lekt.	11 „gute" Lekt.	11 „gute" Lekt.	**5 „gute" Lekt.**

Mit diesen Triangulationsergebnissen wird der *Cochran-Test* durchgeführt. Dafür werden die als „gut" charakterisierten Lektionen wie bisher mit „1" und die nicht als „gut" charakterisierten Lektionen neu mit „2" (statt mit „0") bezeichnet. Die Statistik für den Test mit Tabelle 4.13 lautet wie folgt:

Cochrans Q = 6,737; FG = 2; N = 39; p = 0,034 < α = 0,05 (sign.)

Insgesamt kann von einer gewissen Übereinstimmung der Urteile gesprochen werden. Es zeigt sich mittels Cochran-Test statistisch signifikant, dass die drei Gruppen *unterschiedlich urteilen*.

4.4.2 Vergleich der unterschiedlichen Beurteilungen

In der vorliegenden Arbeit werden von insgesamt 39 Lektionen aus Sicht der Lernenden 19 Lektionen, aus Sicht der Expertinnen, Experten 11 Lektionen und aus Sicht der Lehrenden 11 Lektionen als gut bezeichnet.

5 von 39 Lektionen werden aus allen drei verschiedenen Perspektiven als gut charakterisiert. Es handelt sich um die folgenden Lektionen, die in Kapitel 5 analysiert werden:
– Lektion 1: Die Schweiz im Zweiten Weltkrieg
– Lektion 6: Auseinandersetzung mit sechs Freiheitsrechten
– Lektion 10: Erster Weltkrieg: Zahlen, Fakten, Waffen
– Lektion 17: Deutschland in den Jahren 1918–1930
– Lektion 40: Repetition Renaissance

7 von 39 Lektionen werden aus zwei Perspektiven und 12 von 39 Lektionen werden aus einer Perspektive als „gut" charakterisiert.

15 von 39 Lektionen werden aus keiner der drei verschiedenen Perspektiven als „gut" charakterisiert. Gesamthaft werden also 20 der 39 Lektionen übereinstimmend beurteilt.

Lernende und Lehrende stimmen in 25 von 39 Lektionen, Lernende und Expertinnen, Experten in 25 von 39 Lektionen und Lehrende und Expertinnen, Experten in 29 von 39 Lektionen in ihrem Urteil überein.

Mit diesen Befunden wird der Gleichverteilungstest (Lautsch/von Weber 1995, S. 85–87)[31] durchgeführt, bei welchem die beobachtete Häufigkeit der Urteile mit der Gleichverteilung verglichen wird. In Tabelle 4.14 sind die Resultate dargestellt.

---

31 Beim Gleichverteilungstest handelt es sich um eine Konfigurationsfrequenzanalyse 0. Ordnung.

Tabelle 4.14: Beobachtete Häufigkeit der Lektionsbeurteilungen und Gleichverteilung

Profile	Häufigkeiten				
	beobachtet	für Gleichverteilung geschätzt			
	b	e	$u=(b-e)/\sqrt{e}$	Signifikanz	T/AT
111	5	4,875	0,06	n.s.	
112	3	4,875	-0,85	n.s.	
121	3	4,875	-0,85	n.s.	
122	8	4,875	1,42	n.s.	
211	1	4,875	-1,76	n.s.	
212	2	4,875	-1,30	n.s.	
221	2	4,875	-1,30	n.s.	
222	15	4,875	**4,59**	**sign.**	T
Summe	39	39	-	-	-
			für $\alpha=0{,}05$ ist $u(\alpha 0{,}05) = 1{,}96$ die Signifikanzschranke	T = Typ für positive u AT = Antityp für negative u	

Der Gleichverteilungstest zeigt, dass eine auffällig grosse Übereinstimmung hinsichtlich der *negativen Beurteilung* herrscht. Lernende, Lehrende und Experten sind sich einig, wann eine Geschichtslektion nicht „gut" ist, aber sie sind sich nicht einig, wann eine Geschichtslektion als „gut" charakterisiert werden soll. Offenbar besteht kein Konsens darüber, was „guter" Geschichtsunterricht ist[32].

Alles in allem wird durch den Cochran- und den Gleichverteilungstest deutlich, dass für die Identifikation von „gutem" Geschichtsunterricht die Berücksichtigung *mehrerer Perspektiven* wichtig und das Vorgehen mittels *Triangulation* zielführend ist.

---

32 Allerdings muss das vorliegende Ergebnis der Exploration mit der gebotenen Vorsicht interpretiert werden, da sowohl der Cochran-Test als auch der Gleichverteilungstest mit einer geringen Fallzahl durchgeführt wurden.

5. Analyse: Beschreibung und Beurteilung der ausgewählten Lektionen

In diesem Kapitel werden die aus verschiedenen Perspektiven als „gut" identifizierten fünf Geschichtslektionen ausführlicher analysiert. Die folgenden *Einzelfalldarstellungen* dienen als Grundlage zur Festlegung von Aussagen zu gutem Geschichtsunterricht (Kapitel 6).

Drei der fünf Lektionen – „Die Schweiz im Zweiten Weltkrieg" (Unterkapitel 5.1), „Auseinandersetzung mit sechs Freiheitsrechten" (5.2) und „Erster Weltkrieg: Zahlen, Fakten, Waffen" (5.3) fanden im Kanton Aargau statt. Damit ist dieser Kanton in der vorliegenden Arbeit der einzige, aus welchem mehrere Lektionen als „gut" identifiziert wurden. Die drei Lektionen aus dem Kanton Aargau unterscheiden sich dadurch, dass sie an *verschiedenen Schultypen* stattfanden: „Die Schweiz im Zweiten Weltkrieg" an der Bezirksschule und damit an einem Schultyp der Sekundarstufe I mit hohen Ansprüchen, „Erster Weltkrieg: Zahlen, Fakten, Waffen" an der Sekundarschule und damit an einem Schultyp der Sekundarstufe I mit erweiterten Ansprüchen und „Auseinandersetzung mit sechs Freiheitsrechten" an der Realschule und damit an einem Schultyp der Sekundarstufe I mit Grundansprüchen. Eine der fünf „guten" Lektionen stammt aus dem Kanton Luzern („Deutschland in den Jahren 1918–1939", Schultyp für erweiterte Ansprüche, Unterkapitel 5.4), eine weitere stammt aus dem Kanton Zürich („Repetition Renaissance", Schultyp für hohe Ansprüche, Unterkapitel 5.5).

Um die ausgewählten Geschichtslektionen zu beschreiben und zu beurteilen, werden *verschiedene Datenquellen* herangezogen und ausgewertet (vgl. Forschungsdesign in Grafik 3.1): Erstens werden schriftliche Rückmeldungen von Lernenden aus dem Fragebogen verwendet, den sie unmittelbar im Anschluss an die videografierte Lektion ausgefüllt haben. Zweitens werden Einschätzungen der Lehrenden aus dem Fragebogen herangezogen, den sie ebenfalls unmittelbar im Anschluss an die Lektion ausgefüllt haben. Drittens werden Beschreibungen und Beurteilungen der Kontroll-Experten[1] zitiert. Die Zitate stammen aus dem Fragebogen, den die Experten nach der Analyse der videografierten Lektion ausgefüllt haben. Viertens werden die Beschreibungen und Beurteilungen des

---
1 In diesem Kapitel werden die Kontroll-Expertinnen/Experten (vgl. Abschnitt 3.4.5) ausschliesslich mit der männlichen Form „Experte" bezeichnet.

Autors dieser Studie verwendet, der ebenfalls die Videoaufzeichnungen der Lektionen analysiert hat. Fünftens steht das verwendete Lernmaterial, wie zum Beispiel Arbeitsblätter oder Hellraumprojektor-Folien, zur Verfügung, das bei der Videografierung gesammelt wurde.
Diese verschiedenen Datenquellen werden miteinander trianguliert (vgl. dazu Abschnitt 3.3.4) und je Lektion in einem *geschlossenen Auswertungstext* zusammengefasst, der wie folgt aufgebaut ist:

– Titel des Unterkapitels mit Zitat einer Schülerin, eines Schülers, das als Motto für die Lektion dient, danach die Bezeichnung der Lektion;
– Lead: Kurzcharakteristik der Lektion und exemplarisches Urteil aus ausgewählter Perspektive;
– Abschnitt 1: Kurzbeschreibung der Lektion[2] mit statistischen Angaben zur Unterrichtsform[3] und zum Lernmaterial[4]. Für diese Kurzbeschreibungen werden die Lektionsprofile aus dem Projekt „Geschichte und Politik im Unterricht" herangezogen (Reusser/Waldis/Gautschi 2007, S. 277);
– Abschnitt 2: Beschreibung und Beurteilung des Lerngegenstands (Inhalte, Themen, Medien) unter Bezug auf die fünf verschiedenen Datenquellen. Damit kommt das „Was" des Unterrichts in den Blick;
– Abschnitt 3: Beschreibung und Beurteilung der Prozessstruktur (Unterrichtsgestaltung durch die Lehrperson). Damit kommt das „Wie" des Unterrichts in den Blick;
– Abschnitt 4: Beschreibung und Beurteilung der Nutzung von Lerngegenstand und Prozessstruktur durch die Lernenden. Damit kommt das fachspezifische Lernen und also das „Wozu" des Unterrichts in den Blick;
– Abschnitt 5: Güteprofil der Lektion entlang der drei Beurteilungsbereiche „Lerngegenstand: Inhalte, Themen, Medien", „Prozessstruktur: Unterrichtsgestaltung durch die Lehrperson" und „Nutzung: Fachspezifisches Lernen der Schülerinnen und Schüler" gemäss Rahmenmodell für Geschichtsunterricht (vgl. Grafik 2.4).

---

2   Im Unterschied zu vielen Lektionsbeschreibungen wird hier versucht, Beobachtungen wiederzugeben und nicht schon zu interpretieren, welche inneren Prozesse wohl bei den Lernenden ablaufen (z.B. Borries 1985, S. 301–313).
3   Auf Grundlage der Kode-Entwicklung und -definitionen im Projekt „Geschichte und Politik im Unterricht" und der theoretischen Überlegungen in Kapitel 2 werden folgende drei Unterrichtsformen unterschieden: Darbietung (z.B. mind. zweiminütige ununterbrochene Präsentation, Erzählung, Vorlesung, Filmvorführung); Erarbeitung (z.B. Klassengespräch, Diskussion, Spiel); Aufgabenbasierung (inkl. Auftragserteilung, -bearbeitung und -besprechung). Vgl. dazu Hodel/Waldis 2007, S. 111–112, und Unterkapitel 6.2.
4   Auf Grundlage der Kode-Entwicklung und -definitionen im Projekt „Geschichte und Politik im Unterricht" und der theoretischen Überlegungen in Kapitel 2 werden folgende Lernmaterialien unterschieden: Unterrichtstext, Schriftliches Lernmaterial, Visuelles Lernmaterial, Audiovisuelles Lernmaterial, Kombiniertes Lernmaterial, Objekt. Vgl. dazu Hodel/Waldis 2007, S. 120–121.

Das Güteprofil ist eine datengestützte Einschätzung des Autors zur entsprechenden Lektion. Es entstand im zweiten Schritt des Beurteilungsprozesses aufgrund der gesetzten Kodes (vgl. Abschnitt 4.3.1) und wurde nach Verfassen der jeweiligen Einzelfalldarstellungen anhand der herbeigezogenen Aussagen überprüft und allenfalls revidiert. Das Güteprofil dient als zusammenfassende Charakterisierung der als „gut" identifizierten Geschichtslektionen.

Mit der vorliegenden Analyse wird auf die Qualität des Unterrichts fokussiert. Das heisst, dass Beobachtungen herangezogen werden, die zu einem positiven Urteil führen bzw. dass Beobachtungen gesucht werden, die das positive Urteil abstützen. In allen Lektionen gibt es durchaus Mängel und Fehler. Diese aufzufinden ist jedoch nicht die Absicht der vorliegenden Arbeit. Hier geht es um Identifikation und Analyse von gutem Geschichtsunterricht.

5.1 „Wir konnten über die Probleme von früher und heute diskutieren": Die Schweiz im Zweiten Weltkrieg

„Die Schweiz im Zweiten Weltkrieg" ist eine Geschichtsdoppelstunde, die einerseits dem Unterricht vorangegangene Interviews von Schülerinnen und Schülern mit Zeitzeugen zum Zweiten Weltkrieg thematisiert und andererseits die Betrachtung eines Dokumentarfilms zum Thema vorbereitet.

Der Experte, der „Die Schweiz im Zweiten Weltkrieg" begutachtet hat, beurteilt diese Doppelstunde „als sehr gelungenes Beispiel eines bezogen auf den Bildungsauftrag der Volksschule bedeutsamen und gleichzeitig schülerorientierten (produktiven) Unterrichts". Beeindruckend ist insbesondere die fachspezifische Nutzung des Angebots durch die Lernenden. Sie entwickeln und überprüfen während der Lektion Sachanalysen, Sachurteile, Werturteile und reflektieren den Nutzen der Beschäftigung mit Vergangenem.

5.1.1 Kurzbeschreibung

Die Lektion „Die Schweiz im Zweiten Weltkrieg" dauerte 70 Minuten und fand an einer Bezirksschule im Kanton Aargau statt.

Der Geschichtsunterricht beginnt mit einem kurzen inhaltlichen Überblick der Lehrperson über die Lektion. Danach berichten je zwei Schülerinnen und Schüler mit Hilfe von selber entwickelten Notizen über Interviews, die sie mit Zeitzeugen gemacht haben, die den Zweiten Weltkrieg erlebt haben. Die Lehrperson stellt anschliessend an die Vorträge ergänzende Fragen.

Danach erteilt die Lehrperson den Auftrag zu einer Gruppenarbeit. Die Schülerinnen und Schüler sollen zuerst eine kurze Repetition zur Schweiz im Zweiten Weltkrieg mit Hilfe eines vorhandenen schriftlichen Überblicks machen. Danach sollen sie gemeinsam die Interviews auswerten und zum Beispiel Unterschiede zwischen der damaligen Zeit und heute festhalten. Zum Schluss sollen die Lernenden die Frage beantworten, ob die Menschen aus der Geschichte gelernt haben. Der Arbeitsauftrag liegt während der darauf folgenden längeren selbständigen Schülerarbeitsphase in schriftlicher Form auf dem Hellraumprojektor auf.

Am Schluss der ersten Lektion klärt die Lehrperson den Arbeitsstand der Schülerinnen und Schüler und stellt ihnen danach für die Beendigung der Gruppenarbeit zusätzliche Zeit in der zweiten Lektion in Aussicht. Anschliessend gehen die Schülerinnen und Schüler in die Pause.

Zu Beginn der zweiten Lektion präzisiert die Lehrperson nochmals einen Teilauftrag der Gruppenarbeit. Dann haben die Schülerinnen und Schüler Gelegenheit, ihre Gruppenarbeit zu Ende zu bringen. In der darauf folgenden Lösungsbesprechung sammelt die Lehrperson die Ergebnisse in Form eines geführten Klassengesprächs.

Anschliessend bereitet die Lehrperson die Klasse auf den Film „Reportage Schweiz" vor, in dem die Rolle der Schweiz im Zweiten Weltkrieg thematisiert wird. Zuerst wird der Begriff Mythos geklärt, dann werden anhand eines vorbereiteten Blattes, welches auf dem Hellraumprojektor aufliegt und ausgeteilt wird, Begriffe erläutert und mögliche Fragen an den Film thematisiert. Danach erteilt die Lehrperson den Schülerinnen und Schülern den Auftrag, fünf Fragen, welche ihnen persönlich zu dieser Zeit als wichtig erscheinen, in das Notizheft zu notieren.

Die Schülerinnen und Schüler lösen diese Aufgabenstellung in Einzelarbeit. Die Lehrperson schliesst die Doppellektion mit der Bemerkung, dass aus Zeitgründen der Anfang des Films nicht wie geplant gezeigt werden kann und darum auf das nächste Mal verschoben wird. Sie erteilt zudem die Hausaufgabe, die Heftführung auf den neusten Stand zu bringen.

Es handelt sich bei „Die Schweiz im Zweiten Weltkrieg" vorwiegend um aufgabenbasierten Geschichtsunterricht (42 Minuten). Die Lektion ist darüber hinaus während 14 Minuten darbietend und während 14 Minuten erarbeitend. – Während 68 Minuten beschäftigen sich die Lernenden mit Unterrichtstexten und während 36 Minuten liegt den Lernenden parallel bzw. ergänzend schriftliches Lernmaterial vor.

5.1.2 Lerngegenstand: „Vergleich der Schweiz heute mit der Schweiz im Zweiten Weltkrieg"

Das Thema „Die Schweiz im Zweiten Weltkrieg" ist in verschiedener Hinsicht *bedeutsam*: Erstens entspricht es den Vorgaben des Lehrplans Volksschule für den Kanton Aargau (Erziehungsdepartement Kt. Aargau 2000, S. 10 Geschichte). Zweitens beschäftigen sich die Lernenden mit einem Thema, dessen Deutung nach wie vor umstritten ist, wie die Diskussionen um das Lehrmittel „Hinschauen und Nachfragen" (Bonhage/Gautschi/Hodel/Spuhler 2006) deutlich zeigten[5]. Damit lernen die Schülerinnen und Schüler, dass dieselben Geschehnisse aus unterschiedlicher Perspektive betrachtet und unterschiedlich gedeutet werden können. Drittens partizipieren sie an einem Diskurs, der die Geschichtswissenschaft und die politische Öffentlichkeit in den letzten Jahren prägte. Lange Zeit galt der Holocaust als die alleinige Tat der Deutschen, mit der die übrige Welt nichts zu tun habe. Seit den 1980er-Jahren wurde jedoch in vielen Staaten vermehrt darüber diskutiert, weshalb man damals nicht mehr unternommen hatte, um diese Verbrechen zu verhindern[6]. Viertens eignet sich das Thema, um den Handlungsspielraum einzelner Menschen, ihre unterschiedlichen Interessen und Wertvorstellungen auszuloten[7].

Das Thema ermöglicht weiter die Herstellung von Bezügen zur heutigen Welt: Banken und Industriebetriebe sind auch heute mit der Frage konfrontiert, ob sie mit einem Unrechtsregime Geschäfte abwickeln sollen oder nicht. Gesellschaften müssen sich weiterhin der Frage stellen, wie sie mit Menschen umgehen sollen, die von einem Unrechtsregime verfolgt sind. Auch bleibt die Frage aktuell, wann eine Regierung ein Unrechtsregime ist. Und schliesslich stellt sich immer noch die Frage, welche Armee die Schweiz braucht.

Das Thema eröffnet auch die Möglichkeit, Bezüge zum Leben, zur Erlebniswelt und zu den Erfahrungen der Lernenden herzustellen beziehungsweise den Lernenden neue Erfahrungen zu ermöglichen. Besonders gut gelungen ist dies mit der Befragung der Zeitzeugen, wo mehrere Schülerinnen und Schüler ihre Grossmütter oder ihre Grossväter befragt haben, wie der folgende Transkriptionsausschnitt[8] zeigt:

00:14:23–00:14:41	T: *Gut*. Eh- war das deine Grossmutter, die du interviewt hast?
	SN: Ja.
	T: Ja. Was hat sie für einen Jahrgang?
	S: Joh ...

---

5   Ein kleiner Ausschnitt der auch in den Medien heftig ausgetragenen Kontroversen findet sich auf der Website www.hinschauenundnachfragen.ch in der Rubrik „Forum" (aufgerufen am 4.4.2008).
6   Vgl. dazu u.a. Kreis 1999 oder Picard 1994.
7   Vgl. dazu z.B. Dejung/Gull/Wirz 2002 und UEK – Unabhängige Expertenkommission Schweiz – Zweiter Weltkrieg 2002.
8   Transkriptions-Ausschnitte sind in diesem Kapitel daran zu erkennen, dass sie in einer zweispaltigen gerahmten Tabelle gelayoutet sind. In der ersten Spalte ist die Zeit gemäss Videografie, in der zweiten Spalte ist die Transkription aufgeführt.

	T: Also ich frage, ob sie als Kind oder als Erwachsene diese Zeit//
	S://Erwachsene.//Sie war schon achtzehn, glaube ich.
	T://Ja, sie war schon erwachsen. Ja, okay. Gut, danke.
00:14:41–00:15:09	T: Und Robert?
	SN: Eh- ich habe meinen Grossvater interviewt, also meinen englischen Grossvater.
	T: Ja.
	S: Und -eh- er ist so mit siebzehn, achtzehn ins Militär eingetreten und//ja, und eh ja, war Panzerfahrer. Aber -eh- selber über -eh- da- also über die Kriegshandlungen redet er nie. Also er sagt nur, dass er- dass er -eh- ja so ziemlich überall gewesen sei. Also bei D-day war er dabei, aber sonst nachher weiss ich nichts.
	T://In England? Mhm [ja].

Vor allem in diesen Interviews, die einzelne Schülerinnen und Schüler zu Beginn der Lektion vorstellen, werden die *Menschen als Handelnde* in der Vergangenheit sichtbar. Die Lernenden erkennen, wie die Menschen zu den nur knapp vorhandenen Lebensmitteln kamen und was sie unternehmen mussten, damit es mehr Nahrungsmittel gab:

00:11:38–00:12:03	T: Dann -eh- Rolf, was hast du zu berichten?
	SN: Also, ich habe auch eine al- ältere Frau und die hat gesagt, dass man um das Essen zu bekommen, Marken haben musste und die Nahrungsmittel waren rationiert, und man hatte nur so viel Nahrungsmittel bekommen, wie man Marken hat. Um genügend Nahrungsmittel produzieren zu können, mussten sie die Felder umgraben. Mit Kartoffelfeldern und so.

Der Lerngegenstand wird von den Lernenden selber ebenfalls als „gut" beurteilt. Auf die Frage „Was hat dir an der vergangenen Lektion besonders gut gefallen?" antworten sie zum Beispiel wie folgt:
– „Dass wir die Geschichte der Schweiz behandelten."
– „Dass wir uns mit der Schweiz beschäftigten."
– „Interviews mit Menschen, die zur Zeit des Zweiten Weltkriegs gelebt haben."
– „Spannend war zu hören, wie der Zweite Weltkrieg von älteren Menschen erlebt wurde."
– „Das Thema fand ich interessant (der Zweite Weltkrieg)."

Die Schweiz im Zweiten Weltkrieg

Auch der fachdidaktische Experte beurteilt den Lerngegenstand als „gut" und schreibt in seinem Kommentar zur Doppelstunde „Die Schweiz im Zweiten Weltkrieg": „Bezogen auf den Unterrichtsinhalt kommt es dem Lehrer darauf an, dass die Schüler etwas für ihre unmittelbare Gegenwart lernen. (…) Auch kam es ihm darauf an, die Schüler zu Überlegungen anzustiften, was die Schweiz als Staat aus den Erfahrungen der Kriegszeit lernen konnte. Dieser Gegenwartsbezug, der ihm offensichtlich wichtiger ist als das Erlernen von bestimmten Fakten aus dem Krieg, mag dazu beigetragen haben, dass die Schüler sich zwei Unterrichtsstunden lang bereitwillig und doch wohl auch konzentriert mit dem Thema beschäftigt haben."

Die Lehrperson schliesslich nennt in ihrer Beurteilung des Unterrichts ebenfalls den Lerngegenstand als Stärke der Doppelstunde. Auf die Aufforderung „Bitte beschreiben Sie zwei Situationen oder Prozesse, mit denen Sie speziell zufrieden waren" antwortet der Lehrer unter anderem:
– „Vergleich der Schweiz heute mit der Schweiz im Zweiten Weltkrieg."

Dieser Vergleich ermöglicht, Veränderungen in der Zeit und Entwicklungszusammenhänge sichtbar werden zu lassen.

5.1.3 Prozessstruktur: „Die Gruppenarbeit war sehr gut"

Sowohl der Lehrer wie die Schülerinnen, Schüler heben neben dem Lerngegenstand ebenfalls die Prozessstruktur in dieser Doppelstunde als „gut" hervor, insbesondere die *Gruppenarbeit*. Auf die oben erwähnte Aufforderung schreibt der Lehrer auch: „Gruppendiskussion".

Und die Lernenden antworten auf die Frage „Was hat dir an der vergangenen Lektion besonders gut gefallen?" wie folgt:
– „Besonders gut hat mir gefallen, dass wir einmal eine Gruppenarbeit machten."
– „Dass wir in Gruppen arbeiten durften."
– „Die Gruppenarbeit war sehr gut."
– „Wir konnten in Gruppen arbeiten und mussten nicht ständig Einzelarbeit machen."
– „Das Arbeiten mit den Mitschülern. Wir konnten miteinander diskutieren und unsere Ansichten miteinander vergleichen."

Viele der Aussagen machen deutlich, dass es der Lehrperson mit der Gruppenarbeit gelingt, eine anregende, aktivierende und angepasste Lerngelegenheit zu schaffen. – Die Prozessstruktur wird auch vom Experten gewürdigt: „Es gelingt ihm (gemeint ist der Lehrer, Anmerkung des Verfassers), die Schüler ruhig und sachlich zum Arbeiten zu bringen. Er ist verbindlich, gibt Hilfestellungen, sitzt dann aber auch gelegentlich länger an seinem Tisch." Besonders positiv fällt weiter auf, dass der Lehrer einen wertschätzenden und respektvollen Umgangston pflegt, auch mit einzelnen Lernenden kommuniziert und auf sie Rücksicht nimmt:

00:23:46-00:24:09	T: Du warst krank, Stefan?
	SN: *Ja.*
	T: Und jetzt? Bist du wieder in Form?
	S: *Schnupfen, aber sonst ist es gut.*
	T: Gut. Also, du darfst nun einfach mal zuhören. Aber setzt euch doch im Kreis, dann könnt ihr sonst gar nicht richtig miteinander reden.

Der Lehrer lobt an mehreren Stellen die Lernenden und bietet ihnen Freiräume für ihre Selbststeuerung:

00:29:28-00:29:58	T: *Wie weit seid ihr?*
	SN: *Fertig.*
	T: *Mit der Repetition. Hm, das ist sehr gut. Das ist sehr gut. Dann -eh- für den zweiten Teil, wollt ihr in dieser grossen Gruppe arbeiten? Oder wollt ihr – ich würde euch empfehlen teilt euch auf in zwei Gruppen.*
	SN: *Ist eigentlich auch eine Möglichkeit.*

Die Lehrperson stellt in dieser Doppelstunde „Die Schweiz im Zweiten Weltkrieg" verständliche und anregende *Aufgaben*, die intensive Schüleraktivitäten auslösen. Besonders gut gelingt ihm dies mit der Einleitung der Gruppenarbeit:

00:18:54-00:19:19	T: Also. Wie verwerten wir das nun? ... Ich möchte zwei Sachen jetzt machen. Das eine ist, dass ihr eine schnelle Repetition macht von dem Überblick, den ich euch -eh- das letzte Mal vorgetragen habe, dass ihr das wieder im Kopf habt. Und zwar stelle ich mir das so vor, dass ihr je Vierergruppen bildet.
00:19:19-00:19:46	T: Ihr verteilt die vier Aspekte auf je eine Person in der Gruppe und diese Person erklärt der ganzen Gruppe, was es gewesen ist. Wir haben ja die vier Themen gehabt: Verteidigung, Industrieproduktion, Finanzen und Flüchtlinge. Also je eine Person in der Gruppe erklärt der Andern- den Anderen in der Gruppe dieses eine Thema.
00:19:46-00:20:18	T: Wenn ihr das gemacht habt, dann -eh- versucht ihr nun eine Auswertung all dieser Interviews, die wir gehört haben, im Sinne eines Vergleiches und zwar, dass ihr das Leben zur Zeit des Zweiten Weltkrieges und das heutige Leben einander gegenüberstellt. (...)

Die Schweiz im Zweiten Weltkrieg

Seine Erklärung des Auftrags unterstützt der Lehrer mit einer Hellraumprojektor-Folie, die anschliessend während der ganzen Zeit der Auseinandersetzung mit der Lernaufgabe auf der Leinwand sichtbar bleibt. Darauf steht Folgendes:

„Repetition
Vierer-Gruppen: je einen Aspekt erklären
Vergleich
Das Leben zur Zeit des 2. WKs und das heutige Leben
a) War es grundsätzlich oder nur in Details anders?
b) Beschreibe die Andersartigkeit!
c) Gehe vom heutigen Europa und von den heutigen CH-Problemen aus: Haben wir aus der Geschichte gelernt? Was? Bzw. was nicht?"

Reportage Schweiz

Die Schweiz wurde vom Zeiten Weltkrieg verschont - ein ausserordentlich glücklicher Umstand. Was waren die Gründe?

Leitfragen an den Film:
Was für Vorwürfe werden der Schweiz für ihr Verhalten im Zweiten Weltkrieg gemacht?
Was für Mythen und Wahrheiten gibt es?

Begriffe und Erklärungen vor dem Film:
1. 1998 Aussenpolitische Krise > Zahlungen der Banken
2. Jüdischer Weltkongress > Ziel: Gutmachung für Holocaust-Opfer
3. Bankgeheimnis
4. Nachrichtenlose Vermögen
5. Raubgold
6. Réduit
7. General Guisan
8. „Fronten"
9. Antisemitismus
10. J-Stempel
11. Heinrich Rotmund
12. Paul Grüninger
13. Firma Bührle
14. Schweizer Firmen in Deutschland: Alusuisse, Maggi, Villiger

Fragen zum Film:

Haltung
1. Aussenpolitik der Schweiz vor dem Zweiten Weltkrieg?
2. Stimmung in der Schweiz im Sommer 1940? Politik des Bundesrates?
3. Schweizer Ärztemission im Herbst 1941?
4. Antisemitismus in der Schweiz?

Abbildung 5.1: Arbeitsblatt der Lehrperson zur Vorbereitung der Betrachtung des Dokumentarfilms in der Lektion „Die Schweiz im Zweiten Weltkrieg"

Auch bei der Vorbereitung des Dokumentarfilms wird die Fähigkeit des Lehrers sichtbar, anregende und aktivierende Lernprozesse vorzubereiten, durchzuführen und auszuwerten. Mit dem abgebildeten Arbeitsblatt (Abb. 5.1) gibt er einerseits die Zielrichtung vor (Leitfragen an den Film), er klärt andererseits das für das Verständnis des Dokumentarfilms notwendige Grund- und Begriffswissen (Begriffe und Erklärungen vor dem Film), und er richtet schliesslich die Aufmerksamkeit der Lernenden mit ausgewählten „Fragen zum Film".

Wie die folgenden Beschreibungen und Beurteilungen der fachspezifischen Nutzung des Lerngegenstands und der Prozessstruktur durch die Lernenden zeigt, sind die Aufgabenstellungen verständlich, sorgen für Ziel-, Prozess- und Inhaltsklarheit und aktivieren die Schülerinnen und Schüler.

5.1.4 Nutzung: „Der Lehrer hat uns zum selber Nachdenken angeregt"

Die Analyse der Nutzung des Lerngegenstands und der Prozessstrukturen der Schülerinnen und Schüler entlang des in Kapitel 2 vorgestellten Kompetenzmodells macht deutlich, dass die Lernenden in der Doppelstunde „Die Schweiz im Zweiten Weltkrieg" verschiedene fachspezifische Kompetenzen angewendet haben.

Vor der Lektion benötigten die Schülerinnen und Schüler ihre *Wahrnehmungskompetenz für Veränderungen in der Zeit* um eine Zeitzeugin zu finden, die ihnen Auskunft zur Schweiz im Zweiten Weltkrieg geben konnte. Eigene Erkundungen gelingen nur, wenn die *Wahrnehmungskompetenz für Veränderungen in der Zeit* geschult und ausgeprägt ist. Dass solche selbständige Erkundungen anspruchsvoll sind, wird gleich zu Beginn der Stunde deutlich: Zwei Schülerinnen und Schüler wollten zuerst ihre Grosseltern interviewen, was aber nicht gelang. Deshalb haben sie dann im Altersheim Döttingen jemanden gesucht, der ihnen zum Thema berichten konnte (3:35–4:03).

Ihre *Wahrnehmungskompetenz für Veränderungen in der Zeit* benötigen die Lernenden bei dieser der Lektion vorangehenden Aufgabenstellung auch dafür, um sinn- und zielführende Fragen für ihre Interviewpartnerinnen, -partner zu finden.

Gegen Ende der Doppelstunde müssen die Lernenden die Betrachtung des Dokumentarfilms vorbereiten. Dies verlangt von ihnen, dass sie Fragen an die Vergangenheit formulieren müssen. Im folgenden Transkriptions-Ausschnitt fällt auf, dass die Lehrperson darauf insistiert, dass die Lernenden Fragen an die damalige Zeit suchen, die ihnen selber persönlich wichtig sind:

00:23:27–00:23:59	T: Deshalb notiert ihr euch Fragen, die euch wichtig erscheinen in diesem Zusammenhang. Ich denke, es sollten etwa fünf sein, aber vielleicht sind es etwas weniger, vielleicht etwas mehr. Spielt keine Rolle. In dieser Grössenordnung. Was sind für euch persönlich wichtige Fragen an die damalige Zeit? Und dann würdet ihr dann, wenn wir den Film betrachten, Antworten zu diesen Fragen, die im Film vorkommen, notieren.
00:23:59–00:24:30	T: Damit das praktisch ist, schreibt doch jede Frage auf eine Seite im Notizheft. ... Ja, doch. Auf eine Seite würde ich doch -eh- für die Antworten frei lassen. Und dann könnt ihr, wenn ihr den Film betrachtet, könnt ihr dann einfach sofort dort irgend die Notiz hinmachen, wo ihr etwas zu dieser Fragenstellung erfährt.

Die Lernenden setzen die Anweisung um und belegen damit, dass sie über *Wahrnehmungskompetenz für Veränderungen in der Zeit* verfügen.

Die Schülerinnen und Schüler zeigen in der Lektion auch, dass sie über *Erschliessungskompetenz für historische Quellen und Darstellungen* verfügen. Sie identifizieren zum Beispiel in den Notizen zu ihren Gesprächen mit Zeitzeugen verschiedene Phänomene und Sachverhalte und erkennen eine zeitliche Ordnung, wenngleich gelegentlich erst auf Nachfrage des Lehrers hin:

00:12:03–00:12:27	S: Eh- die ( ) sie hat mir erzählt, dass sie einmal hätten flüchten sollen, weil es ein falscher Alarm gab, dass die Deutschen kommen würden. Und -eh-
	T: Hat sie das datiert, wann das war?
	S: Nein, das, also sie hat mir nicht viele ( ) Jahres-eh- ehrlich gesagt. Hm. Ah, doch, neunzehnhundertvierzig.
	T: Ja. Aha. Siehst du.
	S: Mhm [ja].

An einzelnen Stellen wird auch sichtbar, dass die Lernenden selber nicht alles glauben, was ihnen erzählt wurde. Sie führen implizit eine Verlässlichkeitsprüfung durch und relativieren durch ihre Wortwahl die ihnen mitgeteilte Sachanalyse:

00:10:54–00:11:16	S: Lustig finde ich noch, dass die Frauen wirklich überzeugt waren, dass die Schweiz so stark gerüstet sei und wenn Hitler kommen würde, dann würden sie ihm eins auf den Deckel geben und ihn hinausjagen.
	T: Ja.

Die Einleitung „Lustig finde ich noch" deutet darauf hin, dass die Schülerin nicht daran glaubt, dass die Schweizer Armee die Truppen Hitlers hätte „hinausjagen" können.

In der Doppelstunde findet sich eine Reihe von Situationen, in denen die Lernenden ihre *Interpretationskompetenz für Geschichte* einsetzen. Dies wird in den unten angefügten beiden Beispielen dadurch deutlich, dass die Schülerinnen, Schüler eine Verknüpfung mit „weil" vornehmen und auf diese Weise Ursache und Wirkung von historischen Phänomenen erklären:

00:06:19–00:06:40	S: Und noch etwas zu den Schulen. Sie wurden in Gemeindeschulen unterrichtet von -eh- von den älteren Lehrer, weil die jungen -eh- mussten auch ins Militär und so -eh, eh- so wuchsen die Klassengrössen bis zu sechzig Schüler pro Klasse.
...	
00:07:46–00:08:15	S: Und -eh- bei Dunkelheit eben -eh- musste die Schweiz ganz abgedunkelt sein, kein Licht dürf-also durfte zu sehen sein, weil -eh- -eh- wegen den Zielen, dass die amerikanischen Flugzeuge keine Ziele hatten in der Schweiz. Und ebenso -eh- wenn sie mit dem Velo fuhren, mussten sie irgendein Lumpen oder so über das Licht machen und ... ja.

Die Schülerinnen und Schüler können in der Doppelstunde „Die Schweiz im Zweiten Weltkrieg" auch ihre *Orientierungskompetenz für Zeiterfahrung* nutzen und ausbilden. Diese ist insbesondere möglich und nötig bei der Teilaufgabe der Gruppenarbeit, bei der die Lernenden das Leben in der Schweiz zur Zeit des Zweiten Weltkriegs mit demjenigen von heute vergleichen müssen:

00:06:01–00:06:23	T: Also. War das Leben grundsätzlich anders damals oder war es nur in Details anders? Das ist natürlich ein bisschen eine Anschauungssache. Aber wir gucken Mal, wie ihr das beantwortet habt. Wer denkt, das war grundsätzlich ein anderes Leben, das da unsere Grosseltern führten. Eigentlich die Meisten. Ja. (...)
00:06:44–00:07:15	T: Kira?
	SN: Man ist heute verschwenderischer und kann sich, also kann sich mehr leisten und dadurch auch nicht mehr so sparsam. Und auch mit dem Essen. Was man will, das kann man sich meist kaufen. Und es hat -eh- keine Beschränkung. Also, man sagt nicht, ja du darfst nur 5 kg Mehl.// Sondern man kann auch mehr haben, wenn man will.

Zur Zufriedenheit des Lehrers mit der Doppelstunde trägt auch bei, dass die Lernenden ihre Sach- und Werturteile darstellen können. Auf die Aufforderung „Bitte beschreiben Sie zwei Situationen oder Prozesse, mit denen Sie speziell zufrieden waren" antwortet der Lehrer: „Darstellung eines Interviews am Anfang".

Auch der Experte beurteilt die Darstellungen der Schülerinnen und Schüler als gut: „Der Lehrer lässt die beiden Schüler die Ergebnisse offensichtlich aus einer früheren Stunde oder eines früher gestellten Arbeitsauftrages präsentieren; nur gelegentlich stellt er kurze Zwischenfragen. Die andern Schüler hören aufmerksam zu. Hierin scheint die Klasse Erfahrung zu haben, denn diese Präsentationen werden routiniert vorgetragen (ohne das bei ungeübten Schülern übliche verlegene Kichern o.ä.)."

Die *Orientierungskompetenz für Zeiterfahrung* nutzen die Schülerinnen, Schüler zum Beispiel bei der letzten Teilaufgabe der Gruppenarbeit, wo sie reflektieren sollen, ob „wir aus der Geschichte gelernt" haben. Der Lehrer stellt diese Frage noch zusätzlich bei seinem Rundgang zu allen Gruppen:

00:37:16–00:37:37	T: *Das ist ja letztlich auch die Frage: Wieso machen wir Geschichtsunterricht, oder?*
	SN: *Ja.*
	T: *Ja, das ist letztlich die Frage, oder. Wenn wir nicht fähig sind, aus dem was passiert ist etwas zu lernen, was soll es dann noch?*
	SN: *Irgendwie weisst du, haben sie schon daraus gelernt, sie verfolgen jetzt schon keine Menschen mehr, aber mit Rassismus ist es wieder dasselbe.*

Während der Doppelstunde nutzen die Schülerinnen, Schüler nicht nur ihre Kompetenzen und festigen sie dadurch, sie eignen sich auch *Wissen* über Vergangenes an und geben es wieder. Die Aneignung des Wissens geschieht zum Beispiel mittels Verständnismonitoring bei der Vorbereitung des Dokumentarfilms. Die Lehrperson präsentiert eine Reihe von Begriffen und Ereignissen aus dem Film und lädt die Schülerinnen und Schüler ein nachzufragen, wenn sie etwas nicht verstehen, was zu einer Reihe von Fragen führt, zum Beispiel zu folgender Frage zu Paul Grüninger:

00:21:49–00:22:19	T: Ja, Valentin?
	SN: *Der Paul Grüninger.*
	T: Paul Grüninger. Das war der Chef der St. Galler Polizei. Er hat entgegen den -eh- Weisungen aus Bern hat er sehr viele Flüchtlinge, vor allem jüdische Flüchtlinge, in die Schweiz hereingelassen.

00:22:19-00:22:59	T: Und -eh- hat auf die Art und Weise sehr vielen Leuten das Leben gerettet. Aber entgegen den Anweisungen die er erhielt aus Bern. Das wurde dann entdeckt und er wurde dann vor Gericht gestellt und verurteilt. Heute ist – er lebt nicht mehr, aber heute wurde dieses Gerichtsurteil aufgehoben und er gilt nun als – im Gegenteil nicht als ein Verbrecher, sondern als ein hervorragender Schweizer Bürger.

Die Lernenden müssen schliesslich das in der vorherigen Stunde erarbeitete Wissen wiedergeben. Dort hat die Lehrperson selber vier wesentliche Aspekte der Geschichte der Schweiz während des Zweiten Weltkriegs dargeboten, und in der beobachteten Doppelstunde müssen die Schüler nun in Viererguppen je einen Aspekt den andern Kolleginnen, Kollegen in der Gruppe erzählen. Auf diese Weise will die Lehrperson das vermittelte Wissen repetieren. Wie die Transkripte von Gruppengesprächen zeigen, gelingt dies gut:

00:27:48-00:28:18	SN: *Ja, und ja also, Deutschland hat -eh- der Schweiz *also* Geld -eh- Gold verkauft und dafür hat -eh- haben die Schweizer den Deutschen -eh- die Schweizer Währung gegeben, weil -eh- also Deutschland hat ja auch Rohstoffe in anderen Ländern kaufen müssen und die anderen Länder haben keine Deutsche Währung gewollt und so haben sie bei diesem Goldhandel, haben die Deutschen Schweizer Währung gehabt und die haben die anderen Länder auch annehmen können.*
00:28:18-00:28:44	S: *Und das Gold ist zum Teil gestohlen gewesen und das haben auch die Schweizer Banken gewusst und deshalb haben die Alliierten ihnen noch- also den Schweizer Banken nachher auch einen Vorwurf gemacht. Und eh, viele Leute haben in der Schweiz Geld anlegen wollen, weil -eh- die Schweiz das Bankengeheimnis hat.*

Die Güte der Lektion „Die Schweiz im Zweiten Weltkrieg" wird vor allem im Beobachtungs- und Beurteilungsfokus „Nutzung: Fachspezifisches Lernen der Schülerinnen und Schüler" sichtbar. Die Lernenden haben Gelegenheit, alle fachspezifischen Kompetenzen gemäss Modell aus Kapitel 2 zu nutzen, zu schulen und weiter auszudifferenzieren.

Auch verschiedene Schülerinnen und Schüler erleben und beurteilen ihre fachspezifische Nutzung des Lerngegenstands und der Prozessstruktur als positiv. Auf die Frage „Was hat dir an der vergangenen Lektion besonders gut gefallen?" antworten sie zum Beispiel wie folgt:
– „Dass wir uns eine eigene Meinung bilden sollten."

- „Die Gruppenarbeit war sehr gut, wir konnten uns eigene Meinungen bilden und über heikle Punkte diskutieren."
- „Der Vergleich der Informationen aus den Interviews."
- „Wir konnten miteinander diskutieren und unsere Ansichten miteinander vergleichen."
- „Dass wir etwas Neues gelernt haben."
- „Dass wir uns selber Gedanken machen mussten."
- „Der Lehrer hat uns zum selber Nachdenken angeregt."
- „Wir konnten über die Probleme von früher und heute diskutieren."

5.1.5 Güteprofil der Lektion „Die Schweiz im Zweiten Weltkrieg"

Eine zusammenfassende Beurteilung der Lektion entlang der in Kapitel 2 hergeleiteten Gütekriterien ergibt unter Berücksichtigung der oben dargestellten Beobachtungen und Beurteilungen das Güteprofil[9] in Tab. 5.1.

5.2 „Mir haben die einfachen Aufgaben gefallen": Auseinandersetzung mit sechs Freiheitsrechten

„Auseinandersetzung mit sechs Freiheitsrechten" ist eine Geschichtsstunde, die auf dem Lehrmittel „Durch Geschichte zur Gegenwart, Band 1" basiert. Gemäss Lehrerkommentar wird dem Schüler vermittelt, „dass der Liberalismus die politischen Ideen der Aufklärung weiterverfolgte. Er soll erkennen, dass die Freiheitsrechte heute bei uns als Grundlage des politischen Lebens anerkannt sind. Er soll erkennen, dass Freiheitsrechte nicht unbegrenzt sind" (Meyer/Schneebeli 1991a, S. 127).

Der Experte, der die Lektion begutachtet hat, schreibt in seiner Bilanz: „Insgesamt ist diese Geschichtslektion von modellhaftem Zuschnitt. Sie kann im Hinblick auf die Anforderungen eines zeit-, sach- und schülergemässen Unterrichts weit gehend als exemplarisch im Sinne von massgeblich bezeichnet werden".

5.2.1 Kurzbeschreibung

Die Lektion „Auseinandersetzung mit sechs Freiheitsrechten" dauerte 51 Minuten und fand an einer Realschule im Kanton Aargau statt.

---

9   Das Güteprofil stammt vom Autor. Eine erste Fassung wurde nach der Videografierung der Lektionen auf Grundlage des ausgefüllten Ratingbogens erstellt. Der Entwurf wurde unter Beizug der eingangs erwähnten fünf Datenquellen überarbeitet. Vgl. dazu die Kapiteleinleitung sowie Abschnitt 4.3.1.

Tabelle 5.1: Güteprofil der Lektion „Die Schweiz im Zweiten Weltkrieg"

„Die Schweiz im Zweiten Weltkrieg"		++[10]	+	o	-
Lerngegenstand: Inhalte, Themen und Medien	1. Bedeutsames Thema	X			
	2. Thematisierung von menschlichem Handeln in gesellschaftlicher Praxis		X		
	3. Thematisierung von Veränderungen in der Zeit und Entwicklungszusammenhängen		X		
	4. Sachrichtigkeit, Multiperspektivität und Kontroversität			X	
	5. Bezogenheit des Themas auf die Situation der Lernenden	X			
	6. Exemplarische und zielgruppenangepasste Repräsentationen von Geschichte				X
Prozessstruktur: Unterrichtsgestaltung durch die Lehrperson	7. Sicherung einer effizienten Klassenführung und Zeitnutzung			X	
	8. Förderung eines unterstützenden Klassenklimas	X			
	9. Gewährleistung von anregenden, aktivierenden und angepassten Lerngelegenheiten		X		
	10. Schaffung von angemessener Klarheit und Strukturiertheit.			X	
Nutzung: Fachspezifisches Lernen der Schüler/innen	11. Wahrnehmung von historischen Zeugnissen und von Veränderungen in der Zeit	X			
	12. Erschliessung, Überprüfung und Darstellungen von historischen Sachanalysen		X		
	13. Interpretation (Analyse und Deutung) von Geschichte		X		
	14. Orientierung: Sinnbildung über Zeiterfahrung und Werturteilsprüfung an Zeiterfahrung	X			
	15. Aneignung und Wiedergabe von Wissen über Vergangenes und Verständnis von Geschichte	X			

---

10 „++" bedeutet „sehr gut", „+" = „gut", „o" = „genügend" und „-" bedeutet „ungenügend". Vgl. dazu Abschnitt 3.4.4.

Zu Beginn der Lektion fasst die Lehrperson die im Geschichtsunterricht der letzten Wochen behandelten Themen (Aufklärung, Französische Revolution, Menschenrechte) unter Beizug einer von ihr selber vor der Lektion entwickelten Zusammenfassung an der Wandtafel zusammen und gibt einen kurzen Überblick über die Lektion: Die Klasse soll sich mit den sechs wichtigsten Freiheitsrechten auseinandersetzen.

Als erstes verteilt die Lehrperson sechs Bilder und sechs Begriffe (Recht auf Leben und persönliche Freiheit, Gleichheit vor dem Gesetz, Eigentum, Glaubens- und Gewissensfreiheit, Pressefreiheit, Vereins- und Versammlungsfreiheit) und erteilt den Arbeitsauftrag: Die Schülerinnen und Schüler sollen zu zweit die Begriffe den entsprechenden Abbildungen zuordnen. Sie sollen danach wiederum zu zweit den bereits auf Blättern ausgelegten Bildern und Begriffen zu den Freiheitsrechten weitere Blätter mit den Bedeutungen von Freiheitsrechten und den Einschränkungen bei Freiheitsrechten zuordnen. Bilder, Begriffe, Bedeutungen und Einschränkungen hat die Lehrperson vor der Lektion aus einem Geschichtslehrmittel auf Blätter kopiert.

Die Schülerinnen und Schüler erledigen die Aufträge, diskutieren miteinander ihre Lösungen und geben der Lehrperson auf Nachfrage hin während der Arbeitsphase Antwort. Mit Hilfe der Original-Darstellung im Geschichtslehrmittel kontrollieren sie anschliessend ihre Zuordnungen selber.

Danach sollen die Schülerinnen und Schüler zu zweit mit Hilfe eines Arbeitsblattes und den bereits besprochenen Freiheitsrechten im Buch sechs spezifische Beispiele von Gesetzesverletzungen lesen, den entsprechenden Freiheitsgesetzen zuordnen und eine Begründung dazu schriftlich formulieren.

Für die abschliessende Lösungsbesprechung versammelt sich die Klasse vor der Wandtafel, und die Schülerinnen und Schüler stellen ihre Lösungen und Begründungen vor. Die Lehrperson hält die richtigen Lösungen an der Wandtafel fest.

Dieser Geschichtsunterricht ist während 3 Minuten darbietend und während 48 Minuten aufgabenbasiert. – Während 36 Minuten beschäftigen sich die Lernenden mit Unterrichtstexten, während 44 Minuten liegt den Lernenden parallel bzw. ergänzend schriftliches Lernmaterial vor. Während 14 Minuten begegnen die Lernenden visuellem Lernmaterial und während weiteren 34 Minuten kombiniertem Lernmaterial.

5.2.2 Lerngegenstand: Brücke vom 19. Jahrhundert zu heute

Die Lektion „Auseinandersetzung mit sechs Freiheitsrechten" schlägt die Brücke vom 19. Jahrhundert zu heute. In der Kurzzusammenfassung im Geschichtslehrmittel „Durch Geschichte zur Gegenwart", auf dem die Lektion aufbaut, steht dazu: „Im 19. Jahrhundert setzten sich die Liberalen für die Freiheitsrechte ein.

Heute garantiert die Staatsordnung in vielen Staaten den Bürgern zahlreiche Freiheitsrechte" (Meyer/Schneebeli 1993, S. 204).
Die Lehrperson verdeutlicht in ihrem informierenden Unterrichtseinstieg diese Entwicklungslinien:

00:03:20–00:04:12	T: An diese Zeit gliedert sich die Zeit der französischen Revolution im achtzehnten Jahrhundert. Wir haben gehört, die Menschen damals haben dieses Gedankengut der Aufklärung mitgenommen, begannen an den politischen Umständen zu zweifeln, sie zu hinterfragen, das führte dann zu einem gewaltsamen Umsturz, Ludwig der Sechzehnte wurde ja auch hingerichtet, und zur Befreiung des Volkes. Das Volk konnte von nun an mehr politisch mitreden, die –eh– ... gesellschaftlichen Pflichten waren auf alle gleichmässiger verteilt. Ganz wichtig war auch, man hat Menschenrechte formuliert, Freiheitsrechte formuliert und die in einer Verfassung festgehalten.
00:04:12–00:04:37	T: Und jetzt ging es aber darum, diese Freiheitsrechte auch umzusetzen und im neunzehnten Jahrhundert übernahmen das die Liberalen. Ihre Aufgabe war – oder sie setzten sich dafür ein, dass diese neuen Freiheitsrechte auch wirklich auch gelebt wurden. Und hier sind wir nun im Moment und was wir in den nächsten fünfunddreissig Minuten erarbeiten wollen, sind sechs solcher Freiheitsrechte.

Natürlich könnte das Bild noch differenzierter sein, aber mit den Etappen „Aufklärung", „Französische Revolution", „Liberale" wird der grosse Zusammenhang hergestellt und das Thema sachrichtig positioniert.

Durch die enge Anbindung der Lektion an ein genehmigtes *Lehrmittel* verschafft sich die Lehrperson die Sicherheit, lehrplankonform zu unterrichten. Das Thema hat mit der heutigen Welt zu tun, wie sich an mehreren Stellen im Unterrichtsverlauf zeigt, zum Beispiel bei der Diskussion um die Einschränkungen der Freiheitsrechte:

00:15:54–00:16:14	T: Ja, und jetzt gibt's aber Einschränkungen, das stimmt nicht immer, hm? Auf hundert und zurück, es gibt bestimmte Einschränkungen.
	T: Imran, kannst du uns die Einschränkungen vorlesen?
00:16:14–00:16:43	SN: Wer gegen ein Gesetz verstösst, kann verhaftet und durch ein Gericht zu einer Gefängnisstrafe, eventuell auch zum Tod, verurteilt werden.
	T: Ja. Also, wann verspielt man sein Recht auf persönliche Freiheit? Also, das ist jetzt eine Einschrän- schränkung, man hat nicht immer in allen Fällen die hundertprozentige, persönliche Freiheit, Nathalie?

	SN: Wenn man gegen ein Ges- setz verstösst.
	T: Genau, mhm [ja].

Auch der fachdidaktische Experte beurteilt den *Gegenwartsbezug* der Lektion „Auseinandersetzung mit sechs Freiheitsrechten" als „gut". Ihm scheint „bemerkenswert, wie der Gegenwartsbezug nicht etwa ‚gesucht' wird und demzufolge aufgesetzt erscheint, sondern sich organisch aus Herleitung und historischem Thema ergibt. Über aufklärerische Postulate und liberale Freiheitsrechte führt der Lernprozess zum differenzierten Abwägen von Fallbeispielen aus der Gegenwart, schliesslich zur Diskussion über die Legitimität von Rechtsansprüchen, namentlich im Spannungsfeld zwischen Individuum und staatlichem Kollektiv".

Der Lehrer selber hat in seinem Rückblick auf die Lektion Inhalt und Thema nicht besonders erwähnt, vielleicht weil er sich stark durch das Lehrmittel leiten lässt und ihm somit diese Aspekte als gegeben erscheinen. Auch von den Schülerinnen und Schülern finden sich im Fragebogen wenige explizite Aussagen dazu. Ein Schüler antwortet auf die Frage „Was hat dir an der vergangenen Lektion besonders gut gefallen?" wie folgt: „Dass sehr vieles praktisch war." Zu vermuten ist, dass er mit der Bezeichnung „praktisch" zum Ausdruck bringen will, dass ihm das Behandelte für die Bewältigung seines Lebens heute hilft. Dies hat wohl mit der Diskussion der Konfliktfälle um die Freiheitsrechte im zweiten Teil der Stunde zu tun. Hier werden Menschen als Handelnde sichtbar, hier wird Herrschaft und Partizipation thematisiert:

00:47:38–00:47:56	T: Bei dieser religiösen Gemeinschaft, wer hat hier Recht? Die religiöse Gemeinschaft oder die Gemeinde, die dieses Gebäude nicht mehr in ihrer Gemeinde haben möchte. Anita?
	SN: Die religiöse Ge-Gemeinschaft.
	T: Ja.
00:47:56–00:48:12	T: Sind alle damit einverstanden oder hat jemand, Matthias?
	SN: Ja, also, ich bin einverstanden, aber ich habe noch eine Frage.
	T: Gut?
	SN: Wenn die relis-religiöse Gemeinschaft eine Sekte ist, wie ist es dann dann? Eine Sekte ist ja eigentlich, ja.
00:48:12–00:48:30	T: Das ist eine gute Gegenfrage. Solange diese Sekte nichts Gesetzeswidriges macht, dann darf sie ihre Glaubensgebäude aufstellen. Es sei denn, sie würde irgendetwas Illegales, also Ungesetzliches machen, ja. Also eine gesetz- eine Sekte an sich ist nicht verboten.

Diese Diskussion zeigt auch, dass – durch das Beziehen des Themas auf die Situation der Lernenden in der Gegenwart – aus der Geschichtslektion, die die Entwicklung und Veränderungen der Freiheitsrechte in der Zeit sowie die Entwicklungszusammenhänge beleuchtete, Politische Bildung geworden ist.

In Bezug auf den Lerngegenstand sind in dieser Lektion die verständlichen *Visualisierungen* der Freiheitsrechte und der Konflikte um Freiheitsrechte besonders gut. Sie entstammen dem Schülerbuch und dem Lehrerkommentar des Geschichtslehrmittels „Durch Geschichte zur Gegenwart" (Meyer/Schneebeli 1993, S. 202; Meyer/Schneebeli 1991a, S. 130) und tragen dazu bei, dass die Aufgabenstellungen verständlich und anregend und die Lerngelegenheiten aktivierend sind.

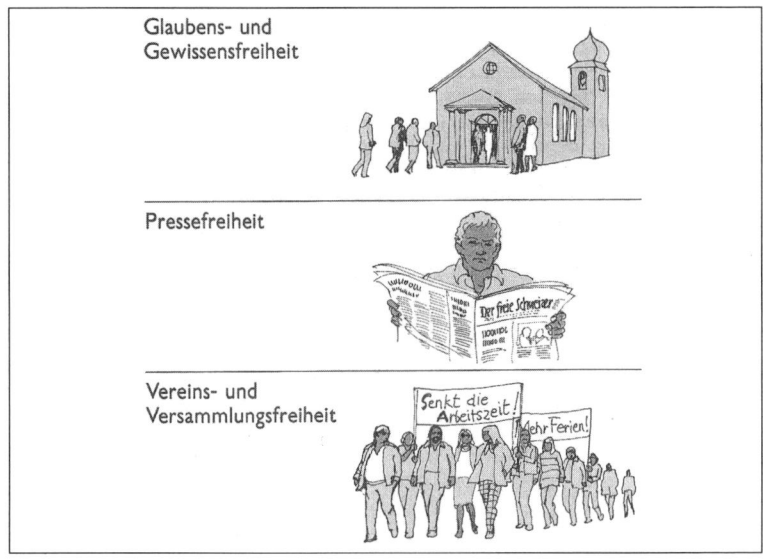

Abbildung 5.2: Darstellung wichtiger Freiheitsrechte aus dem Lehrmittel „Durch Geschichte zur Gegenwart. Band 1" (Meyer/Schneebeli 1993, S. 202)

5.2.3 Prozessstruktur: Gute Unterrichtsgestaltung an den drei Schlüsselgelenkstellen

Die Lektion „Auseinandersetzung mit sechs Freiheitsrechten" zeichnet sich durch eine gute Prozessstruktur aus. Beide *Aufgabenstellungen* sind verständlich und angepasst und vermögen die Schülerinnen und Schüler anzuregen und zu aktivieren: Diese erschliessen sich zuerst sechs Freiheitsrechte und beurteilen anschliessend damit Konfliktsituationen.

Dank schlanker Übergänge und eines störungsfreien Ablaufs wird die Unterrichtszeit effektiv genutzt. Die Abfolge der Lehr- und Lernphasen sowie die Steigerung der Komplexität der Aufgaben erweisen sich als sinnvoll. Besonders deutlich wird die gute Unterrichtsgestaltung an den drei *Schlüsselgelenkstellen* der Lektion. Zwischen 4:41 und 5:43 erklärt die Lehrperson die erste Aufgabenstellung so, dass die Schülerinnen und Schüler sofort arbeitsfähig sind. Auch die Erteilung der zweiten Aufgabenstellung ab 19:04 gelingt dem Lehrer gut: Zuerst erläutert er allgemein das Vorgehen, entwickelt danach mit der Klasse ein Beispiel, erklärt noch einmal, was zu tun ist und fragt nach, ob allen die Aufgabe klar ist:

00:19:04–00:19:32	T: Dann kommen wir zu diesem Blatt. Ich habe für jedes ein solches Blatt ausgeteilt. Ihr könnt die vor euch nehmen. Hier sind sechs Fälle, die mit diesen Freiheitsrechten zu tun haben, aufgeführt. Ihr seht ganz oben den allgemeinen Auftrag formuliert: Schreibe in die Lücken die Rechte hin, auf welche sich diese Leute berufen. Das sind diese sechs Rechte, die wir jetzt kennen gelernt haben im Buch auf Seite zweihundertzwei und zweihundertdrei.
...	
00:19:54–00:20:31	T: Wir machen ein Beispiel mit Nummer eins. Schaut euch den Zeitungsausschnitt an. Die Wahrheit: Alles über das schweizerische Festungssystem, die vollständigen Pläne. Jetzt muss man natürlich überlegen: Festungssysteme, mit was hat das wahrscheinlich zu tun? Ja?
	SN: Mit Militär.
	T: Ja, also die Festungspläne von unserer Armee, die vollständigen Pläne. Also die Zeitung vermittelt hier Wissen, anscheinend was genau da- oder wo genau militärische Standorte sind und wie die aufgebaut sind.
00:20:31–00:21:04	T: Was denkt ihr, ohne jetzt über das Gesetz nachzudenken, was denkt ihr über einen solchen Artikel? ... Astrid?
	SN: Es ist -eh- es geht de- der Menschheit etwas an, aber es sollte auch eine gewisse -eh- Sicherheitsmassnahme haben, also, nicht alles darf an die Öffentlichkeit gelangen.
	T: Gut. Und jetzt Frage: Wer hat Recht, die Bundesanwaltschaft oder die Redaktion? Jetzt müssen wir aber zuerst noch wissen, um welches Freiheitsrecht dass es hier geht? Und das ist jetzt euer erster Auftrag. Ihr schaut nach bei eins bis sechs und jetzt notiert ihr einfach den Begriff, den ihr für den Richtigen hält.

...	
00:22:26-00:22:52	T: Als zweite Aufgabe, ihr müsst jetzt den Text da noch einmal lesen, Bedeutung und Einschränkung, und überlegen, wer hat Recht? Die Bundesanwaltschaft oder die Redaktion? Müsst das versuchen in einem Satz zu begründen. Wir werden nachher dann über die Sätze, die ihr formuliert also -eh- formuliert sie möglichst so, dass sie alle verstehen. Nachher im Plenum, wenn wir alle zusammen darüber reden, versuchen wir sie- die zu diskutieren. Ist der Auftrag allen klar?

Die Aufgabenstellung wird dadurch erleichtert, dass dem Lehrer dank des Lehrmittels „Durch Geschichte zur Gegenwart" ein erprobtes Aufgabenblatt zur Verfügung steht, auf dem einerseits die Aufgabe klar formuliert ist und andererseits das Lernmaterial mittels einfacher Sprache und veranschaulichenden Zeichnungen verständlich dargeboten wird:

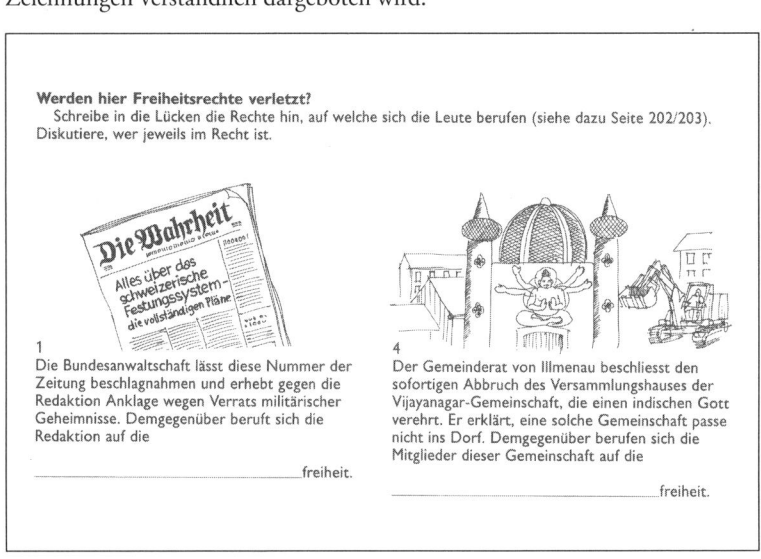

Abbildung 5.3: Ausschnitt aus dem Arbeitsblatt zur 2. Aufgabe der Lektion „Auseinandersetzung mit sechs Freiheitsrechten" (aus Meyer/Schneebeli 1991a, S. 130)

Schliesslich verläuft auch der dritte Übergang, der mit einem Wechsel der Lernenden von ihrem Arbeitsplatz in einen Gesprächskreis vor der Tafel deutlich gemacht wird, schnell und reibungslos (41:32-41:48).

Die Prozessstruktur wird ebenfalls von den Lernenden in der Lektion „Auseinandersetzung mit sechs Freiheitsrechten" als „gut" beurteilt. Auf die Frage „Was hat dir an der vergangenen Lektion besonders gut gefallen?" antworten sie zum Beispiel wie folgt:
– „Mir haben die einfachen Aufgaben gefallen."
– „Die Arbeitsweise hat mir besonders gefallen."
– „Es machten alle mit und waren konzentriert."
– „Alle passten gut auf."
– „Die Gruppenarbeit."
– „Die Partnerarbeit war gut."

Auch die Lehrperson fokussiert in ihrer Beurteilung des Unterrichts auf die Prozessstruktur und damit auf ihre Unterrichtsgestaltung. Auf die Aufforderung „Bitte beschreiben Sie zwei Situationen oder Prozesse, mit denen Sie speziell zufrieden waren", antwortet der Lehrer:
– „Die Partnerarbeit. Alle haben sich Mühe gegeben, und die meisten haben die Arbeiten richtig gelöst."
– „Auswertungsgespräch am Lektionsende. Viele verschiedene Schülerinnen und Schüler haben sich mit richtigen Antworten beteiligt."

Ein Aspekt der Prozessstruktur ist die Gewährleistung eines Helfersystems. Der Lehrer geht bei beiden Aufgabenstellungen von Gruppe zu Gruppe und klärt die aufgetauchten Fragen der Lernenden schnell (z. B. 08:10 oder 08:50). Das etablierte Helfersystem und der wertschätzende Umgangston des Lehrers mit den Lernenden tragen zum wahrnehmbar guten *Klassenklima* bei. Der Lehrer sorgt zum Beispiel unmittelbar nach dem Stellen der Aufgabe dafür, dass funktionierende Lerngruppen entstehen und niemand alleine bleibt:

00:05:45–00:05:50	T: Also diejenigen, die zusammen sitzen, die machen gleich diese erste kleine, gemeinsame Aufgabe.
00:05:50–00:06:00	T: *Zu wem möchtest du gehen? Gehst du ( ). Und zu der (Sultan), wer geht zu der Sultan?*
	SN: *( )*
	T: *Hm? Willst du hinüber gehen? Hm?*
	S: *( )*
	T: *Gut.*

Auch im Urteil des Experten wird die Prozessstruktur in verschiedener Hinsicht als „gut" beurteilt. Zum einen wird der sorgfältige Aufbau hervorgehoben: „Der Arbeitsprozess baut sehr sorgfältig auf, folgt zweckmässigen Stufen, passiert je die erforderlichen Kontrollen, die von den Lernenden selbst vorgenommen werden, unterstützt von der Lehrperson, die sich so weit als möglich zurückhält. Die Aufgaben beziehen das Geschichtsbuch als Werkzeug mit ein und steigen taxonomisch mustergültig von einer elementaren Aufgabe bis zum Beurteilen und entsprechenden Begründen an. Die durchdachte Abfolge der Lernschritte sorgt wie selbstverständlich für einen passenden und angenehmen Rhythmus."

Zum andern kommen im Urteil des Experten sowohl Anfang als auch Abschluss der Lektion besonders gut weg: „Zu Beginn wird eine mustergültige Startrampe für die nachfolgende Lektion gebildet." Der informierende Unterrichtseinstieg leite „ebenso gekonnt wie effizient zum Thema der Lektion, visuell unterstützt an der Wandtafel." Ebenso gekonnt wie der Auftakt sei der Abschluss: „Der Halbkreis, den die Klasse zu diesem Zweck vor der Wandtafel bildet, symbolisiert förmlich das Zusammentragen und abschliessende gemeinsame Beurteilen und Sichern der Arbeitsergebnisse."

5.2.4 Nutzung: „Jeder darf sich zu der Religion bekennen, die ihm am meisten zusagt"

Die Lektion „Auseinandersetzung mit sechs Freiheitsrechten" findet in einer Realklasse statt, also für Jugendliche im *Niveau Grundansprüche*. Der Experte schreibt dazu: „Bedenkt man, dass es sich hier um eine Realklasse handelt, erhöht sich der Respekt vor dem erreichten Lernergebnis noch beträchtlich. Das insgesamt eher kurzschrittige Unterrichtsverfahren, das man sich grundsätzlich auch offener vorstellen könnte, mag – absolut zu Recht – bestimmt gewesen sein vom Ziel eines möglichst effizienten Arbeitsprozesses mit Realschülerinnen und -schülern und ihren Lernvoraussetzungen."

Diese Beurteilung macht deutlich, dass für die Erschliessung neuer Lerngegenstände und die Entwicklung und Überprüfung von historischen Sachanalysen ein eng geführtes und kleinschrittiges Vorgehen hilfreich sein kann. Die Lernenden werden in einem ersten Schritt mit einigen ihnen wohl unbekannten Begriffen konfrontiert, die sie in Verbindung mit einem Bild bringen sollen. Danach müssen sie in einem zweiten Schritt dem Begriff und dem Bild Formulierungen zuordnen, die den Begriff erklären und einschränken. „Glaubens- und Religionsfreiheit" wird beispielsweise wie folgt erklärt: „Jeder darf sich zu der Religion bekennen, die ihm am meisten zusagt. Jede Religionsgemeinschaft darf ihren Gottesdienst abhalten". Als Einschränkung steht: „Die Religionszugehörigkeit befreit einen nicht von den staatsbürgerlichen Pflichten" (Meyer/Schneebeli 1993, S. 203).

In der vorliegenden Lektion werden Schülerinnen und Schüler zu Sach- und Werturteilen geführt. Dies geschieht mittels konkret und verständlich geschilderter Situationen, die mit Zeichnungen zusätzlich visualisiert sind. Diese Hinführung zum Interpretieren und Sich-Orientieren erfordert in der vorliegenden Lektion trotz guten Lerngegenstands von der Lehrperson ein hartnäckiges Nachfragen und Geduld:

00:28:48-00:28:58	T: *Jetzt müsst ihr es aber noch begründen- ah jetzt habt ihr mal alles zugeordnet,//jetzt tut ihr es noch begründen, hm?
	S?://*Ja.*
	S?: *Ja.*
	T://*Also, wer hat recht//und warum?*
	S?://*Ja.*
00:28:58-00:29:16	SN: *( )*
	SN: *Wieso ( )*
	S: *( )*

Bei einigen Urteilen, die Schülerinnen und Schüler während der Lektion formulieren, knüpfen sie an vorher Erschlossenes an:

00:50:46-00:51:10	T: Bei der religiösen Gemeinschaft, wie ist hier die Begründung? ... Eh- Imran?
	SN: Jeder darf sich zu der Religion bekennen, die ihm am meisten zusagt.

Wie die Antwort des Schülers zeigt, hat ihn die Lektion in die Lage versetzt, ein Werturteil kompetent zu formulieren. Wieweit dieses Urteil als Einstellung schon vor der Lektion vorhanden war oder neu übernommen ist, kann durch Beobachtung nicht erschlossen werden.

5.2.5 Güteprofil der Lektion „Auseinandersetzung mit sechs Freiheitsrechten"

Eine zusammenfassende Beurteilung der Lektion entlang der in Kapitel 2 hergeleiteten Gütekriterien ergibt unter Berücksichtigung der oben dargestellten Beobachtungen und Beurteilungen folgendes Güteprofil:

Tabelle 5.2: Güteprofil der Lektion „Auseinandersetzung mit sechs Freiheitsrechten"

„Auseinandersetzung mit sechs Freiheitsrechten"		++	+	o	-
Lerngegenstand: Inhalte, Themen und Medien	1. Bedeutsames Thema	X			
	2. Thematisierung von menschlichem Handeln in gesellschaftlicher Praxis		X		
	3. Thematisierung von Veränderungen in der Zeit und Entwicklungszusammenhängen			X	
	4. Sachrichtigkeit, Multiperspektivität und Kontroversität		X		
	5. Bezogenheit des Themas auf die Situation der Lernenden	X			
	6. Exemplarische und zielgruppenangepasste Repräsentationen von Geschichte		X		
Prozessstruktur: Unterrichtsgestaltung durch die Lehrperson	7. Sicherung einer effizienten Klassenführung und Zeitnutzung	X			
	8. Förderung eines unterstützenden Klassenklimas	X			
	9. Gewährleistung von anregenden, aktivierenden und angepassten Lerngelegenheiten	X			
	10. Schaffung von angemessener Klarheit und Strukturiertheit.	X			
Nutzung: Fachspezifisches Lernen der Schüler/innen	11. Wahrnehmung von historischen Zeugnissen und von Veränderungen in der Zeit				X
	12. Erschliessung, Überprüfung und Darstellungen von historischen Sachanalysen		X		
	13. Interpretation (Analyse und Deutung) von Geschichte			X	
	14. Orientierung: Sinnbildung über Zeiterfahrung und Werturteilsprüfung an Zeiterfahrung		X		
	15. Aneignung und Wiedergabe von Wissen über Vergangenes und Verständnis von Geschichte			X	

5.3 „Ich kann besser aufpassen, wenn es interessant ist": Erster Weltkrieg: Zahlen, Fakten, Waffen

Im Mittelpunkt der Geschichtsdoppelstunde „Erster Weltkrieg: Zahlen, Fakten, Waffen" steht der Besuch eines Experten für Chemiewaffen. Während der zweiten Lektion steht er den Schülerinnen und Schülern, die Fragen vorbereitet haben, Rede und Antwort.

Während aus fachdidaktischer Expertensicht vor allem die Erschliessung der Statistiken und deren Präsentation und Diskussion in der Klasse positiv hervorgehoben werden, ist es aus Sicht der Lernenden in erster Linie der Besuch des Gastes, den sie als „gut", weil interessant, beurteilen. Auf die Frage „Was hat dir an der vergangenen Lektion besonders gut gefallen?" erwähnen 13 von 18 Schülerinnen, Schülern explizit den Besuch des Chemiewaffen-Experten, und 6 von 18 charakterisieren den Besuch oder das Thema Chemiewaffen als interessant.

5.3.1 Kurzbeschreibung

Die Lektion „Erster Weltkrieg: Zahlen, Fakten, Waffen" dauerte 71 Minuten und fand an einer Sekundarschule im Kanton Aargau statt.

Zu Beginn des Geschichtsunterrichts gibt die Lehrperson einen kurzen Überblick über die Lektion. Sodann folgt eine Repetition von Gegenstandswissen in Form eines Spiels. Die Lehrperson hat dazu Fragen vorbereitet und stellt sie der ganzen Klasse. Wenn Schülerinnen, Schüler die Antwort wissen, zeigen sie dies mit Klopfen auf den Tisch an. Ist die Antwort richtig, bekommen die Schülerinnen, Schüler einen Punkt; ist sie falsch, wird hingegen ein Punkt abgezogen.

Nach dem Spiel stellen sich die Schülerinnen und Schüler auf Plakaten gegenseitig ausgewählte Zahlen und Fakten aus dem 1. Weltkrieg vor, die sie vor dieser Lektion in Gruppen erarbeitet haben. Grundlage der Gruppenarbeit waren Diagramme, Grafiken und Schaubilder, die die Lernenden von der Lehrperson bekommen haben. Die Statistiken stammen aus dem Lehrerkommentar zum Lehrmittel „Durch Geschichte zur Gegenwart, 2" (Meyer/Schneebeli 1991b, S. 146-147). Die Lehrperson hat zudem zu jedem schriftlichen Thema eine Frage formuliert, die die Vortragenden beantworten sollen. Anschliessend an die Vorträge stellt die Lehrperson weitere Fragen, die in der Klasse besprochen werden. Zum Schluss der ersten Lektion stellt die Lehrperson selber eine Visualisierung zum Thema „Chemiewaffen" vor und berichtet über die Veränderung des Einsatzes von Chemiewaffen im Laufe der Zeit. Damit bereitet sie den Austausch mit dem Gast in der zweiten Lektion vor.

Nach der Pause kommt als Gast der Chemielehrer des Schulhauses in den Geschichtsunterricht. Er hat zwei Gasmasken mitgebracht: die eine stammt aus der Zeit des Zweiten Weltkriegs, die andere wird heute noch im Zivilschutz eingesetzt. Die Schülerinnen und Schüler dürfen die Masken anprobieren. Ein Schüler zieht die eine Gasmaske gleich zu Beginn dieser Sequenz an und berichtet gegen Ende der Lektion kurz über seine Erfahrung während der Lektion mit aufgesetzter Maske. Bei der zweiten Maske ergeben sich beim Versuch, den Rüssel zu befestigen, technische Probleme, die der Gast mit dem Taschenmesser behebt. Auch diese Maske probiert eine Schülerin aus, geht damit in den Flur und berichtet anschliessend ebenfalls von ihren Erfahrungen.

Die Schülerinnen und Schüler haben verschiedene Fragen zum Thema Chemiewaffen im 1. Weltkrieg auf Papier vor sich. Jeweils eine Schülerin bzw. ein Schüler liest eine Frage vor, die der Gast ausführlich beantwortet. Während der Fragerunde machen sich die Schülerinnen und Schüler eigene Notizen.

In der Doppellektion „Erster Weltkrieg: Zahlen, Fakten, Waffen" kommen sowohl darbietende als auch erarbeitende und aufgabenbasierte Sequenzen vor: Eine erste Darbietung erfolgt durch die Schülerinnen und Schüler. Da sie dabei die Resultate ihrer Gruppenarbeiten vorstellen, wird diese Sequenz von 23 Minuten (von Minute 7 bis Minute 29 in der ersten Lektion) als aufgabenbasierter Geschichtsunterricht kodiert. Eine nächste Darbietung erfolgt durch die Lehrperson, die am Schluss der ersten Lektion in das Thema „Chemiewaffen" einführt. Sie dauert 11 Minuten (von Minute 31 bis 41). Die dritte Darbietung erfolgt durch den Chemiewaffen-Experten in der zweiten Lektion, ist eingebettet in ein Klassengespräch und dauert 12 Minuten. Die Lektion verläuft insgesamt während 23 Minuten darbietend, während 22 Minuten erarbeitend und während 23 Minuten aufgabenbasiert. 3 Minuten können nicht zugeordnet werden. – Während 51 Minuten beschäftigen sich die Lernenden mit Unterrichtstexten, während 13 Minuten liegt den Lernenden parallel bzw. ergänzend schriftliches Lernmaterial vor. Während 34 Minuten begegnen die Lernenden visuellem, während 30 Minuten audiovisuellem Lernmaterial und während weiteren 30 Minuten Objekten.

5.3.2 Lerngegenstand: „Darf ich die Gasmaske jetzt wieder ausziehen?"

„Chemiewaffen" und insbesondere der Krieg mit Giftgas wird im Lehrmittel „Durch Geschichte zur Gegenwart, 2", auf das sich die Lehrerin mit ihrer Klasse bei diesem Thema abstützt, als Beispiel herangezogen, damit die Lernenden „einen Eindruck von den Schrecken des Krieges gewinnen und erkennen, welche ungeheure Zahl an Opfern die modernen Waffen forderten" (Meyer/Schneebeli 1991b, S. 137).

Das Thema „Chemiewaffen" hat viele Schülerinnen, Schüler interessiert. Auf die Frage „Was hat dir an der vergangenen Lektion besonders gut gefallen?" antworten sie zum Beispiel wie folgt:
– „Der Besuch von Herrn Widmer. Er hat uns sehr gut erklärt, wie die Gasmaske funktioniert. Es war sehr interessant."
– „Der Besuch von Herrn Widmer. Er konnte viel erzählen, er wusste viel."
– „Der Stoff war interessant, verständlich und vielfältig."
– „Das Interview mit Herrn Widmer war sehr interessant."
– „Diese Lektion hat mir sehr gut gefallen, weil es sehr interessant war."
– „Dass viele interessante Dinge auf zwei Stunden verteilt wurde. Ich kann besser aufpassen, wenn es interessant ist. Besonders gut gefallen hat mir das Interview mit Herrn Widmer."

Die Schülerinnen und Schüler haben das Interview mit dem Chemiewaffenexperten in der vorangehenden Geschichtsstunde vorbereitet, indem sie Fragen vorformuliert haben. Die Lehrperson hat danach die Fragen abgetippt und bringt sie als kopiertes *Arbeitsblatt* mit in die Lektion. Nach jeder Frage hat es auf dem Arbeitsblatt freien Raum, damit die Schülerinnen und Schüler die Antworten des Experten auf ihre Fragen festhalten können. Damit werden die Aufmerksamkeit und die Lernaktivitäten gelenkt.

Dem Gast ist es bei mehreren Fragen gelungen, das Thema anschaulich darzustellen oder vom Thema aus eine Brücke zur Gegenwart und den Lernenden zu schlagen. Damit schafft er es, dass sein Expertenwissen verständlich wird:

00:05:22–00:05:59	SN: Eh- wie wurden die Chemiewaffen im Ersten Weltkrieg in ihr Zielgebiet getragen?
	O: Erste Versuche machten die Deutschen mit Gasflaschen und das funktionierte gar nicht. Die zweiten Versuche waren dann mit Artilleriegeschossen, wie man das eigentlich auch heute verwendet, dass solche Gasgranaten gebaut und die man in die Kanone laden konnte. Sie wurde von der Kanone abgeschossen und explodierten dann am Zielort mit einer schwachen Sprengladung, die aber stark genug war, das Gift frei zu setzen und weit herum zu streuen. Das war das Erfolgreichste.
00:05:59–00:06:30	O: Der Abwurf ab Flugzeugen war im ersten Weltkrieg nicht üblich. Die Flugzeuge waren eine zu verwundbare Waffe. Übrigens die letzte Gasgranate aus dem ersten Weltkrieg explodierte vor etwa gut fünfzehn, zwanzig Jahren in Reinach, als ein Waffennarr eine solche Gasgranate zu entsichern, beziehungsweise zu entschärfen versuchte. Der Erfolg war leider bahnbrechend. Zum Glück war das Gift zersetzt und nur die Sprengladung ging los.
00:06:30–00:07:00	O: Habt ihr vielleicht mal von den Eltern gehört, dass in Reinach mal ein Haus explodierte.
	T: Wir haben//
	O://Ja?
	SN: Dann war diese Sprengladung ja doch ziemlich stark.
	O: Schon, für ein Haus braucht es auch nicht viel. Aber eh, man kann es sagen, im Verhältnis zu einer sonstigen Sprengladung, die vielleicht zwanzig, dreissig Kilo war, war eine Ladung von einem halben Kilo drin. Das reicht für das Gift. Die Versuche mit der Gasflasche nach vorne zu gehen und den Gashahn aufzudrehen, die Versuche waren sehr erfolglos.

Besonders interessant scheint für die Lernenden auch der Umgang mit den mitgebrachten *Gasmasken*. Bereits das Anziehen zu Beginn der zweiten Lektion sorgt für grosse Aufmerksamkeit und Erheiterung (02:32–03.02), und auch den Schülerinnen und Schülern, die über ihre Erfahrungen mit der Gasmaske berichten, hört die ganze Klasse ruhig zu:

00:04:34–00:04:45	O: Ja?
	SN: *Darf ich die Gasmaske jetzt wieder ausziehen?*
	O: Ja, du kannst sie ausziehen. Streifst sie einfach am Besten so oben – weg. Wie ist das Gefühl so mal ganz kurz?
	SN: *Ah, jetzt habe ich Kopfweh.*
00:04:45–00:05:13	O: Also ihr könnt euch vorstellen, das geht- geht den Leuten, die eine solche Maske tragen mussten und müssen, genau so. Und die tragen diese vielleicht vierundzwanzig Stunden und es ist kalt, es ist heiss oder irgendeine Temperatur, feucht und alles. Also das Gefühl ist kurzweg einfach ... freiwillig, ja nicht! Hast du gesehen? Also du hast jetzt einmal eine Erfahrung gemacht. Jetzt könnte man den Versuch machen, wenn du mal um das Schulhaus herumrennen müsstest. Das wäre absolut brutal.//Ihr seht also, freiwillig hat keiner die Maske getragen.
	L://Also, erzähl-
00:05:13–00:05:39	T: Eh- Cyril, erzähl mal noch, also wie war es? Also du hast Kopfweh und sonst noch?
	SN: Also am – am Anfang ist es ja noch gegangen, dann hat man schon gut -eh- atmen können, aber l- langsam bekommt man hier einen kleinen Druck//... und ja ... die Luft wird auch ein bisschen knapper, finde ich.

Während das Thema der zweiten Lektion bei den Lernenden Gefühle auslöst und sie fasziniert, scheint das mit dem Thema „Rüstungswettlauf vor dem Ersten Weltkrieg" weniger der Fall zu sein. Eine einzige Äusserung einer Schülerin, eines Schülers bezieht sich ausdrücklich auf die erste Lektion. Auf die Frage „Was hat dir an der vergangenen Lektion besonders gut gefallen?" lautet die Antwort: „Mir hat gut gefallen, dass wir einige Sachen selber vorstellen durften." Offenbar kommt das, was aus geschichtsdidaktischer Sicht als „angemessene Thematisierung" gelten kann (z.B. multiperspektivische Thematisierung oder kontroverse Materialien zu ausgewählten Inhalten) bei den Lernenden in der vorliegenden Lektion nicht gleich gut an wie die monoperspektivische Darstellung zu „Chemiewaffen".

Aus geschichtsdidaktischer Sicht wird in erster Linie der Lerngegenstand für die erste Lektion als „gut" beurteilt. Verschiedene Statistiken zeigen *„Veränderungen in der Zeit und Entwicklungszusammenhänge"* exemplarisch auf und führen zu anregenden Diskussionen (vgl. dazu auch 5.3.4). Beispielhaft wird dies bei folgenden drei Vorgaben deutlich, zu denen die Lernenden eine grafische Umsetzung leisten müssen:

Der Rüstungswettlauf vor dem Ersten Weltkrieg (zu Seite 270–275)

Schlachtschiffbau: Anzahl der Schlachtschiffe, mit deren Bau in einem Jahr begonnen wurde.
Der Bau dauerte etwa drei Jahre.

	1889–97 (total)	1898–1904 (total)	1905	1906	1907	1908	1909	1910	1911	1912	1913
Grossbritannien	29	23	4*	3*	3*	2*	8*	5*	5*	5*	5*
Deutsches Reich	7	15	2	2*	3*	4*	4*	4*	4*	2*	3*
Frankreich	14	6	–	6*	–	–	–	2*	2*	3*	4*

* Moderne Grosskampfschiffe, sogenannte «Dreadnoughts». Besser gepanzert, mit mehr und grösseren Kanonen versehen sowie schneller als die früheren Schlachtschiffe, die dadurch an Bedeutung verloren.

Landheere:

	Friedensstärke 1908	Friedensstärke 1914	Kriegsstärke 1914
Russland	1,2 Mio Mann	1,4 Mio Mann	3,3 Mio Mann
Deutsches Reich	680 000 Mann	750 000 Mann	2,14 Mio Mann
Frankreich	500 000 Mann	750 000 Mann	2,15 Mio Mann
Österreich-Ungarn	385 000 Mann	470 000 Mann	1,4 Mio Mann
Grossbritannien	100 000 Mann	100 000 Mann	100 000 Mann

Grossbritannien besass nur eine Freiwilligenarmee. In den übrigen Staaten galt die allgemeine Wehrpflicht. Der Bürger hatte während 1 bis 3 Jahren Militärdienst zu leisten; in dieser Zeit gehörte er zum «Friedensheer». Anschliessend wurde er zur «Reserve» versetzt. In Kriegszeiten wurde die Reserve wieder zum Heer eingezogen, soweit Waffen und Material vorhanden waren.

Rüstungsausgaben (Flotte und Landheer)
in Millionen Mark:

	1905	1910	1913
Deutsches Reich	1064	1377	2111
Frankreich	991	1177	1327
Russland	1069	1435	2050
Grossbritannien*	1263	1367	1491
Österreich-Ungarn	460	660	720

* In den Zahlen für Grossbritannien sind die Aufwendungen für die Indien-Armee nicht enthalten.

Abbildung 5.4: Statistiken zum Rüstungswettlauf vor dem Ersten Weltkrieg aus dem Lehrerkommentar zum Geschichtslehrmittel „Durch Geschichte zur Gegenwart. Band 2" (Meyer/Schneebeli 1991b, S. 146)

5.3.3 Prozessstruktur: „Ready, set, go!"

Im Bereich der Prozessstruktur zeichnet sich die Doppelstunde „Erster Weltkrieg: Zahlen, Fakten, Waffen" vor allem durch effiziente Klassenführung und Zeitnutzung aus.

Die Lehrerin informiert die Schülerinnen, Schüler zu Beginn der Doppelstunde mündlich und mit Wandtafelanschrieb schriftlich über den Ablauf des Unterrichts:

00:00:11–00:00:40	T: Ich hab da nochmals aufgeschrieben, was wir heute machen möchten. Beginne mit einer kurzen Repetition, nachher kommen eure Plakate daran, Zahlen aus dem Ersten Weltkrieg, die ihr dann -eh- vorstellt. Nachher gibt es ein Interview und zum Schluss müsst ihr dann noch den Fragebogen ausfüllen. Eh- den gebe ich euch dann ab, den Fragebogen für diese Filmlektion.

Damit ist der Aufbau klar: Zuerst kommt ein Wissensquiz zur Repetition ausgewählter Aspekte zum Ersten Weltkrieg. Nach dem Quiz stellen sich die Schülerinnen und Schüler zum Thema „ Rüstungswettlauf vor dem Ersten Weltkrieg" gegenseitig Diagramme, Grafiken und Schaubilder vor. In der zweiten Lektion findet die Befragung des Chemiewaffenexperten statt. Durch die Darbietung und Visualisierung der Lehrerin zum Thema „Chemiewaffen" und zur Veränderung des Einsatzes von Chemiewaffen im Laufe der Zeit leitet sie sach- und prozesslogisch über vom Rüstungswettlauf zu den Chemiewaffen.

Die Übergange in der Lektion „Erster Weltkrieg: Zahlen, Fakten, Waffen" sind schlank und tragen dazu bei, die Unterrichtszeit effektiv zu nutzen. Das Repetitionsquiz beispielsweise wird in weniger als einer Minute erklärt und eingeführt. Das gelingt nur, weil diese Form offensichtlich nicht das erste Mal praktiziert wird und zur *Unterrichtskultur* gehört:

00:00:40–00:01:06	T: Repetition ... ihr, *wir machen* das mit diesem Spiel, das wir auch schon gemacht haben. Ich stelle eine Frage, wer die Antwort weiss, kann klopfen. Wer die richtige Antwort gibt, hat einen Punkt plus, wer eine falsche Antwort gibt einen Punkt minus. Wir machen entweder bis jemand drei Punkte hat oder bis alle Fragen durch sind und dann schauen wir, wer am meisten hat.
00:01:06–00:01:30	T: Ready ... set, go. ... Okay, an welchem Datum fand das Attentat von Sarajevo statt?

Auch der Übergang vom Wissensquiz zur Vorstellung der Gruppenarbeit gelingt in weniger als einer Minute.

Erster Weltkrieg: Zahlen, Fakten, Waffen

00:06:55–00:07:36	T: Okay, sehr gut. ... Also, Zahlen aus dem Ersten Weltkrieg. Ich habe euch ja einfach eine Statistik abgegeben, habe euch gebeten, die in einer klareren, in einer besseren Form auf ein Plakat aufzuzeichnen, und jetzt würden die Gruppen nach vorne kommen und würden kurz erklären, worum es geht. Ich gebe der Klasse ein Arbeitsblatt dazu ab. Zu jeder- zu jedem Plakat gibt es eine Frage, die ihr beantwortet da drauf, und ... könnt ihr auch nachfragen die Gruppen, wenn es nicht klar ist.

Auch hier wird ein Prozesselement sichtbar, das zur Unterrichtskultur der Klasse zu gehören scheint. Die Schülerinnen und Schüler, die einer Darbietung zuhören, müssen Wichtiges auf einem *Arbeitsblatt*, das die Lehrerin vorbereitet hat, festhalten. Dadurch wird ihre Aufmerksamkeit geschärft, und die Lernenden werden ermuntert, gezielt nachzufragen, wenn sie etwas nicht verstanden haben. Zum Schlachtschiffbau müssen die Lernenden beispielsweise die Gesamtzahl der zwischen 1889 und 1913 gebauten Schiffe festhalten (vgl. dazu auch Abbildung 5.4):

**Rüstungswettlauf
Schlachtenschiffbau**

Wie viele Schlachtschiffe hatten folgende Länder im Gesamten (1889-1913) gebaut?

Grossbritannien: Schiffe
Deutsches Reich: Schiffe
Frankreich: Schiffe

Abbildung 5.5: Ausschnitt aus dem Arbeitsblatt 1 der Lehrerin zur Lektion „Erster Weltkrieg: Zahlen, Fakten, Waffen"

Auch während des Interviews mit dem Experten für Chemiewaffen machen sich die Schülerinnen und Schüler Notizen auf ein Arbeitsblatt, das die Lehrerin vorbereitet hat. Darauf stehen einerseits die in der vorangehenden Lektion durch die Lernenden gesammelten Fragen, und andererseits hat es auf dem Arbeitsblatt Platz, damit die Lernenden die Antworten des Experten auf ihre Fragen notieren können.

Die Nummerierung des Arbeitsblatts deutet zudem darauf hin, dass die Lehrerin von den Schülerinnen und Schülern verlangt, ein Heft oder einen Ordner zum Geschichtsunterricht zu führen und dass sie das Fixierte mittels vorgegebener Dezimalklassifikation eindeutig strukturiert.

3.7 Interview

1. Welche Chemikalien wurden im 1. Weltkrieg am wirksamsten eingesetzt?

2. Wie wurden die C-Waffen im 1. Weltkrieg in ihr Zielgebiet getragen?

3. Welche Wirkung hatten die verschiedenen Giftstoffe auf den menschlichen Organismus? Welche Gesundheitsschäden trugen Überlebende davon?

Abbildung 5.6: Ausschnitt aus dem Arbeitsblatt 2 der Lehrerin zur Lektion „Erster Weltkrieg: Zahlen, Fakten, Waffen"

Diese vorbereiteten Arbeitsblätter gewährleisten eine verständliche und angepasste Aufgabenstellung, aktivieren die Lernenden auch während der Präsentationen und verhelfen zu einer wirkungsvollen Sicherung des Gelernten.

5.3.4 Nutzung: „Die Lernenden haben selber mit Quellen gearbeitet, diese ausgewertet und Resultate präsentiert"

Die aus dem Lehrmittel „Durch Geschichte zur Gegenwart. Band 2" (Meyer/Schneebeli 1995) stammenden Statistiken (vgl. Abbildung 5.4) bilden ein gutes Nutzungsangebot. In seiner Beurteilung der Geschichtslektion begründete der Experte sein Prädikat „gut" für diese Lektion unter anderem wie folgt: „Die Lernenden haben selber mit Quellen gearbeitet, diese ausgewertet und Resultate präsentiert".

Die Umformung von Statistiken in Diagramme, Grafiken und Schaubilder ist eine klassische und anregende *Erschliessungsaufgabe* zur Entwicklung und Überprüfung von historischen Sachanalysen. Lernende identifizieren dadurch verschiedene Phänomene und Sachverhalte und müssen sie darstellen. Oft führt erst diese Umformung zu einem Verständnis des Dargestellten. Daran wird sichtbar, dass die Erschliessung einer Quelle oder Darstellung zu einem Aha-Erlebnis führen und dadurch auch befriedigend sein kann.

Manchmal geben sich die Lernenden mit der entwickelten Sachanalyse rasch zufrieden. In der Lektion „Erster Weltkrieg: Zahlen, Fakten, Waffen" interveniert die Lehrerin an verschiedenen Stellen nach der Präsentation der Sachanalyse, regt die Schülerinnen und Schüler zum Interpretieren an und gibt ihnen so eine Lerngelegenheit zur Entwicklung der *Interpretationskompetenz*:

	T: Das ist sehr gut, das nennt man – wartet noch rasch. Simon, wart noch schnell.
00:09:38–00:10:05	T: Könntet ihr noch versuchen eine Erklärung zu geben? Warum welches Land – also warum jetzt gerade diese drei Länder da die Schiffe gebaut haben und warum Grossbritannien am meisten?
	SN: Also Grossbritannien war schon immer ein Seefahrerland eigentlich, weil es auch- ja, rund um- rundherum Meer hat. Deutschland is- es ist ja auch am Meer gelegen und Frankreich sowieso, also – oder hat auch einige Flüsse zum Meer.
00:10:05–00:10:25	T: Mhm [ja]. Hat die Klasse noch eine Idee oder jemand von der Klasse? Sven?
	SN: Die Schiffe sind einfach viel mobiler und können länger unterwegs bleiben, als, wie die Flugzeuge.//Man kann ohne Probleme hin und her fahren über den Atlantik oder so.
00:10:25–00:10:46	T: Also in dieser Zeit waren die Flugzeuge noch nicht so -eh- einsatzfreudig. Priscilla?
	SN: Also die Engländer hatten ja eine Seeblockade und darum, also das war gegen die Deutschen, und dann hatten die Deutschen auch Schiffe gebaut, um dem entgegnen zu können.
	T: Mhm [ja], sehr gut.

Besonders anregend sind Lernsituationen, wenn unterschiedliche Sachurteile verglichen werden. Dies geschieht beispielsweise in der ersten Lektion in der Zeit von 18:27–19:05. Während nach der Präsentation einer Gruppe mit ihrer Statistik die Aussage im Raum steht, dass Russland von den untersuchten Staaten am intensivsten aufgerüstet habe, wird diese Aussage nun durch eine andere Gruppe relativiert, die die Ausgaben pro Kopf rechnet und vergleicht.

00:18:27–00:18:50	T: Jetzt vielleicht für die ganze Klasse. Halt's nochmals auf, dass man's gut sieht. Schauen wir zum Beispiel Russland an. Also vorher hat die Gruppe gesagt, Russland hat am meisten Geld ausgegeben, jetzt da bei diesem Säulendiagramm, welche Säule ist Russland? Die Mittlere, also pro Kopf fast am wenigsten oder sehr wenig. Was bedeutet das?
00:18:50–00:19:05	SN: Sven?
	SN: Sie haben sehr viele Einwohner, und – ja und nicht so viele Soldaten wie Einwohn- Einwohner und darum zählt sich das, die Ausgaben ... pro Kopf.

Neben der Entwicklung und Überprüfung von historischen Sachanalysen, dem Aufbau und der Analyse von historischen Sachurteilen sowie der Darstellung dieser Sachanalysen und -urteile hat die Lehrperson den Lernenden auch die Gelegenheit gegeben, ihr erworbenes geschichtliches Wissen im *Quiz* anzuwenden. Sie hat unter anderem folgende Fragen gestellt:
– „An welchem Datum fand das Attentat von Sarajewo statt?" (01:06)
– „Wieso griff Grossbritannien in den Ersten Weltkrieg ein?" (01:45)
– „Wie hiess die Revolution unter Lenin, die schlussendlich zur Kapitulation Russlands führte?" (03:52)
– "Wer war Ulrich Wille?" (05:28)
– „Was ist eine Barrel-Rolle?" (05:57)

Obwohl das abgefragte Wissen nur partiell bedeutsam für das Verständnis der behandelten Themen scheint, gibt es eine Reihe von Lernenden, die sich die Namen, Phänomene und Ereignisse merken. Diese kognitive Leistung bringt der Siegerin bei der nächsten Filmvorführung im Geschichtsunterricht einen Ehrenplatz und als zusätzliche Belohnung eine Pausenverpflegung (4:22 in der ersten Lektion). Zudem spielen einige Schülerinnen und Schüler gerne solche Wissensquiz, wie der Wunsch eines Schülers zeigt, nachdem die Siegerin feststeht: „Spielen wir noch weiter, bitte!" (4:22)

5.3.5 Güteprofil der Lektion „Erster Weltkrieg: Zahlen, Fakten, Waffen"

Eine zusammenfassende Beurteilung der Lektion entlang der in Kapitel 2 hergeleiteten Gütekriterien ergibt unter Berücksichtigung der oben dargestellten Beobachtungen und Beurteilungen folgendes Güteprofil:

Tabelle 5.3: Güteprofil der Lektion „Erster Weltkrieg: Zahlen, Fakten, Waffen"

„Erster Weltkrieg: Zahlen, Fakten, Waffen"		++	+	o	-
Lerngegenstand: Inhalte, Themen und Medien	1. Bedeutsames Thema			X	
	2. Thematisierung von menschlichem Handeln in gesellschaftlicher Praxis				X
	3. Thematisierung von Veränderungen in der Zeit und Entwicklungszusammenhängen		X		
	4. Sachrichtigkeit, Multiperspektivität und Kontroversität		X		
	5. Bezogenheit des Themas auf die Situation der Lernenden	X			
	6. Exemplarische und zielgruppenangepasste Repräsentationen von Geschichte			X	
Prozessstruktur: Unterrichtsgestaltung durch die Lehrperson	7. Sicherung einer effizienten Klassenführung und Zeitnutzung	X			
	8. Förderung eines unterstützenden Klassenklimas			X	
	9. Gewährleistung von anregenden, aktivierenden und angepassten Lerngelegenheiten		X		
	10. Schaffung von angemessener Klarheit und Strukturiertheit		X		
Nutzung: Fachspezifisches Lernen der Schüler/innen	11. Wahrnehmung von historischen Zeugnissen und von Veränderungen in der Zeit				X
	12. Erschliessung, Überprüfung und Darstellungen von historischen Sachanalysen		X		
	13. Interpretation (Analyse und Deutung) von Geschichte		X		
	14. Orientierung: Sinnbildung über Zeiterfahrung und Werturteilsprüfung an Zeiterfahrung				X
	15. Aneignung und Wiedergabe von Wissen über Vergangenes und Verständnis von Geschichte			X	

5.4 „Film schauen ist immer gut": Deutschland in den Jahren 1918–1930

Die Geschichtslektion „Deutschland in den Jahren 1918-1930" thematisiert anhand eines Dokumentarfilms die Entwicklung der „Nationalsozialistischen Deutschen Arbeiterpartei" in der Zwischenkriegszeit und den Aufstieg Adolf Hitlers. Das Thema ist eingerahmt durch die Hausaufgabenbesprechung zu

Beginn und die Hausaufgabenerteilung am Ende der Lektion. Die der Lektion vorangehende Hausaufgabe betrifft die Gebietsveränderungen in Europa nach dem Ersten Weltkrieg, diejenigen am Schluss der Lektion einerseits eine Verarbeitung der dargebotenen Ereignisgeschichte zur Zwischenkriegszeit und andererseits einen Vergleich von Propagandaplakaten der Sozialdemokraten und der NSDAP.

Der Experte, der die Lektion begutachtet hat, lobt einerseits die „saubere Auswertung" der Hausaufgabe zu Beginn der Stunde und den Umstand, dass „Arbeitsmethoden der Schüler/innen gefördert werden". Die Schülerinnen und Schüler selber beurteilen vor allem die Filmsequenz positiv. Auf die Frage „Was hat dir an der vergangenen Lektion besonders gut gefallen?" erwähnen 9 von 14 Schülerinnen, Schülern den Dokumentarfilm.

5.4.1 Kurzbeschreibung

Die Lektion „Deutschland in den Jahren 1918-1930" dauerte 46 Minuten und fand an einer Sekundarschule im Kanton Luzern statt.

Zu Beginn des Geschichtsunterrichts stellt der Lehrer das Programm der Lektion vor, das auch an der Wandtafel festgehalten ist: Zuerst sollen die Hausaufgaben korrigiert werden, danach folgt ein Film „zum Aufstieg Hitlers", anschliessend will der Lehrer eine Zusammenfassung abgeben und den Schülerinnen und Schülern zeigen, wie sie sich diese einprägen können, und für den Schluss kündigt er eine Hausaufgabe zu zwei Wahlplakaten an.

Danach findet eine Hausaufgabenbesprechung statt: Der Lehrer geht zusammen mit den Schülerinnen und Schülern das Übungsblatt „Europa nach dem Ersten Weltkrieg" (Meyer/Schneebeli 1991c, S. 30) zur entsprechenden Karte im Lehrmittel (Meyer/Schneebeli 1999, S. 19) durch. Wo nötig erklärt, präzisiert und korrigiert der Lehrer, und die Schülerinnen, Schüler verbessern ihre Lösungsvorschläge.

Anschliessend teilt der Lehrer zur Vorbereitung des Films ein Frageblatt aus. Die Schülerinnen, Schüler sollen es durchlesen und danach parallel zur Betrachtung des Films ausfüllen. Dann betrachten die Lernenden den Film zum Aufstieg der NSDAP und machen sich Notizen dazu. Nach Ende des Films haben sie kurz die Möglichkeit, ihre Ergebnisse mit der Nachbarin, dem Nachbarn zu vergleichen und zu ergänzen. Der Lehrer geht anschliessend die Fragen noch einmal einzeln durch. Die Lernenden erläutern ihre eigenen Antworten auf die Fragen anhand einer Hellraumprojektor-Folie.

Danach verteilt der Lehrer eine Zusammenfassung zum Thema „Vom Ersten zum Zweiten Weltkrieg". Er diskutiert mit den Lernenden verschiedene Mnemo-Techniken, damit die Schülerinnen, Schüler die Zusammenfassung besser „behalten" können, und er stellt ihnen dann die Möglichkeit vor, zu Textabschnitten eine Zeichnung zu entwickeln. Der Lehrer präsentiert dazu einige bereits vorgefertigte eigene Zeichnungen auf dem Hellraumprojektor. Die Schülerinnen und Schüler bekommen die Hausaufgabe, zu einem ausgewählten Textabschnitt selber eine Darstellung zu entwickeln und in die nächste Geschichtsstunde mitzubringen.

Zum Schluss der Lektion erteilt der Lehrer eine weitere Aufgabe: Die Schülerinnen, Schüler sollen zwei Propagandaplakate beschreiben und vergleichen.

Dieser Geschichtsunterricht ist während 19 Minuten darbietend, während 14 Minuten erarbeitend und während 10 Minuten aufgabenbasiert, wobei zu beachten ist, dass die Schülerinnen und Schüler während der Filmdarbietung ebenfalls eine Aufgabe lösen mussten. Während 3 Minuten steht Organisatorisches im Zentrum des Unterrichts. – Während 35 Minuten beschäftigen sich die Lernenden mit Unterrichtstexten, während 8 Minuten liegt den Lernenden parallel bzw. ergänzend schriftliches Lernmaterial vor. Während 4 Minuten begegnen die Lernenden visuellem und während 28 Minuten audiovisuellem Lernmaterial.

5.4.2 Lerngegenstand: „Erfahren, wie es Hitler gelang, aufzusteigen"

Die Zeit zwischen den Weltkriegen ist ein *obligatorisches Thema* im Geschichtsunterricht der Volksschule in der Schweiz. Es wird in allen verwendeten Lehrmitteln ausführlich behandelt und umfasst in „Durch Geschichte zur Gegenwart, Band 3" (Meyer/Schneebeli 1999), aus dem die einleitende Aufgabenstellung stammt, 106 von 196 Seiten. Die beiden Lehrbuchautoren formulieren für das Thema insgesamt 33 Lernziele (Meyer/Schneebeli 1991c, S. 18), und viele davon machen deutlich, dass am Beispiel der Zwischenkriegszeit Regelmässigkeiten, Grundprinzipien und allgemeine Zusammenhänge von geschichtlichen Verläufen gespiegelt werden können. Es sollen beispielsweise die Einsichten vermittelt werden, „dass politische und soziale Krisen zur Infragestellung traditioneller Werte und zur Veränderung der politischen Ordnungen führen können, dass Menschen Krisen oft irrational erklären und Sündenböcke suchen, dass Zweifel an der liberal-demokratischen Ordnung und Furcht vor sozialistisch-kommunistischen Tendenzen die Bereitschaft steigerte, eine faschistische Bewegung zu unterstützen" (Meyer/Schneebeli 1991c, S. 18). Die Lehrperson selber rückt die Erläuterung der Gründe ins Zentrum, „weshalb Hitler die Macht übernehmen konnte"[11].

---

11 Zu dieser Lektion „Deutschland in den Jahren 1918–1930" liegt eine Vorbereitungsskizze der Lehrperson vor. Sie umfasst fünf Rubriken: Lernziele, Teilziele/Thema/Voraussetzungen der Schülerinnen, Schüler/Organisatorische Rahmenbedingungen und Unterrichtshilfen/Didaktische Hinweise. Vgl. auch Abbildung 5.7.

Die *Zusammenfassung* "Vom Ersten zum Zweiten Weltkrieg" hat die Lehrperson selber geschrieben und in acht Abschnitte gegliedert: 1. Novemberrevolution; 2. Der Versailler Vertrag; 3. Reparation und Inflation; 4 Hitler und die NSDAP; 5. Die Weltwirtschaftskrise; 6. Hitlers Versprechen; 7. Der Völkerbund; 8. Neue Staaten in Osteuropa. Die Zusammenfassung zeichnet sich dadurch aus, dass Zeitpunkt, Dauer und Abfolge von Ereignissen präzise bezeichnet sowie Ursachen und Wirkungen von Ereignissen benannt werden. Veränderungen in der Zeit werden vor allem mit der Kartenarbeit in der Hausaufgabe thematisiert, die der Lektion vorausgeht und die zu Beginn korrigiert wird. Anhand des Übungsblattes in Abbildung 5.7 wird deutlich, dass der Erste Weltkrieg in vielen Gebieten zur Änderung der Staatszugehörigkeit geführt hat.

Kernthema 1: **Vom Frieden in die Krise**

Übungsblatt zur Karte Seite 19 «Europa nach dem Ersten Weltkrieg»

1 Was geschah mit folgenden Gebieten?

Gebiet	Staatszugehörigkeit vor dem Ersten Weltkrieg	Staatszugehörigkeit nach dem Ersten Weltkrieg
Elsass-Lothringen		
Posen-Westpreussen		
Russisch-Polen		
Österreichisch-Polen		
Siebenbürgen		
Kroatien		
Bessarabien (Moldawien)		
Südtirol		
Palästina		
Triest		
Nordschleswig		

Abbildung 5.7: Übungsblatt zur Karte „Europa nach dem Ersten Weltkrieg" aus dem Lehrmittel „Durch Geschichte zur Gegenwart. Band 3" (Meyer/Schneebeli 1991c, S. 30)

Bei den Schülerinnen und Schülern ist der *Dokumentarfilm* gut angekommen. Auf die Frage „Was hat dir an der vergangenen Lektion besonders gut gefallen?" antworten sie zum Beispiel wie folgt:
– „Der Film über Hitler. Dieses Thema finde ich interessant. Vor allem der 1. und 2. Weltkrieg."
– „Der Film war interessant um zu sehen, wie dazumal gelebt wurde, wie sie sich verhielten, als Hitler auftrat."
– „Dass wir einen Film geschaut haben, damit wir uns das Ganze besser vorstellen konnten."
– „Film schauen ist immer gut."

Der Film hat offensichtlich dazu beigetragen, dass Vergangenes anschaulich wurde und dass Schülerinnen und Schüler mit einem bedeutsamen Thema konfrontiert wurden, das sie interessierte und zu dem sie Wichtiges gelernt haben: Einem Schüler hat besonders gut gefallen, dass er erfahren hat, „wie es Hitler gelang, aufzusteigen."

Die Lerngegenstände dieser Geschichtslektion entstammten nicht ausschliesslich dem Universum des Historischen, sondern es wurden ebenfalls *fachunspezifische Lernstrategien* thematisiert. Für den Lehrer war das Lernziel „Aufzeigen einer Lernstrategie für Prüfungsvorbereitungen"[12] zentral, und in seiner Lektionsrückschau beurteilt er diese Sequenz als gelungen. Auf die Aufforderung „Bitte beschreiben Sie zwei Situationen oder Prozesse, mit denen Sie speziell zufrieden waren", antwortet der Lehrer unter anderem: „Ich konnte den Schülern eine Strategie vermitteln."

Die Sequenz zur Lernstrategie beginnt nach einer guten halben Stunde und dauert rund 10 Minuten:

00:36:25–00:36:43	T: Jetzt geht's um die Frage: Wie können wir uns – wie können wir das am besten behalten, was auf diesem Blatt steht? Oder wie können wir das, was wir hier gesehen haben, oder was in dieser Zeit passierte, neunzehnachtzehn bis neunzehnhundertdreiunddreissig, wie können wir das am besten behalten?
	...
00:37:29–00:37:51	T: Es geht darum, das auch in ein paar, nicht nur in zwei Wochen zu wissen, sondern -eh- auch Jahre später. Wie- wie könnte man sich diese Zusammenfassung, die so -eh- schon kurz gefasst sind, wie könnte man sich solche Inhalte, wie könnte man sich die merken? Oder wie macht ihr das bis jetzt?
00:37:51–00:38:21	T: Ja, bitte.
	SN: Sich zu Hause einen Zeitenstrahl zeichnen.
	T: Zei- Zeitenstrahl//neunzehnachtzehn, neunzehnneunzehn. Was würdest du neunzehnachtzehn -eh- eintragen?
	S://Ja.
	S: Die -eh- Novemberrevolution.
	T: Mhm [ja]. Und dann neunzehnneunzehn?
	S: Eh, der Versaillesvertrag, oder so.
	T: Ja. Und so weiter, bis neunzehnneunundzwanzig. Mhm [ja], gut. Weitere Ideen oder Vorschläge?

---

12 Zitat aus der Vorbereitungsskizze der Lehrperson. Vgl. dazu auch Anmerkung 9.

In dieser Gesprächssequenz und im daran anschliessenden Klassengespräch zu den Lernstrategien bringen Schülerinnen und Schüler ihre Erfahrungen zum Geschichtslernen ein. Bemerkenswert ist, dass als erste Mnemo-Technik das Erstellen eines *Zeitenstrahls* genannt wird – die einzige fachspezifische Lernstrategie, die besprochen wird. Die Schülerinnen und Schüler zählen im Verlauf des Gesprächs eine Reihe von weiteren Lernstrategien auf, die sie kennen – zum Beispiel das Markieren von wichtigen Informationen oder das Stellen von Fragen – und der Lehrer fragt wie im obigen Beispiel zum Zeitenstrahl nach, um die Lernstrategie zu verdeutlichen und zu präzisieren. Anschliessend präsentiert der Lehrer selber eine Mnemo-Technik, nämlich wie mit Zeichnungen einzelne Textabschnitte visualisiert werden können, und er zeigt ein Beispiel auf dem Hellraumprojektor:

00:41:32–00:42:01	T: Also ich sag' es kurz. Die Deutschen neunzehnachtzehn sind am Boden, die sind am Boden, die liegen am Boden, hm? Waffen gestreckt und jetzt geht es darum, dass die deutschen Generäle, das ist ein G, ein General ein deutscher, der soll Verhandlungen führen mit F, GB und USA, also mit der Entente, Verhandlungen führen, damit die Waffen nicht mehr sprechen, sondern schweigen.
00:42:01–00:42:28	T: Waffenstillstand. Seht ihr das Bild, hm? Das Bild. Dann, zweites Bild, ist im November, Kiel, diese Hafenstadt, das Schiff, das Kriegsschiff fährt hinaus, und man will sich abknallen lassen, aber -eh- die Matrosen bekommen Wind davon, sagen niet, wir lassen uns nicht abknallen so kurz vor Ende des Krieges, gehen zurück, es gibt eine Meuterei. Und die Polizei verhaftet diese.

Abbildung 5.8: Beispiel einer Visualisierung des Textes zur Novemberrevolution 1918 durch den Lehrer

Die Lernenden bekommen zum Schluss der Stunde die *Hausaufgabe*, einen Abschnitt aus der Zusammenfassung mittels Zeichnung zu visualisieren. Dies erfordert von den Schülerinnen, Schülern das Nacherzählen von vorgegebenen Sachurteilen und ermöglicht ein nachvollziehendes Verstehen. Mit dem Stellen solcher Hausaufgaben geht Historisches Lernen über die eigentliche Geschichtslektion hinaus.

5.4.3 Prozessstruktur: „Ich habe das Programm an der Wandtafel"

Ein besonderes Kennzeichen der Geschichtslektion „Deutschland in den Jahren 1918-1930" ist deren Einbettung in vorangehende und anschliessende *Hausaufgaben*. Am Anfang werden die Arbeiten kontrolliert, die die Schülerinnen, Schüler in die Stunde mitbringen, und am Schluss werden neue Hausaufgaben gestellt. Dem Experten, der die Lektion begutachtet hat, ist die „saubere Auswertung" positiv aufgefallen: Die Lehrperson geht durch die Klasse und schaut sich die ausgefüllten Übungsblätter an (vgl. Abbildung 5.7). Eigentlich will er die Hausaufgabe nur kurz kontrollieren, stellt dann aber fest, dass es eine Reihe von Fragen gibt, und so gibt er der Korrektur mehr Zeit als geplant, insgesamt rund fünf Minuten (02:10-06:53).

00:02:10-00:02:30	T: Zuerst ganz kurz, wirklich nur ganz kurz zu den Hausaufgaben. Gibt es Fragen? Das Thema waren -eh- das Thema war ... die -eh- Länder- neuen Länder in Osteuropa, die nach dem Ersten Weltkrieg entstanden sind.
00:02:30-00:02:52	T: Beziehungsweise die Landverluste, die eben Österreich-Ungarn, Russland und vor allem das Deutsche Reich gemacht haben. Gibt es da Fragen, Unsicherheiten, Lücken, ich sehe Lücken. Ich sehe Lücken. Mit Bleistift geschrieben, was auch nicht auf -eh- grosse Sicherheit hindeutet.
00:02:52-00:03:17	T: Ja ... ja gut.
	SN: Sie Herr ( ).
	T: Ja.
	S: Wo ist das Gebiet Palästina?

Die Lehrperson nutzt in dieser Lektion die Zeit flexibel und behält sie immer im Blick, auch während der Filmvorführung, die er leicht kürzt (26:13), um genügend Zeit für die Lernstrategien zur Verfügung zu haben. Grundlage solcher flexibler Zeitnutzung ist eine genaue Vorstellung über den Lektionsverlauf, die der Lehrer auf seiner *Vorbereitungsskizze* festgehalten und auch an die Wandtafel geschrieben hat:

> 5. **Didaktische Hinweise** (Inhaltliche Begründung, Lektionsverlauf, Einstieg, Handlungsempfehlungen, Lernformen u.a.m.)
> 1. Programm an WT, Lektionsverlauf aufzeigen
> 2. Besprechen und Kontrolle der Hausaufgaben (Folie): Lehrgespräch
> 3. Verteilen des AB Fragen zum Film, lesen: EA
> 4. Film ca. 17'
> 5. Antworten vergleichen in PA/GA
> 6. Besprechen der wichtigsten Punkte (1-4): Lehrgespräch
> 7. Lernstrategie: Zeichnung (Bilder): Vortrag
> 8. Hausaufgabe: Zeichnung eines Abschnittes Zusammenfassung + Vergleich Wahlplakate

Abbildung 5.9: Ausschnitt aus der Vorbereitungsskizze der Lehrperson für die Lektion „Deutschland in den Jahren 1918–1930"

Neben der Sicherung einer effizienten Klassenführung und Zeitnutzung überzeugt im Bereich der Prozessstruktur auch die Förderung eines unterstützenden *Klassenklimas* durch die Lehrperson. Dies zeigt sich bereits vor Beginn der Lektion in einem kleinen, in Mundart geführten, Dialog zwischen einem Schüler, der seine Geschichtsunterlagen in der letzten Geschichtsstunde hat liegen lassen, und der Lehrperson:

00:00:15–00:00:37	SN: *Sie Herr (Muster).*
	T: Ja.
	S: *Ich habe meine Geschichtsunterlagen im Schulzimmer vergessen.*
	T: Da hinten sind sie. Da, für dich aufbewahrt. Siehst du sie?
	S: *Ah, danke.*
00:00:37–00:00:59	T: Ja guten Morgen.
	Ss: Guten Morgen.
	T: Ich begrüsse euch zu unserer Geschichtslektion. Ich habe das Programm an der Wandtafel. Zuerst werd- werden wir einen kurzen Blick werfen auf die Hausaufgaben, anschliessend Film von etwa siebzehn Minuten zum Aufstieg Hitlers.

Auch dem Experten, der die Lektion begutachtet hat, fällt in der von ihm verwendeten Kategorie „Unterrichtsklima" auf, dass der Lehrer „der Klasse Vertrauen entgegenbringt". Er nimmt die gestellten Fragen auf – Wo ist das Gebiet Palästina? (02:52)/Was heisst Antisemitismus? (35:04) – und beantwortet sie. Zudem nimmt er auf einzelne Schüler Rücksicht und fragt seinerseits gezielt nach (08:08): „Lars, alles klar?"

Die Schülerinnen und Schüler bekommen vor, während und nach der videografierten Lektion „Deutschland in den Jahren 1918-1930" vier Lerngelegenheiten:

- Umgang mit der Karte „Europa nach dem Ersten Weltkrieg" anhand des Arbeitsblattes (vgl. Abbildung 5.7) vor und zu Beginn der Lektion;
- Betrachtung des Dokumentarfilms über den Aufstieg von Hitler und der NSDAP in der Zwischenkriegszeit und paralleles Ausfüllen des begleitenden Frageblatts während der Lektion;
- Entwicklung einer Veranschaulichung zur Zusammenfassung „Vom Ersten zum Zweiten Weltkrieg" nach der Lektion;
- Beschreibung und Vergleich von zwei Propagandaplakaten nach der Lektion.

Die Auswertung des Übungsblattes zur Karte von Europa nach dem Ersten Weltkrieg zeigt, dass die Mehrheit der Schülerinnen und Schüler die Aufgabe teilweise und ganz gemeistert hat. Auch die zum Teil anspruchsvollen Fragen auf dem Frageblatt zum Film werden im Klassengespräch durch Lernende richtig beantwortet. Auf die Frage „Wer oder was begünstigte Hitlers Aufstieg" entwickelt sich folgendes Gespräch:

00:28:43–00:29:13	T: Zum ersten ... was gibt's da für Antworten, die -eh- (betreff) Begünstigung gehen? ( ) beispielsweise.
	SN: Die vielen Arbeitslosen, also sie haben Angst und so, dann glauben sie einfach ( ).
	T: Ja, weitere Gründe?
	SN: Wenn es einem schlecht geht, sucht man andere, welche ( ).
	T: Sündenbock.
	T: Ja.
00:29:13–00:29:37	SN: Sie haben industrielle Gelder.

Die Struktur der vom Lehrer verwendeten Arbeitsblätter – Lücken, die die Lernenden ausfüllen müssen – erleichtert eine wirkungsvolle Sicherung des Gelernten. – Die Lektion „Deutschland in den Jahren 1918-1930" ist klar strukturiert. Das nehmen auch die Lernenden so wahr. Ein Schüler antwortet auf die Frage „Was hat dir an der vergangenen Lektion besonders gut gefallen?" wie folgt: „Gutes Filmmaterial, guter Faden".

5.4.4 Nutzung: „Sich zu Hause einen Zeitenstrahl zeichnen"

Wie im obigen Abschnitt zur Prozessstruktur dargelegt, bekommen die Schülerinnen und Schüler vor, während und nach der Lektion „Deutschland in den Jahren 1918–1930" vier *Lerngelegenheiten*, von denen sie allerdings nur eine in der Geschichtsstunde selber nutzen können, nämlich die Betrachtung des Dokumentarfilms über den Aufstieg Hitlers und der NSDAP in der Zwischenkriegszeit mit parallelem Ausfüllen des begleitenden Frageblatts und anschliessender Korrektur der Antworten. Hier zeigt sich, dass die Lernenden Geschichte analysieren und deuten, zum Beispiel durch Identifikation von Ursachen und Wirkungen:

00:29:37-00:30:07	T: Warum- warum hat Krupp beispielsweise ein Interesse, dass Hitler an die Macht kommt?
	SN: Eh- ja, dann ist er -eh- dann hat er mehr Macht, irgendwie ist er höher in der Politik.

Während der Geschichtslektion wird kaum sichtbar, dass Lernende Kompetenzen für Historisches Lernen aufbauen. Allerdings sind zur Bewältigung der gestellten Hausaufgaben Kompetenzen notwendig. Das Arbeitsblatt zur Karte „Europa nach dem Ersten Weltkrieg" (vgl. Abbildung 5.7) kann nur lösen, wer über Erschliessungskompetenz für Geschichtskarten verfügt, und einen Vergleich von zwei Propagandaplakaten kann nur anstellen, wer über Erschliessungskompetenz für Plakate verfügt.

Die Geschichtslektion „Deutschland in den Jahren 1918-1930" ist eher *stofforientiert* als kompetenzorientiert. Die Lernenden eignen sich neue Kenntnisse über Vergangenes an, sie lernen fachspezifische Begriffe kennen (Antisemitismus, NSDAP, Entente) und sollen sich die Zusammenfassung „Vom Ersten zum Zweiten Weltkrieg" so aneignen, dass sie wesentliche Punkte auch Jahre später noch wissen:

00:36:25-00:37:07	T: Jetzt geht's um die Frage: Wie können wir uns – wie können wir das am besten behalten, was auf diesem Blatt steht? Oder wie können wir das, was wir hier gesehen haben, in dieser Zeit passierte, neunzehnachtzehn bis neunzehnhundertdreiunddreissig, wie können wir das am besten behalten? Zwar nicht nur für die nächste Prüfung, die etwa in zwei Wochen stattfindet, sondern bis Ende Schuljahr. Ja wenn uns vielleicht jemand in zehn Jahren mal fragt: Du wie war das damals -eh- neunzehnachtzehn, da Schluss Erster Weltkrieg, da haben doch – da haben doch die Deutschen gewonnen, oder? Die Deutschen haben gewonnen, ich bin ganz sicher. Ja, ja, da müsst ihr antworten, meine Damen und Herren.

In der Thematisierung von Lern- und Arbeitsstrategien liegt sicher ein Vorzug dieser Geschichtslektion. Schülerinnen und Schüler, die erkennen, dass es für Historisches Lernen hilfreich ist „sich zu Hause einen Zeitenstrahl zu zeichnen" (37:51), sind besser in der Lage, die Angebote von Geschichtsunterricht zu nutzen.

5.4.5 Güteprofil der Lektion „Deutschland in den Jahren 1918–1930"

Eine zusammenfassende Beurteilung der Lektion entlang der in Kapitel 2 hergeleiteten Gütekriterien ergibt unter Berücksichtigung der oben dargestellten Beobachtungen und Beurteilungen folgendes Güteprofil:

Tabelle 5.4: Güteprofil der Lektion „Deutschland in den Jahren 1918–1930"

„Deutschland in den Jahren 1918–1930"		++	+	o	−
Lerngegenstand: Inhalte, Themen und Medien	1. Bedeutsames Thema	X			
	2. Thematisierung von menschlichem Handeln in gesellschaftlicher Praxis			X	
	3. Thematisierung von Veränderungen in der Zeit und Entwicklungszusammenhängen		X		
	4. Sachrichtigkeit, Multiperspektivität und Kontroversität			X	
	5. Bezogenheit des Themas auf die Situation der Lernenden		X		
	6. Exemplarische und zielgruppenangepasste Repräsentationen von Geschichte	X			
Prozessstruktur: Unterrichtsgestaltung durch die Lehrperson	7. Sicherung einer effizienten Klassenführung und Zeitnutzung		X		
	8. Förderung eines unterstützenden Klassenklimas		X		
	9. Gewährleistung von anregenden, aktivierenden und angepassten Lerngelegenheiten		X		
	10. Schaffung von angemessener Klarheit und Strukturiertheit		X		
Nutzung: Fachspezifisches Lernen der Schüler/innen	11. Wahrnehmung von historischen Zeugnissen und von Veränderungen in der Zeit				X
	12. Erschliessung, Überprüfung und Darstellungen von historischen Sachanalysen			X	
	13. Interpretation (Analyse und Deutung) von Geschichte			X	
	14. Orientierung: Sinnbildung über Zeiterfahrung und Werturteilsprüfung an Zeiterfahrung			X	
	15. Aneignung und Wiedergabe von Wissen über Vergangenes und Verständnis von Geschichte		X		

5.5 „Gute Vorbereitung auf die Prüfung": Repetition Renaissance

In der Geschichtslektion „Repetition Renaissance" bereiten sich Schülerinnen, Schüler in Gruppen und im Plenum auf eine Geschichtsprüfung vor. Die Lehrerin hat dazu sechs Folien mit Abbildungen vorbereitet, und die Lernenden müssen in Gruppen eine Frage zur Folie vorbereiten, diese der Klasse stellen und mit den Kolleginnen und Kollegen die Fragen beantworten. Auf diese Weise repetiert die Klasse wesentliche Aspekte des Themas. Die Lehrerin ergänzt jeweils am Schluss des Gesprächs zu einer Frage, was ihr selber wichtig erscheint.

Der Experte zählt verschiedene Gründe auf, wieso er diese Geschichtslektion als „sehr gut" beurteilt: transparente Zielsetzung, klare Strukturierung, angemessene methodische Wechsel, hoher Anteil an selbstständiger Arbeit der Schüler, Binnendifferenzierung, Gegenwartsbezug. Er betont zudem die „hohe inhaltliche Kompetenz und Souveränität der Lehrperson" und charakterisiert die Lektion als „insgesamt unaufgeregt, sachorientiert, problemorientiert".

5.5.1 Kurzbeschreibung

Die Geschichtslektion „Repetition Renaissance" dauerte 42 Minuten und fand an einem Gymnasium im Kanton Zürich statt.

Die Lehrerin begrüsst zu Beginn die Klasse, informiert sie kurz, dass es in der Lektion um die Prüfungsvorbereitung geht und erklärt die Vorgehensweise: Die Klasse wird in sechs Gruppen aufgeteilt, und jede der sechs Gruppen erhält eine Abbildung oder zwei Abbildungen auf Folie. Dazu sollen die Lernenden eine Frage formulieren und die entsprechende Antwort finden, beides stichwortartig auf ein Blatt notieren und anschliessend mit der Klasse behandeln. Die Vorbereitung der Präsentationen soll 10 Minuten in Anspruch nehmen, und zu jedem Thema soll während rund 5 Minuten im Plenum ein Austausch stattfinden.

Danach geht die Lehrerin durch die Klasse, bildet die Gruppen und verteilt die Folien.
- Gruppe 1: Zwei Madonnendarstellungen aus unterschiedlichen Epochen
- Gruppe 2: Selbstbildnis von Leonardo da Vinci
- Gruppe 3: Schaubild zum Thema Buchdruck
- Gruppe 4: Illustration zum Thema Hexenverfolgungen
- Gruppe 5: Vereinfachte Darstellung der Ebstorfer Weltkarte
- Gruppe 6: Zwei verschiedene Abbildungen des Kosmos

Während die Schülerinnen und Schüler die Fragen und Antworten vorbereiten, geht die Lehrerin durch die Klasse, fragt nach, unterstützt, kontrolliert, korrigiert.

Nach der Gruppenarbeitsphase stellen jeweils ein bis zwei Schülerinnen, Schüler einer Gruppe ihre Fragen an die Klasse. Die Lehrperson ergänzt die Präsentation der Schülerinnen, Schüler durch zusätzliche Fragen und Informationen zum entsprechenden Themenbereich. Beim Thema 2 „Leonardo da Vinci" legt sie kurz fünf weitere Folien auf, welche mit verschiedenen Darstellungen das Universalgenie des Künstlers aufzeigen. Sie weist auf weitere abgegebene Materialien hin, welche ebenfalls wichtige Informationen zum Thema enthalten. Am Schluss der Lektion bekommen die Schülerinnen und Schüler Gelegenheit, Fragen zur kommenden Prüfung zu stellen.

Dieser Unterricht ist während 2 Minuten darbietend, während 40 Minuten aufgabenbasiert. – Während 41 Minuten begegnen die Lernenden Unterrichtstexten, während 5 Minuten liegt den Lernenden parallel bzw. ergänzend schriftliches Lernmaterial vor. Während 38 Minuten begegnen die Lernenden visuellem, während 3 Minuten kombiniertem Lernmaterial.

5.5.2 Lerngegenstand: „Nennt Unterschiede zwischen dieser und einer heutigen Weltkarte!"

In der Geschichtslektion „Repetition Renaissance" thematisieren Lernende und die Lehrerin verschiedene Aspekte der Epoche, die den Beginn der Neuzeit einleitete. Das Thema entspricht den Vorgaben des Lehrplans und wird in allen gängigen schweizerischen Lehrmitteln ausführlich behandelt. Der Lehrerin geht es in der videografierten Stunde auch darum, anhand von Kunstobjekten zentrale Ideen, Werte, Erkenntnisse der damaligen Zeit zu zeigen und zu erklären:

00:23:53–00:24:18	T: Wir sind mit der Kunst ins Thema Renaissance und Humanismus eingestiegen. Ich hab' damals gesagt, die Kunst sei ein Spiegel der damaligen Ideen. Wir haben auch davon gesprochen, dass sie eine Art Seismograf der Gesellschaft bildet. Also so wie ein Seismograf ein Erdbeben aufzeichnet, sieht man eben an der Kunst schön -eh- registriert die Kunst schön, was eine Gesellschaft denkt.

Das Thema ist bedeutsam, weil es ermöglicht, „geschichtliche Ereignisse als Teil einer gesamtgesellschaftlichen Entwicklung" (Bühler/Fischer/Eloki Musey u.a. 1987, S. 48) zu betrachten. Am Thema werden auch *Schlüsselprobleme* der Gesellschaft gespiegelt. Beim Thema „Hexenverfolgungen" machen die Schülerinnen eine Verknüpfung zum Phänomen „Mobbing" und spiegeln daran die Schlüsselprobleme „Verwirklichung von Menschenrechten" und „Umgang mit Minderheiten" (Klafki 1991):

00:34:15–00:34:36	SN: Auf diesem Bild ist doch die Hexenverfolgung. *Also*, wenn die Nachbarn die- die, *also*, die Nachbarn beobachten eine Frau und können sie anklagen, ja, weil sie etwas Spezielles macht oder einfach nur die Treppe hinaufläuft – hi-hinauf lauft, hinauf geht.
00:34:36–00:34:56	SN: Ja. Eh, -eh- wie heisst der Prozess der- wenn die *Nachbarn* dieser Frau zuschauen, und die Frau weiss es nicht.
	SN: Was?
	SN: Ja. Pascal?
	SN: Vielleicht beobachten.
	SN: Ja. Ja, ist -eh- Mobbing. Mobbing. Das ist ein besseres Wort.
00:34:56–00:35:19	S: Eh. Eh-eh- da die Nachbarn sind einfach wahr-wahrscheinlich sind sie nicht so zufrieden mit dieser Frau hier. Sie- sie -eh- haben das Gefühl, dass sie etwas falsch gemacht hat und wollen jetzt alles herausfinden, was sie falsch macht, dass sie -eh, eh- können sie als Hexe verurteilen.

Die Lehrerin weist anschliessend darauf hin, dass „Hexenverfolgungen nicht irgendetwas Mittelalterliches sind, im Gegenteil: Eskalation und Höhepunkt sind eben in der Renaissance", und sie präzisiert und erklärt „Mobbing".

In der Geschichtslektion „Repetition Renaissance" sind die exemplarischen und zielgruppenangepassten *Repräsentationen* besonders überzeugend. Die Lehrerin hat die Veranschaulichungen aus verschiedensten Lehrmitteln und anderen Publikationen zusammengesucht und zusammengestellt. Abbildung 5.10 zeigt die Arbeitsgrundlage für Gruppe 5.

Alle sechs Folien regen zu weiterführenden Fragestellungen an. Schülerinnen und Schüler stellen beispielsweise folgende Fragen:
– „Woran erkennt man, dass ein Bild aus der Renaissance stammt?" (22:47)
– „Warum ist der Heiligenschein von Maria im Renaissance-Bild so schwach dargestellt?" (21:39)
– „Was macht Leonardo zum perfekten Renaissance-Menschen?" (26:04)
– „Was brachte der Buchdruck für Vor- und Nachteile für die Kirche und die Humanisten?" (30:51)
– „Was unterscheidet diese zwei Weltbilder, und in welchem Zeitalter kommen sie vor?" (42:11)

Repetition Renaissance 221

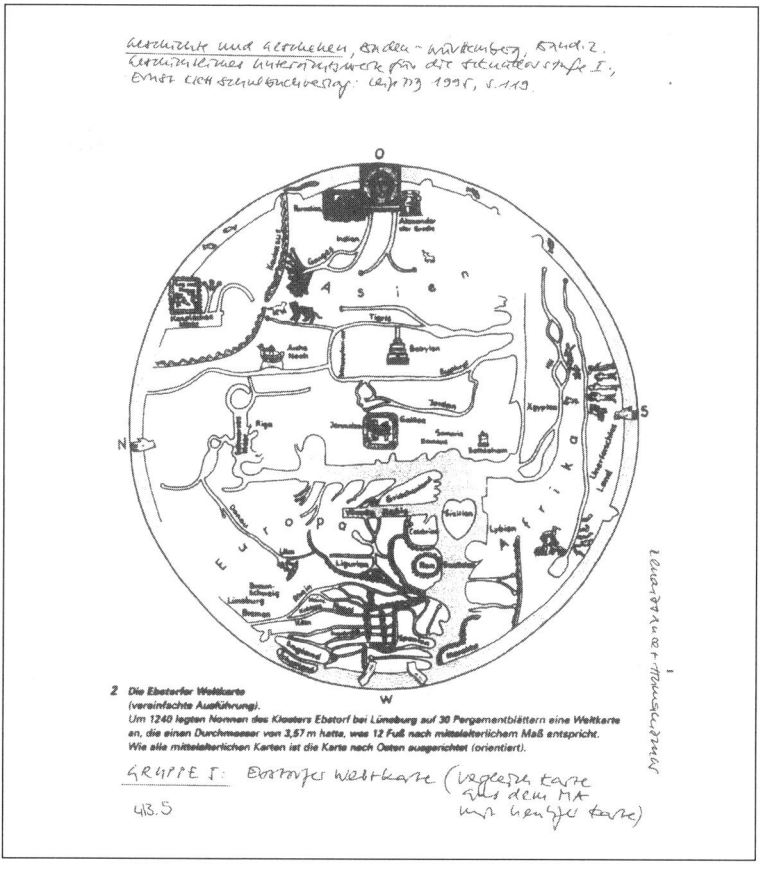

Abbildung 5.10: Kopie der Folie „Ebstorfer Weltkarte" als Arbeitsgrundlage für Gruppe 5 in der Lektion „Repetition Renaissance"

Zwei *Menschen* kommen in der videografierten Stunde näher in den Blick: Leonardo da Vinci und Johannes Gutenberg. Beide haben die Schülerinnen und Schüler offenbar interessiert, wie ihre Beiträge zeigen. Bei Leonardo da Vinci wird seine Neugier und seine Vielseitigkeit mehrfach erwähnt:

00:26:21–00:26:55	SN: Ja. Er hat einen starken Wissensantrieb und hinterfragt alles. Also, auch die-die alten Schriften hat er immer wieder -eh- untersucht und geschaut, ob es stimmt. Ja, er war ein grosser Künstler und hat bedeutende Werke gemalt. Er war- er wollte immer etwas Neues lernen, hm, hatte ja auch verschiedenste Berufe gelernt. Ja.

Bei Johannes Gutenberg beschäftigt es die Schülerinnen und Schüler, dass nicht Gutenberg selber von seiner Erfindung profitieren konnte, sondern dass sein Geldgeber, Johannes Fust, mit den gedruckten Bibeln viel Geld verdiente:

00:30:15–00:30:51	SN: Zweite Frage: Warum wurde sein Werk nicht unter seinem Namen veröffentlicht. ... Ja?
	SN: *Also*, er hatte- er musste Geld leihen, weil er zu wenig hatte bei einem -eh- Kaufmann, also so Fust – hiess er, und dann, schlussendlich forderte der Kaufmann das Geld zurück und -eh- und Gutenberg musste seine Werkstatt und die noch nicht gedruckten Bücher -eh- ihm überlassen. ... Und er machte dann das grosse Geschäft damit der ().
	SN: Okay.

Verschieden Folien regen zu *Vergleichen* an, etwa die beiden Madonnendarstellungen aus unterschiedlichen Epochen der Gruppe 1 oder die zwei verschiedenen Abbildungen des Kosmos der Gruppe 6. Dadurch können Veränderungen in der Zeit thematisiert werden. Dort, wo das Vergleichen nicht durch die Folien angelegt ist – etwa bei der Ebstorfer Weltkarte – stossen es die Schülerinnen und Schüler mit ihrer Frage an.

Alles in allem gelingt es der Lehrerin, mit den sechs Folien weite Bereiche des Themas „Renaissance" abzudecken, die in gängigen Lehrmitteln[13] vorkommen, etwa „Der Mensch im Mittelpunkt", „Ein neues Bild der Natur und des Kosmos", „Auf der Suche nach Harmonie und Schönheit", „Eine ‹schöne Kunst› – der Buchdruck", „Die Folter macht die Hexen" (Brückmann/Brütting/Gautschi u.a. 2004, S. 6).

5.5.3 Prozessstruktur: „Binnendifferenzierung und intensive Betreuung der Gruppen"

In der Beurteilung der Lektion „Repetition Renaissance" aus Sicht der Schülerinnen und Schüler wird der Lerngegenstand nicht explizit erwähnt. Auf die Frage „Was hat dir an der vergangenen Lektion besonders gut gefallen?" haben 7 von 24 Schülerinnen und Schüler die *Gruppenarbeit* erwähnt:
– „Dass wir in einer Gruppe arbeiten konnten."
– „Es war eine lockere Gruppenarbeit."
– „Die gemeinsame Gruppenarbeit."
– „Dass wir unter uns arbeiten konnten."

---

13   Die Kapiteltitel stammen aus dem Lehrmittel „Geschichte und Geschehen" (Brückmann/Brütting/Gautschi u.a. 2004), das die Lehrerin offenbar ebenfalls herangezogen hat.

Dies deutet daraufhin, dass sich diese Sozialform aus Sicht der Schülerinnen und Schüler zur *Prüfungsvorbereitung* gut eignet.

Auch der Experte erachtet die Sozialform als angemessen und weist auf die *Binnendifferenzierung* hin, die durch die arbeitsteilige Gruppenarbeit erfolgt. Diese Sozialform erlaubt der Lehrerin zudem einen Kontakt mit einzelnen Lernenden. Dies ist auch für die Lehrerin selber wichtig. Auf die Aufforderung „Bitte beschreiben Sie zwei Situationen oder Prozesse, mit denen Sie speziell zufrieden waren", antwortet die Lehrerin unter anderem: „Kontakte mit einzelnen Schülerinnen, Schülern oder ganzen Gruppen in den ersten 15 Minuten. Das mache ich immer, egal ob Gruppen-, Partner- oder Einzelarbeit. Das zeigt mir sehr viel." Diese Sequenz am Anfang der Geschichtsstunde nutzt die Lehrerin dazu, den Schülerinnen und Schüler bei der Abfassung anregender Fragestellungen zu helfen und auch bei Unsicherheit die Antwortrichtung vorzugeben. Dies gewährleistet, dass die anschliessende Plenumsarbeit anregend, aktivierend und zielorientiert wird. Auf diese Weise werden die Lerngelegenheiten den Schülerinnen und Schülern angepasst.

Ebenfalls sieben Schülerinnen und Schüler betonen das gute *Lernklima*, das während der Lektion geherrscht hat:
- „die gelassene Atmosphäre"
- „relativ lockere Stimmung"
- „Sie war nicht sehr streng."
- „Was ich sonst noch sagen wollte! Humor sensationell!!!"

Positiv zum Lernklima trägt bei, dass die Lehrerin die Lernenden mehrfach auffordert, bei allfälligen Unklarheiten bei ihr nachzufragen. Zudem steht sie vor Lektionsbeginn und nach Lektionsschluss ebenfalls für Fragen zur Verfügung: „Wenn sonst noch Fragen sind: Ich bin jeweils in der Pause drüben in der Sammlung" (48:43).

Aus der Sicht des Experten werden die Lehrerhandlungen im Bereich der Prozessstruktur ebenfalls als gut beurteilt, zum Beispiel die „klaren Impulse". Der Lehrerin gelingt es in etwas mehr als einer Minute die Klasse zu begrüssen, Thema und Ablauf vorzustellen und die Aufgabe einzuleiten:

00:07:07–00:07:16	T: *Ja, Guten Tag miteinander, guten Morgen.* Ich möchte euch zur heutigen Repetitionslektion begrüssen.
00:07:16–00:07:30	T: Wie vor der letzten Prüfung, hab ich wieder sechs Bilder zu den -eh- wichtigsten Themenbereichen ausgewählt. Beim letzten Mal waren das Themen -eh- Bilder aus dem Buch und jede Gruppe hat ihre Frage auf eine Folie notiert.
00:07:30–00:07:44	T: Heute sind es -eh- Bilder auf Folien. Das sieht so aus. Und jede Gruppe soll doch bitte ihre Frage und die Antwort stichwortartig auf diesem Blatt notieren. Ich möchte das am Schluss einsammeln.

00:07:44–00:08:11	T: Einige der Bilder kennt ihr bereits. Andere sind neu. Es gibt Bilder, die ihr wie Bildquellen verwenden könnt. Also, so wie wir das normalerweise im Geschichtsunterricht tun. Interpretieren, beobachten. Wir haben allerdings natürlich nicht so viel Zeit. Dann gibt's aber auch Bilder, die ihr eher als Aufhänger betrachten sollt, um über ein bestimmtes Thema zu diskutieren. Wie beim letzten Mal pro Gruppe eine Frage.
00:08:11–00:08:29	T: Ich möchte bereits in zehn Minuten beginnen, damit wir pro Bild dann rund fünf Minuten Zeit haben. Überlegt euch doch auch schon, wer dann hier vorne -eh- an den Hellraumprojektor kommt//und die Frage stellt.

Mit dieser Einleitung hat die Lehrerin den *Grundstein zum Erfolg* der Lektion gelegt. Die Abfolge in Lernphasen ist klar und bekannt, die Struktur der Lektion ist transparent, die Schülerinnen und Schüler wissen, was sie zu tun haben. Damit die Stunde gelingt, ist allerdings ein wirkungsvolles *Zeitmanagement* notwendig, sind doch eine Reihe von Übergängen zu bewältigen, zum Beispiel von einer Gruppe zur andern. Der Lehrerin gelingt es trotz dieser Herausforderung, die Geschichtslektion plangemäss durchzuführen und zeitig abzuschliessen.

Dass die Lernaufgaben anregend, aktivierend und zur Erreichung der Ziele gut geeignet sind, zeigt auch die Nutzung der Lernenden.

5.5.4 Nutzung: „Ich konnte vor der Klasse reden"

Die erste Lerntätigkeit, die die Lehrerin von den Schülerinnen und Schülern verlangt, ist das Stellen einer Frage zum ausgeteilten Material. Dies erfordert von den Lernenden *Wahrnehmungskompetenz für Veränderungen in der Zeit*. Dass dies anspruchsvoll ist, zeigt eine Reihe von Einzelgesprächen während der Gruppenphase:

00:13:05–00:13:10	S://*Ja, aber sie haben jetzt so viele Sachen gesagt. Das kann man gar nicht in eine Frage hinein tun.*
	T: *Doch, das kann man.* {lacht}
	S: *Nein, Sie.*

Die Lehrerin versucht mit strukturellen Hinweisen, die Schülerinnen und Schüler beim Finden von weiterführenden Fragen und bei der Vorbereitung der Gesprächsleitung zu unterstützen:

00:15:26-00:15:44	T: *Ideal ist natürlich, wenn es eine Frage ist, welche nicht mit einem Wort oder einem Satz//beantwortet werden kann.*
	SN.//*Eben! Das meine ich ja.*
	T: *Aber ihr könnt natürlich auch mal mit so einer einsteigen und nachher eine Anschlussfrage stellen.*
00:15:44-00:15:55	SN: *Sie. Darf man zu zweit nach vorne?*
	T: *Ja. Natürlich.*
	S: *Sonst schaffen wir das nicht.* {lacht}
	T: *Ist gut. Ich kenne das Problem.* {lacht} *Ja. Ist gut.*
	S: *Okay. Dann gehen wir zusammen nach vorne jetzt.*

Dass der Lehrerin bewusst ist, wie wichtig es für Historisches Lernen ist, Fragen an die Geschichte stellen zu können, zeigt ihre Antwort im Fragebogen, den sie zur Lektion ausgefüllt hat. Auf die Aufforderung „Bitte beschreiben Sie zwei Situationen oder Prozesse, mit denen Sie speziell zufrieden waren" antwortet sie unter anderem: „Schülerinnen und Schüler entwickeln ein Bewusstsein für Fragestellungen (historisches Denken)".

Lernende müssen in der Geschichtslektion „Repetition Renaissance" nach dem Formulieren von Fragen historische Quellen und Darstellungen erschliessen, zuerst beim Material, das sie für ihre Gruppe bekommen haben, dann beim Material, das ihnen ihre Kolleginnen und Kollegen im Plenum vorstellen. Die Identifikation von Phänomenen wird den Lernenden erleichtert, wenn sie einen *Vergleich* anstellen können. Deutlich wird dies bei Gruppe 5 im Umgang mit der vereinfachten Darstellung der Ebstorfer Weltkarte (vgl. Abbildung 5.10):

00:38:08-00:39:16	SN: *Also*, nenne die Unterschiede zwischen dieser und einer heutigen Weltkarte. Arnab?
	SN: *Also*, Osten ist meistens rechts und Norden ist oben.
	S: Gereome?
	SN: *Also*, es ist schon ein Bezug zur Religion gemacht. Also man sieht zum Beispiel oben das Paradies und dann noch einen Platz für Alexander den Grossen und Jerusalem. Auf den heutigen Karten- *also*, sind solche Sachen überhaupt nicht mehr vorhanden.
	SN: Eh. Olivia?
	SN: Es sind nur drei Kontinente auf dem Bild.
	SN: *Ja.*

In der Geschichtslektion „Repetition Renaissance" können Schülerinnen und Schüler auch ihre *Interpretationskompetenz für Geschichte* üben und anwenden:

00:30:51–00:31:14	SN: Was brachte der Buchdruck für Vor- und Nachteile für die Kirche und Humanisten? ... Nina?
	SN: Ja es ging schneller. Früher- früher mussten sie ja die Bücher abschreiben und somit konnten sie auch mehrere aufs Mal machen und nicht nur eines.
00:31:14–00:31:50	SN: Ja. Und Nachteile? Sämi
	SN: Ja, also für die Kirche war's ei- eigentlich ein Nachteil, dass all diese Ideen, die sich an -eh- von eben zum Beispiel, dass die Sonne im Zentrum -eh- des Universums steht. Die- die konnten viel einfacher und schneller verbreitet werden und das wollte die Kirche eigentlich gar nicht, dass die ver- verbreitet werden. Weil sie war dagegen.
00:31:50–00:32:08	SN: Ja. Im Allgemeinen: Bücher können ch- unchristliche Lehren verbreiten.//Oder? ... Ja, und wir haben noch -eh-: Bücher verunsichern Gläubige und führen auf Abwege. ... Ja.

Dass Schülerinnen und Schülern historisches Erzählen vor der Klasse Spass machen kann, zeigt die Antwort eines Schülers auf die Frage „Was hat dir an der vergangenen Lektion besonders gut gefallen?". Er schreibt: „Dass ich vor der Klasse reden konnte". Das Hauptziel der Stunde war allerdings die Repetition von Wissen über Vergangenes, um den Lernenden die Möglichkeit zu geben, sich auf die anstehende Prüfung vorzubereiten. Dass auch dies gelungen ist, zeigt eine andere Schülerantwort auf die gleiche Frage: „Im Allgemeinen sind Repetitionsstunden sehr nützlich, um noch einmal alles in Erinnerung zu rufen, und dafür fand ich die Gruppenarbeit sehr geeignet".

5.5.5 Güteprofil der Lektion „Repetition Renaissance"

Eine zusammenfassende Beurteilung der Lektion entlang der in Kapitel 2 hergeleiteten Gütekriterien ergibt unter Berücksichtigung der oben dargestellten Beobachtungen und Beurteilungen folgendes Güteprofil:

Tabelle 5.5: Güteprofil der Lektion „Repetition Renaissance"

„Repetition Renaissance"		++	+	o	-
Lerngegenstand: Inhalte, Themen und Medien	1. Bedeutsames Thema		X		
	2. Thematisierung von menschlichem Handeln in gesellschaftlicher Praxis			X	
	3. Thematisierung von Veränderungen in der Zeit und Entwicklungszusammenhängen		X		
	4. Sachrichtigkeit, Multiperspektivität und Kontroversität		X		
	5. Bezogenheit des Themas auf die Situation der Lernenden		X		
	6. Exemplarische und zielgruppenangepasste Repräsentationen von Geschichte		X		
Prozessstruktur: Unterrichtsgestaltung durch die Lehrperson	7. Sicherung einer effizienten Klassenführung und Zeitnutzung	X			
	8. Förderung eines unterstützenden Klassenklimas	X			
	9. Gewährleistung von anregenden, aktivierenden und angepassten Lerngelegenheiten		X		
	10. Schaffung von angemessener Klarheit und Strukturiertheit	X			
Nutzung: Fachspezifisches Lernen der Schüler/innen	11. Wahrnehmung von historischen Zeugnissen und von Veränderungen in der Zeit		X		
	12. Erschliessung, Überprüfung und Darstellungen von historischen Sachanalysen		X		
	13. Interpretation (Analyse und Deutung) von Geschichte			X	
	14. Orientierung: Sinnbildung über Zeiterfahrung und Werturteilsprüfung an Zeiterfahrung				X
	15. Aneignung und Wiedergabe von Wissen über Vergangenes und Verständnis von Geschichte	X			

6. Erkenntnisse: Guter Geschichtsunterricht heute

Im Unterrichtsalltag gibt es Geschichtslektionen, die sowohl in der Wahrnehmung von Lehrenden und Lernenden als auch von externen Expertinnen und Experten als „gut" beurteilt werden. Bei den 39 Lektionen, die für die vorliegende Arbeit aufgezeichnet wurden, ist dies bei 5 Lektionen der Fall. Sie sind in Kapitel 5 beschrieben. Damit ist die Forschungsfrage 1 (vgl. Abschnitt 1.2.1) beantwortet.

Das vorliegende Kapitel gibt nun *Antworten* auf die weiteren Forschungsfragen.

Um festzustellen, welche Dimensionen und Kriterien bei der Beurteilung und Charakterisierung guter Geschichtslektionen von Lehrenden und Lernenden sowie von Expertinnen, Experten herangezogen werden, wird versucht, deren Äusserungen den vom Autor für diese Arbeit festgelegten *Gütekriterien* zuzuordnen (Unterkapitel 6.1, Forschungsfrage 2).

Danach werden die im vorigen Kapitel beschriebenen guten Geschichtslektionen in Bezug auf die *Unterrichtsform* und die verwendeten *Lernmaterialien* mit den andern für diese Arbeit herangezogenen Geschichtslektionen verglichen (Unterkapitel 6.2, Forschungsfrage 3).

Zum Schluss werden die Güteprofile der als „gut" identifizierten Geschichtslektionen analysiert um herauszufinden, welche *Merkmale* und *Schlüsselfaktoren* gute Geschichtslektionen kennzeichnen (Unterkapitel 6.3, Forschungsfrage 4).

6.1 Kriterien zur Beschreibung und Beurteilung von Geschichtsunterricht

Die fünf als „gut" identifizierten Lektionen wurden durch den Autor mit dem in Kapitel 2 theoretisch hergeleiteten und in Kapitel 3 vorgestellten Ratingbogen (Grafik 3.2) beschrieben und beurteilt. Im vorliegenden Unterkapitel wird anhand der erfassten Äusserungen von Expertinnen, Experten, von Lernenden und Lehrenden überprüft, ob die im Ratingbogen verwendeten Kriterien „guten Geschichtsunterricht" umfassend zu charakterisieren vermögen oder ob zusätzliche Aspekte herangezogen werden müssen.

6.1.1 Beurteilungskriterien der Expertinnen und Experten

Elf Expertinnen und Experten haben für die vorliegende Arbeit mehrere Geschichtslektionen beurteilt. Mittels Fragebogen wurden sie eingeladen, die Geschichtslektionen der Güte nach zu reihen, die einzelnen Lektionen mit einem der vier Prädikate „sehr gut", „gut", „genügend" und „ungenügend" zu beurteilen und danach zu begründen, wieso sie diese oder jene Geschichtslektion als „gut" charakterisieren (vgl. Abschnitt 3.4.5).

Eine Reihe von Expertinnen und Experten finden zur Erklärung ihres Urteils Begründungen bei den *Voraussetzungen des Unterrichts*[1]. Am deutlichsten wird dies in folgender Formulierung sichtbar: „Ich schreibe dies hier deshalb, weil ich überzeugt bin, dass die äusseren Rahmenbedingungen wie Klassenfrequenz, Verfügbarkeit technischer Geräte im Klassenzimmer und die Disziplin der Schüler wesentlich dazu beitragen können, dass guter Unterricht stattfinden kann."

Mehrfach werden die infrastrukturellen Voraussetzungen erwähnt: „Ich bin beeindruckt von der Ausstattung Schweizer Schulen. Jedes Klassenzimmer verfügt über all die Technik, die für guten Unterricht Voraussetzung ist." Und ebenfalls öfter fällt den Expertinnen und Experten auf, welch geringe Anzahl von Schülerinnen und Schüler in den videografierten Klassen sitzt: „Ich bin aber überzeugt, dass so kleine Klassenfrequenzen, wie ich sie auf den Videos gesehen habe, in Deutschland in nächster Zeit kaum realisiert werden können."

In den Erklärungen der Expertinnen und Experten zu ihrem Urteil, wieso sie diese oder jene Geschichtslektion als „gut" charakterisiert haben, wird in verschiedenen Fragebogen auf die *Lehrperson* fokussiert, dabei aber weniger auf ihr Angebotshandeln als auf ihre Persönlichkeitsmerkmale oder ihr Wissen und Können. Im für diese Arbeit entwickelten Rahmenmodell (vgl. Grafik 2.4) sind diese Aspekte im Bereich „Individuen" bei den „individuellen Voraussetzungen" zu verorten.

Ein Experte hält zu den individuellen Voraussetzungen von Lehrpersonen zum Beispiel folgende Einschätzung fest: „Der Lehrer selbst macht einen dynamischen Eindruck. Er vermittelt den Eindruck, dass er seinen Beruf gerne ausübt und dass er auf die Schüler ein wenig von seiner Begeisterung für die Geschichte übertragen möchte." Weitere Urteile anderer Experten zielen in dieselbe Richtung: „Kompetenter Eindruck von der Lehrperson (kennt die Sache)"; „ruhige, souveräne Lehrperson".

In den Erklärungen der Expertinnen und Experten zu ihrem Urteil, wieso sie diese oder jene Geschichtslektion als „gut" charakterisiert haben, wird auch auf die Voraussetzungen der *Lernenden* fokussiert, vor allem auf deren Disziplin oder Motivation: „Bei den Schüler/innen überwiegt ein positives Arbeitsklima bzw. positive Arbeitsbereitschaft (Motivation)."

Die fachdidaktischen Expertinnen und Experten halten sich in ihrer Beurteilung von Geschichtsunterricht und in ihren Begründungen ihrer Urteile offenbar an verschiedene Theorien und Modelle, meist ohne diese explizit zu erwähnen.

---

1   Vgl. dazu das Rahmenmodell für Geschichtsunterricht (Grafik 2.4).

Ein Experte urteilt und begründet konsequent entlang der drei Dimensionen „Bedeutsamkeit", „Effizienz" und „Unterrichtsklima" und stützt sich dabei wohl auf Kramis (1990) ab[2]. Bei den differenzierten Begründungen nennt der Experte beim Stichwort „Bedeutsamkeit" Identifikationsmöglichkeiten und Aktualitätsbezug, was in dem dieser Arbeit zu Grunde liegenden Rahmenmodell dem „Lerngegenstand" zuzuordnen ist. Beim Stichwort „Effizienz" wird die angemessene Rhythmisierung und das Hinarbeiten auf die Ergebnissicherung erwähnt, was der „Prozessstruktur" zuzuordnen ist, ebenso wie die engagierte Betreuung der Arbeitsgruppe, die der Experte bei „Unterrichtsklima" aufführt. Das *Modell von Kramis* scheint auch einen andern Experten geleitet zu haben, der die drei Bereiche „Zielsetzung/Thematik", „Gestaltung der Lernsituation" sowie „Lernklima (soziale Interaktion)" anführt.

Ein weiterer Experte lässt sich durch ein *Angebots-Nutzungs-Modell* leiten, das auch dem Rahmenmodell dieser Arbeit zugrunde liegt, und unterscheidet auf der Angebotsseite „interessante Thematik", „anregende Fragestellungen und Aufträge der Lehrperson", „gute (informative) Unterlagen (Infos, Film, Vororientierung zum Film)", „kompetenter Eindruck von der Lehrperson (kennt die Sache)" sowie auf der Nutzungsseite „Schüler/innen sind vielfältig sachbezogen aktiv (Interview auswerten, Fragen klären im Gruppengespräch)", „Schüler/innen formulieren selbst für sie wichtige Fragen"; „Schüler/innen verarbeiten Informationen, denken darüber nach ..." und „günstiges ‚time on task' – Verhältnis".

Alles in allem können die Beurteilungen der Expertinnen und Experten in dem dieser Arbeit zugrunde liegenden Rahmenmodell verortet und die meisten ihrer Aussagen – mit Ausnahmen derjenigen zur Persönlichkeit der Lehrerinnen und Lehrer – den Gütekriterien (vgl. Grafik 2.5) zugeordnet werden. Dies wird mit der folgenden Gegenüberstellung der Gütekriterien mit ausgewählten Zitaten aus der Beurteilung der Expertinnen und Experten belegt. Während es bei den Bereichen „Prozessstruktur" und „Nutzung" möglich ist, zu jedem Gütekriterium aus einer Fülle von Aussagen von Expertinnen und Experten Zitate auszuwählen, finden sich kaum Aussagen zum „Lerngegenstand". Dies deutet darauf hin, dass dieser Bereich bei der Beurteilung und Charakterisierung der Lektionen von Expertinnen, Experten am wenigsten in den Blick genommen wird.

Die fachdidaktischen Expertinnen und Experten suchen in den Begründungen ihrer Beurteilungen nach Schlüsselmerkmalen. Diese scheinen nicht einzelnen Gütekriterien zuzuordnen sein. Ein Experte weist auf die Bedeutung der *Lehrperson* hin: „Möglicherweise ist diese Stunde auch Anschauungs- und Beweismaterial für die für mich in den letzten Jahren immer deutlicher werdende Gewissheit, dass das Gelingen von Unterricht sehr wesentlich auch von der Lehrperson abhängt." Ein anderer Experte sieht die *Stimmigkeit* zwischen Inhalten, Zielsetzungen und Medieneinsatz als zentrales Schlüsselmerkmal, die eine „runde

---

[2] Vgl. dazu Abschnitt 2.3.2a.

Stunde" charakterisiere. Ein weiterer Experte formuliert: „Eine gute Lektion hat eine bildungsrelevante (substanzielle) Zielsetzung und regt Schülerinnen und Schüler zur produktiven Auseinandersetzung mit der Thematik an."

Tabelle 6.1: Gegenüberstellung der Gütekriterien mit ausgewählten Zitaten aus der Beurteilung der Expertinnen und Experten

Gütekriterium	Zitate
1. Bedeutsames Thema	– Bemerkenswert, wie der Gegenwartsbezug (...) sich organisch aus Herleitung und historischem Thema ergibt – Aktualitätsbezug
2. Thematisierung von menschlichem Handeln in gesellschaftlicher Praxis	– Identifikationsmöglichkeiten – Die Lernenden haben mit Hilfe der Lehrkraft versucht, statistische Erhebungen und menschliche Erfahrungen zu verbinden
3. Thematisierung von Veränderungen in der Zeit und von Entwicklungszusammenhängen	– Unterschiede zwischen der damaligen Zeit und heute: Was haben die Menschen aus der Geschichte gelernt? – Behandlung der verschiedenen Regierungssysteme auf vergleichende Art
4. Sachrichtigkeit, Multiperspektivität, Kontroversität	– Fachwissenschaftliche Richtigkeit – Verschiedene Perspektiven werden eingenommen, es erfolgt ein Perspektivenwechsel
5. Bezogenheit des Themas auf die Situation der Lernenden	– Schüler/innen erleben in Rollenspielen, was das Thema beinhalten kann – Inhaltlich ist die Lektion gegenwarts- und lebensweltbezogen
6. Exemplarische und zielgruppen-angepasste Repräsentationen von Geschichte	– Neue, angemessene Medien – visuell unterstützt an der Wandtafel
7. Sicherung einer effizienten Klassenführung und Zeitnutzung	– Binnendifferenzierung durch zusätzliches Material – Die Aufgaben beziehen das Geschichtsbuch als Werkzeug mit ein und steigen taxonomisch mustergültig von einer elementaren Aufgabe bis zum Beurteilen und entsprechenden Begründen an
8. Förderung eines unterstützenden Klassenklimas	– Wertschätzender Umgang der Lehrperson mit Schüler/innen – Lehrperson geht auf Schüler individuell ein, wertschätzender Umgang
9. Gewährleistung von anregenden, aktivierenden und angepassten Lerngelegenheiten	– Effiziente, interessante und sinnvolle Aufgabenstellungen – Lehrperson macht Sinn und Zweck der einzelnen Arbeitsschritte deutlich

10. Schaffung von angemessener Klarheit und Strukturiertheit	– Es gelten klare Regeln. – Lektion sehr gut strukturiert und rhythmisiert	
11. Wahrnehmung von historischen Zeugnissen und von Veränderungen in der Zeit	– eigene Erkundungen – Fragen formulieren, die persönlich wichtig sind	
12. Erschliessung, Überprüfung und Darstellung von historischen Sachanalysen	– Die Lernenden haben selber mit Quellen gearbeitet, diese ausgewertet und Resultate präsentiert. – Methodenschulung (Karikatur)	
13. Interpretation (Analyse und Deutung) von Geschichte	– konfrontiert mit quellengestütztem Sachurteil > Prozesseinübung – Versuch, die Schüler/innen die Unterscheidung zwischen Tatsache, Meinung und Begründung erkennen und einüben zu lassen	
14. Orientierung: Sinnbildung über Zeiterfahrung und Werturteilsprüfung an Zeiterfahrung	– Über aufklärerische Postulate und liberale Freiheitsrechte führt der Lernprozess zum differenzierten Abwägen von Fallbeispielen aus der Gegenwart. – Eigener Entscheid wird herausgefordert; verlangt Exposition der eigenen Meinung	
15. Aneignung und Wiedergabe von Wissen über Vergangenes und Verständnis von Geschichte	– Zusammenfassung und Festigung im Tafelbild – Wissenserarbeitung als Mittel und Voraussetzung von historischen Sinnkonstruktionen	

6.1.2 Beurteilungskriterien der Lernenden

Die von Expertinnen und Experten formulierten Charakterisierungen von „gutem Geschichtsunterricht" entsprechen weitgehend den Gütekriterien. Alles in allem ist dies auch bei den Aussagen der Lernenden der Fall, die von ihren Antworten auf die offene Frage „Was hat dir an der vergangenen Lektion besonders gut gefallen?" (vgl. Abschnitt 3.4.2) stammen.

Die Gegenüberstellung der Gütekriterien mit ausgewählten Zitaten von Lernenden in Tabelle 6.2 macht deutlich, dass die Gütekriterien auch die von Lernenden genannten Elemente von „gutem Geschichtsunterricht" abdecken.

Tabelle 6.2: Gegenüberstellung der Gütekriterien mit ausgewählten Zitaten aus der Beurteilung der Lernenden

Gütekriterium	Zitate
1. Bedeutsames Thema	– Wir haben viel über aktuelle Geschehnisse erfahren – Ich fand das gut, weil es ein sehr aktuelles Thema ist – Das Thema finde ich interessant, da es auch etwas mit uns, unserer Zeit zu tun hat
2. Thematisierung von menschlichem Handeln in gesellschaftlicher Praxis	– Interviews der Menschen, die zur Zeit des Zweiten Weltkriegs gelebt haben – Ich konnte mich gut in die Personen hineinversetzen
3. Thematisierung von Veränderungen in der Zeit und von Entwicklungszusammenhängen	– Zu erfahren, wie es Hitler gelang aufzusteigen – Zuerst etwas Aktuelles, dann etwas aus der Vergangenheit
4. Sachrichtigkeit, Multiperspektivität, Kontroversität	– Es hat mir gefallen mehr darüber zu erfahren, wie sich Ausländer in der Schweiz fühlen – Das Thema hat mich interessiert. man sieht so gut, dass eben nicht alle Leute dasselbe denken
5. Bezogenheit des Themas auf die Situation der Lernenden	– Dass wir eine Gesellschaft durchgenommen haben, in der wir selber stecken – Dass es um ein aktuelles Thema ging, welches jeden etwas angeht. Es ist gut, etwas darüber zu wissen
6. Exemplarische und zielgruppen-angepasste Repräsentationen von Geschichte	– Es war toll, dass unser Lehrer verschiedene Mittel zur Präsentation benutzt hat (alte Zeitungen, Bilder, Folien, Buch) – Der Film hat mir gefallen, da man sich die Situation bildlich vorstellen konnte
7. Sicherung einer effizienten Klassenführung und Zeitnutzung	– Das Sitzen in einem grossen Kreis dünkt mich sehr sinnvoll, weil man einander anschauen kann. – Jeder konnte sein eigenes Thema selber erforschen und vortragen
8. Förderung eines unterstützenden Klassenklimas	– Herr B war sehr hilfsbereit – Es machten alle mit und waren konzentriert
9. Gewährleistung von anregenden, aktivierenden und angepassten Lerngelegenheiten	– Mir haben die einfachen Aufgaben gefallen – Ich denke, durch Sachen wie Schneiden, Kleben, Markieren usw. lernt man es schneller als sonst. So ging es jedenfalls mir.

10. Schaffung von angemessener Klarheit und Strukturiertheit	– Dass wir am Anfang der Stunde wussten, was auf uns zukommt – Die gute Verständlichkeit von Lehrer/Thema/Material	
11. Wahrnehmung von historischen Zeugnissen und von Veränderungen in der Zeit	– Weil wir durch die Gerliswilstrasse gehen konnten und Interviews machen – Dass wir unsere Fragen stellen konnten	
12. Erschliessung, Überprüfung und Darstellung von historischen Sachanalysen	– Mir hat gefallen, dass wir selbst eine Statistik zeichnen konnten – das Besprechen und die Orientierung auf der alten Landkarte	
13. Interpretation (Analyse und Deutung) von Geschichte	– Dass ich meinen eigenen Vortrag machen konnte – Dass ich die Zusammenhänge erkannt habe	
14. Orientierung: Sinnbildung über Zeiterfahrung und Werturteilsprüfung an Zeiterfahrung	– Ich konnte meine Meinung gut vertreten. Es war ein gutes Thema, auch sehr aktuell – Wir konnten viel unsere Meinung sagen und diskutieren	
15. Aneignung und Wiedergabe von Wissen über Vergangenes und Verständnis von Geschichte	– Die kurze Zusammenfassung des 1. Weltkriegs. Ich habe es endlich verstanden – Unser Lehrer fasst die wichtigsten Sachen am Schluss zusammen	

Wie die Expertinnen und Experten, so heben auch die Lernenden die wichtige Bedeutung der *Lehrperson* für guten Geschichtsunterricht heraus. Mehrfach werden auf die Frage „Was hat dir an der vergangenen Lektion besonders gut gefallen?" die Lehrenden genannt, wie die folgenden drei Zitate zeigen:
– „Mein Lehrer, der Herr K."
– „Dass der Lehrer heute besonders gut drauf war."
– „Der Lehrer ist super!"

Einzelne Lernende erkennen durchaus die *eigene Wichtigkeit* für das Gelingen des Geschichtsunterrichts, wie die folgenden beiden Antworten zeigen:
– „Wir waren ziemlich alle bei der Sache."
– „Heute war ich auch noch ganz gut drauf, und daher hatte ich es gut gefunden."

6.1.3 Beurteilungskriterien der Lehrenden

Auch die Lehrenden haben zur Güte des Unterrichts in einem Fragebogen Stellung genommen, den sie unmittelbar im Anschluss an die videografierte Lektion beantworten mussten. Unter anderem wurden sie mit folgender Aufforderung konfrontiert: „Bitte beschreiben Sie zwei Situationen oder Prozesse, mit denen Sie speziell zufrieden waren". Dazu ergänzend wurde die offene Frage „Warum sind Sie zufrieden?" gestellt (vgl. Abschnitt 3.4.3).

Die folgende Gegenüberstellung der Gütekriterien mit ausgewählten Zitaten von Lehrenden macht deutlich, dass die Gütekriterien ebenfalls den von Lernenden genannten Charakterisierungen von „gutem Geschichtsunterricht" entsprechen.

Tabelle 6.3: Gegenüberstellung der Gütekriterien mit ausgewählten Zitaten aus der Beurteilung der Lehrenden

Gütekriterium	Zitate
1. Bedeutsames Thema	– Ausländerdasein in der Schweiz: viele verschiedene Schüler/innen machten gut mit und dachten mit.
2. Thematisierung von menschlichem Handeln in gesellschaftlicher Praxis	– Durch das Hineinversetzen in andere Menschen wurde ihr Einfühlungsvermögen sichtbar.
3. Thematisierung von Veränderungen in der Zeit und von Entwicklungszusammenhängen	– Es war so augenfällig und klar, welche Unterschiede zwischen demokratischen und faschistischen Exponenten bestehen.
4. Sachrichtigkeit, Multiperspektivität, Kontroversität	– Partnerarbeit ganz am Anfang: Inserat für Partnersuche: Gespräch mitgehört: Ist gut, dass alte Menschen nicht allein bleiben müssen; es ist gut, dass sie Kontakt finden.
5. Bezogenheit des Themas auf die Situation der Lernenden	– Ich habe persönliches Interesse gespürt.
6. Exemplarische und zielgruppen-angepasste Repräsentationen von Geschichte	– Die Eröffnungsvideosequenz scheint die Schüler/innen interessiert zu haben.
7. Sicherung einer effizienten Klassenführung und Zeitnutzung	– Meine Beraterarbeit bei der Partnerarbeit hat funktioniert. Bei Schwierigkeiten wurde ich zu Hilfe gerufen.
8. Förderung eines unterstützenden Klassenklimas	– Quiz: Die Schüler/innen hatten Spass und waren dabei.
9. Gewährleistung von anregenden, aktivierenden und angepassten Lerngelegenheiten	– Lesen des Bundesartikels: Plötzlich waren alle Schüler/innen wieder gefesselt und sehr konzentriert.
10. Schaffung von angemessener Klarheit und Strukturiertheit	– Ein sauberer Anfang hilft besonders einem Realschüler als Struktur.

11. Wahrnehmung von historischen Zeugnissen und von Veränderungen in der Zeit	– Gute Fragen der Gruppen: Entwickeln Bewusstsein für Fragestellungen (hist. Denken).
12. Erschliessung, Überprüfung und Darstellung von historischen Sachanalysen	– Geordneter Ablauf bei der Vorstellung der Statistiken: Die Klasse hat mir bewiesen, dass sie in der Lage ist, selbständig ein Thema zu bearbeiten und das wichtigste davon zu erzählen.
13. Interpretation (Analyse und Deutung) von Geschichte	– Es gelang den Schülerinnen und Schüler, Zusammenhänge zu erkennen.
14. Orientierung: Sinnbildung über Zeiterfahrung und Werturteilsprüfung an Zeiterfahrung	– Beurteilung der Modernisierungspläne für Russland: Differenzierte, auch konträre Stellungnahmen, die auch aufeinander Bezug nehmen.
15. Aneignung und Wiedergabe von Wissen über Vergangenes und Verständnis von Geschichte	– Frage 11.4 wurde von allen richtig beantwortet.

Auch bei den Lehrenden weisen verschiedene Aussagen auf die grosse Bedeutung der Voraussetzungen von Unterricht[3] hin. Vor allem Motivation, Einstellungen und Schlüsselkompetenzen der Lernenden werden mehrfach angesprochen:
– „Soziale Kompetenz der Schüler/innen"
– „Gutes Arbeiten mit Powerpoint"
– „Hilfsbereitschaft bei technischen Problemen"
– „sehr gute Vorbereitung der Schüler/innen"

Die Mehrheit der Aussagen der Lehrenden zur Güte von Geschichtsunterricht ist – wie auch die oben abgebildete Liste zeigt – *nicht fachspezifisch*. Von den 164 ausgewerteten Aussagen zur Güte von Geschichtsunterricht lassen sich 39 Aussagen als fachspezifisch charakterisieren, da sie Inhalt oder Thema nennen oder bei der Nutzung konkret auf ein fachspezifisches Kompetenzmodell referieren. Dies deutet darauf hin, dass eine Fokussierung der Aufmerksamkeit von Lehrenden auf die fachspezifischen Lerngegenstände sowie auf die fachspezifische Nutzung durch die Lernenden notwendig ist, um den Geschichtsunterricht zu verbessern.

Alles in allem zeigt das vorliegende Unterkapitel, dass die meisten Aussagen von Expertinnen, Experten, Lernenden und Lehrenden zur Güte von Geschichtslektionen den in dieser Arbeit verwendeten Gütekriterien (Grafik 2.5) zuzuordnen sind. Allerdings wird auch deutlich, dass die individuellen Voraussetzungen der Lehrenden und Lernenden einen erheblichen Einfluss auf

---
3 Vgl. Rahmenmodell für Geschichtsunterricht (Grafik 2.4).

den Unterrichtsprozess und dessen Güte haben: Das Angebot (Lerngegenstand und Prozessstruktur) wird durch die Lehrperson geprägt, die Nutzung durch die Lernenden gesteuert.

6.2 Unterrichtsformen und Lernmaterialien in guten Geschichtslektionen

Im vorigen Kapitel wurden fünf als „gut" identifizierte Geschichtslektionen beschrieben. Das vorliegende Unterkapitel beantwortet Forschungsfrage 3, ob sich diese guten Geschichtslektionen in Bezug auf die *Unterrichtsform* und die verwendeten *Lernmaterialien* von andern Geschichtslektionen unterscheiden, die nicht aus allen Perspektiven als „gut" beurteilt wurden.

Aufgrund der Sichtstruktur lassen sich in Geschichtslektionen drei verschiedene Unterrichtsformen bestimmen (vgl. Abschnitt 2.2.5d)[4]:

– Darbietender Geschichtsunterricht: Als darbietender Geschichtsunterricht werden alle präsentierenden Unterrichtsformen bezeichnet, die mindestens zwei Minuten dauern und während dieser Zeit nicht unterbrochen werden, etwa Lehrer- oder Schülervorträge, Erzählungen, Vorlesungen oder Filmvorführungen.
– Erarbeitender Geschichtsunterricht: Als erarbeitender Geschichtsunterricht werden alle dialogischen Unterrichtsformen des klassenöffentlichen Unterricht bezeichnet, etwa Diskussionen, Klassengespräche, Spiele.
– Aufgabenbasierter Geschichtsunterricht: Als aufgabenbasierter Geschichtsunterricht werden alle Phasen bezeichnet, in denen selbständige Schülerarbeit vorbereitet, durchgeführt oder ausgewertet wird.

In Tabelle 6.4 ist die Gesamtdauer der beobachteten Unterrichtsformen in den fünf als „gut" identifizierten Geschichtslektionen aufgeführt: Die Zusammenstellung macht deutlich, dass „guter Geschichtsunterricht" hauptsächlich *aufgabenbasiert* ist. Nicht nur kommt diese Unterrichtsform bei den als gut identifizierten Lektionen insgesamt während rund zwei Dritteln der Unterrichtszeit vor. Auch sind vier dieser fünf Lektionen als aufgabenbasiert zu charakterisieren, weil der Anteil dieser Unterrichtsform insgesamt über 60 % der Unterrichtszeit beträgt.

Allerdings unterscheiden sich die als „gut" identifizierten Geschichtslektionen in diesem Befund nicht wesentlich von allen anderen Geschichtslektionen, die in dieser Arbeit untersucht wurden. Im Schnitt aller Lektionen – also auch

---

4 Die detaillierte Beschreibung der Kodierung der Videos im Projekt „Geschichte und Politik im Unterricht" findet sich in Hodel/Waldis 2007, S. 110–117 bzw. im Datenarchiv der vorliegenden Arbeit im Kodiermanual für Kodierdurchgang 2 „Formen von Klassenunterricht und Arbeitsaufträge mit Anteilen selbständiger Schülerarbeit".

derjenigen, die nicht als „gut" identifiziert wurden – beträgt der Zeitanteil der Aufgabenbasierung 57 % (Hodel/Waldis 2007, S. 136).

Tabelle 6.4: Gesamtdauer der beobachteten Unterrichtsformen in den fünf als „gut" identifizierten Geschichtslektionen (in Minuten)

	darbietend (in Min.)	erarbeitend (in Min.)	aufgabenbasiert (in Min.)	anderes (in Min.)
Die Schweiz im Zweiten Weltkrieg (70 Min.)	14	14	42	
Auseinandersetzung mit sechs Freiheitsrechten (51 Min.)	3		48	
Erster Weltkrieg: Zahlen, Fakten, Waffen (71 Min.)	23	22	23	3
Deutschland in den Jahren 1918–1930 (46 Min.)	19	14	10	3
Repetitionslektion Renaissance und Humanismus (42 Min.)		2	40	
Total in Minuten: 280	59 Minuten	52 Minuten	163 Minuten	6 Min.
Total in Prozenten: 100	21,1 %	18,6 %	58,2 %	2,1 %

Geschichtsunterricht lässt sich aufgrund der Sichtstruktur weiter charakterisieren durch die Lernmaterialien, die eingesetzt werden[5]. Es sind dies:
- Unterrichtstexte (hergestellt von Lehrpersonen oder von Lernenden)[6]
- Schriftliches Lernmaterial (Autorentexte, Sachtexte, fiktionale Texte, Selbstzeugnisse, Urkunden, Mindmaps, restliches Schriftmaterial)
- Visuelles Lernmaterial (Fotografien, Karikaturen, andere Zeichnungen, Bildwerke, Karten, Schaubilder, Statistiken, Zeitleisten, restliches visuelles Material)
- Audiovisuelles Lernmaterial (Ton- und Filmdokumente)
- Kombiniertes Lernmaterial (Schulbuchseiten, Kopien aus Publikationen)
- Objekte

---

5   Vgl. dazu insbesondere die detaillierte Beschreibung der Kodierung der Videos im Projekt „Geschichte und Politik im Unterricht" (Hodel/Waldis 2007, S. 120–121 und S. 127) bzw. im Datenarchiv der vorliegenden Arbeit im Kodiermanual für Kodierdurchgang 3 „Medien im Geschichtsunterricht".
6   Als Unterrichtstexte werden nur solche Texte bezeichnet, die während der Lektion selber erstellt werden.

In Tabelle 6.5 ist die Einsatzdauer verschiedener Lernmaterialien, wie sie in den fünf als „gut" identifizierten Geschichtslektionen zu beobachten ist, aufgeführt. In den jeweiligen Rubriken ist die Zeitdauer ihres Vorkommens in Minuten angegeben. Da oft mehrere Lernmaterialien parallel verwendet werden, sind Mehrfachnennungen möglich. Die Prozentzahl bezieht sich auf die Gesamtdauer aller Lektionen.

Tabelle 6.5: Einsatzdauer verschiedener Lernmaterialien in den fünf als „gut" identifizierten Geschichtslektionen (in Minuten)

	Unterrichtstexte	Schriftliches Lernmaterial	Visuelles Lernmaterial	Audio-visuelles Lernmaterial	Kombiniertes Lernmaterial	Objekte
Die Schweiz im Zweiten Weltkrieg (70 Min.)	68	36				
Auseinandersetzung mit sechs Freiheitsrechten (51 Min.)	36	44	14		34	
Erster Weltkrieg: Zahlen, Fakten, Waffen (94 Min.)	51	13	34	30		30
Deutschland in den Jahren 1918–1930 (46 Min.)	35	8	4	28		
Repetitionslektion Renaissance und Humanismus (42 Min.)	41	5	38		3	
Total in Minuten: 303	231	106	90	58	37	30
Total in Prozenten	76,2%	35,0%	29,7%	19,1%	12,2%	9.9%

Die Zusammenstellung macht deutlich, dass in „guten Geschichtslektionen" in erster Linie mit *Unterrichtstexten*, dann mit schriftlichem und visuellem Lernmaterial gearbeitet wird. Nicht nur kommen diese Lernmaterialen insgesamt prozentual am meisten vor, auch werden sie in allen fünf Lektionen bevorzugt verwendet.

Auch bei den Lernmaterialien unterscheiden sich die fünf als „gut" identifizierten Lektionen nicht grundlegend von allen andern Geschichtslektionen, die in dieser Arbeit untersucht wurden. Nur eine geringe Differenz lässt sich bei den Unterrichtstexten ausmachen, die im Schnitt aller Lektionen während 83% der Unterrichtszeit und im Schnitt der als „gut" identifizierten Lektionen während 76,2% der Unterrichtszeit vorkommen. Allen videografierten Geschichtslektionen ist ferner gemeinsam, dass neben den Unterrichtstexten schriftliches und visuelles Lernmaterial, oft in Kombination eingesetzt, dominiert.

Aus den vorliegenden Ergebnissen lassen sich zur Sichtstruktur von guten Geschichtslektionen folgende *Schlüsse* ziehen:
- Die in dieser Arbeit als „gut" identifizierten Geschichtslektionen sind in erster Linie aufgabenbasiert.
- Während drei Vierteln der Unterrichtszeit arbeiten die Lernenden in den als „gut" identifizierten Lektionen mit selber oder von der Lehrperson verfassten Texten oder entwickeln selber neue Texte.
- In den als „gut" identifizierten Geschichtslektionen kommen Unterrichtstexte sowie schriftliches und visuelles Lernmaterial oft parallel vor. Die Lektionen werden „materialreich" (Hodel/Waldis 2007, S. 139) gestaltet.

Insgesamt kann aber festgestellt werden, dass sich die als „gut" identifizierten Geschichtslektionen in Bezug auf die Unterrichtsform und den Einsatz von Lernmaterialien kaum von den andern in dieser Arbeit herangezogenen videografierten Geschichtslektionen unterscheiden. Statistische Erhebungen zur Unterrichtsform oder zu den eingesetzten Lernmaterialien geben also nicht Aufschluss über die Güte von Geschichtsunterricht.

6.3 Merkmale und Schlüsselfaktoren von guten Geschichtslektionen

Weder die Form des Unterrichts noch die Art der Lernmaterialien sind eindeutige Indikatoren für gute Geschichtslektionen. In diesem Unterkapitel wird der Frage nachgegangen, ob es überhaupt Merkmale gibt, welche alle fünf als „gut" identifizierten Geschichtslektionen kennzeichnen. Dazu werden zuerst die Güteprofile der fünf Lektionen miteinander verglichen und anschliessend diejenigen Gütekriterien erörtert, die bei den als „gut" identifizierten Lektionen besonders positiv beurteilt werden.

6.3.1 Gute Geschichtslektionen und Gütekriterien

In der vorliegenden Arbeit wurden im vorherigen Kapitel fünf als „gut" identifizierte Geschichtslektionen entlang der gewonnenen Daten charakterisiert. Die Charakterisierungen wurden in den Ratingbogen übertragen (vgl. Abschnitt 3.4.1), der 15 Gütekriterien in den drei Unterrichtsbereichen „Lerngegenstand", „Prozessstruktur" und „Nutzung" umfasst (vgl. Grafik 2.5).

Eine Auszählung der Beurteilungen bezüglich der einzelnen Gütekriterien bei den als „gut" identifizierten und ausführlicher charakterisierten Geschichtslektionen ergibt folgendes Resultat:

Tabelle 6.6: Anzahl der Beurteilungen zu den Gütekriterien bei den als „gut" identifizierten Geschichtslektionen

Fünf gute Geschichtslektionen und ihre Gütekriterien		++[7]	+	o	-
Lerngegenstand: Inhalte, Themen und Medien	1. Bedeutsames Thema	III	I	I	
	2. Thematisierung von menschlichem Handeln in gesellschaftlicher Praxis		II	II	I
	3. Thematisierung von Veränderungen in der Zeit und Entwicklungszusammenhängen		IIII	I	
	4. Sachrichtigkeit, Multiperspektivität und Kontroversität			III	II
	5. Bezogenheit des Themas auf die Situation der Lernenden	III	II		
	6. Exemplarische und zielgruppenangepasste Repräsentationen von Geschichte	I	II	I	I
Prozessstruktur: Unterrichtsgestaltung durch die Lehrperson	7. Sicherung einer effizienten Klassenführung und Zeitnutzung	III	I	I	
	8. Förderung eines unterstützenden Klassenklimas	III	I	I	
	9. Gewährleistung von anregenden, aktivierenden und angepassten Lerngelegenheiten	I	IIII		
	10. Schaffung von angemessener Klarheit und Strukturiertheit.	II	II	I	
Nutzung: Fachspezifisches Lernen der Schüler/innen	11. Wahrnehmung von historischen Zeugnissen und von Veränderungen in der Zeit	I	I		III
	12. Erschliessung, Überprüfung und Darstellungen von historischen Sachanalysen		IIII	I	
	13. Interpretation (Analyse und Deutung) von Geschichte		II	III	
	14. Orientierung: Sinnbildung über Zeiterfahrung und Werturteilsprüfung an Zeiterfahrung	I	I	I	II
	15. Aneignung und Wiedergabe von Wissen über Vergangenes und Verständnis von Geschichte	II	I	II	

---

[7] „++" bedeutet „sehr gut", „+" = „gut", „o" genügend, „-" = „ungenügend". Vgl. Abschnitt 3.4.4.

Die Zusammenstellung zeigt:
- Alle als „gut" identifizierte Lektionen zeichnen sich dadurch aus, dass sie bei den Gütekriterien *Bezogenheit des Themas auf die Situation der Lernenden* und *Gewährleistung von anregenden, aktivierenden und angepassten Lerngelegenheiten* mit „sehr gut" oder „gut" beurteilt werden.
- Die Beurteilungen der als „gut" identifizierten Lektionen unterscheiden sich bei einzelnen Gütekriterien erheblich: Bei zwei Gütekriterien wird die gesamte vierstufige Skala ausgeschöpft, bei sieben Gütekriterien werden drei der vier Abstufungen genutzt.
- Jedes Gütekriterium wird mindestens zweimal mit „gut" oder „sehr gut" beurteilt.
- Eine vergleichende Analyse der einzelnen Güteprofile der fünf Lektionen zeigt zudem, dass bei allen Lektionen die Beurteilungen der Gütekriterien von „sehr gut" bis „ungenügend" streuen.

Daraus lassen sich folgende beide *Schlüsse* ziehen:
- Gute Geschichtslektionen unterscheiden sich erheblich voneinander. Die Zusammenstellung der Beurteilungen zu den Gütekriterien bei den als „gut" identifizierten Geschichtslektionen (Tabelle 6.6) macht grosse Differenzen[8] sichtbar.
- Gute Geschichtslektionen sind dadurch charakterisiert, dass sie bei den beiden Gütekriterien „Bezogenheit des Themas auf die Situation der Lernenden" und „Gewährleistung von anregenden, aktivierenden und angepassten Lerngelegenheiten" mit „gut" oder „sehr gut" beurteilt werden. Diese beiden Kriterien können aufgrund der vorliegenden explorativen Arbeit mit der gebotenen Vorsicht als *Schlüsselfaktoren* für gute Geschichtslektionen bezeichnet werden.

6.3.2 Schülerorientierung als ein Schlüsselfaktor für guten Geschichtsunterricht

Das Prinzip der „Bezogenheit des Themas auf die Situation der Lernenden" wird in der geschichtsdidaktischen Literatur unterschiedlich bezeichnet. Dehne (2006) spricht von *Schülerorientierung* und definiert wie folgt: „Schülerorientierung ist der Sammelbegriff für alle unmittelbar auf den Unterricht bezogenen methodischen Massnahmen, die die Voraussetzungen, Interessen und Bedürfnisse der Schüler und Schülerinnen in besonderer Weise berücksichtigen und sogar in den Mittelpunkt des Unterrichts stellen" (Dehne 2006, S. 159).

---

8   Die grossen Differenzen in den Beurteilungen sind auch Ausdruck unterschiedlicher individueller Wertungen und Gewichtungen. Da alle Lektionen durch den Autor geratet wurden, ist hier ein Korrektiv vorhanden.

Für Rohlfes (1986, S. 178) bezeichnet die *Schüler-, erziehungs- und bildungsorientierte Konzeption* eine von vier grundlegenden geschichtsdidaktischen Positionen neben der lern- und unterrichtsbezogenen, der fach- und wissenschaftsgeleiteten sowie der gegenwarts- und gesellschaftszugewandten Grundrichtung. Diese Grundrichtungen repräsentieren unterschiedliche „Philosophien" (Bromme 1997) von Geschichtsunterricht. In der Studie „Geschichtsunterricht heute" wurden Lehrpersonen zu diesen Philosophien befragt. Aufgrund der Ergebnisse einer explorativen Faktorenanalyse liessen sich deren Aussagen allerdings bloss drei Faktoren zuordnen, nämlich der „Prozessorientierung", was im Wesentlichen dem lern- und unterrichtsbezogenen Ansatz nach Rohlfes entspricht, dann der „Vergangenheits- und Geschichtsorientierung", was dem fachwissenschaftlichen Ansatz entspricht, und schliesslich der „Gesellschafts- und Gegenwartsorientierung" (Messner/Buff 2007, S. 151). Auffällig ist, dass sich die schüler-, erziehungs- und bildungsorientierte Konzeption in der Studie „Geschichtsunterricht heute" empirisch nicht nachweisen liess.

Dennoch ist davon auszugehen, dass auch die befragten Lehrerinnen und Lehrer das Anliegen, die Themen auf die Situation der Lernenden zu beziehen, verfolgen, dies jedoch unter anderen Begriffen subsumieren. Diese Vermutung wird auch durch die Beobachtung gestützt, dass „Schülerorientierung" im Handbuch Methoden im Geschichtsunterricht (Mayer/Pandel/Schneider 2004) nicht als eigener Begriff thematisiert wird, sondern im Kapitel „Prinzipien" unter dem Begriff *Gegenwarts- und Zukunftsbezug* als eine der unterrichtsrelevanten Ausprägungen aufscheint. Dort schreibt Bergmann: „Geschichtslehrerinnen und Geschichtslehrer (…) muten ihren Schülerinnen und Schülern zu, sich mit Vergangenem zu beschäftigen. Da macht es nicht nur Sinn, sondern es ist geboten, das Nachdenken über Vergangenes so anzulegen, dass den Schülerinnen und Schülern erkennbar und nachvollziehbar ist, was dieses Nachdenken über Vergangenes mit ihrer Gegenwart und Zukunft zu tun hat" (Bergmann 2004, S. 91–92). Geschichtsunterricht erfordert also zwingend einen Bezug zu den Lebensperspektiven der Schülerinnen und Schüler.

Dieser Bezug kann in unterschiedlichsten Unterrichtsphasen und auf die unterschiedlichsten Weisen vollzogen werden. Bergmann (2004, S. 93) weist einmal auf die „Gegenwärtigkeit von Vergangenheit und Geschichte" hin, zum Beispiel in der Geschichtskultur, als materielle Überbleibsel, als Sachverhalte und Begriffe des Alltags, als Errungenschaften oder Hypotheken der Vergangenheit[9].

In den fünf als „gut" identifizierten Geschichtslektionen kommt diese „Gegenwärtigkeit von Vergangenheit und Geschichte" in verschiedenen Sequenzen vor:

---

9   Diese Zusammenstellung von Bergmann (2004, S. 93) unterstreicht die grosse Bedeutung der *Wahrnehmungskompetenz für Veränderungen in der Zeit* von Schülerinnen und Schülern, damit sie die „Gegenwärtigkeit von Vergangenheit und Geschichte" überhaupt bemerken.

- Vor der Lektion „Die Schweiz im Zweiten Weltkrieg" haben die Lernenden Zeitzeugen zum Zweiten Weltkrieg getroffen. Durch ihre Berichte wird anschaulich, was es zum Beispiel bedeutete, dass die Lebensmittel knapp wurden und dass der Einkauf wichtiger Güter nur mit Rationierungsmarken möglich war.
- In der Lektion „Auseinandersetzung mit sechs Freiheitsrechten" begegnen die Lernenden den Freiheitsrechten, die die Liberalen im 19. Jahrhundert für sich erkämpft haben und von denen viele noch heute in Staatsordnungen garantiert sind. Durch die Auseinandersetzung der Schülerinnen und Schüler mit diesen Freiheitsrechten und deren Einschränkungen in aktuellen Fallbeispielen wird ihnen bewusst, wie stark auch ihr Leben dadurch geprägt wird.
- In der Lektion „Erster Weltkrieg: Zahlen, Fakten, Waffen" beschäftigen sich die Lernenden mit einem Gegenstand aus der Vergangenheit: Der Gast hat eine Gasmaske aus der Kriegszeit mitgebracht und gibt sie herum. Einzelne Schülerinnen und Schüler ziehen sie an und erfahren wie es ist, wenn man länger mit einer Gasmaske leben und arbeiten muss.

Bergmann unterscheidet ebenfalls verschiedene Zusammenhänge zwischen Vergangenheit und Gegenwart (Bergmann 2004, S. 104–105). Erstens können vergangene Ereignisse die Vorgeschichte der Gegenwart darstellen und zum Beispiel Ursache von gegenwärtigen Problemen sein. Bergmann bezeichnet dies als *Ursachenzusammenhang* (Bergmann 2004, S. 104). In diesem Fall lassen sich zwischen den vergangenen Ereignissen und der Gegenwart Veränderungen oder Kontinuitäten aufzeigen. In der Lektion „Die Schweiz im Zweiten Weltkrieg" beispielsweise wird den Lernenden klar, dass die Entschädigungs- und Wiedergutmachungsforderungen, mit denen die Schweizer Banken und Versicherungen konfrontiert sind, ihre Ursache im Verhalten dieser Institutionen während der Zeit des Zweiten Weltkriegs haben.

Zweitens können vergangene Strukturen als Modell zur Erklärung von aktuellen Situationen dienen. Bergmann bezeichnet dies als *Sinnzusammenhang* (Bergmann 2004, S. 105). Wer das vergangene Modell studiert, kann die Gegenwart besser deuten. Strukturen oder Ereignisfolgen können beispielsweise als Kontrast zur Gegenwart betrachtet werden. Dann schärfen sie den Blick für die Besonderheiten des Aktuellen. Während der Umgang mit Ursachenzusammenhängen von Schülerinnen und Schülern vor allem eine ausdifferenzierte *Interpretationskompetenz für Geschichte* erfordert und fördert, ist für den Umgang mit Sinnzusammenhängen vor allem die *Orientierungskompetenz für Zeiterfahrung* bedeutsam. Deutlich wird dies ebenfalls in der Lektion „Die Schweiz im Zweiten Weltkrieg", wo die Lernenden mit der Frage konfrontiert werden, ob die Schweiz heute ebenso wie im Zweiten Weltkrieg mit einem Unrechtsregime Geschäfte abwickeln soll oder nicht. Und die Schülerinnen und Schüler müssen sich der Frage stellen, wie die Schweiz heute mit Flüchtlingen umgehen soll, die vor einem Unrechtsregime geflohen sind.

All die geschilderten Beispiele für die „Bezogenheit des Themas auf die Situation der Lernenden" beleuchten ein *fachspezifisches Thema* und eine *fachspezifische Bezogenheit*. In den als „gut" identifizierten Lektionen sind auch andere Lerngegenstände und Bezüge sichtbar. In der Geschichtsstunde „Deutschland in den Jahren 1918–1930" reflektieren die Schülerinnen und Schüler verschiedene fachunspezifische Lernstrategien, die es ihnen erlauben sollen, geschichtliches Wissen besser zu behalten. Und in der Lektion „Repetition Renaissance" repetieren die Lernenden das Thema Renaissance im Wissen, dass gute Aufmerksamkeit ihnen zu einer besseren Geschichtsnote verhelfen wird. Die Frage der Lernenden zum Geschichtsunterricht „*... und was hat das mit mir zu tun?*"[10] kann auf verschiedene Arten beantwortet werden. Für guten Geschichtsunterricht zentral ist jedoch, dass Schülerinnen und Schüler darauf eine Antwort bekommen: Es ist geboten, „das Nachdenken über Vergangenes so anzulegen, dass den Schülerinnen und Schüler erkennbar und nachvollziehbar ist, was dieses Nachdenken über Vergangenes mit ihrer Gegenwart und Zukunft zu tun hat" (Bergmann 2004, S. 91–92).

6.3.3 Lernaufgaben als ein Schlüsselfaktor für guten Geschichtsunterricht

Anregende, aktivierende und angepasste Lerngelegenheiten werden mittels Aufgaben gewährleistet. Unter „Aufgaben" werden dabei Anforderungen verstanden, „mit denen Schülerinnen und Schüler im Unterricht seitens der Lehrperson konfrontiert werden" (Blömeke/Risse/Müller u.a. 2006, S. 331). Mit lernprozessanregenden Aufgaben – verkürzt *„Lernaufgaben"* – sind Aufgaben gemeint, die zur Auseinandersetzung mit einem speziellen Unterrichtsinhalt anregen sollen (Tulodziecki/Herzig/Blömeke 2004, S. 80), die den Lernenden erlauben, etwas „Neues zu lernen, Wissenslücken zu schliessen oder unklar Gebliebenes besser zu verstehen" (Köster/Lindauer 2008, S. 152)[11]. Lernaufgaben sind schriftlich abgefasste inhaltsbezogene Problemstellungen und Arbeitsanleitungen. Sie

---

10 Vgl. dazu Thurn, Susanne (1993): „...und was hat das mit mir zu tun?". Sie legt u.a. die Ziele ihres Geschichtsunterrichts dar und schreibt: „Ich möchte, dass meine Schülerinnen und Schüler (…) bei drängenden – sie bedrängenden und unsere Gesellschaft bedrängenden – Probleme historisch nachfragen, weil sie gelernt haben, dass die historische Auseinandersetzung mit Absichten, handlungseinschränkenden Bedingungen und Verhinderungen aller Art ihnen nützlich sein kann" (Thurn 1993, S. 255).

11 Lernaufgaben sind von Leistungsaufgaben zu unterscheiden, die der Überprüfung von Wissen und Können dienen. Vgl. dazu Köstner/Lindauer 2008, S. 152. Eine etwas differenzierte Unterscheidung von Aufgaben nehmen Lindauer/Schneider (2007, S. 114–120) vor. Sie unterscheiden *„Lernaufgaben"*, die situiert dem Kompetenzerwerb dienen, von *„Trainings-*

haben einen fachspezifischen Aspekt („Lerngegenstand") sowie lernbezogene Hinweise („Prozessstruktur"). Schülerinnen und Schüler bearbeiten Lernaufgaben selbständig, sie entdecken und lernen dabei etwas Neues und entwickeln ein Produkt („Nutzung").

Die Aufgabenkultur ist ein bedeutendes Element kompetenzorientierten Unterrichts, und die Lernaufgaben sind das zentrale didaktische Instrument dazu. Es gibt eine Reihe von empirischen Untersuchungen zur Qualität von Aufgaben[12] sowie viele theoretische Reflexionen und praktische Hinweise zum Umgang mit Aufgaben[13]. Dass Aufgaben im Lehr-Lernprozess eine zentrale Bedeutung zukommt, ist vor allem im Mathematik-[14] und Deutschunterricht[15] gut erforscht. Karl Frey hat ausgehend von den Ideen Deweys zum problemorientierten Unterricht (Dewey 2002/1910), von Seels Darstellung der psychologischen Grundlagen des Lernens (Seel 1981) sowie von Grell&Grells Unterrichtsrezepten (Grell/Grell 1996) das Stellen von Lernaufgaben als besonders wirksame Technik für den Unterricht in den Naturwissenschaften propagiert (Frey 2003).

In der geschichtsdidaktischen Literatur erscheinen Lernaufgaben einerseits als wichtiger Bestandteil von erarbeiten- und entdecken-lassendem Unterricht[16] und andererseits als Impuls zum Führen von Portfolios[17]. Zudem bilden Lernaufgaben das Gerüst von Lernwerkstätten, Fallstudien und Leitprogrammen[18], und sie sind grundlegend für den aufgabenbasierten oder *„aufgabenzentrierten Geschichtsunterricht"* (Günther-Arndt 2007, S. 94). Dieser wird mit drei Merkmalen charakterisiert:

„– Aufgabenzentrierter Geschichtsunterricht individualisiert das Lernen. Pflicht-, Wahl- und Förderaufgaben zu historischen Sachverhalten berücksichtigen das unterschiedliche Lerntempo und Leistungsvermögen sowie die unterschiedlichen inhaltlichen Interessen von Lernenden. Zudem fördert er die Verantwortung für das eigene Lernen. Insofern ist aufgabenzentrierter Geschichtsunterricht schülergesteuert.

---

aufgaben", die isoliert demselben Ziel dienen. Im Unterricht finden zudem *„Lernkontrollen"* statt, die der Überprüfung des Erworbenen dienen. Davon zu unterscheiden sind die *„Testaufgaben"*, die gemäss Testkriterien standardisiert sind.

12 Vgl. Stigler/Gonzales/Kawanaka u.a. 1999; Renkl 2001; Blömeke/Risse/Müller u.a. 2006.
13 Vgl. v.a. Frey 2003; Ball/Becker/Bruder u.a. 2003; Girmes 2003; Bruder 2003; Winter 2003
14 Vgl. dazu Bromme/Seeger/Steinbring 1990.
15 Vgl. dazu beispielsweise Lindauer/Schneider 2007 oder Köstner/Lindauer 2008.
16 Vgl. dazu z.B. Gautschi 2005b, S. 56–59: Geschichte erarbeiten und entdecken lassen
17 Vgl. dazu Gautschi 2006d.
18 Vgl. dazu Gautschi 2004b, 2007c oder Mathis 2007.

– Die Lehrperson steuert den Lernprozess über von ihr ausgewählte und präparierte Materialien und von ihr gestellte Arbeitsaufgaben. Unter diesem Aspekt ist aufgabenzentrierter Geschichtsunterricht ebenfalls lehrergesteuert.[19]
– Aufgabenzentrierter Geschichtsunterricht kann viel stärker als erarbeitender Unterricht Impulse geben, um Probleme und Inhalte aus multiplen Perspektiven, d. h. unter variierenden Aspekten und von verschiedenen Standpunkten aus zu betrachten. Er bietet den Lernenden subjektiv wahrnehmbare Freiheitsgrade der Wissenskonstruktion" (Günther-Arndt 2007, S. 94).

Aufgaben können in Bezug auf Typen (Wenzel 2007[20]) oder auf Format, Art, Schwierigkeit und Güte analysiert werden (Köstner/Lindauer, S. 151–53). Sie können auch entlang eines *Ablaufmodells* beschrieben und beurteilt werden. Dabei werden in Anlehnung an Blömeke/Risse/Müller u.a. (S. 339) vier Phasen unterschieden: Bei der *Aufgabenformulierung* (1.) wird der Lerngegenstand und das Aufgabenpotenzial sichtbar. Dieses kann mittels „objektiver Aufgabenanalyse"[21] bestimmt werden. Grundlage für die Analyse ist beispielsweise der Tafelanschrieb, die Hellraumprojektorfolie mit dem Arbeitsauftrag oder ein Arbeitsblatt. Die *Aufgabenstellung* (2.) – oft durch die Lehrperson – ist ein Spiegel der Prozessstruktur. Die Analyse dieser Phase ist deshalb besonders wichtig, weil verschiedene Studien belegen, dass Lehrpersonen durch ihr unterrichtliches Handeln den Charakter von Aufgaben verändern können[22]. Bei der *Aufgabenbearbeitung* (3.) wird das Nutzungsverhalten der Lernenden deutlich. Die *Aufgabenauswertung* (4.) schliesslich gibt Einblick sowohl in Prozessstruktur als auch in Nutzung, und sie erlaubt Aussagen zu den Wirkungen des Umgangs mit der Aufgabe.

In den fünf als „gut" identifizierten Geschichtslektionen ist die Auseinandersetzung der Schülerinnen und Schüler mit 16 verschiedenen Lernaufgaben zu beobachten. Tabelle 6.4 zeigt, dass allein in der Lektion „Repetition Renaissance" sechs Lernaufgaben vorkommen, die arbeitsteilig von den Schülerinnen und Schülern bearbeitet werden. Auch in der Lektion „Deutschland in den Jahren 1918–1939" sind vier Lernaufgaben zu beobachten; zwei allerdings werden erst am Ende der Lektion gestellt:

---

19 Lehrergesteuert ist der Unterricht schon, aber im Unterschied zu anderen Unterrichtsformen (Darbietender und Erarbeitender Geschichtsunterricht) ist er indirekt gesteuert.
20 Birgit Wenzel unterscheidet fünf Aufgabentypen: Aufgaben zur Kompetenzentwicklung, zum Wissenserwerb, zur Entwicklung des Geschichtsbewusstseins, zur Einübung von Arbeitsstilen, zur Reflexion des Lernwegs.
21 So zum Beispiel Blömeke/Risse/Müller u.a. 2006; Williams/Clarke 1997; Bromme/Seeger/Steinbring 1990; Neubrand 2002.
22 Vgl. Newman/Griffin/Cole 1989 oder Baumert u.a. 1997.

Tabelle 6.7: Lernaufgaben in den als „gut" identifizierten Lektionen[23]

Lektion	Lernaufgabe	dokumentierte Phase	Zeitpunkt/Dauer
Die Schweiz im Zweiten Weltkrieg	Interviews mit Zeitzeugen des 2. Weltkriegs	Aufgabenauswertung	Minute 2 bis Minute 19 der 1. Lektion
	Vergleich des Lebens während des 2. Weltkriegs mit dem heutigen Leben	Aufgabenformulierung, -stellung, -bearbeitung und -auswertung	Minute 19 der 1. Lektion bis Minute 13 der 2. Lektion
	Filmbetrachtung zum Verhalten der Schweiz im 2. Weltkrieg	Aufgabenformulierung und -stellung	Minute 13 bis Minute 28 der 2. Lektion
Auseinandersetzung mit sechs Freiheitsrechten	Kennenlernen von sechs Freiheitsrechten	Aufgabenstellung, -bearbeitung und -auswertung	Minute 5 bis Minute 16
	Identifikation von Verletzungen der Freiheitsrechte heute	Aufgabenstellung, -bearbeitung und -auswertung	Minute 16 bis Minute 53
Erster Weltkrieg: Zahlen, Fakten, Waffen	Analyse des Rüstungswettlaufs vor dem 1. Weltkrieg	Aufgabenauswertung	Minute 7 bis Minute 29
Deutschland in den Jahren 1918–1930	Beschreibung von Gebietsveränderungen im 1. Weltkrieg	Aufgabenauswertung	Minute 2 bis Minute 8
	Kennenlernen des Aufstiegs der NSDAP	Aufgabenstellung, -bearbeitung und -auswertung	Minute 9 bis Minute 36
	Verarbeitung der Zusammenfassung vom Ersten zum Zweiten Weltkrieg	Aufgabenstellung	Minute 37 bis Minute 44
	Vergleich zweier Propagandaplakate	Aufgabenstellung	Minute 45 bis Minute 46

---

23 Aufgrund der Kodierregeln (vgl. im Datenarchiv die Kodiermanuale) wird nicht die gesamte hier aufgeführte Zeit des Umgangs mit einer Lernaufgabe als „aufgabenbasierter Geschichtsunterricht" kodiert. Sobald beispielsweise in der Auftragsbesprechung eine Präsentation erfolgt, die länger als zwei Minuten dauert, wird dies entsprechend als Präsentation kodiert.

Repetition Renaissance	Vergleich von zwei Madonnendarstellungen aus unterschiedlichen Epochen	Aufgabenstellung, -bearbeitung und -auswertung	Minute 1 bis Minute 40
	Erklärung Leben und Wirken von Leonardo da Vinci	Aufgabenstellung, -bearbeitung und -auswertung	Minute 1 bis Minute 40
	Erklärung Buchdruck anhand von Schaubild	Aufgabenstellung, -bearbeitung und -auswertung	Minute 1 bis Minute 40
	Interpretation Illustration zu Hexenverfolgung	Aufgabenstellung, -bearbeitung und -auswertung	Minute 1 bis Minute 40
	Darlegung Weltbild anhand Ebstorfer Weltkarte	Aufgabenstellung, -bearbeitung und -auswertung	Minute 1 bis Minute 40
	Vergleich zweier Abbildung zu Kosmosvorstellungen	Aufgabenstellung, -bearbeitung und -auswertung	Minute 1 bis Minute 40

Sowohl die Lernaufgabe „Beschreibung von Gebietsveränderungen im 1. Weltkrieg" in der Lektion „Deutschland in den Jahren 1918–1930" als auch diejenige in der Lektion „Erster Weltkrieg: Zahlen, Fakten, Waffen" und beide Lernaufgaben in der Lektion „Auseinandersetzung mit sechs Freiheitsrechten" basieren auf Unterlagen, die den Lehrpersonen im Lehrerkommentar zum Geschichtslehrmittel „Durch Geschichte zur Gegenwart" bereitgestellt sind. Beide Lehrpersonen verwenden die Unterlagen direkt als „Lerngegenstand", stellen diese den Schülerinnen und Schülern zur Verfügung und inszenieren dazu eine den Lernenden angepasste „Prozessstruktur". Diese zeichnet sich in der Lektion „Auseinandersetzung mit sechs Freiheitsrechten" durch ein kleinschrittiges und geführtes Vorgehen aus.

Demgegenüber basieren die drei Lernaufgaben der Lektion „Die Schweiz im Zweiten Weltkrieg" nicht auf Unterlagen aus einem Lehrmittel, und die Vorgehensweise ist grossschrittig. Da in dieser Lektion die Lernaufgabe „Vergleich des Lebens während des 2. Weltkriegs mit dem heutigen Leben" über alle Phasen auf Video dokumentiert ist, wird diese Lernaufgabe im folgenden Abschnitt genauer analysiert.

6.3.4 Analyse einer ausgewählten Lernaufgabe aus gutem Geschichtsunterricht

Die Lernaufgabe „Vergleich des Lebens während des 2. Weltkriegs mit dem heutigen Leben" aus der Lektion „Die Schweiz im Zweiten Weltkrieg" ist in Tabelle 6.8 dargestellt.

Tabelle 6.8: Aufgabenformulierung der Lernaufgabe „Vergleich des Lebens während des 2. Weltkriegs mit dem heutigen Leben" aus der Lektion „Die Schweiz im Zweiten Weltkrieg"

„Repetition
Vierer-Gruppen: je einen Aspekt erklären
Vergleich
Das Leben zur Zeit des 2. WKs und das heutige Leben
a) War es grundsätzlich oder nur in Details anders?
b) Beschreibe die Andersartigkeit!
c) Gehe vom heutigen Europa und von den heutigen CH-Problemen aus: Haben wir aus der Geschichte gelernt? Was? Bzw. was nicht?"

Die Lernaufgabe wird den Lernenden von der Lehrperson mit einer Hellraumprojektorfolie erklärt. Die Folie bleibt anschliessend während der ganzen Zeit der Auseinandersetzung mit der Lernaufgabe auf der Leinwand sichtbar.

Als „Lerngegenstand" liegen dieser Lernaufgabe drei Bereiche zugrunde: Erstens die Darbietung der Lehrperson aus der vorherigen Lektion zu vier Aspekten der Schweizer Geschichte während des Zweiten Weltkriegs, zweitens die Interviews der Schülerinnen und Schüler zum Alltag von Zeitzeugen des Zweiten Weltkriegs – also die Resultate der vorherigen Lernaufgabe – drittens die Lebenserfahrungen der Lernenden heute.

Die Lernaufgabe wird im Folgenden entlang von neun Anforderungen analysiert, die Blömeke/Risse/Müller u.a. (2006) formuliert haben, um die Qualität von Lernaufgaben zu sichern. Dies geschieht, um einerseits die Lernaufgabe genauer zu fassen und andererseits die Tauglichkeit der Postulate von Blömeke/Risse/Müller u.a. (2006) für den Geschichtsunterricht zu überprüfen[24]:
1. *Eine Aufgabe muss geeignet sein, einen gesellschaftlich relevanten Inhalt in exemplarischer Weise zu erschliessen:* Der durch die Lernaufgabe angeregte Vergleich

---

24 Die Anforderungen von Blömeke/Risse/Müller u.a. (2006) an Aufgaben sind kursiv gedruckt. Sie sind verkürzt und zum Teil paraphrasiert wiedergegeben. Die Autorinnen und Autoren führen bei den einzelnen Punkten separate Belege für ihre Postulate an.

des heutigen Alltags mit dem Alltag in vergangenen Zeiten ist gesellschaftlich relevant, weil der Vergleich den Lernenden zu einer neuen Perspektive auf das heutige Leben und zu einer Ausdifferenzierung des Geschichtsbewusstseins verhelfen kann. Dies gelingt nur anhand eines konkreten Exempels. Auf diese Weise trägt die Bearbeitung der Lernaufgabe zur Ausdifferenzierung der *Orientierungskompetenz für Zeiterfahrung* bei.

2. *Eine Aufgabe muss ein Bedürfnis der Schülerinnen und Schüler ansprechen:* Am ehesten lässt sich mit Antworten der Schülerinnen und Schüler im Fragebogen auf die Frage „Was hat dir an der vergangenen Lektion besonders gut gefallen?" aufzeigen, dass mit der Lernaufgabe „Vergleich des Lebens während des 2. Weltkriegs mit dem heutigen Leben" ein Bedürfnis der Lernenden thematisiert wurde. Sie schreiben unter anderem: „Die Gruppenarbeit war sehr gut, wir konnten uns eigene Meinungen bilden und über heikle Punkte diskutieren."

3. *Die kognitive Aufgabenqualität muss so beschaffen sein, dass die Anforderungen knapp über den bereits vorhandenen generellen intellektuellen Fähigkeiten liegen:* Der erste Teil der Lernaufgabe, wo es um eine Repetition auf tiefem taxonomischen Niveau geht, erlaubt eine sichere Anknüpfung an Vorhandenem. Wie weit der Vergleich des Lebens zur Zeit des Zweiten Weltkriegs mit dem heutigen Leben einzelne Lernende überfordert, ist aufgrund der Datenlage nicht zu beurteilen. Die vielen positiven Reaktionen der Schülerinnen und Schüler auf die Gruppenarbeiten sowie die grosse Arbeitsintensität, die auf der Videografie festzustellen ist, deuten auf die Umsetzung auch dieses dritten Postulats im vorliegenden Beispiel hin.

4. *Ebenso muss die Aufgabe geeignet sein, den bereichsspezifischen Wissens- und Erfahrungsstand weiterzuentwickeln, indem sie mit einem Neuigkeitswert einhergeht, sodass die fachlichen Kenntnisse, Fähigkeiten und Fertigkeiten erweitert werden.* Auch bei diesem Postulat deuten die Antworten einzelner Schülerinnen und Schüler im Fragebogen darauf hin, dass die Lernaufgabe einen Neuigkeitswert transportiert hat. Dieses Neue kann sich auf die *Erschliessungskompetenz für historische Quellen und Darstellungen* beziehen, weil die Jugendlichen gelernt haben, mit Zeitzeugen umzugehen. Es kann sich ebenfalls auf die *Interpretationskompetenz für Geschichte* beziehen, weil durch den Vergleich mehrerer Perspektiven zum selben Lerngegenstand neue Einsichten möglich wurden. Es kann sich schliesslich auf das *Wissen über Vergangenes* beziehen, weil die Lernenden neue Kenntnisse erworben und ein besseres Verständnis für die Situation der Schweiz im Zweiten Weltkrieg aufgebaut haben.

5. *Gleichzeitig muss jedoch die Chance bestehen, die Aufgabe zu bewältigen. Wichtig ist in diesem Zusammenhang auch, dass die Aufgabe verständlich ist, d. h. dass die Schülerinnen und Schüler sie inhaltlich und sprachlich erfassen können.* Die Lernaufgabenformulierung mit der aufgelegten Hellraumprojektorfolie ist ohne zusätzliche Erklärung nicht verständlich. Erst die Aufgabenstellung

durch die Lehrperson sowie deren Erläuterungen während der Aufgabenbearbeitung ermöglichen eine produktive Nutzung durch die Lernenden. Dass die Lehrperson möglicherweise die Verständlichkeit und Bewältigbarkeit nicht richtig eingeschätzt hat, lässt sich aus der mehrfachen Verlängerung der Bearbeitungszeit für die Lernaufgabe schliessen.
6. *Die Chance auf Bewältigung impliziert, dass auch in heterogenen Lerngruppen für alle Schülerinnen und Schüler eine Bearbeitung möglich sein muss. Die Aufgabe muss also ein Potenzial zur Differenzierung haben, damit individuelle Bearbeitung auf unterschiedlichem kognitiven Niveau, in unterschiedlicher Tiefe oder in unterschiedlichem Umfang erfolgen.* Schon weil die Bearbeitungszeit für die Lernaufgabe mit 25 Minuten deutlich über dem in der Studie „Geschichtsunterricht heute" festgestellten Schnitt von 7.68 Minuten pro Lernaufgabe liegt (Hodel/Waldis 2007, S. 117), hat die Lernaufgabe ein Differenzierungspotenzial. Dies erhöht sich durch den Umstand, dass die Lernenden für die Bearbeitung von unterschiedlichen „Lerngegenständen" ausgehen.
7. *Die Aufgabe muss sicherstellen, dass die erworbenen Kenntnisse, Fertigkeiten und Fähigkeiten wieder abgerufen und flexibel eingesetzt werden können. Ein Transfer auf neue Situationen wird gefördert, wenn komplexe Aufgaben authentische Situationen repräsentieren.* Die Lernaufgabe „Vergleich des Lebens während des 2. Weltkriegs mit dem heutigen Leben" erfordert eine Analyse und Kategorisierung des alltäglichen Lebens: Welche Aspekte sollen betrachtet werden? Welche Bereiche können für einen Vergleich herangezogen werden? Wenn Lernende solche Kategorien einmal entwickelt haben und wenn sie den Vergleich zu heute anhand des Beispiels „Zweiter Weltkrieg" durchgearbeitet haben, so wird ihnen ein solcher Vergleich auch später bei einem andern Thema besser gelingen.
8. *Die Aufgabenstellung muss unterschiedliche Herangehensweisen nicht nur zulassen, sondern bedingen. Sie muss also offen sein und verschiedene Lösungswege ermöglichen.* Für die Lernaufgabe gibt es nicht eine einzig richtige Lösung. Offen ist die Lernaufgabe auch deshalb, weil der „Lerngegenstand" nicht homogen ist. Erstens haben die Lernenden Interviews mit unterschiedlichen Zeitzeugen geführt, zweitens unterscheiden sich die Erfahrungen in ihrem jeweiligen lebensweltlichen Alltag. Wenn eine Aufgabenstellung im Geschichtsunterricht unterschiedliche Herangehensweisen bedingt, dann fördert sie die *Wahrnehmungskompetenz für Veränderungen in der Zeit,* weil die Lernenden selber den Einstieg ins Historische Lernen finden müssen.
9. *Die Aufgabe muss einen Austausch, eine Interaktion anstossen, damit Vorwissen aktiviert, Ideen expliziert und Ergebnisse überprüft werden.* Dadurch, dass die Lernaufgabe in einer Gruppenarbeit bewältigt werden muss und dass zu Beginn der Gruppenarbeit jede Teilnehmerin und jeder Teilnehmer einen aktiven Beitrag leisten muss, ist ein Austausch angelegt, in dem Vorwissen aktiviert, Ideen expliziert und Ergebnisse überprüft werden müssen.

6.3.5 Gute Lernaufgaben für den Geschichtsunterricht

Die Analyse der Lernaufgabe „Vergleich des Lebens während des 2. Weltkriegs mit dem heutigen Leben" aus der Lektion „Die Schweiz während des Zweiten Weltkriegs" zeigt, dass sich die neun Postulate an Lernaufgaben von Blömeke/Risse/Müller u.a. (2006) auch eignen, um Lernaufgaben für Geschichtsunterricht zu analysieren und beurteilen. Es wird zudem deutlich, dass eine Analyse des Umgangs mit Lernaufgaben einen Einblick in alle drei Prozessbereiche von Geschichtsunterricht (vgl. Grafik 2.4) ermöglicht. Das Formulieren, Stellen, Bearbeiten und Auswerten von Lernaufgaben spiegeln den „Lerngegenstand", die „Prozessstruktur" und die „Nutzung". Deshalb lassen sich Anforderungen für gute Lernaufgaben auch entlang der für diese Arbeit entwickelten Gütekriterien formulieren:

Lerngegenstand: Gute Lernaufgaben sind exemplarisch und haben ein Transferpotenzial. Sie greifen ein gesellschaftlich bedeutsamem Thema auf, fokussieren menschliches Handeln in gesellschaftlicher Praxis und Veränderungen in der Zeit sowie Entwicklungszusammenhänge, ermöglichen Multiperspektivität und Kontroversität, haben ein Neuigkeitspotenzial und erlauben, dass die Lernenden einen Bezug des Themas zu ihnen selber finden.

Prozessstruktur: Gute Lernaufgaben sind offen, kognitiv herausfordernd, verständlich und bewältigbar. Sie erlauben Differenzierung und verschiedene Lösungswege. Sie erfordern Interaktion in der Klasse. Die Arbeitsanleitung einer guten Lernaufgabe gewährleistet effiziente Arbeit und Zeitnutzung.

Nutzung: Gute Lernaufgaben ermöglichen den Lernenden sowohl die Ausdifferenzierung ihrer Kompetenzen für Historisches Lernen (Wahrnehmung von historischen Zeugnissen und von Veränderungen in der Zeit, Erschliessung, Überprüfung und Darstellung von historischen Sachanalysen, Interpretation von Geschichte, Sinnbildung über Zeiterfahrung und Werturteilsprüfung an Zeiterfahrung) als auch die Aneignung und Wiedergabe von Wissen über Vergangenes und Verständnis von Geschichte.

Diese Anforderungen lassen sich nicht in einzelnen Lernaufgaben umsetzen, sowenig wie sich alle Gütekriterien in einer einzelnen Geschichtslektion verwirklichen lassen. Sie dienen als Orientierungsrahmen.

Auf Grundlage der Vorstellung von Historischem Lernen (Grafik 2.1) und der Beschreibungen der als „gut" identifizierten Lektionen (Kapitel 5), unter Beizug der Zusammenstellung der Güteprofile dieser Lektionen (Tabelle 6.6) und unter Berücksichtigung der Analyse der Schlüsselfaktoren guter Geschichtslektionen (Unterkapitel 6.3) lässt sich zusammenfassend formulieren: *Entscheidend für gute Geschichtslektionen sind fachspezifisch bedeutsame Lernaufgaben, die einen Bezug zu den Lernenden anbieten und sie zu historischem Erzählen anregen.*

7. Diskussion und Ausblick: Ein neuer Dialog von Geschichtsdidaktik und Unterrichtspraxis

Eine Haupterkenntnis der vorliegenden Arbeit lautet, dass ein entscheidender Faktor für guten Geschichtsunterricht die Lernaufgaben sind. Sie sollen fachspezifisch bedeutsam sein, einen Bezug zu den Lernenden anbieten und sie zu historischem Erzählen anregen.

Im Kapitel „Diskussion und Ausblick" soll diese gewonnene Erkenntnis zuerst mit Blick auf das methodische Design beleuchtet und eingeordnet werden (7.1). Danach werden ausgehend von der Annahme, dass die Folgerung stimmt, einige ausgewählte Hinweise für die Geschichtsdidaktik (7.2) und die Unterrichtspraxis (7.3) formuliert. Zum Schluss wird ein Ausblick gegeben, welche Perspektiven sich für weitere Studien im Anschluss an die vorliegende Arbeit eröffnen (7.4).

7.1 Reflexion des Forschungsdesigns und der Erkenntnisse

Für die vorliegende Arbeit wurde ein neues, innovatives Forschungsdesign entwickelt: Es wurde die Triangulation gewählt, um einen mehrperspektivischen, explorativen und deskriptiven Forschungszugang zu ermöglichen. Bei der Datenerhebung wurde die Videografie kombiniert mit Fragebogen eingesetzt. Die Datenauswertung geschah mittels Statistik, Kodierung und Kategorisierung. In diesem Unterkapitel werden zuerst der Forschungszugang (7.1.1), danach die Datenerhebung (7.1.2) und schliesslich die Datenauswertung (7.1.3) reflektiert und diskutiert. Alles in allem lässt sich festhalten, dass das für diese Arbeit entwickelte methodische Vorgehen hilfreich gewesen ist, um neue, plausible Erkenntnisse zur Güte von Geschichtsunterricht zu gewinnen.

7.1.1 Triangulation zur Erforschung von Unterrichtsqualität

In Abschnitt 1.2.2 wurden drei kritische Punkte bei der empirischen Erforschung von Unterrichtsqualität genannt: der fehlende Konsens hinsichtlich repräsentativer und valider Konstrukte, die ungeklärten Zusammenhänge zwischen den einzelnen Konstrukten und das Fehlen eines erprobten Messinstruments

(Helmke/Schneider/Weinert 1986). Unter Berücksichtigung dieser Probleme und im Wissen darum, dass mittels Cochran-Test statistisch signifikant nachgewiesen werden konnte, dass die drei Gruppen – Lehrende, Lernende, Expertinnen und Experten – unterschiedlich urteilen (vgl. Abschnitt 4.4.2), macht auch im Nachhinein der mehrperspektivische, explorative und deskriptive *Forschungszugang* Sinn.

Die *Triangulation* scheint eine angemessene und innovative Antwort auf den Umstand zu sein, dass Unterrichtsqualität systemisch bedingt und multipel determiniert ist (Waldis/Reusser/Moser 2007, S. 64). Um das komplexe Gefüge „Unterricht" zu erfassen und zu verstehen, reicht es nicht aus, bloss eine Perspektive einzunehmen, sondern es braucht den mehrperspektivischen Blick. Dies hat allerdings bei empirischer Unterrichtsforschung ein neues Problem zur Folge: Wie werden die verschiedenen Perspektiven zueinander in Beziehung gesetzt?

In dieser Arbeit haben sich zwei Vorgehensweisen als geeignet erwiesen, um Vergleichbarkeit herzustellen. In der ersten Triangulationsphase wurden alle Lektionen aus der jeweiligen Perspektive (Lernende, Lehrende und Expertinnen, Experten) auf unterschiedlichen Wegen in zwei Gruppen unterteilt: in „gute" Lektionen und in „nicht gute" Lektionen. Allen „guten" Lektionen wurde der identische binäre Wert „1", den andern Lektionen der Wert „0" zugeteilt. Diese Werte erlaubten es, die unterschiedlichen Perspektiven zu triangulieren. In der zweiten Triangulationsphase, die zur Deskription und Analyse der guten Geschichtslektionen diente, wurden zu einem ausgewählten Ereignis aus dem Unterricht, zum Beispiel zur Auswertung einer Lernaufgabe, Daten aus den unterschiedlichen Perspektiven herangezogen und verglichen. Bei beiden Vorgehensweisen haben sich in Bezug auf die Triangulation keine methodischen Probleme ergeben.

Ebenfalls bewährt hat sich der Einbezug der drei Perspektiven „Lernende", „Lehrende" und „Expertinnen/Experten". Bei einer künftigen analogen Studie könnte allenfalls geprüft werden, ob es möglich ist, dass mehrere Expertinnen, Experten alle Lektionen beschreiben und beurteilen. Dies würde wohl aus praktischen Gründen ein kleineres Sample videografierter Lektionen erfordern. Zudem wäre zu überlegen, ob die Expertinnen, Experten mittels „Theoretischem Sampling" (Flick 2006, S. 102–106) ausgewählt werden sollen, um eine möglichst grosse Bandbreite beim Beurteilungshintergrund zu bekommen.

7.1.2. Videoaufzeichnung als unabdingbare Grundlage

Die vorliegende Arbeit basierte auf den standardisierten Videoaufzeichnungen aus dem Projekt „Geschichte und Politik im Unterricht". Erst diese Datengrundlage erlaubte den Beizug von Expertinnen, Experten für die vorliegende Arbeit und damit recht eigentlich den mehrperspektivischen Zugang. Auch für die Deskription und Analyse erwiesen sich die *Videografien* als grundlegend.

Als gelungen kann das *Kameraskript* bezeichnet werden, das in wesentlichen Teilen von der TIMSS 1999 Video Study (Jacobs/Garnier/Gallimore 2003) und von der schweizerisch-deutschen Videostudie „Unterrichtsqualität, Lernverhalten und mathematisches Verständnis" (Petko 2006) übernommen wurde. In der vorliegenden Arbeit wurden allerdings aus arbeitsökonomischen Gründen bloss die Aufzeichnungen der dynamischen Kamera herangezogen. Nach wie vor verbesserungswürdig sind die *Tonaufnahmen*. Das gewählte Setting reichte für eine passable Erfassung der Gesprächsbeiträge der Lehrperson. Ein besseres Richtmikrofon könnte möglicherweise alle Schülerbeiträge im Klassenunterricht einfangen.

Hinsichtlich der Beurteilung der Unterrichtsqualität im Geschichtsunterricht generiert die Videografierung vor allem Daten zur Prozessstruktur, also zu derjenigen Dimension, die am wenigsten fachspezifisch ist. Zwar lassen sich auch Rückschlüsse auf den Lerngegenstand und auf die Nutzung ziehen, dennoch sind für diese beiden Dimensionen andere Daten notwendig, um zu einem validen Urteil zu kommen. Damit in der vorliegenden Arbeit der Lerngegenstand beschrieben und analysiert werden konnte, war der Rückgriff auf die ebenfalls erhobenen Arbeitsaufträge, Lehrmittel- und Textausschnitte hilfreich. Ein Einblick in die Planung der Lehrperson zur gesamten Unterrichtseinheit und zur videografierten Lektion könnte diesen Analyseschritt zusätzlich anreichern, wie Abschnitt 5.4.3 zeigt. Um die Nutzung durch die Schülerinnen und Schüler besser in den Blick zu bekommen, wäre einerseits die Sammlung von *Produkten* von Lernenden aus dem Unterricht günstig und könnten andererseits Interviews mit Lernenden zusätzliche Erkenntnisse bringen. Dazu existieren verschiedene, erprobte Settings, etwa die Befragung von Lernenden vor der Kamera unmittelbar nach dem videografierten Unterricht oder das gemeinsame Betrachten und Kommentieren des videografierten Unterrichts kurz nach der eigentlichen Durchführung (Gass/Mackey 2000, Körber 2003a, Leutner-Ramme 2007). Alles in allem lässt sich festhalten, dass Videografien einerseits grundlegend für die Analyse von Unterricht sind, andererseits hinsichtlich der Fachspezifität eine beschränkte Aussagekraft haben und immer nur einen Ausschnitt aufzeichnen.

Für die vorliegende Arbeit wurden drei verschiedene *Fragebögen* eingesetzt: der Fragebogen für Schülerinnen, Schüler im unmittelbaren Anschluss an die videografierte Lektion, derjenige für die Lehrpersonen ebenfalls nach der Lektion, derjenige für Expertinnen, Experten nach deren Betrachtung der Videografien. Der Fragebogen für die Expertinnen, Experten wurde eigens für die Fragestellungen dieser Arbeit entwickelt.

Die beiden Fragebögen für die Lehrenden und Lernenden aus dem Projekt „Geschichte und Politik im Unterricht" erfüllten ihre Funktion hinsichtlich der vorliegenden Arbeit genügend: Es liessen sich mittels explorativer Faktoren- und Reliabilitätsanalyse eindimensionale Skalen erstellen, die fachdidaktisch erklärbar sind und relativ stabile Daten lieferten. Allerdings war die Auswahl von plausiblen

Items für die vorliegende Arbeit eingeschränkt. Dies lag daran, dass zur Zeit der Instrumentenentwicklung die Fragestellungen dieser Arbeit noch zu wenig konkret waren, was für einen explorativen Zugang typisch ist. Zudem gab es bei Beginn der Instrumentenentwicklung wenige zielgruppenadäquate Items, die auf eine spezifisch für den Geschichtsunterricht fokussierte Erfassung von Unterrichtsqualität hinzielten und also hätten übernommen werden können.

Die Durchführung der Arbeit hat gezeigt, dass einzelne Fragen präzisiert, geschärft, genauer formuliert werden sollten. Für eine künftige Erforschung der Qualität von Geschichtsunterricht braucht es bessere Befragungsinstrumente. So sollte der Entwicklung von Fragebögen, mit denen Lehrende und Lernende nach Geschichtslektionen über Unterrichtsqualität befragt werden können, neue Aufmerksamkeit geschenkt werden. Es ist theoriebasiert eine *Sammlung* von Items anzulegen, die relevante Daten zur Qualität von Geschichtsunterricht generieren. Dann wäre es möglich, mittels konfirmatorischer Faktorenanalyse zu noch robusteren und theorieverträglicheren Ergebnissen zu kommen als mit der in dieser Arbeit vorgenommenen explorativen Faktorenanalyse. Die vorliegenden Skalen liefern eine gute, empirisch abgestützte Grundlage zum Aufbau einer solchen Itemsammlung zur Erforschung von gutem Geschichtsunterricht.

7.1.3 Diskussion der Datenauswertung

Die vorliegende Studie war durch zwei Datenauswertungsphasen charakterisiert (vgl. Tabelle 3.3). In der ersten Phase wurden mittels Statistik (vgl. Kapitel 4) Lektionen identifiziert, die als „gut" charakterisiert werden können. In der zweiten Phase wurden mittels Kodierung und Kategorisierung fallbezogene Deskriptionen entwickelt, die Aussagen zu guten Geschichtslektionen erlauben.

Für die erste Phase hat sich die durchgeführte *Schrittfolge* zur Auswertung der Fragebogendaten bewährt. Zwar benötigte der iterative Prozess für die fachdidaktisch plausible Auswahl der Items und für die Prüfung der Unterstellung zweier eindimensionaler Güteskalen zu „Lernprozess" und „Lernergebnis" viel Zeit, dafür erwiesen sich dann die berechneten Daten als robust. Ebenfalls bewährt hat sich das Vorgehen, gewichtete Summenskalen zu bilden und diese in Richtung der Antwortvorgaben der Ursprungsitems zu transformieren. Auf diese Weise liessen sich einerseits die verschiedenen Items vergleichen, und andererseits konnte die Normgrenze „gut" aufgrund der Ursprungsitems plausibel gesetzt werden.

Auch der *Kategorienentwicklungszyklus* bei der Analyse von Videodaten (nach Jacobs/Kawanaka/Stigler 1999, S. 719) hat sich als hilfreich erwiesen. Dank dieses zyklischen Prozesses konnte der Ratingbogen soweit konkretisiert und verfeinert werden, dass er einerseits für die Auswahl der Lektionen in der ersten Auswertungsphase diente und andererseits Formulierungsrichtungen für die fallbezogene Deskription vorgab.

Für die zweite Auswertungsphase hat sich die *Globalauswertung* nach Legewie (1994) bewährt. Als besonders hilfreiche Grundlage erwiesen sich dabei die Lektionsprofile aus dem Projekt „Geschichte und Politik im Unterricht". Sie erlaubten einen Überblick über die grosse Datenmenge. Auch das für die vorliegende Arbeit aus der Theorie entwickelte Rahmenmodell mit den drei Bereichen „Lerngegenstand", „Prozessstruktur" und „Nutzung" hat die Deskription der Fälle gut strukturiert. Die Gütekriterien schliesslich haben den Blick so geschärft, dass wesentliche Erkenntnisse gezogen werden konnten.

7.1.4 Vergleich der Resultate mit einem Leistungstest

Mit der vorliegenden Arbeit wurden Merkmale für die Güte von Geschichtsunterricht gesucht. Im Zentrum der Arbeit stand der eigentliche Geschichtsunterricht als zeitlich und räumlich festgelegter und abgeschlossener Prozess. Vor allem aus dem angloamerikanischen Raum ist ein anderes Vorgehen bekannt: Dort werden in Untersuchungen Lehrpersonen in den Blick genommen, deren Schülerinnen und Schüler gute Leistungen zeigen[1].

Zwar wurde eingangs dargelegt, dass die Beurteilung von Geschichtsunterricht in erster Linie am Prozess zu erfolgen habe, weil dort die Gelegenheiten sichtbar werden, die Historisches Lernen ermöglichen, und weil der Zusammenhang zwischen gemessenem historischen Wissen und Können einerseits und dem Unterricht andererseits sehr komplex ist. Ob und wie das, was Schülerinnen und Schüler über Vergangenes wissen und im Umgang mit Geschichte können, mit dem erfahrenen Geschichtsunterricht zusammenhängt, ist schwer nachzuweisen.

Dennoch interessiert der Umfang des Wissens und Könnens von Schülerinnen und Schülern, die guten Geschichtsunterricht erfahren haben. Da die videografierten Klassen zur Ergänzung der Datenerhebung mit Video und Fragebögen auch einen *Wissenstest* absolviert haben, lassen sich dazu einige Aussagen machen.

Der Wissenstest wurde im Rahmen des Projekts „Geschichte und Politik im Unterricht" konzipiert, durchgeführt, ausgewertet und von Moser/Wiher (2007) beschrieben. Die Anzahl der im Wissenstest zur Verfügung stehenden Items musste limitiert werden, um die Befragung der Schülerinnen und Schüler in einem zeitlich vertretbaren Rahmen halten zu können. Der Test umfasste eine beschränkte Anzahl Fragen zum Orientierungswissen (Begriffe, zeitliche Einordnung), zum Begründungswissen (historische Zusammenhänge) und zum Verfahrenswissen (Text und Bildquellen) sowie zur Politischen Bildung

---

1 Vgl. dazu Gautschi 2007a, S. 38. Dort werden die Studien von Newmann (1990) und Wineburg/Wilson (1991) ausführlicher beschrieben.

(Begriffe, Institutionen und Prozesse). Die Aussagekraft des Wissenstests ist also beschränkt.

Eine Auswahl der Daten des Wissenstests wurde zu einem *Gesamtscore* „historisch-politisches Wissen" zusammengefasst (Moser/Wiher 2007, S. 246). Es handelt sich dabei um einen einfachen Summenscore, der die richtigen Antworten der einzelnen Schülerinnen und Schüler zusammenfasst. Pro richtige Antwort wurde ein Punkt vergeben. Der maximale Testwert lag bei 24, der minimal mögliche bei 0. Der Mittelwert der Gesamtstichprobe (N=1487) belief sich auf M = 12.24. Für einen Vergleich mit den Daten dieser Arbeit wurden die Summenscores der einzelnen Schülerinnen und Schüler zu einem Klassenmittelwert gerechnet.

Tabelle 7.1 bildet erstens den Mittelwerte der einzelnen Klassen vom Schüler/innen-Summenscore des Wissenstest und zweitens die Beurteilungen der einzelnen Lektionen dieser Klassen in der vorliegenden Arbeit ab. Die Klassen sind nach Schultyp gegliedert und nach dem Mittelwert des Wissenstests absteigend gereiht. Jeweils in der ersten Spalte ist die Identifikationsnummer der Klasse[2], in der zweiten Spalte das Resultat des Wissenstests und in der dritten Spalte die Beurteilung der Güte aufgeführt: „111" bedeutet, dass die Lektion aus allen Perspektiven als „ gut" charakterisiert wurde, „000" bedeutet, dass dies aus keiner Perspektive der Fall war.

Die Zusammenstellung erlaubt folgende *Feststellungen*:
1. Die Klassen, deren Geschichtslektionen aus drei verschiedenen Perspektiven als „ gut" identifiziert werden konnten, haben auch im Wissenstest – verglichen mit den Resultaten der anderen Klassen in demselben Schultyp – überdurchschnittlich gute Leistungen gezeigt.
2. Diese Klassen liegen mit ihren Leistungen unmittelbar neben andern Klassen, deren Unterricht aus keiner der drei Perspektiven als „gut" charakterisiert wurde.
3. Während das Urteil „gute Geschichtslektion" offenbar Rückschlüsse auf das Leistungsvermögen zulässt, so trifft der Umkehrschluss von guten Leistungen zu „gutem Geschichtsunterricht" in der vorliegenden Arbeit nicht zu: Der höchste Klassenmittelwert im Schultyp mit hohen Ansprüchen stammt aus einer Klasse, bei der der beobachtete Unterricht aus keiner Perspektive als „gut" eingeschätzt wurde.
4. Das Maximum des Klassenmittelwertes beim Leistungstest stammt erwartungswidrig nicht aus dem Schultyp für hohe Ansprüche, und das Minimum stammt ebenfalls erwartungswidrig nicht aus dem Schultyp für Grundansprü-

---

2   In der Veröffentlichung der Arbeit sind aus Gründen des Daten- und Persönlichkeitsschutzes die Identifikationsnummern derjenigen Klassen zu unterdrücken, die nicht als „gut" identifiziert wurden und deshalb nicht das Profil „111" haben.

che, sondern sowohl Maximum wie Minimum finden sich in Klassen mit erweiterten Ansprüchen. Das weist auf erhebliche Überschneidungsbereiche der drei Schultypen hinsichtlich des fachlichen Leistungsvermögens hin.

Tabelle 7.1: Zusammenstellung der Resultate des Wissenstests und der Beurteilung der Geschichtslektionen[3]

Hohe Ansprüche			Erweiterte Ansprüche			Grundansprüche		
Klasse	Score	Profil	Klasse	Score	Profil	Klasse	Score	Profil
39	16.35	000	26	17.50	001	16	10.94	110
40	15.87	111	10	16.00	111	29	10.93	000
14	15.68	100	30	14.15	000	6	10.00	111
5	15.26	000	23	13.05	100	18	8.33	101
1	15.06	111	17	12.00	111	3	7.83	000
19	14.81	000	2	11.63	000	31	6.38	000
8	14.14	010	11	11.33	110	37	6.20	100
22	13.72	000	4	11.00	000	34	5.75	110
41	13.39	001	24	10.53	100			
7	13.05	100	28	10.20	000			
38	12.14	101	33	9.88	000			
35	12.05	011	21	9.40	100			
			15	8.68	000			
			25	8.17	010			
			20	8.00	000			
			36	4.94	000			

Der vorliegende Vergleich von Unterrichtsbeurteilungen und Resultaten des Wissenstests gibt Hinweise darauf, dass die Qualitätsforschung den Forschungszugang über die *Analyse von Angebot und Nutzung* von Unterricht mindestens ebenso intensiv weiterentwickeln muss wie denjenigen über die Wirkungen. Nicht jeder Unterricht der Klassen, bei denen gute Leistungen gemessen werden, wird als „gut" beurteilt. Dies ist ein weiteres Argument für die in dieser Arbeit gewählte Fokussierung auf den Unterrichtsprozess.

---

3 Drei videografierte Klassen nahmen am Wissenstest nicht teil, weshalb in der Tabelle bloss 36 Klassen erscheinen. Die Klassen sind nach Schultyp geordnet und absteigend gereiht nach Gesamtscore des Wissenstests. Grau eingefärbt sind die als „gut" identifizierten Geschichtslektionen.

7.2 Die Praxis des Geschichtsunterrichts als ein Kern der Geschichtsdidaktik

In der vorliegenden Arbeit ist die Praxis des Geschichtsunterrichts im Zentrum des Forschungsinteresses. Damit wir das *diffizile Verhältnis* von Theorie und Praxis in der Geschichtsdidaktik berührt. Pandel situierte 1999 die Geschichtsdidaktik im Elfenbeinturm und die Unterrichtspraxis am Boden (Pandel 1999, S. 290) und brachte damit auch die Distanz zum Ausdruck, die zwischen den beiden Kulturen zu herrschen schien. Ziel dieses Unterkapitels ist es, Wege aufzuzeigen, wie im Anschluss an diese Arbeit die Geschichtsdidaktik zu einem besseren Verhältnis zur Unterrichtspraxis beitragen könnte (Abschnitt 7.2.1). Deshalb wird dafür plädiert, dass sich die Geschichtsdidaktik vermehrt als *„Design Science"* versteht (7.2.2).

7.2.1 Geschichtsunterricht im Fokus von Theorie, Empirie und Pragmatik

Die Praxis des Geschichtsunterrichts ist als Gegenstand der Geschichtsdidaktik in den letzten Jahren im deutschsprachigen Raum nicht im Vordergrund gestanden. Mit der Etablierung der Geschichtsdidaktik als akademische Disziplin hat sie „ihr Betätigungsfeld beständig ausgeweitet" (Barricelli 2005, S. 5). Seit der Setzung von „Geschichtsbewusstsein" als zentraler Kategorie der Geschichtsdidaktik (Rüsen 1991, S. 16) ist der institutionellen Vermittlung von Geschichte in der Schule weniger Aufmerksamkeit geschenkt worden. Diese *Vernachlässigung des Geschichtsunterrichts* wurde in den letzten Jahren dadurch verstärkt, dass zudem die „Geschichtskultur" in den Fokus der Geschichtsdidaktik geriet und ein bevorzugtes Betätigungsfeld wurde[4]. Günther-Arndt stellt fest, dass in den vergangenen 30 Jahren „die Methoden zur Vermittlung historischen Wissens ‚Stiefkinder' der Geschichtsdidaktik geblieben sind" (Günther-Arndt 2007, S. 11), und sie fordert, dass „ die Praxis des Geschichtsunterrichts in der Geschichtsdidaktik mehr als bisher zum empirischen Forschungsgegenstand zu machen" ist (Günther-Arndt 2007, S. 11). Das ist mit der vorliegenden Arbeit geschehen, aber damit stellt sich auch von neuem die Frage des Verhältnisses von Geschichtsdidaktik und Unterrichtspraxis.

Dieses Verhältnis ist viel diskutiert. Borries verortet das Problem in der *Kluft* zwischen Anspruch und Wirklichkeit. Diese Kluft ist für ihn eine Erklärung, wieso die elaborierten Theorien der Geschichtsdidaktik nur „teilweise und verkürzt die alltägliche Unterrichtspraxis erreicht haben" (Borries 1999, S. 268) und wieso die Geschichtsdidaktik in eine Krise geriet: „Die Krise der Geschichtsdidaktik ist teilweise hausgemacht; es handelt sich auch um den Zusammenbruch überzogener

---

4   Vgl. dazu etwa Schönemann 2002 und 2003 oder Hasberg 2003.

und uneingelöster Selbstansprüche" (Borries 1990, S. 2). Borries schlug vier Wege vor, um aus der Krise zu kommen: Modernisierung der Lerngegenstände, Intensivierung der Lernmethoden, Elementarisierung der Lernmaterialien, Aufwandsbegrenzung der Lernorganisation (Borries 1990, S. 5).

Rohlfes pflichtete Borries' Analyse im Grossen und Ganzen zu, wollte 1990 allerdings bloss von einer Misere sprechen (Rohlfes 1990, S. 4). Er plädierte dafür, dass „das Schulfach Geschichte weiterhin das Herzstück der Disziplin bleiben" müsse (Rohlfes 1990, S. 5), obwohl diese Forderung von vielen Fachvertretern aus prinzipiellen wissenschaftstheoretischen wie wissenschaftspolitischen Gründen nicht gerne gehört werde.

Rüsen positionierte die Geschichtsdidaktik thematisch entlang der Gegenstandsbereiche Geschichtskultur und Geschichtsbewusstsein: „Die Geschichtsdidaktik ist die Wissenschaft vom historischen Lernen. Historisches Lernen hat eine äussere und eine innere Seite. Die äussere betrifft seine Institution und Organisation, die Form der Lernhandlungen und die mannigfaltigen Bedingungen, die auf es einwirken. (…) All dies kann mit der Kategorie ‚Geschichtskultur' zusammengefasst werden. (…) Die subjektive Seite des historischen Lernens betrifft die mentalen Vorgänge, in denen und durch die sich menschliche Subjektivität konstituiert, indem spezifisch historische Zeiterfahrungen verarbeitet werden (…) Alle diese Vorgänge, all dieses Leben der Vergangenheit in den mentalen Prozeduren der Erinnerung, lässt sich mit der Kategorie ‚Geschichtsbewusstsein' zusammenfassen" (Rüsen 1991, S. 17). Diese Positionierung verlangt von der Geschichtsdidaktik die Arbeit in drei grundlegenden Bereichen: *Theorie, Empirie und Pragmatik* (Rüsen 1991, S. 17).

Diese Aufgabenbestimmung hat sich in der Geschichtsdidaktik durchgesetzt[5]. Rohlfes spricht von den drei Säulen der Geschichtsdidaktik, die komplementär und interdependent seien: „Empirie bedarf der Theorie, um gehaltvolle Befunde hervorzubringen; Theorie zielt auf Praxis, will sie sich nicht selber zur Unfruchtbarkeit verdammen; Praxis muss durch Empirie kontrolliert sein, soll sie nicht im Dunkeln tappen" (Rohlfes 1996, S. 101)[6]. Mit der Festlegung der Aufgabenbereiche und der Definition der Begriffe ist allerdings das Verhältnis der drei Bereiche erst ungenügend geklärt und noch keine Priorisierung möglicher Betätigungsfelder für die Geschichtsdidaktik vorgenommen. Zu einer möglichen *Priorisierung* finden sich in der Mathematikdidaktik Anstösse.

1998 postulierte Wittmann für die Mathematikdidaktik: „Wesentliche Komponente des Kerns ist vielmehr die Bildung von Theorien oder Theoriegerüsten in Verbindung mit der Konstruktion und der empirischen Untersuchung von Unterrichtskonzepten" (Wittmann 1998, S. 332). In dieser Formulierung scheinen die drei grundlegenden – von Jeismann (1977, S. 12) genannten und von Rüsen

---

5   Vgl. dazu auch Bergmann 1998, S. 53–62.
6   Vgl. dazu auch Gautschi 2003b.

(1991, S. 17) wieder aufgenommenen – Bereiche der Geschichtsdidaktik „Empirie", „Theorie" und „Pragmatik" auf und werden auf den Unterricht bezogen. Wittmann beklagt weiter, dass die akademische Ausrichtung der Fachdidaktik dazu geführt habe, dass sie sich von Schule und Unterricht entfernt und dadurch ihre Kernaufgabe vernachlässigt habe (Wittmann 1998, S. 333) und stellt fest: „Aus meiner Sicht kann die spezifische Aufgabe der Mathematikdidaktik nur wahrgenommen werden, wenn die Entwicklung und Erforschung inhaltsbezogener theoretischer Konzepte und praktischer Unterrichtsentwürfe mit dem Ziel einer Verbesserung des realen Unterrichts als Kernbereich in den Mittelpunkt der wissenschaftlichen Arbeit gerückt wird" (Wittmann 1998, S. 330).

7.2.2 Geschichtsdidaktik als „Design Science"

Eine Haupterkenntnis der vorliegenden Arbeit lautet, dass ein entscheidender Faktor für guten Geschichtsunterricht die Lernaufgaben sind. Um Geschichtsunterricht zu verbessern, könnte Geschichtsdidaktik demnach den von Wittmann für die Mathematikdidaktik vorgeschlagenen Weg ebenfalls verfolgen und erstens inhaltsbezogene theoretische Konzepte zu Lernaufgaben bereitstellen, zweitens dazu praktische Unterrichtsentwürfe entwickeln und drittens deren Realisierung im konkreten Unterricht erforschen. Damit liessen sich gleichzeitig die Forderungen von Borries – Modernisierung der Lerngegenstände, Intensivierung der Lernmethoden, Elementarisierung der Lernmaterialien, Aufwandsbegrenzung der Lernorganisation – umsetzen.

Geschichtsdidaktik, so betrieben, wäre eine *Design Science* im Sinne von Simon (1981, S. 133), weil sie es mit künstlichen Dingen (Geschichtsunterricht) zu tun hat und mit der Frage beschäftigt, wie man „Artefakte" (Simon 1981, S. 133 – das sind hier Handlungspläne und Lernaufgaben) mit gewünschten Eigenschaften (fachspezifisch bedeutsam, lernerbezogen, anregend) entwirft und herstellt. Zu diesem Design-Prozess muss die „Design Science" einen Kanon mit „intellektuell anspruchsvollem, analytischen, teilweise formalisierbaren Wissen entwickeln" (Simon 1979, S. 35) und evaluieren.

Davon ist die Geschichtsdidaktik noch entfernt, wie das Unterkapitel 6.3 gezeigt hat. Sie hat sich bisher zu wenig mit den *Aufgaben* beschäftigt und noch keine verlässliche Antworten auf eine Reihe von einschlägigen Fragen gegeben:
– Welche Typen von Aufgaben gibt es im Geschichtsunterricht?
– Welche Formate von Aufgaben eignen sich für Historisches Lernen?
– Wie gelingt es in Aufgaben, den Bezug zu den Lernenden herzustellen?
– In welchem Verhältnis steht der Anspruch nach Standardisierung und Normierung von Aufgaben zum Postulat nach Lernerbezug beim Historischen Lernen?
– Lassen sich zu den wesentlichen Kompetenzbereichen Aufgaben formulieren?

- Welches sind die Vorzüge offener Aufgabenstellungen?
- Nach welchen Massstäben und Normen können die Daten beurteilt werden, die Lernende aufgrund von Aufgaben entwickelt haben?
- Welche Rolle spielt die Klasse und das schulische Umfeld bei der Bewältigung von Aufgaben?
- Was sind gute Aufgaben, um Historisches Lernen zu fördern?
- Gibt es Aufgaben im Geschichtsunterricht, mit denen sich alle Lernenden während ihrer Schulzeit beschäftigt haben müssen?[7]

Zur Beantwortung dieser Fragen braucht es *Interventionsforschung* (vgl. Abschnitt 3.1.4). Dabei entwickeln Akteure aus unterschiedlichen Milieus (Praxis, Wissenschaft) und mit unterschiedlichem Hintergrund (Geschichtsdidaktik, Fachwissenschaften, Erziehungswissenschaften, Gestaltung und Kunst) theoriebasiert Prototypen, erproben und verbessern sie, setzen sie in unterschiedlichen Umgebungen ein und erforschen Entwicklung, Anwendung und Nutzung. Auf diese Weise könnte dem von Staub (2004, S. 114) diagnostizierten Missverhältnis der grossen Anzahl Publikationen und deren geringen Rezeption in der Praxis (Staub 2004, S. 114) begegnet werden. Die Interventionsforschung scheint weiter ein geeigneter Interaktionsmodus zu sein, um gerade im schulischen Feld, wo typischerweise hochkomplexe Gestaltungsarbeit zu leisten ist (vgl. Schön 1987 oder Wiggins/McTighe 1998), den Dialog zwischen Wissenschaft und Praxis zu gewährleisten (Staub 2004, S. 121). Schliesslich ist Interventionsforschung auch eine günstige Lerngelegenheit in der Lehrerinnen- und Lehrerbildung. Damit wird das fachspezifisch-pädagogische Wissen von Studierenden gefördert, das die Grundlage dafür ist, wie bestimmte Themen, Inhalte oder Aufgabenstellungen im Unterricht ausgewählt, dargestellt und an die unterschiedlichen motivationalen und kognitiven Voraussetzungen der Lernenden angepasst werden (vgl. Shulman 1991), ein Wissen, das sich aus wissenspsychologischer Sicht als zentraler Bestandteil professioneller Lehrkompetenz erwiesen hat (vgl. Bromme 1992; 1995).

7.3 Hinweise für die Praxis des Geschichtsunterrichts

Geschichtsdidaktik hat nicht nur über Geschichtsunterricht zu reflektieren, sondern ihn auch *anzuleiten*. Dies ist eine Grundannahme, die vielen erziehungswissenschaftlichen Ansätzen gemeinsam ist (vgl. Lenzen 1989, S. 1108) und auch

---

7   Wenn es solche Aufgaben gibt, müssten sie mittels Opportunity-to-learn-Standards festgelegt und beschrieben werden. Vgl. dazu Abschnitt 7.3.5.

in der Geschichtsdidaktik weitgehend akzeptiert ist[8]. Aus diesem Grund wird im Folgenden der Versuch gewagt, verschiedenen Beteiligten am Geschichtsunterricht auf unterschiedlichen Ebenen konkrete *Empfehlungen* zu geben, die sich aus Erkenntnissen der vorliegenden Arbeit ergeben. Als Beteiligte werden in Anlehnung an Staub (2004, S. 117) vier Gruppen unterschieden: Schülerinnen und Schüler, Lehrpersonen der Zielstufe, Lehrende der Lehrerinnen/Lehrer-Bildung und Curriculumsverantwortliche in der Bildungsverwaltung.

7.3.1 Schülerinnen und Schüler haben eine Vorstellung von Historischem Lernen

In der als „gut" identifizierten Lektion „Die Schweiz im Zweiten Weltkrieg" haben Schülerinnen und Schüler darüber nachgedacht, was Historisches Lernen ist. Sie wurden in der ersten beobachteten Stunde mit der Frage konfrontiert, ob die Menschen im Allgemeinen und sie als Schülerinnen und Schüler im Besonderen „aus der Geschichte gelernt" haben, und der Lehrer stellte diese Frage noch einmal mündlich jeder Gruppe bei seinem Rundgang durch die Klasse. Daraus entwickelten sich interessante Gespräche (vgl. Abschnitt 5.1.4).

Wenn Lernende historisch lernen sollen, müssen sie wissen, was *Historisches Lernen* ist. Diesem Umstand ist bisher noch zu wenig Aufmerksamkeit geschenkt worden. Zwar gehört es mittlerweile zum Standard von Geschichtslehrmitteln, dass zu Beginn erklärt wird, was Geschichte ist, es werden Begriffe wie „Quellen", „Darstellungen", „Chronologie" oder „Archäologie" definiert[9], aber was genau Historisches Lernen ist und worin sich historisches Denken beispielsweise von mathematischem Denken unterscheidet, wird den Schülerinnen und Schülern nicht erklärt.

Dabei ist mittlerweile in vielen Untersuchungen bestätigt worden, dass Lernende besser lernen, wenn sie wissen, was sie wie und wozu lernen sollen[10]. Erfolgreiche Lernerinnen und Lerner wissen, wie sie Geschichte lernen sollen. Sie beobachten, wie sie selber lernen, und sie steuern ihr eigenes Lernen wirksam. Im Unterschied zu den weniger erfolgreichen Schülerinnen und Schüler lernen die erfolgreichen bewusst (Messner 1998). Lehrpersonen können viel dazu beitragen, dass dies gelingt. Meyer (2004, S. 17) empfiehlt transparente

---

8   Vgl. dazu etwa Barricelli, der formuliert: „Aber eine angewandte Wissenschaft wie die Geschichtsdidaktik darf nicht bei der Erhebung des Ist-Zustandes stehen bleiben (wie etwa die Soziologie oder die Kulturwissenschaften). Sie hat zu fragen, wie zeitgemässer Geschichtsunterricht mit den erhobenen Befunden umgehen kann und welche weitergehenden Schlüsse und Empfehlungen für die geschichtsdidaktische Theorie – die ja immer auch mit einem Soll-Zustand befasst ist – abzuleiten wäre" (Barricelli 2005, S. 272).

9   Die Beispiele stammen aus dem Lehrmittel „Geschichte und Geschehen. Band 1" (Abelein/Fries/Gautschi u.a. 2004, S. 13–22).

10 Vgl. dazu etwa Beck 1992, Beck/Guldimann/Zutavern 1995 oder Messner 1998.

Leistungserwartungen, Helmke (2006, S. 45) Strukturiertheit und Klarheit, insbesondere die Lernerleichterung durch strukturierende Hinweise wie Vorschau oder advance organizers, Brophy (2000) spricht von „Achievement expectations".
In der Entwicklungspsychologie wird seit Flavell (1976) für die selbstständige Überwachung und Regulation des eigenen Lernprozesses der Begriff „*Metakognition*" (Flavell 1976, S. 232) verwendet. Mit Metakognition machen Lernende das Lernen und die dabei ablaufenden Prozesse selber zum Thema. Sie denken über „Historisches Lernen" nach. Eine erste Empfehlung lautet deshalb:
Schülerinnen und Schüler sollen eine Vorstellung aufbauen, was Historisches Lernen ist, wozu es dient und wie man es erfolgreich praktiziert.
Das in Kapitel 2 vorgestellte Modell kann eine Grundlage zur Umsetzung dieser Empfehlung sein. Sicher wäre günstig, wenn in jedem Schulzimmer, in dem Geschichtsunterricht stattfindet, ein Plakat hängen würde, das anschaulich und einfach „Historisches Lernen" erklärt[11].

7.3.2 Schülerinnen und Schüler reflektieren, was guter Geschichtsunterricht ist

Immer noch wird gelegentlich behauptet, Schülerinnen und Schüler seien nicht in der Lage, erlebten Unterricht fair zu beurteilen. Die vorliegende Arbeit beweist das Gegenteil. Sie zeigt zum einen, dass gerade aus Sicht der Lernenden am häufigsten Lektionen als „gut" bezeichnet wurden (19 von 39), deutlich mehr als aus Sicht der Expertinnen/Experten (11) oder der Lehrpersonen (ebenfalls 11). Nur je zwei Lektionen, die aus Sicht der Lehrenden und Expertinnen/Experten als gut bezeichnet wurden, wurden aus Sicht der Lernenden nicht als gut charakterisiert. Die vorliegende Arbeit zeigt zum andern, wie reichhaltig und kompetent die Urteile der Lernenden zum Geschichtsunterricht sind. Die Antworten der Schülerinnen und Schüler auf die offenen Fragen[12] decken eine Reihe von wichtigen Aspekten zu gutem Geschichtsunterricht auf und bündeln sie[13]. Eine zweite Empfehlung lautet deshalb:
Lernende sollen über Geschichtsunterricht nachdenken und darüber reden.

---

11 Im Projekt „Treffpunkte" der Nordwestschweizerischen Erziehungsdirektorenkonferenz wurde in der Pilotphase ein solches Plakat entwickelt. Darauf wird einerseits erklärt, was Geschichte ist, wie Geschichte gelernt werden kann und wozu das dient. Auf dem Plakat werden andererseits sechs so genannte Treffpunkte festgehalten. Damit werden Lerngelegenheiten bezeichnet, mit denen sich alle Schülerinnen und Schüler im Fach Geschichte auseinandersetzen sollten. Vgl. dazu Gautschi 2001.

12 Den Lernenden wurde beispielsweise folgende Frage gestellt: „Was hat dir an der vergangenen Lektion besonders gut gefallen?" Antworten der Schülerinnen und Schüler dazu sind in verschiedenen Abschnitten zitiert. Vgl. 5.1.2, 5.1.3, 5.2.3 usw.

13 Vgl. dazu z.B. die Titel in Kapitel 5, für die meist Zitate von Schülerinnen und Schüler verwendet wurden.

Das Nachdenken und Diskutieren der Lernenden über erfahrenen Geschichtsunterricht hat verschiedene positive Effekte. Erstens wird ihr eigenes Lernen unterstützt. Zweitens ermöglicht es den Lehrpersonen, einen anderen Blick auf das Geschehen zu bekommen und ihr Angebot besser den Lernenden anzupassen. Drittens erlauben die Äusserungen von Schülerinnen und Schüler über Geschichtsunterricht neue Erkenntnisse zu Geschichtsunterricht. Alles in allem wird dadurch der Geschichtsunterricht verbessert.

7.3.3 Lehrende regen Historisches Lernen mittels Lernaufgaben an

Eine Haupterkenntnis der vorliegenden Arbeit lautet, dass ein entscheidender Faktor für guten Geschichtsunterricht die *Lernaufgaben* sind (vgl. Abschnitt 6.3.5). Eine dritte Empfehlung lautet deshalb:

Lehrende sollen Historisches Lernen mittels fachspezifisch bedeutsamer Lernaufgaben ermöglichen, die einen Bezug zu den Lernenden anbieten und sie zum historischen Erzählen anregen.

Guter Geschichtsunterricht ermöglicht es den Lernenden, in der eigenständigen Auseinandersetzung mit Vergangenem selber Produkte zu entwickeln. Wenn dies nicht ein einmaliges Ereignis ist, wenn die Lernenden ihre „Erzählungen", ihre Arbeitsergebnisse aus dem Geschichtsunterricht, in einer Lern- und Qualifikationsmappe sammeln und ausgewählte Darstellungen andern zugänglich machen, dann ist dies die Umsetzung des „Geschichtslernens mit dem *Portfolio*"[14].

Geschichtslernen mit dem Portfolio dient einerseits dem Aufbau und der Ausdifferenzierung von Kompetenzen für Historisches Lernen und andererseits der Vorbereitung des wissenschaftsgeleiteten, methodisch-bewussten Umgangs mit Vergangenheit: Die Schülerinnen und Schüler lernen, das historische Universum systematisch wahrzunehmen und zu erkunden, ihr Vorgehen und die Erkenntnisse zu dokumentieren und die Dokumentation öffentlich zu machen. Das Portfolio, so konzipiert und geführt, erzählt die Geschichte des individuellen und kooperativen Lernens und veranschaulicht den Lernprozess sowie den Leistungsstand der Schülerinnen und Schüler. Geschichtslernen mit dem Portfolio kann sowohl Ergänzung eines instruktiven Vermittlungsunterrichts als auch Zentrum eines offenen, rekonstruktiven Erarbeitungsunterrichts sein.

Portfolioaufträge finden sich in mehreren Geschichtslehrmitteln, und die Lernaufgabe „Interviews mit Zeitzeugen" aus der als „ gut" identifizierten Lektion „Die Schweiz im Zweiten Weltkrieg" (vgl. Abschnitt 5.1.2) wird in verschiedenen Varianten vorgeschlagen[15].

---

14 Ausführlich bei Adamski 2003 oder bei Gautschi 2004b, knapp bei Gautschi 2006d.
15 Vergleiche etwa die Portfolioaufträge im Lehrmittel „Hinschauen und Nachfragen" (Bonhage/Gautschi/Hodel/Spuhler 2006. S. 11) oder in „Viele Wege – eine Welt" (Argast/Binnenkade/Boller/Gautschi 2005; S. 164).

Wissen erarbeiten

Porträt eines Menschen

Portfolioauftrag

Im Verlauf der Geschichte gab es immer wieder Frauen, Männer, Jugendliche und Kinder, die Grenzen überschritten. Auch in deiner Umgebung gibt es solche Menschen. Einen dieser Menschen aus deiner Umgebung sollst du porträtieren. Es kann eine Frau, ein Mann, ein Jugendlicher oder ein Kind sein. Die von dir gewählte Person ist aus einem anderen Land in die Schweiz eingewandert oder aus der Schweiz in ein anderes Land ausgewandert. Diese Person hat also Grenzen überschritten.

Aufgabe

Du sollst für dein Portfolio einen Menschen porträtieren. Du findest in Zeitschriften, in Schulbüchern oder im Internet eine Reihe von Beispielen, an denen du dich orientieren kannst.

Deine Dokumentation umfasst jedenfalls die folgenden Teile:

▸ Vorstellen der Person: Nenne den Namen und die Lebensdaten (Geburtsdatum, Geburtsort, Beruf usw.) der gewählten Person. Frage die Person, ob du für dein Porträt ein Foto von ihr haben kannst.

▸ Erzählung oder Interview: In deiner Erzählung oder in dem von dir aufgezeichneten Interview wird deutlich, welche Grenzen die von dir porträtierte Person überschritten hat. Eine Karte oder Bilder können dabei die Reise veranschaulichen.

▸ Begründung: Ein wichtiger Teil der Dokumentation ist deine persönliche Begründung, weshalb du gerade diesen Menschen ausgewählt hast. Achte auf eine klare Gliederung und gute Verständlichkeit deines Textes und überprüfe am Schluss noch einmal die Rechtschreibung. Wer deine Arbeit liest, erfährt das Wesentliche über die porträtierte Person.

Vorgehen

1. Suche in deiner Bekanntschaft oder in deiner Umgebung Menschen, die Grenzen überschritten haben. Überlege dir dann, wen du porträtieren möchtest.
2. Frage die Person an, ob sie bereit ist, sich porträtieren zu lassen. Das kannst du mit einem Brief oder aber, wenn du sie schon besser kennst, per Telefon tun. Erkläre der Person, um was es bei der Aufgabe geht.
3. Kläre die Rahmenbedingungen der Aufgabe: Welche Form soll dein Porträt haben? Wie viel Zeit kannst du für die Aufgabe aufwenden? Wird deine Arbeit benotet? Wann musst du dein Porträt abgeben?
4. Wenn du die Zusage der Person hast, musst du dich sorgfältig vorbereiten. Überlege dir, zu welchen Fragen du von der Person etwas erfahren und wie du das Gespräch gliedern möchtest.
5. Verabrede mit der Person einen Gesprächstermin und führe das Gespräch durch. Falls du Ton- oder Bildaufnahmen machen willst, musst du sie um Erlaubnis fragen.
6. Schreibe nun dein Porträt und illustriere es eventuell mit Bildern. Achte auf die Aufgabenstellung, damit du nicht wesentliche Teile vergisst.
7. Bevor du dein Porträt in deinem Portfolio ablegst oder in der Klasse öffentlich machst, schickst oder zeigst du es der porträtierten Person. Sicher hat sie Freude, wenn du ihr eine Kopie deiner Arbeit schenkst.

Hinweise

▸ Am besten triffst du dich mit dem Menschen, den du porträtieren willst, in einer Umgebung, die ihm vertraut ist, zum Beispiel bei ihm zu Hause. Dort hat er auch Fotos und andere wichtige Unterlagen zur Hand.

▸ Je sorgfältiger du die Befragung vorbereitest, desto erfolgreicher wird das Interview verlaufen. Einige Fragen wirst du Wort für Wort vorbereiten und exakt stellen. Es braucht aber auch so genannte offene Fragen, die den Befragten oder die Befragte zum Erzählen anregen, weil sie sich nicht mit einem Wort oder einer Zahl beantworten lassen. Die Kunst bei der Durchführung von Interviews besteht auch darin, gut zuzuhören.

▸ Vereinbare für die Durchführung des Interviews genügend Zeit, und bombardiere die zu porträtierende Person nicht von Anfang an mit deinen Fragen. Auch wenn du mit Tonband oder Videokamera arbeitest, musst du Notizen machen. Denn es können technische Probleme auftreten, und dann ist alles verloren. Bedenke aber, dass es äusserst zeitraubend ist, von einem Tonband ein schriftliches Protokoll herzustellen.

▸ Natürlich kann dieser Portfolioauftrag auch gut in Partnerarbeit gelöst werden.

Abbildung 7.1: Portfolioauftrag „Porträt eines Menschen" im Lehrmittel „Viele Wege – eine Welt" (Argast/Binnenkade/Boller/Gautschi 2005, S. 165)

Die *Portfolioaufgabe* „Porträt eines Menschen" im Lehrmittel „Viele Wege – eine Welt" (Argast/Binnenkade/Boller/Gautschi 2005, S. 165) umfasst vier Teile: Im Lead wird zuerst der Auftrag kurz umrissen, und es werden explizit Bezüge aufgezeigt, einerseits zur Situation der Lernenden, andererseits zu Fragen der Gegenwart. Die Einleitung dient in erster Linie der Motivation der Lernenden. Danach folgt die Beschreibung des Produkts, das die Lernenden entwickeln sollen. Die einzelnen Teile werden beschrieben, und es erfolgen Hinweise auf orientierende Beispiele. Anschliessend wird das Vorgehen Schritt für Schritt dargelegt, und zum Schluss finden die Lernenden konkrete Tipps für die Durchführung.

Geschichtslernen mit dem Portfolio im Besonderen und aufgabenbasierter Geschichtsunterricht im Allgemeinen brauchen *Zeit*, und zwar in zweierlei Hinsicht: Einerseits darf die insgesamt für den Geschichtsunterricht zur Verfügung stehende Zeit nicht unter ein gewisses Minimum sinken, damit sowohl geschichtliches Wissen über Vergangenes und Verständnis aufgebaut als auch Kompetenzen für das Historische Lernen entwickelt und Einstellungen geklärt werden können. Andererseits dürfen auch die einzelnen Einheiten nicht zu klein sein. Die vorliegende Arbeit zeigt, dass auch im gängigen 45-Minuten-Takt guter Geschichtsunterricht möglich ist: Drei der fünf als „gut" identifizierten Geschichtslektionen sind Einzelstunden. Es ist also nicht so, dass der „Teufelskreis starrer Stundenschemata (…) durchbrochen werden muss, wenn Selbsttätigkeit, Arbeitsunterricht und Problemorientierung von einer pädagogischen Utopie zu täglicher Praxis werden soll" (Borries 1980, S. 55), sondern es geht darum deutlich zu machen, dass Historisches Lernen mit fachspezifisch bedeutsamen Lernaufgaben angeregt werden kann.

7.3.4 Lehrende beziehen das Thema auf die Situation der Lernenden

Der Vergleich der Güteprofile der fünf als gut identifizierten Geschichtslektionen ergab, dass das Gütekriterium *Bezogenheit des Themas auf die Situation der Lernenden* in all diesen Lektionen immer als „gut" bewertet wurde (vgl. Abschnitt 6.3.2). Eine vierte Empfehlung lautet deshalb:

Lehrende sollen im Geschichtsunterricht das Thema auf die Situation der Lernenden beziehen.

Damit dieser Bezug des Themas auf die Situation der Lernenden gelingt, sind verschiedene Überlegungen notwendig. Zum ersten muss bei der *Themenwahl* darauf geachtet werden, was genau aus dem Universum des Historischen, aus der „Fülle des Wiss- und Lernbaren, die von der Geschichtswissenschaft aufgehäuft worden ist" (Bergmann 1998, S. 153), für die Jugendlichen im Geschichtsunterricht wissens- und bedenkenswert ist. Die Auswahl und Thematisierung hat auch bei einem schülerorientierten Geschichtsunterricht nach wissenschaftlichen Standards zu erfolgen, was deutlich macht, dass es keinen Gegensatz zwischen einem schülerorientierten und fachwissenschaftsorientierten Geschichtsunterricht geben darf.

Zum zweiten soll den Lernenden aus ihrer Gegenwart heraus eine *Brücke* zur Geschichte gebaut werden, damit überhaupt eine Begegnung zwischen Jugendlichen und dem Universum des Historischen stattfindet. Dafür sind einerseits Ausgangsfragen geeignet, die Schlüsselprobleme der Jugendlichen aufnehmen. Andererseits gibt es eine Reihe von Vergangenheitsbezügen in der Gegenwart der Schülerinnen und Schüler, die es als Lehrperson zu erkennen und zu nutzen gilt[16].

Zum dritten geht es im Geschichtsunterricht auch darum, das im Universum des Historischen Betrachtete und Untersuchte mit den gegenwärtigen und zukünftigen *Lebensperspektiven* der Schülerinnen und Schüler zu verknüpfen. Dies gelingt leichter, wenn die Lehrpersonen „die vielfältigen Möglichkeiten von Gegenwarts- und Zukunftsbezügen und die in der Gegenwart vorhandenen Vergangenheitsbezüge stärker als bisher für historisches Lernen nutzen" (Bergmann 2002, S. 181).

7.3.5 Curriculumsverantwortliche definieren Opportunity-to-learn-Standards für den Geschichtsunterricht

Dass die Qualität des Geschichtsunterrichts durch Akteure auf verschiedensten Ebenen mitgeprägt wird, wurde auch in Äusserungen von Expertinnen und Experten zum videografierten Unterricht deutlich, etwa in der Aussage, „dass die äusseren Rahmenbedingungen wie Klassenfrequenz, Verfügbarkeit technischer Geräte im Klassenzimmer (…) wesentlich dazu beitragen können, dass guter Unterricht stattfinden kann" (vgl. Abschnitt 6.1.1).

Nach wie vor ist der Lehrplan ein wichtiges Steuerungsinstrument von Schulverantwortlichen. Dessen Einfluss auf den konkreten Unterricht ist allerdings umstritten (Criblez 2007, S. 10). Seit den Schulleistungsmessungen sehen Schulverantwortliche eine neue Möglichkeit, um Schule und Unterricht zu steuern: von der Ergebnissen her. Diese neue Orientierung der Bildungssteuerung am „outcome" scheint mehr Effektivität und Effizienz zu versprechen, bewirkt aber offenbar auch eine Reihe von negativen Effekten (Herrmann 2003).

In Bezug auf eine Verbesserung der Unterrichtsqualität haben sich *Opportunity-to-learn-standards* als äusserst wirksam erwiesen (Maag Merki 2005, S. 75). Mit diesen Standards[17] werden – im Unterschied zu den Content-Standards, die „Ereigniswissen" (Pandel 2005, S. 6) festschreiben, und den Performance-Standards, mit denen zu erwerbende Kompetenzen festgelegt werden – Lerngelegenheiten für Jugendliche definiert (Maag Merki 2005, S. 75). Mit *Opportunity-to-learn-standards* werden neben den Lerngegenständen auch die Prozessstruktur und

---

16 Vgl. dazu insbesondere Bergmann 2002, S. 61–127.
17 Eine gute Begriffsklärung zu den verschiedenen Formen von Standards findet sich bei Maag Merki 2005, S. 12–13.

zentrale Ressourcen bestimmt. Sie bilden den gesellschaftlichen Konsens, was und wie im Geschichtsunterricht gelernt werden soll, und sie sind ein Spiegel des Common Sense.

Opportunity-to-learn-standards wurden vor allem in Amerika diskutiert. So stellt zum Beispiel das Mid-Atlantic Equity Consortium (MAEC) fest: „Strong voices are insisting that standards must include Opportunity to Learn Standards that take into account educational *inputs and processes*, not simply content and outcomes" (MAEC 1994).

Das Setzen von „Opportunity-to-learn-standards" scheint auch deshalb wichtig, weil internationale Studien nahe legen, dass „etwa 70 % aller menschlichen Lernprozesse ausserhalb der Bildungsinstitutionen stattfinden" (Dohmen 2001, S. 7). Wenn das auch für das Historische Lernen zutrifft, dann würden mit Performance-Standards nicht in erster Linie Folgen des Unterrichts, sondern andere Aspekte gemessen[18]. Auch Meyer/Feindt/Fichten sprechen sich gegen Standards aus, die „ beschreiben, was ‚hinten' herauskommen soll" (Meyer/Feindt/Fichten 2007, S. 114). Sie begründen dies damit, dass solche Standards keine Impulse zur Unterrichtsentwicklung beisteuern würden, weil die Unterrichtsqualität durch die Bildungsstandards nicht erfasst werden kann. Meyer/Feindt/Fichten schlagen den Begriff *Unterrichtsstandards* (Meyer/Feindt/Fichten 2007, S. 114) vor. Solche Standards „beschreiben Qualitätsstufen realen Unterrichts im definierten Qualitätsbereich" (Meyer/Feindt/Fichten 2007, S. 114) und setzen auf diese Weise eine integrierte Strategie von Unterrichtssteuerung und Qualitätsentwicklung um.

Mit „Opportunity-to-learn-standards" für Geschichtsunterricht könnte sichergestellt werden, dass die Lerngelegenheit, die die Schülerinnen und Schüler während der Lektion „Die Schweiz im Zweiten Weltkrieg" nutzen konnten und die aus allen Perspektiven als „gut" beurteilt wurde, auch andern Schülerinnen und Schülern angeboten würde. Eine fünfte Empfehlung lautet deshalb:

Curriculumsverantwortliche sollen für den Geschichtsunterricht Opportunity-to-learn-Standards definieren.

Wie das konkret aussehen könnte, ist in Tabelle 7.2 dargestellt[19]:

---

[18] Auch Ulrich Herrmann (2003) hat sich in die Reihe der Skeptiker bezüglich Bildungsstandards eingereiht und eine Anzahl von Bedenken gegen eine einseitige Fokussierung von Schule auf Outputsteuerung vorgebracht.

[19] Vgl. dazu „ Kompetenter Umgang mit aktuellen Meldungen: Ein grundlegender Opportunity-to-learn-Standard für den Geschichtsunterricht und die Politische Bildung" (Gautschi 2005).

Hinweise für die Praxis des Geschichtsunterrichts 273

Tabelle 7.2: Opportunity-to-learn-Standard „Die Schweiz im Zeitalter der Katastrophen"

Titel
„Die Schweiz im Zeitalter der Katastrophen"

Kurzbeschreibung[20]
Die Epoche von 1914 bis 1945 hat der englische Historiker Eric Hobsbawm als Zeitalter der Katastrophen beschrieben. Sie begann mit dem Ersten Weltkrieg und endete mit dem Zweiten Weltkrieg. Dazwischen brachten Revolutionen, Wirtschaftskrisen, totalitäre Diktaturen und Völkermorde Leid und Tod über Millionen von Menschen. Die Schweiz war nicht losgelöst von den wirtschaftlichen, politischen, kulturellen Entwicklungen und Konflikten in den Nachbarstaaten und der restlichen Welt. Die weltgeschichtlichen Ereignisse forderten Reaktionen der Schweizer Regierung, Wirtschaft und Bevölkerung, beeinflussten die schweizerischen Entwicklungen in Kultur, Wirtschaft und Politik und wurden von den Schweizerinnen und Schweizern auch mitgestaltet.

Lerngelegenheiten und Ziele
– Darbietung der grundlegenden Ereignisgeschichte mittels Lehrerdarbietung oder Leittext
– Individuelle Vertiefung eines ausgewählten Aspekts zum Thema (Verteidigung, Industrie und Verkehr, Finanzplatz, Flüchtlinge) und Austausch dazu (z.B. mittels Gruppenpuzzle)
– Gespräch mit Zeitzeugen entlang eines Gesprächsleitfadens, Vergleich des Lebensalltages mit heute, Austausch in der Klasse. Alternativ dazu Aufarbeitung von videografierten Zeitzeugengesprächen
– Reflexion des Gelernten und Diskussion der Frage: Können wir aus der Geschichte lernen?

Empfohlene Ressourcen
8 Lektionen; Lehrmittel „Hinschauen und Nachfragen – Die Schweiz und der Nationalsozialismus im Licht aktueller Fragen".

7.3.6 Lehrende der Lehrerbildung entwickeln gemeinsam mit Studierenden und Lehrpersonen der Zielstufen Lernumgebungen für Historisches Lernen

In Abschnitt 7.2.2 wurde für eine Geschichtsdidaktik als *Design Science* plädiert. Es wurde gefordert, dass Geschichtsdidaktik inhaltsbezogene theoretische Kon-

---

20 Kurzbeschreibung entlang der Ziele und Inhalte des Lehrmittels „Hinschauen und Nachfragen" (Bonhage/Gautschi/Hodel/Spuhler 2006) sowie der Lehrerhandreichung zum selben Lehrmittel (Gautschi/Hodel 2006).

zepte zu Lernaufgaben bereitstellen, dazu praktische *Unterrichtsentwürfe* entwickeln und deren Realisierung im konkreten Unterricht erforschen müsse. Dies lässt sich auf ideale Weise in der Lehrerinnen- und Lehrerbildung umsetzen.

In vielen Ausbildungsmodellen sind die Ausbildungsorte mehr oder weniger streng getrennt: auf der einen Seite die Zielstufen, die „klinische" Kultur, auf der andern Seite die Lehrerbildungsinstitutionen, die „akademische" Kultur. Geschichtsdidaktik als „Design Science" ist derjenige Fachbereich, der im Stande ist, die beiden Kulturen zu verknüpfen, zum Beispiel durch die Ermöglichung von Forschendem Lehren in Praxiszirkeln auf der Zielstufe[21]. Daran beteiligt sind die Schülerinnen und Schüler, deren Lehrpersonen, Studierende und Geschichtsdidaktikerinnen, Geschichtsdidaktiker. Die *Verknüpfung* der unterschiedlichen Kulturen gelingt dann erfolgreich, wenn eine win-win-Situation geschaffen wird. Dies erfordert sowohl eine personelle wie zeitliche Kontinuität und Überschaubarkeit. Die Mitglieder einigen sich auf Grund des festgelegten Curriculums, der zur Verfügung stehenden Zeit und weiterer Rahmenbedingungen auf die Entwicklung einer Unterrichtseinheit. Zu deren Entwicklung werden inhaltsbezogene theoretische Konzepte beigezogen, dann praktische Unterrichtsentwürfe entwickelt und vor Ort realisiert, reflektiert, erforscht, verbessert. Geschichtsdidaktik, auf diese Weise betrieben, nutzt sowohl die „Weisheit der Praxis" (Shulman 2004, S. 251) als auch das wissenschaftliche „Wissen" und trägt durch Interventionsforschung zur Anreicherung beider und gleichzeitig zur Aus- und Weiterbildung aller Beteiligten bei. Eine sechste Empfehlung lautet deshalb:

Lehrende der Lehrerbildung sollen gemeinsam mit Studierenden und Lehrpersonen der Zielstufen Lernumgebungen für Historisches Lernen entwickeln, ausprobieren, erforschen und verbessern.

Diese sechste Praxis-Empfehlung ist gleichzeitig eine Empfehlung für Design Experiments (Shulman 2004, S. 298) und leitet über zu weiteren Forschungsperspektiven.

7.4 Vorschläge für Forschungsvorhaben zum Geschichtsunterricht

In seinem Überblick zur Methodik der Unterrichtsforschung unterscheidet Shulman (2004) zwei Richtungen, die in einem Spannungsverhältnis stehen: „The contemporary tension might be characterized as one between the classroom-based experimental program and the naturalistic documentation and analysis of classroom life" (Shulman 2004, S. 300). Die vorliegende Arbeit gehört der zweiten Richtung an und kann als „Phänomenforschung" (vgl. dazu Abschnitt 3.1.1)

---

21 Ausführlicher ist dieser Gedanke der Verknüpfung dargestellt im Text „Forschendes Lehren in Praxiszirkeln" (Gautschi 2000c). Vgl. dazu auch Gautschi/Vögeli-Mantovani 1995.

bezeichnet werden. Daran anschliessend bieten sich vier *Forschungsvorhaben* an[22]: Die explorativ gewonnenen Erkenntnisse können empirisch breiter abgestützt werden. Das betrifft einmal die Identifizierung der fünf als „gut" charakterisierten Geschichtslektionen (7.4.1), das betrifft auch das im Kapitel „Grundlagen" entwickelte und in der vorliegenden Arbeit verwendete Kompetenzmodell (7.4.2).

Dann kann aufgrund der vorliegenden Daten explorativ nach weiteren Bestimmungsfaktoren des Geschichtsunterrichts gesucht werden, insbesondere mittels einer genaueren Analyse der Lernaufgaben sowie weiterer Daten, die zu den als „gut" charakterisierten Lektionen vorliegen, etwa der allgemeinen Lehrer- und Schülerfragebögen (7.4.3). Schliesslich bietet sich, aufbauend auf den als „gut" identifizierten Lektionen, Interventionsforschung an (7.4.4).

7.4.1 Validierung des Beurteilungsbogens und Re-Identifikation guter Geschichtslektionen

Für die Beschreibung und Beurteilung der videografierten Lektionen wurde in der vorliegenden Arbeit aus theoretischen Überlegungen und praktischen Erfahrungen ein Bogen zur Beurteilung von Geschichtslektionen entwickelt. Dies geschah in einem zyklischen Prozess unter Beizug von Erkenntnissen im Umgang mit dem Datenmaterial (vgl. 3.4.1). Entstanden ist ein Instrument mit drei Bereichen und 15 Gütekriterien, die jeweils durch drei bis sieben Indikatoren beschrieben sind.

Die anzustrebende empirische Validierung des Beurteilungsbogens kann entlang eines mehrschrittigen Vorgehens nach Kramis (1990, S. 288) erfolgen:
- Entwicklung eines vereinfachten Beurteilungsbogens, der auf den Gütekriterien fusst;
- globale Gesamteinschätzung von ausgewählten videografierten Geschichtslektionen durch eine grosse Gruppe von Studierenden sowie ausführliche Beurteilung derselben Lektionen durch andere kleine Gruppen von Studierenden entlang des Beurteilungsbogens;
- statistische Auswertung und Analyse der vorhandenen Daten; Überarbeitung des Beurteilungsbogens;
- Beurteilung ausgewählter Lektionen durch geschulte Beurteilerinnen, Beurteiler entlang des revidierten Beurteilungsbogens sowie Reliabilitätsprüfung der verwendeten Bereiche, Gütekriterien und Indikatoren;
- abschliessende Modellierung des Beurteilungsbogens.

---

22 Es werden hier Forschungsvorhaben vorgestellt, die im Gefolge der Studie „Geschichtsunterricht heute" und der vorliegenden Arbeit dazu beitragen können, einen Verdichtungspunkt von mehrperspektivischer Unterrichtsforschung in der Geschichtsdidaktik zu bilden (vgl. dazu Abschnitt 3.3.1). Natürlich gibt es weiteren, ebenso dringenden Forschungsbedarf bei anderen Schwerpunkten (vgl. dazu Unterkapitel 3.1).

In einem ersten Schritt müssten zu den 15 Gütekriterien einfache *Kurzcharakterisierungen* in einem Satz entwickelt werden. Für das Gütekriterium „Förderung eines unterstützenden Klassenklimas" könnte die Charakterisierung wie folgt lauten: „Die Lehrperson fördert im beobachteten Unterricht ein gutes Klassenklima mit positiven Mitteln wie Ermutigung, Wertschätzung oder Bestärkung". Die 15 Kurzcharakterisierungen werden zufällig und also nicht entlang der Dimensionen gereiht[23] und in einen vereinfachten Beurteilungsbogen gebracht.

In einem zweiten Schritt werden Studierende mit einem Instrument kurz vertraut gemacht und eingeladen, eine videografierte Geschichtslektion zu beurteilen. Dies wiederholt sich mit anderen Studierendengruppen bei andern Lektionen. Parallel dazu schätzen wieder andere Studierende dieselben Geschichtslektionen global ein und beurteilen sie als „sehr gut", „gut", „genügend", „ungenügend". Für die Beurteilung könnten aus den für diese Arbeit verwendeten videografierten Lektionen solche ausgewählt werden, die sich im Urteil aus den drei verschiedenen Perspektiven unterscheiden, also beispielsweise je zwei Lektionen, die in drei und zwei Perspektiven sowie in einer und keiner Perspektive als „gut" charakterisiert wurden.

Mit dem erhobenen Datensatz können in einem dritten Schritt verschiedene *statistische Berechnungen* durchgeführt werden (Kramis 1990, S. 288). Um die Zusammenhänge zwischen den Gütekriterien und der Gesamteinschätzung von Unterricht zu ermitteln, können Korrelationen zwischen den Einschätzungen mittels Beobachtungsbogen und den verschiedenen Gesamteinschätzungen berechnet werden. Daraus ergibt sich, welche Gütekriterien hoch und welche kaum mit dem Globalurteil korrelieren. Mit einer explorativen Faktorenanalyse kann statistisch berechnet werden, zu wie vielen Dimensionen sich die Gütekriterien gliedern lassen. Erwartet wird hier eine Struktur mit den drei Dimensionen „Lerngegenstände", „Prozessstruktur" und „Nutzung". Mittels Reliabilitätsberechnungen und anderen statistischen Verfahren können weitere Aussagen zu den einzelnen Gütekriterien gewonnen werden, und es kann überprüft werden, ob allenfalls auch ein Subset der 15 Gütekriterien genügen würde, um zu signifikanten Resultaten zu kommen. Darauf aufbauend lässt sich ein empirisch abgestützter Beurteilungsbogen konstruieren.

Mit diesem neuen Beurteilungsbogen werden Beurteilerinnen und Beurteiler geschult, bevor sie ausgewählte Lektionen entlang des revidierten Beurteilungsbogens beurteilen. Mit *Reliabilitätsprüfungen* kann danach die Übereinstimmung bzw. Nichtübereinstimmung der einzelnen Gütekriterien überprüft werden. Dies ist ein wichtiges Indiz für die Intersubjektivität der Kategorien (vgl. Bakeman/Gottman 1994). Sollten sich Kriterien als sperrig erweisen oder wird keine genügende Übereinstimmung erreicht, werden die Indikatoren der einzelnen Gütekategorien überarbeitet und neu formuliert. Auf diese Weise geschieht die

---

23 Dies geschieht, um Effekte der Reihenfolge auszuschliessen.

abschliessende Modellierung des nun empirisch validierten Beurteilungsbogens. Damit lässt sich die in dieser Arbeit erfolgte Identifikation guter Geschichtslektionen mit einem neuen Instrument wiederholen, um die in der vorliegenden Arbeit explorativ gefundenen Ergebnisse zu überprüfen.

7.4.2 Überprüfung und Weiterentwicklung des Kompetenzmodells

Mittlerweile wurden in verschiedenen Domänen Projekte zur empirischen Überprüfung und Weiterentwicklung von Kompetenzmodellen durchgeführt[24]. Wenn – wie in der vorliegenden Arbeit – ein aus theoretischen Überlegungen und praktischer Erfahrung gewonnenes Kompetenzmodell vorliegt, scheinen die folgenden *drei Projektschritte* dazu beizutragen, dieses empirisch zu validieren und weiterzuentwickeln (Niessen/Lehmann-Wermser/Knigge u.a. 2008, S. 21):
1. Entwicklung eines Pools von Beispielaufgaben in Expertenteams
2. Pilotierung der Aufgaben und Feststellung der Messqualität
3. Statistische Erhebung mit Beispielaufgaben, Auswertung und Analyse; abschliessende Modellierung des Kompetenzmodells.

In einem ersten Schritt müsste zum vorliegenden Kompetenzmodell ein grösserer Pool von *Aufgaben* entwickelt werden, die von den kognitiven Anforderungen her zu einer ausgewählten Jahrgangsstufe und zu einem vorgegebenen Thema passen. Für die Aufgabenentwicklung scheint sich die Bildung von Expertinnen- und Expertenteams zu bewähren, welche aus erfahrenen Lehrpersonen sowie aus Fachdidaktikerinnen und Fachdidaktikern bestehen. Als Grundlage für die Arbeit können Lehrmittel, Curricula, didaktische Materialien und Aufgaben aus Forschungsprojekten herangezogen werden. Die Aufgabenentwürfe werden von den Lehrpersonen in ihren Klassen informell erprobt. Anschliessend erfolgt wiederum in den Expertinnen- und Expertenteams eine erste Auswertung der Aufgaben in Hinblick auf Verständlichkeit, Eignung, Bearbeitungsdauer und Schwierigkeit. Die Aufgabenentwicklung ist also ein zirkulärer Prozess der Entwicklung, Erprobung und Evaluation mit dem Ziel der Optimierung der Qualität der Testaufgaben.

In einem zweiten Schritt sollen die so optimierten Aufgaben mit einer grösseren Zahl von Schülerinnen und Schülern systematisch hinsichtlich ihrer Messqualität *erprobt* werden. Parallel dazu können mit Hilfe eines Begleitinstruments ausgewählte Voraussetzungen des Unterrichts erhoben werden, so dass ein stark abweichendes Antwortverhalten einzelner Klassen entsprechend interpretiert

---

24 Für Naturwissenschaften vgl. z.B. Labudde 2007; für Musik vgl. z.B. Niessen/Lehmann-Wermser/Knigge u.a. 2008.

und bei der Skalierung und Modellierung des Kompetenzmodells berücksichtigt werden kann. Der zweite Schritt dient der Auswahl geeigneter Aufgaben.

In einem dritten Schritt erfolgt der Einsatz der ausgewählten Aufgaben an einer definitiven Stichprobe. Da die Auswertung auf der Probabilistischen Testtheorie und der daraus abgeleiteten Item Response Theory basiert[25], sind gemäss Amelang/Schmidt-Atzert (2006) rund 600 Schülerinnen und Schüler erforderlich. Die Daten werden in zwei Richtungen analysiert: Erstens ist zu untersuchen, ob sich die Ergebnisse in ein sinnvolles Verhältnis zum theoretisch entworfenen Kompetenzmodell bringen lassen: Sind die einzelnen Kompetenzbereiche unabhängig voneinander? Decken die Kompetenzbereiche Historisches Lernen umfassend ab? Lassen sich die einzelnen Kompetenzbereiche mit Aufgaben spezifisch entwickeln und überprüfen? Zweitens ist zu klären, ob sich empirisch eine sinnvolle Unterteilung der Kompetenzskala in Kompetenzniveaus begründen lässt[26]: Wie viele Niveaus lassen sich unterscheiden? Welches sind Indikatoren für die verschiedenen Niveaus? Lassen sich die einzelnen Kompetenzniveaus mit Aufgaben spezifisch überprüfen?

Mit dem oben skizzierten Vorhaben könnte das in der vorliegenden Arbeit verwendete Kompetenzmodell empirisch überprüft, validiert und gestuft werden, und es liessen sich neue Daten über die Kompetenzen von Schülerinnen, Schülern und über den Geschichtsunterricht gewinnen.

7.4.3 Exploration von Zusammenhängen verschiedener Bestimmungsfaktoren des Geschichtsunterrichts

Wie die vorliegende Arbeit und die Vorgängerstudie „Geschichtsunterricht heute" (Gautschi/Moser/Reusser/Wiher 2007) aufzeigen, liegen zu den videografierten Lektionen eine Reihe verschiedener Daten und jetzt auch Erkenntnisse vor. Um herauszufinden, ob Zusammenhänge zwischen verschiedenen Aspekten des Unterrichts (Materialien, Medien, Qualität), Schülermerkmalen (Fähigkeit, Motivation, Entwicklungsstand, Vorwissen), Lehrermerkmalen (Professionelle Expertise, Werte, Einstellungen, Engagement, Biografie) oder dem Lernkontext (Familie, Klasse, Gleichaltrige, Fernsehen) bestehen, können nun die Ergebnisse dieser Arbeit mit andern Ergebnissen der Vorgängerstudie oder mit weiteren Daten *verglichen* werden. Ein Beispiel dafür ist in Abschnitt 7.1.4 „Vergleich der Resultate mit einem Leistungstest" dargelegt.

---

25 Die Probabilistische Testtheorie hat sich vor allem dank der grossen Schulleistungsstudien durchgesetzt. PISA, DESI oder IGLU operieren durchwegs auf der Basis dieser Testtheorie. Der grosse Vorteil liegt darin, dass „die Schätzung der Merkmalsausprägungen und der Aufgabenmerkmale unabhängig von der Stichprobe und den verwendeten Aufgaben möglich ist" (Niessen/Lehmann-Wermser/Knigge u.a. 2008, S. 25).

26 Vgl. dazu insbesondere den Beitrag von Andreas Körber zur Graduierung in Körber/Schreiber/Schöner 2008, S. 415–472.

Eine Möglichkeit bestünde darin, die videografierten Lektionen in drei Gruppen aufzuteilen. Die eine Gruppe umfasst die aus allen Perspektiven als „gut" identifizierten fünf Lektionen, die andere Gruppe umfasst die aus keiner Perspektive als „gut" identifizierten 14 Lektionen, die dritte Gruppe umfasst die restlichen Lektionen. Nun werden wesentliche Erkenntnisse der Studie „Geschichtsunterricht heute" in Bezug auf diese drei Gruppen reanalysiert, und es wird nach *Unterschieden* gesucht: Unterscheiden sich die drei Gruppen hinsichtlich der behandelten Themen, des themenspezifischen Interesses der Jugendlichen, der didaktischen Überzeugungen der Lehrpersonen, der Unterrichtsgestaltung bzw. Angebotsorganisation, der verwendeten Lernmaterialien oder der Stoff-, Ziel- und Aufgabenkultur? Worin unterscheiden sich die als „gut" identifizierten Lektionen am stärksten von den andern Lektionen?

Eine weitere Möglichkeit bestünde darin, die in dieser Studie als zentrales Element guter Geschichtslektionen identifizierten *Aufgaben* vertieft zu analysieren. Die bereits in der Studie „Geschichtsunterricht heute" vorgenommene Kodierung aller Aufgaben erlaubt Aussagen darüber, wie viele Arbeitsaufträge in den einzelnen Lektionen bearbeitet wurden, wie viel Zeit für die einzelnen Aufträge insgesamt aufgewendet wurde und in welchem Verhältnis Einführung, Bearbeitung und Besprechung zueinander stehen. Die einzelnen Lernaufgaben können zudem entlang der neun von Blömeke/Herzig/Tulodziecki u.a. (2006) formulierten Anforderungen an Lernaufgaben analysiert werden, wie dies in der vorliegenden Arbeit bereits mit einer Lernaufgabe im Abschnitt 6.3.2 „Lernaufgaben in gutem Geschichtsunterricht" aufgezeigt wurde.

7.4.4 Interventionsforschung im Geschichtsunterricht

Als wichtigstes Forschungsdesiderat für Geschichtsdidaktik und Geschichtsunterricht erachte ich die „*Interventionsforschung*" (vgl. dazu Abschnitt 3.1.4). Sie baut der Geschichtsdidaktik die Brücke zur Unterrichtspraxis, bringt die Praxis methodisch bewusst und mit direktem Praxisnutzen weiter, ist eine ideale Lerngelegenheit in der Lehrerbildung und verbindet, wie Shulman feststellt, verschiedene Forschungsrichtungen: „A design experiment is typically a marriage of experiment and ethnography, of adaptive experimentation and thick ethnographic description" (Shulman 2004, S. 300).

Interventionsforschung im Geschichtsunterricht – oder Experimentelle Geschichtsunterrichtsforschung (Hasberg 2001, S. 508[27]) – erfordert gemäss Atteslander „ein Höchstmass an Kontrolle der sozialen Situation" und „stellt die

---

[27] Hasberg referiert in seinen Darlegungen zur Experimentellen Geschichtsunterrichtsforschung in erster Linie die Arbeiten von Seel (1979). Er legt zum Teil gravierende Einwände gegen den Forschungszugang dar, anerkennt aber die viel versprechenden Möglichkeiten (Hasberg 2003, S. 519).

strengste Form der Hypothesenüberprüfung" dar (Atteslander 2003, S. 196). Interventionsforschung dient wie ein Experiment „der Überprüfung von bereits vorher theoretisch festgelegten Aussagen nach festgelegten Bedingungen" (Atteslander 2003, S. 196). Atteslander formuliert fünf *Grundsätze* für die Anwendung eines Experiments:
„1. Zur Bildung von Hypothesen müssen die dem Forschungsproblem entsprechenden Variabeln bzw. Faktoren identifiziert sein.
2. Aufstellen einer Hypothese, die eine Kausalbeziehung enthält über einen Zusammenhang zwischen verursachenden Faktoren (unabhängige Variable) und bewirkten Faktoren (abhängige Variablen).
3. Die zu betrachtenden Variabeln müssen von anderen Variabeln isolierbar sein, damit ihre Beziehungen zueinander kontrolliert werden können.
4. Die unabhängige Variable muss variierbar sein.
5. Es muss gewährleistet sein, solche Manipulationen wiederholen zu können" (Atteslander 2003, S. 199).

Um Interventionsforschung überhaupt betreiben zu können, braucht es demnach eine Klärung der unabhängigen Variabeln, die durch den Versuch nicht zu beeinflussen sind, beispielsweise die Intelligenz der Lernenden, und solcher, die variierbar sind, beispielsweise die Formulierung einer Lernaufgabe. Diese Variabeln werden auch als experimentelle Variabeln bezeichnet (Hasberg 2003, S. 512). Dazu braucht es weiter die Operationalisierung abhängiger Variabeln, das heisst die Klärung von Effekten, die untersucht werden sollen.

Interventionsforschung im Anschluss an die vorliegende Arbeit beschäftigt sich in erster Linie mit der Konstruktion, Erprobung und Verbesserung von Lernaufgaben und der Erforschung der Wirkungen. Interventionsforschung erfüllt alle fünf *Funktionen* der Forschung im Bereich der Lehrerinnen- und Lehrerbildung und Didaktik, die Fritz Oser in seiner Preisrede anlässlich der Verleihung des Anerkennungspreis für besondere Leistungen durch die Aebli Näf Stiftung im März 2004 aufzählte. Die Forschung solle erstens eine Schutzwand gegen unrealistische Hoffnungen bilden, zweitens Alternativen zu Bestehendem deutlich aufzeigen oder abweisen, drittens Notwendiges einfordern, viertens zum Handeln „anfeuern" und zur Reflexion mahnen sowie fünftens Qualität evaluieren[28].

All diese fünf Ziele wurden auch mit der vorliegenden Arbeit verfolgt. Wenn darüber hinaus noch die Neugier für alltäglichen Geschichtsunterricht weiter gestärkt und die Gewissheit, dass guter Geschichtsunterricht vorkommt, verbreitet werden konnte, hat die Arbeit Sinn gemacht.

---

28 Vgl. dazu auch den Abdruck der Preisrede in den Beiträgen zur Lehrerbildung (Oser 2004).

8. Verzeichnisse

8.1 Literaturverzeichnis

Verzeichnet sind alle in der Arbeit erwähnten und alle für die Arbeit herangezogenen Titel, jeweils in der verwendeten Ausgabe.

Die Ordnung ist alphabetisch (ohne Berücksichtigung der Umlaute und ohne Gliederung nach geschichtsdidaktischer, historiographischer, geschichtstheoretischer, allgemeindidaktischer Literatur).

Für denselben Autor/Herausgeber werden zuerst die allein, dann die in Zusammenarbeit mit anderen Autoren/Herausgebern verfassten Werke chronologisch aufsteigend verzeichnet.

Bei mehr als drei Autoren/Herausgebern werden nur die ersten drei Autoren/Herausgeber genannt, und bei mehreren Erscheinungsorten wird in der Regel nur der erste Ort verzeichnet.

Achermann, Edwin (1992): Mit Kindern Schule machen. Zürich: Verlag Lehrerinnen und Lehrer Schweiz.
Achermann, Edwin/Gautschi, Peter/Rüegsegger, Ruedi (2000): Lernpartnerschaften. Im Tandem und in Gruppen gemeinsam lernen. Aarau: Erziehungsdepartement.
Adamski, Peter (2003): Portfolio im Geschichtsunterricht. Leistungen dokumentieren – Lernen reflektieren. In: Geschichte in Wissenschaft und Unterricht, Jg. 54, Heft 1, S. 32–50.
Adl-Amini, Bijan/Künzli Rudolf (Hrsg.) (1991): Didaktische Modelle und Unterrichtsplanung. 3. Auflage. Weinheim; München: Juventa-Verlag.
Aebli, Hans (1989): Zwölf Grundformen des Lehrens. 4. Auflage. Stuttgart: Klett-Cotta.
Alavi, Bettina (1998): Geschichtsunterricht in der multiethnischen Gesellschaft. Eine fachdidaktische Studie zur Modifikation des Geschichtsunterrichts aufgrund migrationsbedingter Veränderungen. Frankfurt am Main: Verlag für interkulturelle Kommunikation.
Altrichter, Herbert/Posch, Peter/Somekh, Bridget (1993): Teachers Investigate Their Work. An Introduction to the Methods of Action Research. London: Routledge.
Amelang, Manfred/Schmidt-Atzert, Lothar (2006): Psychologische Diagnostik und Intervention. 4., vollst. überarb. und erw. Aufl. Unter Mitarbeit von Thomas Fydrich. Heidelberg: Springer Medizin Verlag.

Andersen, Uwe/Breit, Gotthard/Massing, Peter u.a. (Hrsg.) (2002): Bildungspolitik in der Bundesrepublik Deutschland. Entwicklung – Kontroversen – Perspektiven. Politische Bildung, Jg. 35, Heft 3. Schwalbach/Ts.: Wochenschau Verlag.

Andrey, Georges (2007): Histoire suisse pour les Nuls. Paris: Editions First.

Angvik, Magne/Borries, B. von (Hrsg.) (1997a): Youth and History: A Comparative Survey on Historical Consciousness and Political Attitudes among Adolescents. Volume A: Description. Hamburg: Edition Körber-Stiftung.

Angvik, Magne/Borries, B. von (Hrsg.) (1997b): Youth and History: A Comparative Survey on Historical Consciousness and Political Attitudes among Adolescents. Volume B: Documentation. Hamburg: Edition Körber-Stiftung.

Appelsmeyer, Heide u. a. (1997): Qualitative Methoden. In: Straub, Jürgen u. a. (Hrsg.): Psychologie. Eine Einführung. München: dtv. S. 709-742.

Argast, Regula/Binnenkade, Alexandra/Boller Felix/Gautschi, Peter (2005): Viele Wege – eine Welt. Menschen in Zeit und Raum. Band 9. Buchs: Lehrmittelverlag des Kantons Aargau.

Ashby, Rosalyn/Lee, Peter/Dickinson, Alaric (1997): How Children Explain the „Why" of History. The Chata Research Project on Teaching History. In: Social Education, Jg. 61, Heft 1, S. 17-21.

Assmann, Jan (2007): Das kulturelle Gedächtnis. Schrift, Erinnerung und politische Identität in frühen Hochkulturen. 6. Auflage. München: Beck.

Atteslander, Peter (2003): Methoden der empirischen Sozialforschung. 10., neu bearbeitete und erweiterte Auflage. Berlin: Walter de Gruyter.

Audigier, François (2001): Quelques questions à l'enseignement de l'histoire aujourd'hui et demain. In: Le cartable de Clio 1, Jahresheft, S. 55-77.

Audigier, François/Fink, Nadine/Hammer, Raphael u.a. (2004): Des élèves du Cycle d'orientation, l'histoire et son enseignement. Rapport sur une enquête effectuée en 2002-2003. www.unige.ch/fapse/didactsciensoc/recherches.htm (aufgerufen am 22.12.06).

Aufschnaiter, Stefan von/Welzel, Manuela (Hrsg.) (2001): Nutzung von Videodaten zur Untersuchung von Lehr-Lernprozessen. Aktuelle Methoden empirischer pädagogischer Forschung. Münster: Waxmann.

Baer, Matthias/Fuchs Michael/Füglister Peter u.a. (Hrsg.) (2006): Didaktik auf psychologischer Grundlage. Von Hans Aeblis kognitionspsychologischer Didaktik zur modernen Lehr- und Lernforschung. Bern: h.e.p. Verlag.

Bakeman, Roger/Gottman, John M. (1994): Observing Interaction: An Introduction to Sequential Analysis. Cambridge: Cambridge University Press.

Ball, Helga/Becker, Gerold/Bruder, Regina u.a. (Hrsg.) (2003): Aufgaben. Lernen fördern – Selbständigkeit entwickeln. Friedrich Jahresheft XXI. Seelze-Velber: Friedrich-Verlag.

Bandura, Albert (2003): Self-efficacy: The Exercise of Control. 7. Auflage. New York: Freeman.
Barab, Sasha/Squire, Kurt (2004): Design-based Research: Putting a Stake in the Ground. Journal of the Learning Sciences, Jg. 13, Heft 1, S. 1-14.
Barricelli, Michele (2005): Schüler erzählen Geschichte. Narrative Kompetenz im Geschichtsunterricht. Schwalbach/Ts.: Wochenschau Verlag.
Barricelli, Michele (2008a): „The story we're going to try and tell". In: Zeitschrift für Geschichtsdidaktik, Jahresband, S. 140-153.
Barricelli, Michele (2008b): Buchbesprechung ‚Andreas Körber/Waltraud Schreiber/Alexander Schöner (Hrsg.): Kompetenzen historischen Denkens. Ein Strukturmodell als Beitrag zur Kompetenzorientierung in der Geschichtsdidaktik. Neuried 2007 (Ars Una Verlag)'. In: Zeitschrift für Geschichtsdidaktik, Jahresband, S. 234-238.
Barricelli, Michele/Sauer, Michael (2006): „Was ist guter Geschichtsunterricht?" Fachdidaktische Kategorien zur Beobachtung und Analyse von Geschichtsunterricht. In: Geschichte in Wissenschaft und Unterricht, Jg. 57, Heft 1, S. 4-26.
Barricelli, Michele/Hamann, Christoph/Mounajed, René/Stolz, Peter (2008): Historisches Wissen ist narratives Wissen. Aufgabenformate für den Geschichtsunterricht in den Sekundarstufen I und II. Ludwigsfelde-Struveshof: Landesinstitut für Schule und Medien Berlin-Brandenburg.
Barth, Jörg/Messmer, Kurt/Oggenfuss, Felix (2000): Warum fuhr Kolumbus nicht nach Afrika? „Geschichte und Politik" messen: Vorgehen, Ergebnisse, Folgerungen. Ebikon: Bildungsplanung Zentralschweiz.
Bateson, Gregory/Mead, Margret (1942): Balinese Character: A Photographic Analysis. New York: New York Academy of Sciences.
Bauer, Jan-Patrick/Meyer-Hamme, Johannes/Körber, Andreas (Hrsg.) (2008): Geschichtslernen – Innovationen und Reflexionen. Geschichtsdidaktik im Spannungsfeld von theoretischen Zuspitzungen, empirischen Erkundungen, normativen Überlegungen und pragmatischen Wendungen – Festschrift für Bodo von Borries zum 65. Geburtstag. Kenzingen: Centaurus.
Baumert, Jürgen u.a. (1997): TIMSS – Mathematisch-naturwissenschaftlicher Unterricht im internationalen Vergleich. Deskriptive Befunde. Opladen: Leske + Budrich.
Baumert, Jürgen/Kunter, Mareike (2006): Stichwort: Professionelle Kompetenz von Lehrkräften. In: Zeitschrift für Erziehungswissenschaft, Jg. 9, Heft 4, S. 469-520.
Beck, Bärbel/Klieme, Eckhard (Hrsg.) (2007): Sprachliche Kompetenzen – Konzepte und Messung. DESI-Studie (Deutsch Englisch Schülerleistungen International). Weinheim: Beltz Verlag.
Beck, Erwin/Guldimann, Titus/Zutavern, Michael (1995): Eigenständig lernende Schülerinnen und Schüler. In: Beck, Erwin/Guldimann, Titus/Zutavern,

Michael (Hrsg.): Eigenständig lernen. St. Gallen: UVK, Fachverlag für Wissenschaft und Studium. S. 15–58.
Becker, Gerold/Feindt, Andreas/Meyer, Hilbert u.a. (Hrsg.) (2007): Guter Unterricht. Massstäbe & Merkmale – Wege & Werkzeuge. Friedrich-Jahresheft. Seelze-Velber: Friedrich Verlag.
Becker, Howard/Geer, Blanche S. (1979): Teilnehmende Beobachtung – die Analyse qualitativer Forschungsergebnisse. In: Hopf, Christel/Weingarten Elmar (Hrsg.): Qualitative Sozialforschung. Stuttgart: Klett-Cotta. S. 139–170.
Beilner, Helmut (1999): Empirische Erkundungen zum Geschichtsbewusstsein am Ende der Grundschulzeit. In: Schreiber, Waltraud (Hrsg.): Erste Begegnungen mit Geschichte. Grundlagen historischen Lernens. Band 1. Neuried: Ars Una. S. 119–154.
Beilner, Helmut (2002): Empirische Zugänge zur Arbeit mit Textquellen in der Sekundarstufe I. In: Schönemann, Bernd/Voit, Hartmut (Hrsg.): Von der Einschulung bis zum Abitur. Prinzipien und Praxis historischen Lernens in den Schulstufen. Idstein: Schulz-Kirchner Verlag. S. 84–96.
Beilner, Helmut (2003): Empirische Forschung in der Geschichtsdidaktik. In: Geschichte in Wissenschaft und Unterricht, Jg. 54, Heft 5/6, S. 282–302.
Benrath, Ruth/Barricelli, Michele (2006): „Man will doch nicht wissen, ob sie da im Nachthemd sitzt oder so was". Erkundungen zum Prozess historischer Sinnbildung im Geschichtsunterricht am Beispiel eines Jugendsachbuches über Anne Frank. In: Günther-Arndt, Hilke/Sauer, Michael (Hrsg.): Geschichtsdidaktik empirisch. Untersuchungen zum historischen Denken und Lernen. Berlin: LIT-Verlag. S. 49–84.
Bergmann, Klaus (1972): Personalisierung im Geschichtsunterricht – Erziehung zu Demokratie? Stuttgart: Klett.
Bergmann, Klaus (1976): Warum sollen Schüler Geschichte lernen? In: Geschichtsdidaktik, Jg. 1, Heft 1, S. 3–14.
Bergmann, Klaus (1993): ‚So viel Geschichte wie heute war nie' – Historische Bildung angesichts der Allgegenwart von Geschichte. In: Schwarz, Angela (Hrsg.): Politische Sozialisation und Geschichte. Festschrift für Rolf Schörken zum 65. Geburtstag. Hagen: Rottmann. S. 209–228.
Bergmann, Klaus (1998): Geschichtsdidaktik. Beiträge zu einer Theorie historischen Lernens. Schwalbach/Ts.: Wochenschau Verlag.
Bergmann, Klaus (2000): Multiperspektivität. Schwalbach/Ts.: Wochenschau Verlag.
Bergmann, Klaus (2002): Der Gegenwartsbezug im Geschichtsunterricht. Schwalbach/Ts.: Wochenschau Verlag.
Bergmann, Klaus (2004): Gegenwarts- und Zukunftsbezug. In: Mayer, Ulrich/Pandel, Hans-Jürgen/Schneider, Gerhard (Hrsg.) (2004): Handbuch Methoden im Geschichtsunterricht. Schwalbach/Ts.: Wochenschau Verlag. S. 91–112.

Bergmann, Klaus/Schneider Gerhard (Hrsg.) (1982): Gesellschaft, Staat, Geschichtsunterricht. Beiträge zu einer Geschichte der Geschichtsdidaktik und des Geschichtsunterrichts von 1500-1980. Düsseldorf: Pädagogischer Verlag Schwann.
Bergmann, Klaus/Schneider Gerhard (1997): Geschichte der Geschichtsdidaktik und des Geschichtsunterrichts. In: Bergmann, Klaus/Fröhlich, Klaus/Kuhn, Annette (Hrsg.) (1997): Handbuch der Geschichtsdidaktik. 5., überarbeitete Auflage. Seelze-Velber: Kallmeyer. S. 255-260.
Bergmann, Klaus/Fröhlich, Klaus/Kuhn, Annette (Hrsg.) (1997): Handbuch der Geschichtsdidaktik. 5., überarbeitete Auflage. Seelze-Velber: Kallmeyer.
Bergmann, Klaus/Rohrbach, Rita (Hrsg.) (2001): Kinder entdecken Geschichte. Theorie und Praxis historischen Lernens in der Grundschule und im frühen Geschichtsunterricht. Schwalbach/Ts.: Wochenschau Verlag.
Bergmann, Klaus/Rohrbach, Rita (2005): Chance Geschichtsunterricht. Eine Praxisanleitung für den Notfall, für Anfänger und Fortgeschrittene. Schwalbach/Ts.: Wochenschau Verlag.
Berliner, David C. (1997): Der Experte im Lehrberuf. Forschungsstrategien und Ergebnisse. In: Unterrichtswissenschaft, Jg. 15, Heft 3, S. 295-305.
Berliner, David C. (2001): Learning about and Learning from Expert Teachers. In: International Journal of Educational Research, Jg. 35, Heft 1, S. 463-482.
Berliner, David C. (2002): The Nature of Expertise in Teaching. In: Oser, Fritz/Dick, Andreas/Patry, Jean-Luc (Hrsg.): Effective and Responsible Teaching: The new Synthesis. San Francisco: Jossey Bass. S. 227-248.
Berner, Esther (2008): Neue Konzepte der Lehrerweiterbildung im Kontext US-amerikanischer Standards-Reformen. In: Beiträge zur Lehrerbildung, Jg. 26, Heft 3, S. 267-278.
Bernhardt, Markus (2003): Das Spiel im Geschichtsunterricht. Schwalbach/Ts.: Wochenschau Verlag.
Bernhardt, Markus (2007): Die Subjektseite der visuellen Begegnung. Vom Nutzen qualitativer empirischer Untersuchungen für die Entwicklung fachspezifischer Kompetenzen. In: Zeitschrift für Geschichtsdidaktik. Jahresband, S. 108-124.
Bernhardt, Markus/Henke-Bockschatz, Gerhard/Sauer, Michael (Hrsg.) (2006): Bilder-Wahrnehmungen-Konstruktionen. Reflexionen über Geschichte und historisches Lernen. Festschrift für Ulrich Mayer zum 65. Geburtstag. Schwalbach/Ts.: Wochenschau Verlag.
Bertschi-Kaufmann, Andrea (Hrsg.) (2007): Lesekompetenz-Leseleistung-Leseförderung. Grundlagen, Modelle und Materialien. Zug: Klett und Balmer.

Biedermann, Horst/Oser; Fritz/Quesel, Carsten (Hrsg.) (2007): Vom Gelingen und Scheitern Politischer Bildung. Studien und Entwürfe. Zürich; Chur: Rüegger Verlag.

Billmann-Mahecha, Elfriede (1998): Empirisch-psychologische Zugänge zum Geschichtsbewusstsein von Kindern. In: Straub, Jürgen (Hrsg.): Erzählung, Identität und historisches Bewusstsein. Die psychologische Konstruktion von Zeit und Geschichte. Erinnerung, Geschichte, Identität. Band I. Frankfurt am Main: Suhrkamp. S. 266–297.

Binnenkade Alexandra (2007): ÜberLebenErzählen. Holocaust-Überlebende in der Schweiz. Begleitheft für den Unterricht. Zürich: Verlag Pestalozzianum.

Binnenkade, Alexandra/Gautschi, Peter (2003): Didaktisches Konzept des Lehrmittels ‚Menschen in Zeit und Raum'. Das Theoriekonzept von „FUER Geschichtsbewusstsein" als Horizont. In: Zeitschrift für Geschichtsdidaktik. Jahresband, S. 197–212.

Blaikie, Norman W. (1991): A Critique of the Use of Triangulation in Social Research. In: Quality and Quantity, Jg. 25, Heft 2, S. 115–136.

Bloch, Marc (1974): Apologie der Geschichte oder der Beruf des Historikers. Stuttgart: Klett.

Blömeke Sigrid/Herzig; Bardo/Tulodziecki; Gerhard (2004): Gestaltung von Schule. Eine Einführung in Schultheorie und Schulentwicklung. Bad Heilbrunn/Obb.: Klinkhardt.

Blömeke, Sigrid/Risse, Jana/Müller, Christiane u.a. (2006): Analyse der Qualität von Aufgaben aus didaktischer und fachlicher Sicht. In: Unterrichtswissenschaft, Jg. 34, Heft 4, S. 330–357.

Bonati, Peter/Hadorn, Rudolf (2007): Matura- und andere selbständige Arbeiten betreuen. Ein Handbuch für Lehrpersonen und Dozierende. Bern: h.e.p. Verlag.

Bonhage, Barbara/Gautschi, Peter/Hodel, Jan/Spuhler Gregor (2006): Hinschauen und Nachfragen. Die Schweiz und die Zeit des Nationalsozialismus im Licht aktueller Fragen. Zürich: Lehrmittelverlag des Kantons Zürich.

Booth, Martin (1996): History. In: Gordon, Peter (Hrsg.): A Guide to Educational Research, London: Woburn Press. S. 31–52.

Borries, Bodo von (1974): Lernziele und Testaufgaben für den Geschichtsunterricht, dargestellt an der Behandlung der Römischen Republik in der 7. Klasse. 2., ergänzte Auflage. Stuttgart: Klett.

Borries, Bodo von (1980): Problemorientierter Geschichtsunterricht. Stuttgart: Klett.

Borries, Bodo von (1985): Zur Mikroanalyse historischer Lernprozesse in und neben der Schule. Beobachtungen an exemplarischen Fällen. In: Geschichtsdidaktik, Jg. 10, Heft 5, S. 301–313.

Borries, Bodo von (1988): Geschichtslernen und Geschichtsbewusstsein. Empirische Erkundungen zu Erwerb und Gebrauch von Historie. Stuttgart: Klett.
Borries, Bodo von (1990): Krise und Perspektive der Geschichtsdidaktik – Eine persönliche Bemerkung. In: Geschichte lernen, Jg. 3, Heft 15, S. 2-5.
Borries, Bodo von (1995a): Das Geschichtsbewusstsein Jugendlicher. Eine repräsentative Untersuchung über Vergangenheitsdeutungen, Gegenwartswahrnehmungen und Zukunftserwartungen von Schülerinnen und Schülern in Ost- und Westdeutschland. Weinheim/München: Juventa-Verlag.
Borries, Bodo von (1995b): Inhalte oder Kategorie? In: Geschichte in Wissenschaft und Unterricht, Jg. 8, Heft 7, S. 421-435.
Borries, Bodo von (1997): Geschichtsbewusstsein – Empirie. In: Bergmann, Klaus/Fröhlich, Klaus/Kuhn, Annette (Hrsg.): Handbuch der Geschichtsdidaktik. 5., überarbeitete Auflage. Seelze-Velber: Kallmeyer. S. 45-51.
Borries, Bodo von (1999a): Jugend und Geschichte. Ein europäischer Kulturvergleich aus deutscher Sicht. Opladen: Leske + Budrich.
Borries. Bodo von (1999b): Notwendige Bestandesaufnahme nach 30 Jahren? Ein Versuch über Post-68-Geschichtsdidaktik und Post-89-Problemfelder. In: Geschichte in Wissenschaft und Unterricht, Jg. 50, Heft 5/6, S. 268-279.
Borries, Bodo von (2000): Zwischen Bestätigung, Widerlegung und Irritation von Vorannahmen. Einblicke und Fallstricke repräsentativer Befragungen zum historisch-politischen Lernen. In: Schreiber, Waltraud (Hrsg.): Die religiöse Dimension im Geschichtsunterricht an Europas Schulen. Ein interdisziplinäres Forschungsprojekt. Tagungsband. Neuried: Ars Una. S. 349-376.
Borries, Bodo von (2001): Überlegungen zu einem doppelten – und fragmentarischen – Durchgang im Geschichtsunterricht der Sekundarstufe I. In: Geschichte in Wissenschaft und Unterricht, Jg. 52, Heft 1, S. 76-90.
Borries, Bodo von (2002a): Angloamerikanische Lehr-/Lernforschung – ein Stimulus für die deutsche Geschichtsdidaktik? In: Demantowsky, Marko/Schönemann, Bernd (Hrsg.): Neue geschichtsdidaktische Positionen. Bochum: Projekt-Verlag. S. 65-91.
Borries, Bodo von (2002b): Lehr-/Lernforschung in europäischen Nachbarländern – ein Stimulus für die deutschsprachige Geschichtsdidaktik? In: Handro, Saskia/Schönemann, Bernd (Hrsg.): Methoden geschichtsdidaktischer Forschung. Münster: LIT. S. 13-50.
Borries, Bodo von (2004a): Das Fach Geschichte im Spannungsfeld von Stoffkanon und Kompetenzentwicklung. In: Borries, Bodo von: Lebendiges Geschichtslernen. Bausteine zu Theorie und Pragmatik, Empirie und Normfrage. Schwalbach/Ts.: Wochenschau Verlag. S. 138-168.

Borries, Bodo von (2004b): Lebendiges Geschichtslernen. Bausteine zu Theorie und Pragmatik, Empirie und Normfrage. Schwalbach/Ts.: Wochenschau Verlag.

Borries, Bodo von (2004c): Zur Mikroanalyse historischer Lernprozesse in und neben der Schule. Beobachtungen an exemplarischen Fällen (1985). In: Lebendiges Geschichtslernen. Bausteine zu Theorie und Pragmatik, Empirie und Normfrage. Schwalbach/Ts.: Wochenschau Verlag. S. 103–122.

Borries, Bodo von (2004d): Warum ist Geschichtslernen so schwierig? Neue Problemfelder der Geschichtsdidaktik. In: Behrens, Heidi/Wagner, Andreas (Hrsg.): Deutsche Teilung, Repression und Alltagsleben. Erinnerungsorte der DDR-Geschichte. Konzepte und Angebote zum historisch- politischen Lernen. Leipzig: Forum Verlag. S. 69–96.

Borries, Bodo von (2004e) (unter Mitarbeit von Filser, Karl/Pandel, Hans-Jürgen/Schönemann, Bernd): Kerncurriculum Geschichte in der gymnasialen Oberstufe. In: Tenorth, Heinz-Elmar: Kerncurriculum Oberstufe II. Expertisen – im Auftrag der Ständigen Konferenz der Kultusminister. Weinheim: Beltz. S. 236–321.

Borries, Bodo von (2007a): Von der Curriculumdebatte um 1970 zur Kompetenzdebatte um 2005. In: Körber, Andreas/Schreiber, Waltraud/Schöner, Alexander (Hrsg.) (2007): Kompetenzen historischen Denkens. Ein Strukturmodell als Beitrag zur Kompetenzorientierung in der Geschichtsdidaktik. Neuried: Ars Una (Kompetenzen: Grundlagen – Entwicklung – Förderung; 2). S. 317–333.

Borries, Bodo von (2007b): „Kompetenzmodell" und „Kerncurriculum". In: Körber, Andreas/Schreiber, Waltraud/Schöner, Alexander (Hrsg.) (2007): Kompetenzen historischen Denkens. Ein Strukturmodell als Beitrag zur Kompetenzorientierung in der Geschichtsdidaktik. Neuried: Ars Una (Kompetenzen: Grundlagen – Entwicklung – Förderung; 2). S. 334–360.

Borries, Bodo von/Pandel, Hans-Jürgen/Rüsen, Jörn (Hrsg.) (1991): Geschichtsbewusstsein empirisch. Pfaffenweiler: Centaurus.

Bos, Wilfried/Koller, Hans-Christoph (2002): Triangulation. Methodische Überlegungen zur Kombination qualitativer und quantitativer Methoden am Beispiel einer empirischen Studie aus der Hochschuldidaktik. In: König, Eckhard/Zedler, Peter (Hrsg.): Qualitative Forschung. 2., völlig überarbeitete Auflage. Weinheim: Beltz. S. 271–285.

Breidenstein, Georg/Combe, Arno (Hrsg.) (2002): Interpretative Unterrichts- und Schulbegleitforschung. Opladen: Leske+Budrich.

Bretone, Mario (1995): Zehn Arten mit der Vergangenheit zu leben. Frankfurt am Main: Campus Verlag.

Brinker, Klaus/Sager, Sven F. (2001): Linguistische Gesprächsanalyse. Eine Einführung. 3., durchgesehene und ergänzte Auflage. Berlin: Erich Schmidt.

Bromme, Rainer (1992). Der Lehrer als Experte. Zur Psychologie des professionellen Wissens. Bern: Huber.

Bromme, Rainer (1995): Was ist 'pedagogical content knowledge'? Kritische Anmerkungen zu einem fruchtbaren Forschungsprogramm. In: Zeitschrift für Pädagogik, Jg. 33, Beiheft, S. 105–115.

Bromme, Rainer (1997): Kompetenzen, Funktionen und unterrichtliches Handeln des Lehrers. In: Weinert, Franz E. (Hrsg.): Psychologie des Unterrichts und der Schule. Enzyklopädie der Psychologie. Serie I, Band 3. Göttingen: Hogrefe. S. 177–212.

Bromme, Rainer/Seeger, Falk/Steinbring, Heinz (1990): Aufgaben als Anforderungen an Lehrer und Schüler. Köln: Aulis.

Brophy, Jere (2000): Teaching (Educational Practices Series, Vol. 1). Brussels: International Academy of Education & International Bureau of Education. www.ibe.unesco.org/publications/EducationalPracticesSeriesPdf/prac01e.pdf (aufgerufen am 27.12.2007).

Brophy, Jere (Hrsg.) (2004): Using video in teacher education. Amsterdam: Elsevier.

Brown, Ann L. (1992): Design Expertiments: Theoretical and Methodological Challenges in Creating Complex Interventions in Classroom Settings. Journal of the Learning Sciences, Jg. 2, Heft 2, S. 141–178.

Brückmann, Asmut/Brütting, Rolf/Gautschi, Peter u.a. (2004): Geschichte und Geschehen. Sekundarstufe I. Band 2. Leipzig: Klett.

Bruder, Regina (2000): Mit Aufgaben arbeiten. Ein ganzheitliches Konzept für eine andere Aufgabenkultur. In: Mathematik lehren, Heft 101, S. 12–17.

Bruder, Regina (2003): Konstruieren – auswählen – begleiten: Über den Umgang mit Aufgaben. In: Ball, Helga/Becker, Gerold/Bruder, Regina u.a. (Hrsg.) (2003): Aufgaben. Lernen fördern – Selbständigkeit entwickeln. Friedrich Jahresheft XXI. Seelze-Velber: Friedrich-Verlag. S. 1–15.

Brügelmann, Hans (2000): Qualität und die Kunst, den Erfolg von Unterricht zu messen – oder: Sieben Mythen der aktuellen Diskussion über Evaluation und Rechenschaft. In: Landesinstitut für Schule und Weiterbildung (Hrsg): Was ist guter Fachunterricht? Beiträge zur fachwissenschaftlichen Diskussion. Bönen: Verlag für Schule und Weiterbildung. S. 13–37.

Bryman, Alan (1988): Quantity and Quality in Social Research. London: Unwin Hyman.

Budde, Gunilla/Freist, Dagmar/von Reeken, Dietmar (2008): Geschichts-Quellen. Brückenschläge zwischen Geschichtswissenschaft und Geschichtsdidaktik. Festschrift für Hilke Günther-Arndt. Berlin: Cornelsen Verlag.

Bühler, Hans/Fischer, Klaus/Eloki Musey, Nina u.a. (1987): Weltgeschichte im Bild 7. Lehrerband. 3., vollständig neu bearbeitete Auflage. Buchs: Lehrmittelverlag des Kantons Aargau.

Bühner, Markus (2006): Einführung in die Test- und Fragebogenkonstruktion. 2., aktualisierte und erw. Auflage. München: Pearson Studium.
Carr, Edward Hallett (1981): Was ist Geschichte? 6. Auflage. Stuttgart: Verlag W. Kohlhammer.
Carretero, Mario/Voss, James F. (Hrsg.) (1994). Cognitive and Instructional Processes in History and the Social Sciences. New Jersey; Hillsdale: Erlbaum.
Christmann, Helmut (1967): Geschichtsunterricht in der Hauptschule. Didaktisch-methodischer Grundriß mit Unterrichtsbeispielen und Unterrichtshilfen. Bonn: Duemmler.
Clausen, Marten (2001): Interrater-Inventar. Unveröffentlichtes Manuskript. Universität Mannheim. Mannheim.
Clausen, Marten (2002): Unterrichtsqualität. Eine Frage der Perspektive? Empirische Analysen zur Übereinstimmung, Konstrukt- und Kriteriumsvalidität. Münster: Waxmann.
Clausen, Marten/Reusser, Kurt/Klieme, Eckhard (2003): Unterrichtsqualität auf der Basis hoch-inferenter Unterrichtsbeurteilung. In: Unterrichtswissenschaft, Jg. 31, Heft 2, S. 122-141.
Collins, Allan (1992): Toward a Design Science of Education. In: Scanlon, Eileen/O'Shea, Tim (Hrsg.): New Directions in Educational Technology. New York: Springer.
Criblez, Lucien/Gautschi, Peter/Hirt Monico, Pia u.a. (Hrsg.) (2006): Lehrpläne und Bildungsstandards. Was Schülerinnen und Schüler lernen sollen. Festschrift zum 65. Geburtstag von Prof. Dr. Rudolf Künzli. Bern: h.e.p. Verlag.
Danto, Arthur C. (1974): Analytische Philosophie der Geschichte. Frankfurt am Main: Suhrkamp.
Dehne, Brigitte (2006): Schülerorientierung. In: Mayer, Ulrich u.a. (Hrsg.): Wörterbuch Geschichtsdidaktik. Schwalbach/Ts.: Wochenschau Verlag. S. 159-160.
Dehne, Brigitte (2007): Gender im Geschichtsunterricht. Das Ende des Zyklopen? Schwalbach/Ts.: Wochenschau Verlag.
Dejung, Christof/Gull, Thomas/Wirz Tanja (2002): Landigeist und Judenstempel. Erinnerungen einer Generation 1930-1945. Zürich: Limmat-Verlag.
Demantowsky, Marko/Schönemann, Bernd (Hrsg.) (2002): Neue geschichtsdidaktische Positionen. Bochum: Projekt Verlag.
Denzin, Norman K. (1970): The Research Act. Chigaco: Aldine.
Denzin, Norman K. (1989): The Research Act. 3. Auflage. Englewood Cliffs, N.J.: Prentice Hall.
Departement for Education and Employment (DfEE) – Qualifications and Curriculum Authority (QCA) (2000): History. The National Curriculum for England, Key stages 1-3. London: TSO (The Stationery Office). http//curriculum.qca.org.uk (aufgerufen am 9.8.2008).

DeSeCo (2003): The Definition and Selection of Key Competencies – Executive Summary. http://www.deseco.admin.ch/bfs/deseco/en/index (aufgerufen am 31.10.08)

Detjen, Joachim (2008): Die Kompetenzdiskussion in der Politikdidaktik. In: Journal für Politische Bildung, Heft 3 (Die Kompetenzdebatte. Eine Zwischenbilanz), S. 18–27.

Dewey, John (2002/1910): Wie wir denken. Übersetzt von Alice Burgeni (1951). Mit einem Nachwort neu herausgegeben von Rebekka Horlacher und Jürgen Oelkers. Zürich: Pestalozzianum.

Dick, Andreas (1994): Vom unterrichtlichen Wissen zur Praxisreflexion. Das praktische Wissen von Expertenlehrern im Dienste zukünftiger Junglehrer. Bad Heilbrunn/Obb.: Klinkhardt.

Dickinson, Alaric/Gordon, Peter M./Lee, Peter (Hrsg.) (2001): Raising Standards in History Education (International Review of History Education, Volume 3). London: Woburn.

Diederich, Jürgen (1988): Didaktisches Denken. Eine Einführung in Anspruch und Aufgabe, Möglichkeiten und Grenzen einer allgemeinen Didaktik. Weinheim/München: Juventa-Verlag.

Diedrich, Martina/Thussbas, Claudia/Klieme, Eckhard (2002): Professionelles Lehrerwissen und selbstberichtete Unterrichtspraxis im Fach Mathematik. In: Zeitschrift für Pädagogik, Jg. 45, Beiheft, S. 107–123.

Diekmann, Andreas (2007): Empirische Sozialforschung. Grundlagen, Methoden, Anwendungen. 18. Aufl. Reinbek bei Hamburg: Rowohlt Taschenbuch Verlag.

Dittmar, Norbert (2002): Transkription. Ein Leitfaden mit Aufgaben für Studenten, Forscher und Laien. Opladen: Leske + Budrich.

Ditton, Hartmut (2000): Qualitätskontrolle und Qualitätssicherung in Schule und Unterricht. Ein Überblick über den Stand der empirischen Forschung. In: Zeitschrift für Pädagogik, Jg. 41, Beiheft, S. 73–92.

Ditton, Hartmut (2002): Unterrichtsqualität – Konzeptionen, methodische Überlegungen und Perspektiven. In: Unterrichtswissenschaft, Jg. 30, Heft 3, S. 197–212.

Dohmen, Günther (2001): Das informelle Lernen. Die internationale Erschliessung einer bisher vernachlässigten Grundform menschlichen Lernens für das lebenslange Lernen aller. Bonn: Bundesministerium für Bildung und Forschung. http://www.bmbf.de/pub/das_informelle_lernen.pdf (aufgerufen am 16.8.2008).

Dominguez, Jesus/Pozo, Juan Ignacio (1998): Promoting the Learning of Casual Explanations in History through Different Teaching Strategies. In: Voss, James F./Carretero, Mario (Hrsg.): Learning and Reasoning in History. International Review of History Education, Volume 2. London: Woburn. S. 344–359.

Drake, Frederik D./Nelson, Lynn R. (2005): Engagement in Teaching History. Theory and Practices for Middle and Secondary Teachers. New Jersey: Pearson.
Dubs, Rolf (1995): Lehrerverhalten. Ein Beitrag zur Interaktion von Lehrenden und Lernenden im Unterricht. Zürich: Verlag des Schweizerischen Kaufmännischen Verbandes.
Dubs, Rolf (1998): Wissenstrukturen im Unterricht in Staatskunde. In: Reichenbach, Roland/Oser, Fritz (Hrsg.): Politische Bildung und staatsbürgerliche Erziehung in der Schweiz. Freiburg: Universitätsverlag. S. 81-99.
Dubs, Rolf (2008): Bildungsstandards: Grundlagen, Entwicklungstendenzen und Probleme. http://www.bildungsstandards.ch/index.php?Itemid=96 (aufgerufen am 16.8.2008).
Dweck, Carol S. (1996): Implicit Theories as Organizers of Goals and Behavior. In: Gollwitzer, Peter M./Bargh, John A. (Hrsg.): The Psychology of Action. New York: The Guilford Press. S. 69-90.
Ebeling, Hans (1973): Didaktik und Methodik des Geschichtsunterrichts. Zur Didaktik und Methodik eines kind-, sach- und zeitgemäßen Geschichtsunterrichts. 5. Auflage. Hannover: Hermann Schroedel Verlag.
Eibach, Joachim/Lottes, Günther (Hrsg.) (2002): Kompass der Geschichtswissenschaft. Göttingen: Vandenhoeck & Ruprecht.
Einsiedler, Wolfgang (1997): Unterrichtsqualität und Leistungsentwicklung. Literaturüberblick. In: Weinert Franz E./Helmke, Andreas (Hrsg.): Entwicklung im Grundschulalter. Weinheim: Psychologie Verlags Union. S. 226-240.
Einsiedler, Wolfgang (2002): Das Konzept „Unterrichtsqualität". In: Unterrichtswissenschaft, Jg. 30, Heft 3, S. 194-197.
Elmore, Richard F./Fuhrman, Susan H. (1995): Opportunity-to-Learn Standards and the State Role in Education. In: Teachers College Record, Jg. 96, Heft 3, S. 432-457.
Ermann, Michael (2007): Psychosomatische Medizin und Psychotherapie: Ein Lehrbuch auf psychoanalytischer Grundlage. 5., überarb. Aufl. Stuttgart: Kohlhammer-Verlag.
Erziehungsdepartement Kanton Aargau (Hrsg.) (2001): Lehrplan für die Volksschule des Kantons Aargau. Buchs: Lehrmittelverlag des Kantons Aargau.
Escher, Daniel/Messner, Helmut (2009): Lernen in der Schule. Ein Studienbuch. Bern: h.e.p. Verlag.
Esslinger-Hinz, Ilona/Unseld, Georg/Reinhard-Hauck, Petra u.a. (2007): Guter Unterricht als Planungsaufgabe. Ein Studien- und Arbeitsbuch zur Grundlegung unterrichtlicher Basiskompetenzen. Bad Heilbrunn/Obb.: Klinkhardt.
Evans, Ronals W. (1989): Teacher conceptions of history. In: Theory and Research in Social Education, Jg. 17, Heft 3, S. 210-240.

Evans, Ronals W. (1990): History, Ideology, and Social Responsibility. In: Social Science Record, Jg. 27, Heft 2, S. 11-17.
Fauser, Peter/Wulffen, Dorothee von (Hrsg.) (1999): Einsicht und Vorstellung. Imaginatives Lernen in Literatur und Geschichte. Seelze-Velber: Kallmeyer.
Fend, Helmut (1981): Theorie der Schule. 2. Auflage. München: Urban & Schwarzenberg.
Fend, Helmut (1990): Vom Kind zum Jugendlichen: Der Übergang und seine Risiken. Entwicklungspsychologie der Adoleszenz in der Moderne, Band 1. Bern: Huber.
Fend, Helmut (1998): Qualität im Bildungswesen. Schulforschung zu Systembedingungen, Schulprofilen und Lehrerleistung. Weinheim: Juventa-Verlag.
Fend, Helmut (2000): Politische Bildung und die Empirie politischen Lernens in der Adoleszenz. In: Reichenbach, Roland/Oser, Fritz (Hrsg.): Zwischen Pathos und Ernüchterung. Zur Lage der Politischen Bildung in der Schweiz. Freiburg: Universitätsverlag. S. 149-165.
Fend, Helmut (2002): Mikro- und Makrofaktoren eines Angebot-Nutzungsmodells von Schulleistungen. Zum Stellenwert der Pädagogischen Psychologie bei der Erklärung von Schulleistungsunterschieden verschiedener Länder. In: Zeitschrift für Pädagogische Psychologie, Jg. 16, Heft 3/4, S. 141-149.
Fend, Helmut/Büeler, Xaver/Grob, Urs/Kassis, Wassilis (1996): Politische Bildung und Persönlichkeitsförderung als Qualitätskriterien von Bildungssystemen. Bericht der Schweizer Arbeitsgruppe „Cross-Curricular-Competencies" der OECD. Zürich: Pädagogisches Institut der Universität Zürich.
Fielding, Nigel G./Fielding, Jane L. (1986): Linking Data: the articulation of qualitative and quantitative methods in social research. London and Beverly Hills: Sage.
Fina, Kurt (1973): Geschichtsmethodik. Die Praxis des Lehrens und Lernens. München: Franz Ehrenwirth Verlag.
Fina, Kurt (1983): Das Problem der Beschreibung in der Geschichtsdidaktik. Drei Beispiele. In: Historisches Jahrbuch der Görres-Gesellschaft, Jg. 103, S. 107-130.
Flavell, John H. (1977): Cognitive Development. Englewood Cliffs, New Jersey: Prentice-Hall.
Flick, Uwe (2004): Triangulation. Eine Einführung. Wiesbaden: VS Verlag für Sozialwissenschaften.
Flick, Uwe (2006): Qualitative Sozialforschung. Eine Einführung. 4. Auflage. Reinbek bei Hamburg: Rowohlt Taschenbuch Verlag.
Forneck, Hermann (1997): Wirkungsorientierte Schulen! Skeptische Überlegungen zur gegenwärtigen Reformdiskussion. In: Beiträge zur Lehrerbildung, Jg. 15, Heft 1, S. 69-81.

Forneck, Hermann/Gyger, Mathilde/Maier Reinhard Christine (Hrsg.) (2006): Selbstlernarchitekturen und Lehrerbildung. Zur inneren Modernisierung von Lehrerbildung. Bern: h. e. p. Verlag.

Foucault, Michel (1974): Die Ordnung der Dinge. Eine Archäologie der Humanwissenschaften. Frankfurt am Main: Suhrkamp.

Fraser Barry J./Walberg Herbert J./Welch Wayne W./Hattie John A. u.a. (1987): Syntheses of Educational Productivity Research. In: International Journal of Educational Research, Jg. 11, Heft 2, S. 145–252.

Frey, Karl (2003): Allgemeine Didaktik. 16. Auflage. Zürich: ETH, Verlag der Fachvereine.

Friedeburg, Ludwig von/Hübner, Peter (1979): Das Geschichtsbild der Jugend. München: Juventa-Verlag.

Fries, Ursula/Gautschi, Peter/Henke-Bockschatz, Gerhard u.a. (2004): Geschichte und Geschehen. Band 1. Leipzig: Klett.

Fritzsche, Peter, K. (Hrsg.) (1992): Schulbücher auf dem Prüfstand. Perspektiven der Schulbuchforschung und Schulbuchbeurteilung in Europa. Frankfurt am Main: Diesterweg.

Fröhlich, Klaus: Richtlinien, Lehrpläne. In: Bergmann, Klaus/Fröhlich, Klaus/Kuhn, Annette (Hrsg.) (1997): Handbuch der Geschichtsdidaktik. 5., überarbeitete Auflage. Seelze-Velber: Kallmeyer. S. 510–520.

Furrer, Markus (2004): Die Nation im Schulbuch – zwischen Überhöhung und Verdrängung. Leitbilder der Schweizer Nationalgeschichte in Schweizer Geschichtslehrmitteln der Nachkriegszeit und Gegenwart. Hannover: Verlag Hahnsche Buchhandlung.

Gage, Nathanael/Berliner, David C. (1986): Pädagogische Psychologie. 4., völlig neu bearb. Auflage. Weinheim: Psychologie-Verlags-Union.

Garcia, Patrick/Leduc, Jean (2003): Histoire de l'enseignement de l'Histoire de l'Ancien Régime à nos jours. Paris: Armand Colin.

Gass, Susan M./Mackey, Alison (2000): Stimulated Recall. Methodology in Second Language Research. Mahwah: Erlbaum.

Gautschi, Peter (1995): Biografische Arbeit in der Lehrerbildung als Möglichkeit der Ausbildung von „Reflektierenden Praktikern" – Ein Erfahrungsbericht. In: Beiträge zur Lehrerbildung, Jg. 13, Heft 3, S. 293–299.

Gautschi, Peter (1997): „...und was hat das mit mir zu tun?" Spuren zu einem Ausweg aus der Krise des Geschichtsunterrichts. In: SLZ Zeitschrift für Schweizer Lehrerinnen und Lehrer, Jg. 142, Heft 8, S. 8–12.

Gautschi, Peter (1998): Handlungsorientierte Geschichtsdidaktik – ein Praxisbericht. In: Beiträge zur Lehrerbildung, Jg. 16, Heft 3, S. 367–379.

Gautschi, Peter (1999): Geschichte lehren. Lernwege und Lernsituationen für Jugendliche. Buchs: Lehrmittelverlag des Kantons Aargau.

Gautschi, Peter (2000a): Politische Bildung in der Sekundarstufe I. Sinnloses Unterfangen oder zwingende Notwendigkeit? In: Reichenbach, Roland/Oser,

Fritz (Hrsg.): Zwischen Pathos und Ernüchterung. Zur Lage der politischen Bildung in der Schweiz. Freiburg, Schweiz: Universitätsverlag Freiburg. S. 275–281.

Gautschi, Peter (2000b): Wissenschaftler, Manager oder Coach? In: Praxis Schule 5–10, Jg. 11, Heft 6, S. 21–23.

Gautschi, Peter (2000c): Forschendes Lehren in Praxiszirkeln. In: Beiträge zur Lehrerbildung, Jg. 18, Heft 1, S. 54–55.

Gautschi, Peter (2001): Treffpunkte Geschichte und Politik – Plädoyer für ein neues Element der Lehrplanung. In: Doppelpunkt NWEDK, Heft 2, S. 6–19.

Gautschi, Peter (2002): Lernumgebungen zur Ausdifferenzierung des Geschichtsbewusstseins. In: Schönemann, Bernd/Voit, Hartmut (Hrsg.): Von der Einschulung bis zum Abitur. Prinzipien und Praxis des historischen Lernens in den Schulstufen. Idstein: Schulz-Kirchner Verlag. S. 66–83.

Gautschi, Peter (2003a): Beurteilung als Kompass für das Lernen in Projekten. In: Selbstständig lernen in Projekten. Braunschweig: Westermann (extra Praxis Schule 5–10). S. 133–138.

Gautschi, Peter (2003b): Empirie, Theorie, Strategie – drei wichtige Leistungsbereiche in der Geschichtsdidaktik. In: kontext : pädagogik. Aarau: FHA Aargau Nordwestschweiz Pädagogik. S. 50–55.

Gautschi, Peter (2003c): Fachdidaktik Geschichte auf einer virtuellen Lernplattform. In: Beiträge zur Lehrerbildung. Jg. 21, Heft 1, S. 76–83.

Gautschi, Peter (2004a): Braucht die Geschichtsdidaktik eine Allgemeine Didaktik? Formen der Zusammenarbeit in Unterrichtsforschung und Lehrerbildung. In: Beiträge zur Lehrerbildung, Jg. 22, Heft 2, S. 190–200.

Gautschi, Peter (2004b): Lernen an Stationen. In: Mayer, Ulrich u.a. (Hrsg.): Handbuch Methoden im Geschichtsunterricht. Schwalbach/Ts.: Wochenschau Verlag. S. 515–531.

Gautschi, Peter (2005a): Didaktisches Konzept des Lehrmittels „Viele Wege – eine Welt". In: Binnenkade, Alexandra/Boller, Felix/Hodel, Jan u.a.: Viele Wege – eine Welt. Menschen in Zeit und Raum. Band 9. Kommentar. Buchs: Lehrmittelverlag des Kantons Aargau. S. 7–9.

Gautschi, Peter (2005b): Geschichte lehren. Lernwege und Lernsituationen für Jugendliche. 3., erweiterte Auflage. Buchs: Lehrmittelverlag des Kantons Aargau.

Gautschi, Peter (2006a): Geschichtslehrmittel. Wie sie entwickelt werden und was von ihnen erwartet wird. In: Criblez, Lucien/Gautschi, Peter/Hirt Monico Pia/Messner, Helmut (Hrsg.): Lehrpläne und Bildungsstandards. Was Schülerinnen und Schüler lernen sollen. Festschrift zum 65. Geburtstag von Prof. Dr. Rudolf Künzli. Bern: h.e.p. Verlag. S. 117–148.

Gautschi, Peter (2006b): Kompetenter Umgang mit aktuellen Meldungen: Ein grundlegender Opportunity-to-learn-Standard für den Geschichtsunterricht

und die Politische Bildung. In: Arand, Tobias/Borries, Bodo von/Körber, Andreas (u.a. Hrsg.): Geschichtsunterricht im Dialog. Fächerübergreifende Zusammenarbeit. Münster: ZfL 11. S. 175-182.
Gautschi, Peter (2006c): Kompetenzmodell für den Geschichtsunterricht. http://www.hinschauenundnachfragen.ch/3kompetenzen.html (aufgerufen am 31.3.2007) (Didaktische Hinweise, Teil 3: Kompetenzen von Lernenden).
Gautschi, Peter (2006d): Portfolio. In: Mayer, Ulrich/Pandel, Hans-Jürgen/Schneider, Gerhard/Schönemann, Bernd (Hrsg.): Wörterbuch Geschichtsdidaktik. Schwalbach/Ts.: Wochenschau Verlag. S. 144.
Gautschi, Peter (2006e): Stationenlernen. In: Mayer, Ulrich/Pandel, Hans-Jürgen/Schneider, Gerhard/Schönemann, Bernd (Hrsg.): Wörterbuch Geschichtsdidaktik. Schwalbach/Ts.: Wochenschau Verlag. S. 167-168.
Gautschi, Peter (2007a): Geschichtsunterricht erforschen – eine aktuelle Notwendigkeit. In: Gautschi, Peter/Moser, Daniel V./Reusser, Kurt/Wiher Pit (Hrsg.): Geschichtsunterricht heute. Eine empirische Analyse ausgewählter Aspekte. Bern: h.e.p. Verlag. S. 21-59.
Gautschi, Peter (2007b): Geschichtswerkstatt. In: Lange, Dirk (Hrsg.): Methoden Politischer Bildung (Basiswissen Politische Bildung, Band 6). Baltmannsweiler: Schneider Verlag Hohengehren. S. 78-85.
Gautschi, Peter (2007c): Leitprogrammarbeit. In: Günther-Arndt, Hilke (Hrsg.): Geschichtsmethodik. Handbuch für die Sekundarstufe I und II. Berlin: Cornelsen Verlag Scriptor. S. 103-106.
Gautschi, Peter (2008): Der Beitrag des Geschichtsunterrichts zur Entwicklung von Einstellungen. In: Bauer, Jan-Patrick/Meyer-Hamme, Johannes/Körber, Andreas (Hrsg.): Geschichtslernen – Innovationen und Reflexionen. Geschichtsdidaktik im Spannungsfeld von theoretischen Zuspitzungen, empirischen Erkundungen, normativen Überlegungen und pragmatischen Wendungen. Festschrift für Bodo von Borries zum 65. Geburtstag. Kenzingen: Centaurus. S. 289-306.
Gautschi, Peter (2009): Geschichtslehrmittel als eigenwilliger Beitrag zur Geschichtskultur. In: Oswalt, Vadim/Pandel, Hans-Jürgen (Hrsg.): Geschichtskultur. Die Anwesenheit von Vergangenheit in der Gegenwart. Schwalbach/Ts.: Wochenschau Verlag. S. 34-46.
Gautschi, Peter/Landwehr, Norbert (1995): Blockunterricht im Fachlehrersystem. In: Schweizer Schule, Heft 10, S. 23-36.
Gautschi, Peter/Vögeli-Mantovani Urs (Hrsg.) (1995): Bericht zum Seminar „Praticien chercheur". Aarau: Schweiz. Koordinationsstelle für Bildungsforschung.
Gautschi, Peter/Meyer, Helmut (2001): Vergessen oder Erinnern? – Völkermord in Geschichte und Gegenwart. Zürich: Lehrmittelverlag des Kantons Zürich.

Gautschi, Peter/Binnenkade, Alexandra (2006): Ansicht, Einsicht, Übersicht, Aussicht. Die Funktion von Bildern im Schulgeschichtsbuch. In: Bernhardt, Markus/Henke-Bockschatz, Gerhard/Sauer, Michael (Hrsg.): Bilder – Wahrnehmungen – Konstruktionen. Reflexionen über Geschichte und historisches Lernen. Festschrift für Ulrich Mayer zum 65. Geburtstag. Schwalbach/Ts.: Wochenschau Verlag. S. 104–118.

Gautschi, Peter/Hodel, Jan (2006): Hinschauen und Nachfragen. Informationen und didaktische Hinweise. www.hinschauenundnachfragen.ch (aufgerufen am 4.4.2008).

Gautschi, Peter/Moser, Daniel V./Reusser, Kurt/Wiher Pit (2007): Geschichtsunterricht heute – Einleitung und Überblick über die Hauptergebnisse der Studie. In: Gautschi, Peter/Moser, Daniel V./Reusser, Kurt u.a. (Hrsg.) (2007): Geschichtsunterricht heute. Eine empirische Analyse ausgewählter Aspekte. Bern: h.e.p. Verlag. S. 9–20.

Gerstenmaier, Jochen (2006): Situiertes Lernen. In: Perleth, Christoph/Ziegler, Albert (Hrsg.): Pädagogische Psychologie. Grundlagen und Anwendungsfelder. Bern: Huber. S. 236–246.

Gerstenmaier, Jochen/Mandl, Heinz (2001): Methodologie und Empirie zum Situierten Lernen. Forschungsberichte der Ludwig Maximilians Universität München. http://epub.ub.uni-muenchen.de/245/1/FB_137.pdf (aufgerufen am 24.5.2008).

Gies, Horst (1981): Repetitorium Fachdidaktik Geschichte. Bad Heilbrunn/Obb.: Verlag Julius Klinkhardt.

Gies, Horst (2004): Geschichtsunterricht. Ein Handbuch zur Unterrichtsplanung. Köln: Böhlau Verlag.

Giest, Hartmut/Hartinger, Andreas/Kahlert, Joachim (Hrsg.) (2009): Kompetenzniveaus im Sachunterricht. Forschungen zur Didaktik des Sachunterrichts, Band 7. Bad Heilbrunn/Obb.: Klinkhardt.

Gingins, François/Labudde, Peter/Adamina, Marco (2007): Bildungsstandards Naturwissenschaften in der Schweiz: work in progress. In: Höttecke, Dietmar (Hrsg.): Naturwissenschaften im internationalen Vergleich. Tagungsband der Jahrestagung 2006 der Gesellschaft für Didaktik der Chemie und Physik (GDCP). Berlin: LIT. S. 230–232.

Girmes, Renate (2003): Die Welt als Aufgabe?! Wie Aufgaben Schüler erreichen. In: Ball, Helga/Becker, Gerold/Bruder, Regina u.a. (Hrsg.): Aufgaben. Lernen fördern – Selbständigkeit entwickeln. Friedrich Jahresheft XXI 2003. Seelze-Velber: Friedrich-Verlag. S. 6–11.

Girod, Roger/Klöti, Ulrich/Dubs, Rolf (1991): Connaissance de base. Grundwissen. Ergebnisse der PRP 1991. Vol 13. Aarau: Sauerländer.

Glaser, Barney G./Strauss, Anselm L. (2005): Grounded Theory. Strategien qualitativer Forschung. 2. Auflage. Bern: Verlag Hans Huber.

Good, Thomas L./Brophy, Jere (1986). School Effects. In: Wittrock, M.C. (Hrsg.): Handbook of Research on Teaching. 3. Auflage. New York, Macmillan. S. 570–602.
Grell, Monika/Grell, Jochen (1996): Unterrichtsrezepte. 11. Auflage. Weinheim: Beltz.
Grosch, Waldemar (2002): Computerspiele im Geschichtsunterricht. Geschichte am Computer. Band 2. Schwalbach/Ts.: Wochenschau Verlag.
Grosjean, Georges (1996): Geschichte der Kartographie. Bern: Geografisches Institut der Universität Bern.
Gruehn, Sabine (1995). Vereinbarkeit kognitiver und nicht kognitiver Ziele im Unterricht. Zeitschrift für Pädagogik, Jg. 41, Heft 4, 531–553.
Gruehn, Sabine (2000): Unterricht und schulisches Lernen. Schüler als Quellen der Unterrichtsbeschreibung. Müster: Waxmann.
Gruschka, Andreas (2005): Das Kreuz mit der Vermittlung. In: Stadtfeld, Peter/Dieckmann, Bernhard (Hrsg.): Allgemeine Didaktik im Wandel. Bad Heilbrunn: Klinkhardt. S. 13–37.
Gudjons, Herbert (Hrsg.) (1997): Neue Tips für besseren Unterricht. Hamburg: Bergmann und Helbig.
Günther-Arndt, Hilke (2003a): Geschichts-Didaktik. Praxishandbuch für die Sekundarstufe I und II. Berlin: Cornelsen Verlag Scriptor.
Günther-Arndt, Hilke (2003b): Historisches Lernen und Wissenserwerb. In: Günther-Arndt, Hilke (Hrsg.): Geschichts-Didaktik. Praxishandbuch für die Sekundarstufe I und II. Berlin: Cornelsen Verlag Scriptor. S. 23–47.
Günther-Arndt, Hilke (2005): Literacy, Bildung und der Geschichtsunterricht nach Pisa. In: Geschichte in Wissenschaft und Unterricht, Jg. 56, Heft 12, S. 668–683.
Günther-Arndt, Hilke (Hrsg.) (2007): Geschichtsmethodik. Handbuch für die Sekundarstufe I und II. Berlin: Cornelsen Verlag Scriptor.
Günther-Arndt, Hilke/Sauer, Michael (Hrsg.) (2006): Geschichtsdidaktik empirisch. Untersuchungen zum historischen Denken und Lernen. Berlin: LIT-Verlag.
Häder, Michael (Hrsg.) (2002): Delphi-Befragungen. Ein Arbeitsbuch. Wiesbaden: Westdeutscher Verlag.
Hage, Klaus/Bischoff, Heinz/Dichanz, Horst u.a. (1985): Das Methoden-Repertoire von Lehrern. Eine Untersuchung zum Unterrichtsalltag in der Sekundarstufe I. Opladen: Leske + Budrich.
Halbheer, Ueli/Reusser, Kurt (2008): Outputsteuerung, Accountability, Educational Governance – Einführung in Geschichte, Begrifflichkeiten und Funktionen von Bildungsstandards. In: Beiträge zur Lehrerbildung, Jg. 26, Heft 3, S. 253–266.

Hamann, Christoph (2007): Visual History und Geschichtsdidaktik. Bildkompetenzen in der historisch-politischen Bildung. Herbolzheim: Centaurus Verlag.
Hammersley, Martyn/Atkinson, Paul (1983): Ethnography – Principles in Practice. London: Tavistock.
Handro, Saskia/Schönemann, Bernd (Hrsg.) (2002): Methoden geschichtsdidaktischer Forschung. Münster: LIT.
Handro, Saskia/Schönemann, Bernd (Hrsg.) (2004): Geschichtsdidaktische Lehrplanforschung. Methoden – Analysen – Perspektiven. Münster: LIT.
Hartig, Johannes/Klieme, Eckhard (2006): Kompetenz und Kompetenzdiagnostik. In: Schweizer, Karl (Hrsg.): Leistung und Leistungsdiagnostik. Heidelberg: Springer. S. 127–143.
Hartung, Olaf (2008): Geschichte – Schreiben – Lernen. Plädoyer für eine stärkere Schreiborientierung im Geschichtsunterricht. In: Zeitschrift für Geschichtsdidaktik, Jahresband, S. 156–165.
Hartzler-Miller, Cindy (2001): „Making Sense of the ‚Best Practice´in Teaching History." In: Theory and Research in Social Education; Jg. 29, Heft 4, S. 672–695.
Hasberg, Wolfgang (2001a): Empirische Forschung in der Geschichtsdidaktik. Nutzen und Nachteil für den Unterricht. 2 Bände. Neuried: Ars Una.
Hasberg, Wolfgang (2001b): Nutzen und Nachteil empirischer Forschung für den Geschichtsunterricht. In: Internationale Schulbuchforschung, Jg. 23, Heft 3, S. 379–396.
Hasberg, Wolfgang (2002a): Methoden geschichtsdidaktischer Forschung. Problemanzeige zur Methodologie einer Wissenschaftsdisziplin. In: Zeitschrift für Geschichtsdidaktik, Jahresband, S. 59–77.
Hasberg, Wolfgang (2002b): Über den möglichen Nutzen des Fliegenbeinzählens. Empirische Forschung zum historischen Lernen. In: Demantowsky, Marko/Schönemann, Bernd (Hrsg.): Neue geschichtsdidaktische Positionen. Bochum: Projekt-Verlag. S. 143–171.
Hasberg, Wolfgang (2003): Politik oder Kultur? Zur Notwendigkeit einer kulturwissenschaftlichen Ausrichtung der Geschichtsdidaktik. In: Hasberg, Wolfgang/Seidenfuss, Manfred (Hrsg.): Zwischen Politik und Kultur. Perspektiven einer kulturwissenschaftlichen Erweiterung der Mittelalter-Didaktik. Neuried: Ars Una. S. 9–22.
Hasberg, Wolfgang (2005): Von PISA nach Berlin. Auf der Suche nach Kompetenzen und Standards historischen Lernens. In: Geschichte in Wissenschaft und Unterricht, Jg. 56, Heft 12, S. 684–702.
Hasberg, Wolfgang (2007): Im Schatten von Theorie und Pragmatik – Methodologische Aspekte empirischer Forschung in der Geschichtsdidaktik. In: Zeitschrift für Geschichtsdidaktik, Jahresband, S. 9–40.

Hasberg, Wolfgang/Weber, Wolfgang E.J. (Hrsg.) (2007): Geschichte entdecken. Karl Filser zum 70. Geburtstag. Berlin: LIT Verlag.

Hasberg, Wolfgang/Seidenfuss, Manfred (Hrsg.) (2008): Modernisierung im Umbruch. Geschichtsdidaktik und Geschichtsunterricht nach 1945. Berlin: LIT.

Heck, Urs/Weber, Christian/Baumgartner, Markus (2009): Lernen in Erfahrungsräumen. Ein Praxismodell für den Sachunterricht. Baltmannsweiler: Schneider Verlag Hohengehren.

Heese, Thorsten (2007): Vergangenheit „begreifen". Die gegenständliche Quelle im Geschichtsunterricht. Schwalbach/Ts.: Wochenschau Verlag.

Heimberg, Charles (2002): L'Histoire à l'école. Modes de pensée et regard sur le monde. Issy-les-Moulineaux: ESF éditeur.

Helmke, Andreas (1992): Unterrichtsqualität und Unterrichtseffekte – Ergebnisse der Münchner Studie. In: Der Mathematikunterricht, Jg. 38, Heft 5, S. 40–58.

Helmke, Andreas (2004): Unterrichtsqualität – Erfassen, Bewerten, Verbessern. 2. Auflage. Seelze-Velber: Kallmeyer.

Helmke, Andreas (2006): Was wissen wir über guten Unterricht? Über die Notwendigkeit einer Rückbesinnung auf den Unterricht als „Kerngeschäft" der Schule. In: Pädagogik, Heft 2/2006, S. 42–45.

Helmke, Andreas (2007): Was wissen wir über guten Unterricht? Wissenschaftliche Erkenntnisse zur Unterrichtsforschung und Konsequenzen für die Unterrichtsentwicklung. http://www.selbststaendige-schule.nrw.de/Fortbildung/Fachtagung/ordner_template /Rede_Helmke_160107.pdf (aufgerufen am 10.10.2008)

Helmke, Andreas/Schneider, Wolfgang/Weinert Franz E. (1986): Quality of instruction and classroom learning outcomes: The German contribution to the IEA classroom environment study. In: Teaching and Teacher Education, Jg. 2, Heft 1, S. 1–18.

Helmke, Andreas/Schrader, Friedrich-Wilhelm (1993): Was macht erfolgreichen Unterricht aus? Ergebnisse der Münchner Studie. In: Praxis Schule, 5–10, Heft 1, S. 11–3.

Helmke, Andreas/Weinert, Franz E. (1997): Bedingungsfaktoren schulischer Leistungen. In Weinert, Franz E. (Hrsg.): Psychologie des Unterrichts und der Schule. Enzyklopädie der Psychologie, Pädagogische Psychologie. Band 3. Göttingen: Hogrefe. S. 71–176.

Henke-Bockschatz, Gerhard/Mayer, Ulrich/Oswalt, Vadim (2005): Historische Bildung als Dimension eines Kerncurriculums moderner Allgemeinbildung. In: Geschichte in Wissenschaft und Unterricht, Jg. 56, Heft 12, S. 703–710.

Hericks, Uwe/Körber, Andreas (2007): „Methodologische Perspektiven quantitativer und rekonstruktiver Fachkulturforschung in der Schule." In: Lüders,

Jenny (Hrsg.) (2007): Fachkulturforschung in der Schule. Opladen/Farmington Hills: Verlag Barbara Budrich (Studien zur Bildungsgangforschung; 18). S. 31-48.
Herrmann, Ulrich (2002): Wie lernen Lehrer ihren Beruf? Empirische Befunde und praktische Vorschläge. Weinheim/Basel: Beltz.
Herrmann, Ulrich (2003): „Bildungsstandards" – Erwartungen und Bedingungen, Grenzen und Chancen. In: Zeitschrift für Pädagogik, Jg. 49, Heft 5, S. 625-637.
Herrmann, Ulrich (2007): „Bildung", „Kompetenz" – oder was? Eine notwendige Begriffsklärung. In: engagement. Zeitschrift für Erziehung und Schule, Heft 3, S. 171-178.
Herzog, Walter (1995): Reflexive Praktika in der Lehrerinnen- und Lehrerbildung. In: Beiträge zur Lehrerbildung, Jg. 13, Heft 3, S. 253-273.
Herzog, Walter (2002): Zeitgemässe Erziehung. Die Konstruktion pädagogischer Wirklichkeit. Weilerswist: Velbrück.
Herzog, Walter (2008): Verändern Bildungsstandards den Lehrberuf? In: Beiträge zur Lehrerbildung, Jg. 26, Heft 3, S. 395-412.
Heuer, Christian/Pflüger, Christine (Hrsg.) (2009): Geschichte und ihre Didaktik. Ein weites Feld … Schwalbach/Ts.: Wochenschau Verlag.
Hey, Bernd/Mayer, Ulrich/Rohlfes, Joachim u.a. (1994): Umgang mit Geschichte. Geschichte erforschen und darstellen – Geschichte erarbeiten und begreifen. Stuttgart: Klett.
Hiebert, James/Gallimore, Ronald/Garnier, Helen u.a. (2003): Teaching Mathematics in Seven Countries: Results from the TIMSS 1999 Video Study (No. NCES 2003-013). Washington DC: U.S. Department of Education, National Center for Education Statistics.
Hodel, Jan (2008): Historische Narrationen im digitalen Zeitalter. In: Danker, Uwe/Schwabe Astrid (Hrsg.): Historisches Lernen im Internet. Geschichtsdidaktik und neue Medien. Schwalbach/Ts.: Wochenschau Verlag. S. 182-195.
Hodel, Jan/Waldis, Monika (2007): Sichtstrukturen im Geschichtsunterricht – die Ergebnisse der Videoanalyse. In: Gautschi, Peter/Moser, Daniel V./Reusser, Kurt/Wiher, Pit (Hrsg.) (2007): Geschichtsunterricht heute. Eine empirische Analyse ausgewählter Aspekte. Bern: h.e.p. Verlag. S. 91-142.
Hopf, Christel/Weingarten Elmar (1993) (Hrsg.): Qualitative Sozialforschung. 3. erweiterte Auflage. Stuttgart: Klett-Cotta.
Hopmann, Stefan/Künzli, Rudolf (1998): Entscheidungsfelder der Lehrplanarbeit. Grundzüge einer Theorie der Lehrplanung. In: Künzli, Rudolf/Hopmann Stefan (Hrsg.): Lehrpläne: Wie sie entwickelt werden und was von ihnen erwartet wird. Chur/Zürich: Rüegger Verlag. S. 17-34.

Hug, Wolfgang (1985): Geschichtsunterricht in der Praxis der Sekundarstufe I. Befragungen, Analysen und Perspektiven. 3. Auflage. Frankfurt am Main: Diesterweg.

Hugener, Isabelle/Rakoczy, Katrin/Pauli, Christine u.a. (2006): Videobasierte Unterrichtsforschung: Integration verschiedener Methoden der Videoanalyse für eine differenzierte Sicht auf Lehr-Lernprozesse. In: Rahm, Sibylle/Mammes, Ingelore/Schratz, Michael (Hrsg.): Schulpädagogische Forschung. Unterrichtsforschung. Perspektiven innovativer Ansätze. Innsbruck: StudienVerlag. S. 41–53.

Huhn, Jochen (1994): Geschichtsdidaktik. Eine Einführung. Köln: Böhlau Verlag.

Jacobs, Jennifer/Kawanaka, Takako/Stigler, James W. (1999): Integrating qualitative and quantitative approaches to the analysis of video data on classsroom teaching. In: International Journal of Educational Research, Jg. 31, Heft 8, 717–724.

Jacobs, Jennifer/Garnier, Helen/Gallimore, Ronald u.a. (2003): Third International Mathematics and Science Study 1999 Video Study Technical Report. Volume 1: Mathematics (No. NCES (2003-012). Washington: National Center for Education Statistics, Institute of Education Statistics, U.S. Department of Education.

Jahoda, Marie/Lazarsfeld, Paul/Zeisel, Hans (1995): Die Arbeitslosen von Marienthal. In: Flick, Uwe/Kardoff, Ernst von/Keupp, Heiner u.a. (Hrsg.): Handbuch Qualitative Sozialforschung. 2. Auflage. München: Psychologie Verlags Union. S. 119–122.

Jeismann, Karl-Ernst (1977): Didaktik der Geschichte. Die Wissenschaft von Zustand, Funktion und Veränderung geschichtlicher Vorstellungen im Selbstverständnis der Gegenwart. In: Kosthorst, Erich (Hrsg.): Geschichtswissenschaft. Didaktik – Forschung – Theorie. Göttingen: Vandenhoeck & Ruprecht. S. 9–33.

Jeismann, Karl-Ernst (1988a): „Geschichte und ihre Didaktik" – Anmerkungen zu Joachim Rohlfes' Aufriss der Geschichtsdidaktik. In: Geschichte in Wissenschaft und Unterricht, Jg. 39, Heft 1, S. 92–101.

Jeismann, Karl-Ernst (1988b): Geschichtsbewusstsein als zentrale Kategorie der Geschichtsdidaktik. In: Schneider, Gerhard (Hrsg.): Geschichtsbewusstsein und historisch-politisches Lernen. Jahrbuch für Geschichtsdidaktik, Band 1. Pfaffenweiler: Centaurus. S. 1–27.

Jeismann, Karl-Ernst (2000): Geschichte und Bildung: Beiträge zur Geschichtsdidaktik und zur Historischen Bildungsforschung. Paderborn/München/Wien/Zürich: Schöningh.

Jenisch, Achim (2006): Schülerzeichnungen zum historischen Wandel. In: Günther-Arndt, Hilke/Sauer, Michael: Geschichtsdidaktik empirisch. Untersuchungen zum historischen Denken und Lernen. Berlin: LIT. S. 111–125.

Jick, Thomas (1979): Mixing qualitative and quantitative methods: Triangulation in action. In: Van Maanen, John (Hrsg.): Qualitative Methodology. London: Thousand Oaks. S. 135-148.

Kaiser, Astrid: (1996): Einführung in die Didaktik des Sachunterrichts. 3. korrigierte Auflage. Baltmannsweiler: Schneider Verlag Hohengehren.

Kayser, Jörg/Hagemann Ulrich (2005): Urteilsbildung im Geschichts und Politikunterricht. Berlin: Cultus e.V., Bildung – Urteil – Kompetenz.

Kelle, Udo/Kluge, Susanne (1999): Vom Einzelfall zum Typus. Fallvergleich und Fallkontrastierung in der qualitativen Sozialforschung. Opladen: Leske + Budrich.

Klafki, Wolfgang (1985): Neue Studien zur Bildungstheorie und Didaktik. Beiträge zur kritisch-konstruktiven Didaktik. Weinheim: Beltz.

Klieme, Eckhard (2004): Was sind Kompetenzen und wie lassen sie sich messen? In: Pädagogik, Jg. 56, Heft 6, S. 10-13.

Klieme, Eckhard/Baumert, Jürgen (2001): TIMSS als Startpunkt für Qualitätssicherung und Qualitätsentwicklung im Bildungswesen. In Bundesministerium für Bildung und Forschung (Hrsg.): TIMSS – Impulse für Schule und Unterricht. Forschungsbefunde, Reforminitiativen, Praxisberichte und Video-Dokumente. Bonn: Bundesministerium für Bildung und Forschung (BMBF). S. 5-11. http://www.bmbf.de/pub/timss.pdf (aufgerufen am 16.8.2008).

Klieme, Eckhard/Avenarius, Hermann/Blum, Werner u.a. (2003): Zur Entwicklung nationaler Bildungsstandards. Eine Expertise. Herausgegeben von Bundesministerium für Bildung und Forschung. (Bildungsforschung, 1). http://www.bmbf.de/pub/zur_entwicklung_nationaler_bildungsstandards.pdf (aufgerufen am 12.10.2007).

Klieme, Eckhard/Reusser, Kurt (2003): Unterrichtsqualität und mathematisches Verständnis im internationalen Vergleich – Ein Forschungsprojekt und erste Schritte zur Realisierung. In: Unterrichtswissenschaft, Jg. 31, Heft 3, S. 194-205.

Klieme, Eckhard/Leutner, Detlev (2006): Kompetenzmodelle zur Erfassung individueller Lernergebnisse und zur Bilanzierung von Bildungsprozessen. In: Zeitschrift für Pädagogik, Jg. 52, Heft 6, S. 876-903.

Klieme, Eckhard/Pauli, Christine/Reusser, Kurt (2006): Dokumentation der Erhebungs- und Auswertungsinstrumente zur schweizerisch-deutschen Videostudie „Unterrichtsqualität, Lernverhalten und mathematisches Verständnis". Teil 3: Hugener, Isabelle/Pauli, Christine/Reusser, Kurt: Leistungstests (= Materialien zur Bildungsforschung, Band 15). Frankfurt am Main: Deutsches Institut für internationale pädagogische Forschung (DIPF).

Klose, Dagmar (1994): Die Entwicklung von Sinnbildungsniveaus historischen Bewusstseins bei elf- bis zwölfjährigen Kindern. In: Borries, Bodo von/Pandel,

Hans-Jürgen (Hrsg.): Zur Genese historischer Denkformen. Pfaffenweiler: Centaurus. S. 47–98.

Klose, Dagmar (2003): Historisches Denken – frühe Spuren. In: Geschichte in Wissenschaft und Unterricht, Jg. 54, Heft 5/6, S. 303–318.

Kneile-Klenk, Karin (2008): Pauken oder Lernen? Abwechslungsreich Wiederholen und Festigen im Geschichtsunterricht. Schwalbach/Ts.: Wochenschau Verlag.

Knoch, Peter/Pöschko, Hans H. (Hrsg.) (1983): Lernfeld Geschichte. Materialien zum Zusammenhang von Identität und Geschichte. Weinheim/Basel: Beltz Verlag.

Kobarg, Mareike/Seidel, Tina (2003): Prozessorientierte Lernbegleitung im Physikunterricht. In: Seidel, Tina/Prenzel, Manfred/Duit, Reinders u.a. (Hrsg.): Technischer Bericht zur Videostudie „Lehr-Lern-Prozesse im Physikunterricht". Kiel: IPN-Materialien. S. 151–200.

Kölbl, Carlos (2004): Geschichtsbewusstsein im Jugendalter. Grundzüge einer Entwicklungspsychologie historischer Sinnbildung. Bielefeld: transcript verlag.

Körber, Andreas (2003a): Analyse von Geschichtsunterrichtsstunden im Projekt ‚FUER Geschichtsbewusstsein'." In: Zeitschrift für Geschichtsdidaktik, Jahresband, S. 89–101.

Körber, Andreas (Hrsg.) (2003b): Geschichte – Leben – Lernen. Bodo von Borries zum 60. Geburtstag. Schwalbach/Ts.: Wochenschau Verlag.

Körber, Andreas (2007a): Grundbegriffe und Konzepte: Bildungsstandards, Kompetenzen und Kompetenzmodelle. In: Körber, Andreas/Schreiber, Waltraud/Schöner, Alexander (Hrsg.): Kompetenzen Historischen Denkens. Ein Strukturmodell als Beitrag zur Kompetenzorientierung in der Geschichtsdidaktik. Neuried: Ars Una (Kompetenzen: Grundlagen – Entwicklung – Förderung; 2). S 54–86.

Körber, Andreas (2007b): Die Dimensionen des Kompetenzmodells ‚Historisches Denken'. In: Körber, Andreas/Schreiber, Waltraud/Schöner, Alexander (Hrsg.): Kompetenzen Historischen Denkens. Ein Strukturmodell als Beitrag zur Kompetenzorientierung in der Geschichtsdidaktik. Neuried: Ars Una (Kompetenzen: Grundlagen – Entwicklung – Förderung; 2). S 89–154.

Körber, Andreas (2008): Sind Kompetenzen historischen Denkens messbar? In: Frederking, Volker (Hrsg.): Schwer messbare Kompetenzen. Herausforderungen für die empirische Fachdidaktik. Baltmannsweiler: Schneider Verlag Hohengehren. S. 65–84.

Körber, Andreas/Schreiber, Waltraud/Schöner, Alexander (Hrsg.) (2007): Kompetenzen historischen Denkens. Ein Strukturmodell als Beitrag zur Kompetenzorientierung in der Geschichtsdidaktik. Neuried: Ars Una (Kompetenzen: Grundlagen – Entwicklung – Förderung; 2).

Köster, Juliane/Lindauer, Thomas (2008): Zum Stand wissenschaftlicher Aufgabenreflexion aus deutschdidaktischer Perspektive. In: Didaktik Deutsch, Jg. 14, Sonderheft Nr. 2. Beiträge zum 16. Symposion Deutschdidaktik „Kompetenzen im Deutschunterricht". Herausgegeben von Martin Böhnisch. Baltmannsweiler: Schneider Verlag Hohengehren, S. 148–158.

Kramis, Jo (1990): Bedeutsamkeit, Effizienz, Lernklima. Grundlegende Gütekriterien für Unterricht und Didaktische Prinzipien. In: Beiträge zur Lehrerbildung, Jg. 8, Heft 3, S. 279–296.

Krammer, Reinhard/Ammerer Heinrich (Hrsg.) (2006): Mit Bildern arbeiten. Historische Kompetenzen erwerben. Neuried: Ars Una.

Krapf, Bruno (1992): Aufbruch zu einer neuen Lernkultur. Erhebungen, Axperimente, Analysen und Berichte zu pädagogischen Denkfiguren. Bern: Haupt.

Kreis, Georg (1999): Die Schweiz im Zweiten Weltkrieg. Ihre Antworten auf die Herausforderungen der Zeit. Zürich: Pro Helvetia.

Kröll, Ulrich (Hrsg.) (1987): Jugend und Geschichte. Münster: Regensberg.

Krüger, Dirk/Vogt, Helmut (Hrsg.) (2007): Theorie in der biologiedidaktischen Forschung. Ein Handbuch für Lehramtsstudenten und Doktoranden. Berlin: Springer.

Krummheuer, Götz/Naujok, Natalie (1999): Grundlagen und Beispiele Interpretativer Unterrichtsforschung. Opladen: Leske+Budrich.

Kuhn, Annette (1976): Wozu Geschichtsunterricht? Oder: Ist ein Geschichtsunterricht im Interesse des Schülers möglich? In: Geschichtsdidaktik, Heft 1, S. 39–47.

Kuhn, Annette (1980): Geschichtsdidaktische Grundwissen. Ein Arbeits- und Studienbuch. München: Kösel.

Kunter, Mareike (2005): Multiple Ziele im Mathematikunterricht. Münster: Waxmann.

Künzli, Rudolf (1986): Topik des Lehrplandenkens I. Architektonik des Lehrplanes: Ordnung und Wandel. Kiel: Mende.

Künzli, Rudolf/Hopmann, Stefan (Hrsg.) (1998): Lehrpläne: Wie sie entwickelt werden und was von ihnen erwartet wird. Forschungsstand, Zugänge und Ergebnisse aus der Schweiz und der Bundesrepublik Deutschland. Chur/Zürich: Rüegger Verlag.

Künzli, Rudolf/Bähr, Konstantin/Fries, Anna-Verena u.a. (1999): Lehrplanarbeit. Über den Nutzen von Lehrplänen für die Schule und ihre Entwicklung. Chur/Zürich: Verlag Rüegger.

Küppers, Waltraud (1966): Zur Psychologie des Geschichtsunterrichts. Eine Untersuchung über Geschichtswissen und Geschichtsverständnis bei Schülern. 2., ergänzte Auflage. Bern: Huber.

Kuss, Horst (1991): Wertevermittlung durch Geschichtsunterricht. In: Süssmuth, Hans (Hrsg.): Geschichtsunterricht im vereinten Deutschland. Band 1. Baden-Baden: Nomos. S. 145–152.

Labudde, Peter (2007): How to Develop, Implement and Assess Standards in Science Education? 12 Challenges from a Swiss Perspective. In: Waddington, David/Nentwig, Peter/Schanze, Sascha (Hrsg.): Making it Possible: Standards in Science Education. Münster: Waxmann. S. 277–301.

Labudde, Peter/Adamina Marco (2008): HarmoS Naturwissenschaften: Impulse für den naturwissenschaftlichen Unterricht von morgen. In: Beiträge zur Lehrerbildung, Jg. 26, Heft 3, S. 351–360.

Lamnek, Siegfried (1998): Gruppendiskussion. Theorie und Praxis. 2. Auflage. Weinheim: Beltz.

Lamnek, Siegfried (2005): Qualitative Sozialforschung. Lehrbuch. Weinheim: Psychologie Verlags Union.

Landolt, Hermann (1994): Erfolgreiches Lernen und Lehren. Aarau: Sauerländer.

Landwehr, Norbert/Müller, Elisabeth (2006): Begleitetes Selbststudium. Didaktische Grundlagen und Umsetzungshilfen. Bern: h.e.p. Verlag.

Lange, Dirk (2004): Historisch-politische Didaktik. Zur Begründung historisch-politischen Lernens. Schwalbach/Ts.: Wochenschau Verlag.

Lange, Dirk (Hrsg.) (2007): Methoden Politischer Bildung. Band 6. Baltmannsweiler: Schneider Verlag Hohengehren.

Lange, Thomas/Lux, Thomas (2004): Historisches Lernen im Archiv. Schwalbach/Ts.: Wochenschau Verlag.

Langer-Plän, Martina (2003): Problem Quellenarbeit. Werkstattbericht aus einem empirischen Projekt: In: Geschichte in Wissenschaft und Unterricht, Jg. 54, Heft 5/6, S. 319–336.

Langer-Plän, Martina/Beilner, Helmut (2006): Zum Problem historischer Begriffsbildung. In: Günther-Arndt, Hilke/Sauer, Michael (Hrsg.): Geschichtsdidaktik empirisch. Untersuchungen zum historischen Denken und Lernen. Berlin: LIT-Verlag, S. 215–250.

Lanthaler, Franz (Hrsg.) (1997): Jugend und Geschichte. Eine Studie zum Geschichtsbewusstsein. Bozen; Wien: Folio Buchbüro.

Lässig, Simone/Pohl, Karl Heinrich (Hrsg.) (2007): Projekte im Fach Geschichte. Historisches Forschen und Entdecken in Schule und Hochschule. Schwalbach/Ts.: Wochenschau Verlag.

Lautsch, Erwin/von Weber, Stefan (1995): Methoden und Anwendungen der Konfigurationsfrequenzanalyse. Weinheim: Psychologie Verlags Union.

Lee, Peter/Dickinson, Alaric/Ashby, Rosalyn (1998): Researching Children's Ideas about History. In: Voss, James F./Carretero, Mario (Hrsg.): Learning and Reasoning in History. International Review of History Education, Volume 2. London: Woburn. S. 227–251.

Lee, Peter/Ashby, Rosalyn (2000): Progression in Historical Understanding among Students Ages 7-14. In: Stearns, Peter N./Seixas, Peter/Wineburg, Samuel S. (Hrsg.): Knowing, Teaching, and Learning History. National and International Perspectives. New York: New York University Press. S. 199-222.

Legewie, Heiner (1994): Globalauswertung von Dokumenten. In: Böhm, Andreas/Mengel, Andreas/Muhr, Thomas (Hrsg.): Texte verstehen: Konzepte, Methoden, Werkzeuge. Konstanz: Universitätsverlag. S. 177-182.

Le Goff, Jacques (1997): Jacques Le Goff erzählt die Geschichte Europas. Frankfurt am Main: Campus-Verlag.

Leinhardt, Gaea/Beck, Isabel L./Stainton, Catherine (Hrsg.) (1994): Teaching and Learning in History. New Jersey: Hillsdale.

Lenzen, Dieter (1989): Pädagogik – Erziehungswissenschaft. In: Lenzen, Dieter (Hrsg.) (1989): Pädagogische Grundbegriffe. Reinbek bei Hamburg: Rowohlt Verlag. S. 1105-1117.

Leutner-Ramme, Sibylla (2003): „Sonst wird man ja eigentlich nicht unbedingt gefragt, sondern man muss einfach nur machen". Videogestützte Schülerbefragung zum Geschichtsunterricht. In: Zeitschrift für Geschichtsdidaktik, Jahresband, S. 102-113.

Leutner-Ramme, Sibylla (2007): Kompetenzen aus Schülersicht. In: Körber, Andreas/Schreiber, Waltraud/Schöner Alexander (Hrsg.): Kompetenzen Historischen Denkens. Ein Strukturmodell als Beitrag zur Kompetenzorientierung in der Geschichtsdidaktik. Neuried: Ars Una (Kompetenzen: Grundlagen – Entwicklung – Förderung; 2). S. 694-711.

Lindauer, Thomas/Schneider, Hansjakob (2007): Lesekompetenz ermitteln: Aufgaben im Unterricht. In: Bertschi-Kaufmann, Andrea (Hrsg.): Lesekompetenz-Leseleistung-Leseförderung. Grundlagen, Modelle und Materialien. Zug: Klett und Balmer. S. 109-125.

Linneweber-Lammerskitten, Helmut/Wälti, Beat (2006): Was macht das Schwierige schwierig? Überlegungen zu einem Kompetenzmodell im Fach Mathematik. In: Criblez, Lucien/Gautschi, Peter/Hirt Monico, Pia u.a. (Hrsg.): Lehrpläne und Bildungsstandards. Was Schülerinnen und Schüler lernen sollen. Festschrift zum 65. Geburtstag von Prof. Dr. Rudolf Künzli. Bern: h.e.p. Verlag. S. 197-227.

Linneweber-Lammerskitten, Helmut/Wälti, Beat (2008): HarmoS Mathematik: Kompetenzmodell und Vorschläge für Bildungsstandards. In: Beiträge zur Lehrerbildung, Jg. 26, Heft 3, S. 326-337.

Lipowsky, Frank (2006): Auf den Lehrer kommt es an. Empirische Evidenzen für Zusammenhänge zwischen Lehrerkompetenzen, Lehrerhandeln und dem Lernen der Schüler. In: Allemann-Ghionda, Cristina/Terhart, Ewald (Hrsg.): Kompetenzen und Kompetenzentwicklung im Lehrberuf: Ausbildung und Beruf. 51. Beiheft der Zeitschrift für Pädagogik. Weinheim: Beltz. S. 47–70.

Lipowsky, Frank/Rakoczy, Katrin/Klieme, Eckhard u.a. (2003): Professionelles Lehrerwissen, selbstbezogene Kognitionen und wahrgenommene Schulumwelt. In: Unterrichtswissenschaft, Jg. 31, Heft 3, S. 206–237.

Lucas, Friedrich J. (1985): Geschichte als engagierte Wissenschaft. Zur Theorie einer Geschichtsdidaktik. Stuttgart: Klett.

Maag Merki, Katharina (2005a): Welche Bildungsstandards sollen's denn sein? In: Becker, Gerord u.a. (Hrsg): Standards. Unterrichten zwischen Kompetenzen, zentralen Prüfungen und Vergleichsarbeiten. Friedrich-Jahresheft XXIII. Seelze-Velber: Friedrich Verlag. S. 74–75.

Maag Merki, Katharina (2005b): Wissen, worüber man spricht. Ein Glossar. In: Becker, Gerord u.a. (Hrsg.): Standards. Unterrichten zwischen Kompetenzen, zentralen Prüfungen und Vergleichsarbeiten. Friedrich-Jahresheft XXIII. Seelze-Velber: Friedrich Verlag. S. 12–13.

MAEC (Mid-Atlantic Equity Consortium, Member of The National Coalition of Educational Equity Advocates) (1994): Educate America: A Call for Equity in School Reform. Chevy Chase, Md.: The Mid-Atlantic Equity Consortium. http://www.maec.org/educate/educate.html (aufgerufen am 2.7.2008).

Martin, Judith/Hamann Christoph (Hrsg.) (2007): Geschichte – Friedensgeschichte – Lebensgeschichte. Herbolzheim: Centaurus Verlag.

Mathis, Christian (2007): Stationenlernen. In: Günther-Arndt, Hilke (Hrsg.): Geschichtsmethodik. Handbuch für die Sekundarstufe I und II. Berlin: Cornelsen Verlag Scriptor. S. 95–98.

Mayer, Ulrich (1979): Die Anfänge historisch-politischer Bildung in Deutschland im evangelischen Schulwesen des 16. bis 18. Jahrhunderts. In: Geschichte in Wissenschaft und Unterricht, Jg. 30, Heft 7, S. 393–419.

Mayer, Ulrich (1982): Geschichtsdidaktik und Geschichtsunterricht in der Nachkriegszeit (1945 bis 1953). In: Bergmann, Klaus/Schneider Gerhard (Hrsg.): Gesellschaft, Staat, Geschichtsunterricht. Beiträge zu einer Geschichte der Geschichtsdidaktik und des Geschichtsunterrichts von 1500–1980. Düsseldorf: Pädagogischer Verlag Schwann. S. 349–380.

Mayer, Ulrich (1986): Neue Wege im Geschichtsunterricht? Studien zur Entwicklung der Geschichtsdidaktik und des Geschichtsunterrichts in den westlichen Besatzungszonen und in der Bundesrepublik Deutschland 1945–1953. Köln/Wien: Böhlau.

Mayer, Ulrich (1997): Beurteilung von Geschichtsunterricht. In: Bergmann, Klaus/Fröhlich, Klaus/Kuhn, Annette (Hrsg.): Handbuch der Geschichtsdidaktik. 5., überarbeitete Auflage. Seelze-Velber: Kallmeyer. S. 486–492.

Mayer, Ulrich (1998): Historisches Denken und Geschichtsmethodik. Über den Zusammenhang von historischen Erkenntniswegen, geschichtsdidaktischen Standards und methodischen Entscheidungen. In: Schönemann, Bernd/Uffelmann, Uwe/Voit Hartmut (Hrsg.): Geschichtsbewusstsein und Methoden historischen Lernens. Weinheim: Deutscher Studienverlag. S. 95-107.

Mayer, Ulrich (2002): Handlungsorientierter Geschichtsunterricht. In: Demantowsky, Marko/Schönemann, Bernd (Hrsg.): Neue geschichtsdidaktische Positionen. Bochum: Projekt Verlag. S. 27-37.

Mayer, Ulrich (2005): Qualitätsmerkmale historischer Bildung. Geschichtsdidaktische Kategorien als Kriterien zur Bestimmung und Sicherung der fachdidaktischen Qualität des historischen Lernens. In: Hansmann, Wilfried/Hoyer, Timo (Hrsg.): Zeitgeschichte und historische Bildung. Festschrift für Dietfrid Krause-Vilmar. Kassel: Jenior. S. 223-243.

Mayer, Ulrich (2008a): Neubeginn oder Wiederanfang? Geschichtsdidaktik im Westen Deutschlands. In: Hasberg, Wolfgang/Seidenfuss, Manfred (Hrsg.): Modernisierung im Umbruch. Geschichtsdidaktik und Geschichtsunterricht nach 1945. Berlin: LIT.

Mayer, Ulrich (2008b): Nur ein „herausragender Praktiker"? Ein neuer Zugang zur Geschichtsmethodik Hans Ebelings. In: Bauer, Jan-Patrick/Meyer-Hamme, Johannes/Körber, Andreas (Hrsg.): Geschichtslernen – Innovationen und Reflexionen. Geschichtsdidaktik im Spannungsfeld von theoretischen Zuspitzungen, empirischen Erkundungen, normativen Überlegungen und pragmatischen Wendungen. Festschrift für Bodo von Borries zum 65. Geburtstag. Kenzingen: Centaurus. S. 477-497.

Mayer Ulrich/Pandel Hans-Jürgen (1976): Kategorien der Geschichtsdidaktik und Praxis der Unterrichtsanalyse. Zur empirischen Untersuchung fachspezifischer Kommunikation im historisch-politischen Unterricht. Stuttgart: Klett.

Mayer, Ulrich/Pandel, Hans-Jürgen/Schneider, Gerhard (Hrsg.) (2004): Handbuch Methoden im Geschichtsunterricht. Schwalbach/Ts.: Wochenschau Verlag.

Mayer, Ulrich/Pandel, Hans-Jürgen/Schneider, Gerhard/Schönemann, Bernd (Hrsg.) (2006): Wörterbuch Geschichtsdidaktik. Schwalbach/Ts.: Wochenschau Verlag.

Mayring, Philipp (2002): Einführung in die Qualitative Sozialforschung. 5., überarbeitete Auflage. Weinheim/Basel: Beltz Verlag.

Mayring, Philipp (2003): Qualitative Inhaltsanalyse. Grundlagen und Techniken. 8. Auflage. Weinheim/Basel: Beltz Verlag.

Mayring, Philipp (2007): Designs in qualitativ orientierter Forschung. In: Journal für Psychologie, Jg. 15, Heft 2. http://www.journal-fuer-psychologie.de/jfp-2-2007-4.html (aufgerufen am 7.2.2008).

McKeown, Margaret/Beck, Isabel L. (1990): The Assessment and Characterization of Young Learners' Knowledge of a Topic in History. American Educational Research Journal, Jg. 27, Heft 4, S. 688-726.

McKeown, Margaret/Beck, Isabel L. (1994): Making sense of accounts of history: Why young students don't and how they might. In: Leinhardt, Gaea/Beck, Isabel L./Stainton, Catherine (Hrsg.): Teaching and learning history. Hillsdale, NJ: Erlbaum. S. 1-26.

Mebus, Sylvia/Schreiber, Waltraud (2005): Geschichte denken statt pauken. Meissen: Sächsische Akademie für Lehrerfortbildung.

Melichar, Franz Georg (Hrsg.) (2006): Längs Denken. Förderung historischer Kompetenzen durch Längsschnitte. Neuried: Ars Una.

Memminger, Joseph (2007): Schüler schreiben Geschichte. Kreatives Schreiben im Geschichsunterricht zwischen Fiktionalität und Faktizität. Schwalbach/Ts.: Wochenschau Verlag.

Menck, Peter (2006): Unterricht – Was ist das? Eine Einführung in die Didaktik. Norderstedt: Books on Demand GmbH.

Meseth, Wolfgang/Proske, Matthias/Radtke, Frank-Olaf (2004a): Nationalsozialismus und Holocaust im Geschichtsunterricht. Erste empirische Befunde und theoretische Schlussfolgerungen. In: Meseth, Wolfgang/Proske, Matthias/Radtke, Frank-Olaf (Hrsg.): Schule und Nationalsozialismus. Anspruch und Grenzen des Geschichtsunterrichts. Frankfurt am Main: Campus Verlag. S. 95-146.

Meseth, Wolfgang/Proske, Matthias/Radtke, Frank-Olaf (Hrsg.) (2004b): Schule und Nationalsozialismus. Anspruch und Grenzen des Geschichtsunterrichts. Frankfurt am Main: Campus Verlag.

Messmer, Kurt (1981): Geschichte im Unterricht. Eine Arbeitsmethodik anhand ausgewählter praktischer Beispiele. Luzern: Kantonaler Lehrmittelverlag Luzern.

Messmer, Roland (ohne Jahr): Didaktik in Stücken. Werkstattbericht zur Fallarbeit in der Lehrer/innenbildung. Magglingen: Eidgenössische Fachhochschule für Sport (Schriftenreihe der Eidg. Fachhochschule für Sport Magglingen Nr. 2).

Messner, Helmut (Hrsg.) (1985): Unterrichten lernen. Formen – Anlässe – Übungen. 3. Auflage. Hannover: Schroedel Schulbuchverlag.

Messner, Helmut (1998): Die kompetente Lernerin, der kompetente Lerner. In: forum schule heute, Jg. 12, Heft 4, S. 3-6.

Messner, Helmut (2007a): Unterrichtsbeurteilung in der berufspraktischen Ausbildung. Ein Kompetenzraster zur Erfassung und Beurteilung der Unterrichtsqualität. In: Beiträge zur Lehrerbildung, Jg. 25, Heft 1, S. 27-36.

Messner, Helmut (2007b): Vom Wissen zum Handeln – vom Handeln zum Wissen: Zwei Seiten einer Medaille. In: Beiträge zur Lehrerbildung, Jg. 25, Heft 3, S. 364-376.

Messner, Helmut/Reusser, Kurt (2000): Die berufliche Entwicklung von Lehrpersonen als lebenslanger Prozess. In: Beiträge zur Lehrerbildung, Jg. 18, Heft 2, S. 157–170.

Messner, Helmut/Buff, Alex (2007): Lehrerwissen und Lehrerhandeln im Geschichtsunterricht – didaktische Überzeugungen und Unterrichtsgestaltung. In: Gautschi, Peter/Moser, Daniel V./Reusser, Kurt/Wiher, Pit (Hrsg.): Geschichtsunterricht heute. Eine empirische Analyse ausgewählter Aspekte. Bern: h.e.p. Verlag. S. 143–176.

Metzger, Susanne/Labudde, Peter (2007): HarmoS Naturwissenschaften – Bildungsstandards für die Schweiz. In: Praxis der Naturwissenschaften – Physik in der Schule, Jg. 56, Heft 6, S. 14–18.

Meyer, Helmut/Schneebeli, Peter (1991a): Durch Geschichte zur Gegenwart 1. Lehrerkommentar. Zürich: Lehrmittelverlag des Kantons Zürich.

Meyer, Helmut/Schneebeli, Peter (1991b): Durch Geschichte zur Gegenwart 2. Lehrerkommentar. Zürich: Lehrmittelverlag des Kantons Zürich.

Meyer, Helmut/Schneebeli, Peter (1991c): Durch Geschichte zur Gegenwart 3. Lehrerkommentar. Zürich: Lehrmittelverlag des Kantons Zürich.

Meyer, Helmut/Schneebeli, Peter (1993): Durch Geschichte zur Gegenwart 1. Schülerbuch. Zürich: Lehrmittelverlag des Kantons Zürich.

Meyer, Helmut/Schneebeli, Peter (1995): Durch Geschichte zur Gegenwart 2. Schülerbuch. Zürich: Lehrmittelverlag des Kantons Zürich.

Meyer, Helmut/Schneebeli, Peter (1999): Durch Geschichte zur Gegenwart 3. Schülerbuch. Zürich: Lehrmittelverlag des Kantons Zürich.

Meyer, Hilbert (2004): Was ist guter Unterricht? Berlin: Cornelsen Verlag Scriptor.

Meyer, Hilbert/Feindt, Andreas/Fichten, Wolfgang (2007a): Was wissen wir über erfolgreiche Unterrichtsentwicklung? Wirksame Stratgien und Massnahmen. In: Becker, Gerold/Feindt, Andreas/Meyer, Hilbert u.a. (Hrsg.): Guter Unterricht. Massstäbe & Merkmale – Wege & Werkzeuge. Friedrich-Jahresheft XXV. Seelze-Velber: Friedrich Verlag. S. 66–70.

Meyer, Hilbert/Feindt, Andreas/Fichten, Wolfgang (2007b): Skizze einer Theorie der Unterrichtsentwicklung. Überlegungen zu einem interdisziplinären Ansatz. In: Becker, Gerold/Feindt, Andreas/Meyer, Hilbert u.a. (Hrsg.): Guter Unterricht. Massstäbe & Merkmale – Wege & Werkzeuge. Friedrich-Jahresheft XXV. Seelze-Velber: Friedrich Verlag. S. 111–115.

Meyer-Hamme, Johannes (2007): Konzepte von Geschichtslernen und Geschichtsdenken. Empirische Befunde von Schülern und Studierenden (2002). In: Zeitschrift für Geschichtsdidaktik, Jahresband, S. 84–107.

Michalik, Kerstin (Hrsg.) (2004): Geschichtsbezogenes Lernen im Sachunterricht. Bad Heilbrunn/Obb.: Klinkhardt.

Mirow, Jürgen (1991): Geschichtswissen durch Geschichtsunterricht? Historische Kenntnisse und ihr Erwerb innerhalb und ausserhalb der Schule. In: Borries,

Bodo von/Pandel, Hans-Jürgen/Rüsen, Jörn (Hrsg.): Geschichtsbewusstsein empirisch. Pfaffenweiler: Centaurus. S. 53–109.
Moser Daniel V. (1999): Geschichte unterrichten. In: Schweizer Lehrerinnen- und Lehrerzeitung, Jg. 144, Heft 11, S. 26–64.
Moser Daniel V. (2000): Politische Bildung: Ihre Stellung im Fächerkanon der Sekundarstufe I und die Entwicklung der Inhalte. In: Reichenbach, Roland/Oser Fritz (Hrsg.): Zwischen Pathos und Ernüchterung. Zur Lage der Politischen Bildung in der Schweiz. Freiburg: Universitätsverlag. S. 275–282.
Moser, Daniel V. (2006): Kompetenzen und Standards für den Geschichtsunterricht? Zur Notwendigkeit empirischer Daten als Grundlage für die kommende Diskussion. In: Schweizerische Zeitschrift für Geschichte, Jg. 56, Heft 3, S. 295–318.
Moser, Daniel V./Waldis, Monika (2005): Analyse des processus pédagogiques en histoire et en éducation à la citoyennité. Un projet de recherche basé sur l'utilisation de la vidéo dans les cantons suisses d'Argovie, de Berne et de Zurich. In: Le Cartable de Clio, Jg. 5, Jahresheft, S. 291–299.
Moser, Daniel V./Wiher, Pit (2007): Historisches und politisches Wissen von Jugendlichen – am Ende der obligatorischen Schulzeit. In: Gautschi, Peter/Moser, Daniel V./Reusser, Kurt/Wiher, Pit (Hrsg.): Geschichtsunterricht heute. Eine empirische Analyse ausgewählter Aspekte. Bern: h.e.p. Verlag. S. 211–262.
Moser, Urs/Tresch, Sarah (2003): Best Practice in der Schule. Von erfolgreichen Lehrerinnen und Lehrern lernen. Buchs: Lehrmittelverlag des Kantons Aargau.
NCHS (National Center for History in the Schools UCLA) (1996): National Standards for History (Revised Edition): http://nchs.ucla.edu/standards/toc.html (aufgerufen am 2.1.2008).
Neubrand, Johanna (2002): Eine Klassifikation mathematischer Aufgaben zur Analyse von Unterrichtssituationen. Selbsttätiges Arbeiten in Schülerarbeitsphasen in den Stunden der TIMSS-Video-Studie. Hildesheim: Texte zur mathematischen Forschung und Lehre.
Neubrand, Johanna (2003): Aufgabe = Aufgabe? Mathematische Aufgaben im internationalen Vergleich. In: Ball, Helga/Becker, Gerold/Bruder, Regina u.a. (Hrsg.) (2003): Aufgaben. Lernen fördern – Selbständigkeit entwickeln. Friedrich-Jahresheft XXI. Seelze-Velber: Friedrich-Verlag. S. 30–31.
Neuenschwander, Markus P. (2005): Unterrichtssystem und Unterrichtsqualität. Konturen einer Unterrichtstheorie für die Sekundarstufe und ihre empirische Bewährung. Bern: Haupt Verlag.
Neuhaus, Birgit (2007): Unterrichtsqualität als Forschungsfeld für empirische biologiedidaktische Studien. In: Krüger, Dirk/Vogt, Helmut (Hrsg.): Theorie

in der biologiedidaktischen Forschung. Ein Handbuch für Lehramtsstudenten und Doktoranden. Berlin: Springer. S. 243-254.

Newman, Denis/Griffin, Peg/Cole, Michael D. (1989): The Construction Zone. Working for Cognitive Change in School. Cambridge, Ma.: Cambridge University Press.

Newmann, Fred M. (1990): Qualities of thoughtful social studies classes: An empirical profile. In: Journal of Curriculum Studies, Jg. 22, Heft 3, S. 253-275.

Niemetz, Gerold (Hrsg.) (1992): Vernachlässigte Fragen der Geschichtsdidaktik. Hannover: Metzler Schulbuchverlag.

Niessen, Anne/Lehmann-Wermser, Andreas/Knigge, Jens u.a. (2008): Entwurf eines Kompetenzmodells „Musik wahrnehmen und kontextualisieren". http://www.zfkm.org/sonder08-niessenetal.pdf (aufgerufen am 24.6.2008).

Niggli, Alois (2000): Lernarrangements erfolgreich planen. Aarau: Sauerländer.

Noack, Christian (1994): Stufen der Ich-Entwicklung und Geschichtsbewusstsein. In: Borries, Bodo von/Pandel, Hans-Jürgen (Hrsg.): Zur Genese historischer Denkformen. Qualitative und quantitative Zugänge. Pfaffenweiler: Centaurus. S. 9-46.

Oelkers, Jürgen (2007): Was ist guter Unterricht und wem nützt er? Vortrag in der Kantonsschule Trogen am 9. August 2007. www.paed.unizh.ch/ap//downloads/oelkers/Vortraege/275_TrogenUnterricht.pdf (aufgerufen am 27.12.2007).

Oelkers, Jürgen/Oser, Fritz (2000): Die Wirksamkeit der Lehrerbildungssysteme in der Schweiz. Umsetzungsbericht. Aarau. Koordinationsstelle für Bildungsforschung.

Oelkers, Jürgen/Reusser, Kurt (2008): Qualität entwickeln – Standards sichern – mit Differenz umgehen. Bonn: Bundesministerium für Bildung und Forschung (Bildungsforschung Band 27). http://www.bmbf.de/publikationen/2713.php (aufgerufen am 28.2.2009).

Oevermann, Ulrich/Allert, Tilman/Konau, Elisabeth u.a. (1979): Die Methodologie einer „objektiven Hermeneutik" und ihre allgemeine forschungslogische Bedeutung in den Sozialwissenschaften. In: Soeffner, Hans-Georg (Hrsg.): Interpretative Verfahren in den Sozial- und Textwissenschaften. Stuttgart: Metzlersche Verlagsbuchhandlung. S. 352-434.

Oggenfuss, Felix u.a. (2000): Leistungsmessung im Fach Geschichte und Politik. Ebikon: ZBS.

Oser, Fritz (2004): Von der Lehrerbildungsforschung zur Forschung, die Lehrerinnen und Lehrer bildet. Einige Vergleichselemente Deutschland – Schweiz. In: Beiträge zur Lehrerbildung, Jg. 22, Heft 2, S. 242-254.

Oser, Fritz/Patry Jean-Luc (1990): Choreographien unterrichtlichen Lernens. Basismodell des Unterrichts. Freiburg: Pädagogisches Institut der Universität Freiburg.

Oser, Fritz/Reichenbach, Robert (1999): Schlussbericht zum Mandat „Politische Bildung in der Schweiz" zuhanden der Schweizerischen Konferenz der kantonalen Erziehungsdirektoren EDK. Freiburg i.Ü: Departement Erziehungswissenschaften der Universität Freiburg.

Oser, Fritz/Biedermann, Horst (Hrsg.) (2003): Jugend ohne Politik. Ergebnisse der IEA-Studie zu politischem Wissen, Demokratieverständnis und gesellschaftlichem Engagement von Jugendlichen in der Schweiz im Vergleich mit 27 anderen Ländern. Zürich/Chur: Verlag Rüegger.

Oswalt, Vadim (2002): Multimediale Programme im Geschichtsunterricht. Band 1. Schwalbach/Ts.: Wochenschau Verlag.

Oswalt, Vadim/Pandel, Hans-Jürgen (Hrsg.) (2009): Geschichtskultur. Die Anwesenheit von Vergangenheit in der Gegenwart. Schwalbach/Ts.: Wochenschau Verlag.

Pandel, Hans-Jürgen (1991): Geschichtlichkeit und Gesellschaftlichkeit im Geschichtsbewusstsein. In: Borries, Bodo von/Pandel, Hans-Jürgen/Rüsen, Jörn (Hrsg.): Geschichtsbewusstsein empirisch. Pfaffenweiler: Centaurus, S. 1-23.

Pandel, Hans-Jürgen (1999a): Visuelles Erzählen. In: Pandel, Hans-Jürgen/Schneider Gerhard (Hrsg.): Handbuch Medien im Geschichtsunterricht. Schwalbach/Ts.: Wochenschau Verlag. S. 387-404.

Pandel, Hans-Jürgen (1999b): Notwendige postmoderne Beliebigkeit? Über den sorglosen Umgang mit Inhalten und Methoden. In: Geschichte in Wissenschaft und Unterricht, Jg. 50, Heft 5/6, S. 282-291.

Pandel, Hans-Jürgen (2001a): Fachübergreifendes Lernen. Artefakt oder Notwendigkeit. www.sowi-online.de/journal/2001-1/pandel.htm (aufgerufen am 9.8.2008).

Pandel, Hans-Jürgen (2001b): Zwischen Geschichtskunde und Wissenschaftspropädeutik. Was ist „normaler" Geschichtsunterricht? In: Schönemann, Bernd/Voit, Hartmut (Hrsg.): Von der Einschulung bis zum Abitur. Prinzipien und Praxis des historischen Lernens in den Schulstufen. Idstein: Schulz-Kirchner Verlag. S. 215-229.

Pandel, Hans-Jürgen (2005): Geschichtsunterricht nach PISA. Kompetenzen, Bildungsstandards und Kerncurricula. Schwalbach/Ts.: Wochenschau Verlag.

Pandel, Hans-Jürgen (2006): Quelleninterpretation. Die schriftliche Quelle im Geschichtsunterricht. 3. Auflage. Schwalbach/Ts: Wochenschau Verlag.

Pandel, Hans-Jürgen (2008): Bildinterpretation. Die Bildquelle im Geschichtsunterricht. Bildinterpretation 1. Schwalbach/Ts.: Wochenschau Verlag.

Pandel, Hans-Jürgen (2009): Geschichtskultur als Aufgabe der Geschichtsdidaktik: Viel zu wissen ist zu wenig. In: Oswalt, Vadim/Pandel, Hans-Jürgen (Hrsg.): Geschichtskultur. Die Anwesenheit von Vergangenheit in der Gegenwart. Schwalbach/Ts.: Wochenschau Verlag. S. 19–33.

Pandel, Hans-Jürgen/Schneider Gerhard (Hrsg.) (2001): Wie weiter? Schwalbach/Ts.: Wochenschau Verlag.

Pandel, Hans-Jürgen/Schneider Gerhard (Hrsg.) (2002): Handbuch Medien im Geschichtsunterricht. 2. Auflage. Schwalbach/Ts.: Wochenschau Verlag.

Pauli, Christine (2006): Aufbereitung der Videodaten. In: Klieme, Eckhard/Pauli, Christine/Reusser, Kurt (Hrsg.): Dokumentation der Erhebungs- und Auswertungsinstrumente zur schweizerisch-deutschen Videostudie „Unterrichtsqualität, Lernverhalten und mathematisches Verständnis". Teil 3: Hugener, Isabelle/Pauli, Christine/Reusser, Kurt: Videoanalysen. Frankfurt am Main: GFPF. S. 38–44.

Pauli, Christine/Reusser, Kurt (2002): Transkriptionsmanual für das Videoprojekt „Mathematiklernen und Mathematikleistungen in unterschiedlichen Unterrichtskulturen" (Deutsche Übertragung des „TIMSS 1999 Video Study Transcript/Translation Manual"). Zürich: Universität Zürich.

Pauli, Christine/Reusser, Kurt (2003): Unterrichtsskripts im schweizerischen und deutschen Mathematikunterricht. In: Unterrichtswissenschaft, Jg. 31, Heft 3, S. 238–272.

Pauli, Christine/Reusser, Kurt (2006): Von international vergleichenden Video Surveys zur videobasierten Unterrichtsforschung und -entwicklung. In: Zeitschrift für Pädagogik, Jg. 52, Heft 6, S. 774–798.

Paxton, Richard J./Wineburg, Samuel S. (2000): Expertise and the Teaching of History. In: Moon, Bob/ Brown, Sally/Ben-Perez, Miriam (Hrsg.): Routledge International Companion to Education. London: Routledge. S. 855–864.

Peterssen, Wilhelm H. (1982): Handbuch Unterrichtsplanung: Grundfragen, Modelle, Stufen, Dimensionen. 5., überarbeitete Auflage. München: Ehrenwirth.

Petko, Dominik (2006): Kameraskript. In: Klieme, Eckhard/Pauli, Christine/Reusser, Kurt (Hrsg.): Dokumentation der Erhebungs- und Auswertungsinstrumente zur schweizerisch-deutschen Videostudie „Unterrichtsqualität, Lernverhalten und mathematisches Verständnis". Teil 3: Hugener, Isabelle/Pauli, Christine/Reusser, Kurt: Videoanalysen. Frankfurt am Main: GFPF. S. 15–37.

Petko, Dominik/Waldis, Monika/Pauli, Christine/Reusser Kurt (2003): Methodologische Überlegungen zur videogestützten Forschung in der Mathematikdidaktik. Ansätze der TIMSS 1999 Video Studie und ihrer schweizerischen Erweiterung. In: Zentralblatt für die Didaktik der Mathematik, Jg. 35, Heft 6, S. 265–280.

Pflüger, Christine (2008): Das geschichtsdidaktische Potenzial der „Frühen Neuzeit" als Epoche. In: Zeitschrift für Geschichtsdidaktik, Jahresband, S. 78–93.

Picard, Jacques (1994): Die Schweiz und die Juden 1933–1945. Schweizerischer Antisemitismus, jüdische Abwehr und internationale Migrations- und Flüchtlingspolitik. 2. Auflage. Zürich: Chronos.

Pohl, Karl-Heinrich (2008): Bildungsstandards im Fach Geschichte. Kritische Überlegungen zum Modellentwurf des Verbandes der Geschichtslehrer Deutschlands. In: Geschichte in Wissenschaft und Unterricht, Jg. 59, Heft 11, S. 647–652.

Popp, Susanne/Schönemann, Bernd (Hrsg.) (2009): Historische Kompetenzen und Museen. Schriften zur Geschichtsdidaktik, Band 25. Idstein: Schulz-Kirchner Verlag.

Prange, Klaus (1986): Bauformen des Unterrichts. 2., durchgesehene Auflage. Bad Heilbrunn/Obb.: Klinkhardt.

Prenzel, Manfred/Seidel, Tina/Lehrke, Manfred u.a. (2002): Lehr-Lern-Prozesse im Physikunterricht – eine Videostudie. In: Prenzel, Manfred/Doll, Jörg (Hrsg.): Bildungsqualität von Schule: Schulische und ausserschulische Bedingungen mathematischer, naturwissenschaftlicher und überfachlicher Kompetenzen. In: Zeitschrift für Pädagogik, Jg. 45, Beiheft, S. 139–156.

Proske, Matthias/Meseth, Wolfgang (2006): Nationalsozialismus und Holocaust als Thema des Geschichtsunterrichts. Erziehungswissenschaftliche Beobachtungen zum Umgang mit Kontingenz. In: Günther-Arndt, Hilke/Sauer, Michael: Geschichtsdidaktik empirisch. Untersuchungen zum historischen Denken und Lernen. Berlin: LIT. S. 127–154.

Pruschy, Eva (2007): ÜberLebenErzählen. Holocaust-Überlebende in der Schweiz. Zürich: Verlag Pestalozzianum.

Quandt, Siegfried/Süssmuth Hans (Hrsg.) (1982): Historisches Erzählen. Göttingen: Vandenhoeck & Ruprecht.

Quesel, Carsten (2005): Pädagogik und politische Kultur in England 1870–1945. Bern: Peter Lang.

Rahm, Sibylle/Mammes, Ingelore/Schratz, Michael (2006) (Hrsg.): Schulpädagogische Forschung. Unterrichtsforschung. Perspektiven innovativer Ansätze. Innsbruck: StudienVerlag.

Reeken, Dietmar von (1999): Wer hat Angst vor Wolfgang Klafki? Der Geschichtsunterricht und die „Schlüsselprobleme". In: Geschichte in Wissenschaft und Unterricht, Jg. 50, Heft 5/6, S. 292–304.

Reeken, Dietmar von (2002): Paradiesgarten oder Höllenpfuhl? Historisches Lernen im Sachunterricht zwischen Fachansprüchen und Lebensweltbezug. In: Schönemann, Bernd/Voit, Hartmut (Hrsg.): Von der Einschulung bis zum Abitur. Prinzipien und Praxis des historischen Lernens in den Schulstufen. Idstein: Schulz-Kirchner Verlag. S. 151–163.

Reeken, Dietmar von (2008): Zeitgeschichte geschichtsdidaktisch. In: Zeitschrift für Geschichtsdidaktik, Jahresband, S. 94-113.
Reichenbach, Roland (1998): Abandoning the Myth of Exceptionality. On Civic Education in Switzerland. In: Torney-Purta, Judith u.a. (Hrsg.): Civic education across countries: Twenty-four national case studies from the IEA Civic Education Project. International Association for the Evaluation of Educational Achievement (IEA) in coop. with Eburon Press. S. 557-581.
Reichenbach, Roland/Oser, Fritz (Hrsg.) (1998): Politische Bildung und staatsbürgerliche Erziehung in der Schweiz. Freiburg, Schweiz: Universitätsverlag.
Reichenbach, Roland/Oser, Fritz (Hrsg.) (2000): Zwischen Pathos und Ernüchterung. Zur Lage der politischen Bildung in der Schweiz. Freiburg, Schweiz: Universitätsverlag.
Reinmann-Rothmeier, Gabi/Mandl, Heinz (2001): Unterrichten und Lernumgebungen gestalten. In: Krapp, Andreas/Weidemann, Bernd (Hrsg): Pädagogische Psychologie. Ein Lehrbuch. 4. Auflage. Weinheim: Beltz Verlag. S. 601-646.
Renkl, Alexander (1995): The Significance of Learning Tasks and Corrective Feedback for Achievement Growth in Mathematics. http://www.freidok.uni-freiburg.de/volltexte/4415/pdf/Renkl_The_significance_of_learning.pdf (aufgerufen am 31.10.2008).
Renkl, Alexander (2001): Explorative Analysen zur effektiven Nutzung von instruktionalen Erklärungen beim Lernen aus Lösungsbeispielen. In: Unterrichtswissenschaft, Jg. 29, Heft 1, S. 41-63.
Rettberg, Jürgen (2001): Abgerissener Dialog. Überlegungen über Verständigungsdefizite zwischen schulischer Lehre und Fachdidaktik. In: Geschichte in Wissenschaft und Unterricht, Jg. 52, Heft 2, S. 104-110.
Reusser, Kurt (2001): „Bridging instruction to learning. A research strategy and it's implementation in a national and cross-cultural video study in Switzerland". Keynote address an der 9th European Conference for Research on Learning and Instruction (EARLI), Fribourg (CH), August, 31.
Reusser, Kurt (2006): Konstruktivismus – vom epistemologischen Leitbegriff zur Erneuerung der didaktischen Kultur. In: Baer, Matthias/Fuchs, Michael/Füglister, Peter u.a. (Hrsg.): Didaktik auf psychologischer Grundlage. Von Hans Aeblis kognitionspsychologischer Didaktik zur modernen Lehr- und Lernforschung. Bern: h.e.p. Verlag. S. 151-168.
Reusser, Kurt/Pauli, Christine (1999): Unterricht beobachten und verstehen. Strategien zur Rekonstruktion des Kontextes in der videobasierten Unterrichtsforschung, am Beispiel der Video-Studie ‚Mathematiklernen und Mathematikleistungen in unterschiedlichen Unterrichtskulturen'. Vortragsmanuskript zur Tagung Pädagogische Psychologie, Fribourg (Schweiz), 13.-16. September.

Reusser, Kurt/Pauli, Christine (2000): Unterrichtsqualität, Lernverhalten und mathematisches Verständnis. Forschungsgesuch an den Schweizerischen Nationalfonds zur Förderung der wissenschaftlichen Forschung. Zürich: Pädagogisches Institut der Universität Zürich.

Reusser, Kurt/Pauli, Christine (2003): Mathematikunterricht in der Schweiz und in weiteren sechs Ländern. Bericht mit Videobeispielen über die Ergebnisse einer internationalen und schweizerischen Video-Unterrichtsstudie. CD-ROM. Zürich: Pädagogisches Institut der Universität Zürich. Zürich.

Reusser, Kurt/Waldis, Monika/Gautschi, Peter (2007): Fachdidaktische Arbeit mit Unterrichtsvideos – in der Lehrerinnen- und Lehrerbildung. In: Gautschi, Peter/Moser, Daniel V./Reusser, Kurt/Wiher, Pit (Hrsg.): Geschichtsunterricht heute. Eine empirische Analyse ausgewählter Aspekte. Bern: h.e.p. Verlag. S. 263–289.

Reusser, Kurt/Halbheer, Ueli (2008): Bildungsstandards als Ausgangspunkt für Unterrichtsentwicklung. In: Beiträge zur Lehrerbildung, Jg. 26, Heft 3, S. 304–317.

Richter, Dagmar (Hrsg.) (2000): Methoden der Unterrichtsinterpretation. Qualitative Analysen einer Sachunterrichtsstunde im Vergleich. Weinheim: Juventa.

Rimmele, Rolf (2002): Videograph. Multimedia-Player zur Kodierung von Videos. Kiel: IPN Leibniz-Institut für die Pädagogik der Naturwissenschaften an der Universität Kiel.

Rohlfes, Joachim (1982): Geschichtsunterricht in Deutschland von der frühen Neuzeit bis zum Ende der Aufklärung. In: Bergmann, Klaus/Schneider Gerhard (Hrsg.) (1982): Gesellschafft, Staat, Geschichtsunterricht. Beiträge zu einer Geschichte der Geschichtsdidaktik und des Geschichtsunterrichts von 1500–1980. Düsseldorf: Pädagogischer Verlag Schwann. S. 11–43.

Rohlfes, Joachim (1986): Geschichte und ihre Didaktik. Göttingen: Vandenhoeck & Ruprecht.

Rohlfes, Joachim (1990): Die zwei Standbeine der Geschichtsdidaktik. In Geschichte lernen, Jg. 3, Heft 18, S. 4–5.

Rohlfes, Joachim (1996): Theoretiker, Praktiker, Empiriker. Missverständnisse, Vorwürfe, Dissonanzen unter Geschichtsdidaktikern. In: Geschichte in Wissenschaft und Unterricht, Jg. 47, Heft 2, S. 98–110.

Rohlfes, Joachim (2000): Streifzüge durch den Zeitgeist der Geschichtsdidaktik. In: Geschichte in Wissenschaft und Unterricht, Jg. 51, Heft 4, S. 224–240.

Rohlfes, Joachim (2001): Literaturbericht: Geschichtsdidaktik – Geschichtsunterricht.Teil I. In: Geschichte in Wissenschaft und Unterricht, Jg. 52, Heft 7/8, S. 445–468.

Rohlfes, Joachim (2008): Quo vadis, Geschichtsdidaktik? In: Hartung, Olaf/Köhr, Katja: Geschichte und Geschichtsvermittlung. Festschrift für Karl Heinrich Pohl. Bielefeld: Verlag für Regionalgeschichte 2008. S. 9–25.
Rohlfes, Joachim; u.a. (Hrsg.) (1999): Geschichtsunterricht heute. Grundlagen, Probleme, Möglichkeiten. Sammelband der Zeitschrift Geschichte in Wissenschaft und Unterricht. Seelze-Velber: Friedrich Verlag.
Roth, Heinrich (1968): Kind und Geschichte. Psychologische Voraussetzungen des Geschichtsunterrichts in der Volksschule. 5. Auflage. München: Kösel.
Rox-Helmer, Monika (2006): Jugendbücher im Geschichtsunterricht. Schwalbach/Ts.: Wochenschau Verlag.
Rox-Helmer, Monika (2009): Fiktionale Texte im Geschichtsunterricht. In: Oswalt, Vadim/Pandel, Hans-Jürgen (Hrsg.): Geschichtskultur. Die Anwesenheit von Vergangenheit in der Gegenwart. Schwalbach/Ts.: Wochenschau Verlag. S. 98–112.
Rüsen, Jörn (1990): Zeit und Sinn. Strategien historischen Denkens. Frankfurt am Main: Fischer.
Rüsen, Jörn (1991): Geschichtsdidaktik heute – Was ist und zu welchem Ende betreiben wir sie (noch)? In: Geschichte lernen, Jg. 4, Heft 21, S. 14–19.
Rüsen, Jörn (1994): Historisches Lernen. Grundlagen und Paradigmen. Köln/Wien/Weimar: Böhlau.
Rüsen, Jörn (1996): Historische Sinnbildung durch Erzählen. In: Internationale Schulbuchforschung, Jg. 18, Heft 4, S. 501–544.
Rüsen, Jörn (1997a): Objektivität. In: Bergmann, Klaus/Fröhlich, Klaus/Kuhn, Annette (Hrsg.): Handbuch der Geschichtsdidaktik. 5., überarbeitete Auflage. Seelze-Velber: Kallmeyer. S. 160–163.
Rüsen, Jörn (1997b): Werturteile im Geschichtsunterricht. In: Bergmann, Klaus/Fröhlich, Klaus/Kuhn, Annette (Hrsg.): Handbuch der Geschichtsdidaktik. 5., überarbeitete Auflage. Seelze-Velber: Kallmeyer. S. 304–308.
Rüsen, Jörn (Hrsg.) (2001): Geschichtsbewusstsein. Psychologische Grundlagen, Entwicklungskonzepte, empirische Befunde. Köln/Weimar/Wien: Böhlau.
Rüsen, Jörn (2008a): Historisches Lernen. Grundlagen und Paradigmen. 2., überarbeitete und erweiterte Auflage. Schwalbach/Ts.: Wochenschau Verlag.
Rüsen, Jörn (2008b): Historische Orientierung. Über die Arbeit des Geschichtsbewusstseins, sich in der Zeit zurechtzufinden. 2., überarbeitete Auflage. Schwalbach/Ts.: Wochenschau Verlag.
Ryle, Gilbert (1948): The Concept of Mind. Chigaco: The University of Chigaco Press.
Sander, Wolfgang (Hrsg.) (2005): Handbuch politische Bildung. 3., völlig überarbeitete Auflage. Schwalbach/Ts.: Wochenschau Verlag.

Sander, Wolfgang (2008): Was ist der „Kern" des Fachunterrichts in der politischen Bildung. In: Journal für Politische Bildung, Heft 3 (Die Kompetenzdebatte. Eine Zwischenbilanz), S. 60-73.
Sauer, Michael (2000): Bilder im Geschichtsunterricht. Seelze-Velber: Kallmeyer.
Sauer, Michael (2001): Geschichte unterrichten. Eine Einführung in die Didaktik und Methodik. Seelze-Velber: Kallmeyer.
Sauer, Michael (2002): Methodenkompetenz als Schlüsselqualifikation. Eine neue Grundlegung des Geschichtsunterrichts? In: Geschichte, Politik und ihre Didaktik, Jg. 30, Heft 3/4, S. 183-192.
Sauer, Michael (2007): „Historisches Denken" fördern. Kompetenzentwicklung im Geschichtsunterricht. In: Becker, Gerold/Feindt, Andreas/Meyer, Hilbert u.a. (Hrsg.): Guter Unterricht. Massstäbe & Merkmale – Wege & Werkzeuge. Friedrich-Jahresheft XXV. Seelze-Velber: Friedrich Verlag. S. 42-46.
Sauer, Michael (2008): Historisches Denken und Geschichtsunterricht. Ein Kommentar zum Beitrag von Waltraud Schreiber. In: Zeitschrift für Pädagogik, Jg. 54, Heft 2, S. 213-217.
Sauer, Michael (2008): Geschichtszahlen – was sollen Schülerinnen und Schüler verbindlich lernen? Ergebnisse einer Lehrerbefragung. In: Geschichte in Wissenschaft und Unterricht, Jg. 59, Heft 11, S. 612-630.
Scheunpflug, Annette (2001): Evolutionäre Didaktik. Unterricht aus system- und evolutionstheoretischer Perspektive. Weinheim/Basel: Beltz Verlag.
Schmidt-Wulffen, Wulf (1996): Schlüsselprobleme als Grundlage zukünftigen Geografieunterrichts. In: Schulze, Arnold (Hrsg.): 40 Texte zum Geografieunterricht. Gotha: Gotha-Verlag. S. 330-347.
Schneider Gerhard (1982): Der Geschichtsunterricht in der Ära Wilhelm II. (vornehmlich in Preussen). In: Bergmann, Klaus/Schneider Gerhard (Hrsg.): Gesellschaft, Staat, Geschichtsunterricht. Beiträge zu einer Geschichte der Geschichtsdidaktik und des Geschichtsunterrichts von 1500-1980. Düsseldorf: Pädagogischer Verlag Schwann. S. 132-189.
Schneider, Gerhard (Hrsg.) (1988): Geschichtsbewusstsein und historisch-politisches Lernen. Pfaffenweiler: Centaurus.
Schneider, Gerhard (1999): Gelungene Einstiege. Voraussetzung für erfolgreiche Geschichtsstunden. Schwalbach/Ts.: Wochenschau Verlag.
Schneider, Gerhard (2000): Ein alternatives Curriculum für den Geschichtsunterricht in der Hauptschule. In: Geschichte in Wissenschaft und Unterricht, Jg. 51, Heft 7/8, S. 406-417.
Schnell, Rainer/Hill, Paul Bernhard/Esser, Elke (2005): Methoden der empirischen Sozialforschung. 7. Auflage. München/Wien: Oldenbourg.
Schön, Donald A. (1983): The Reflective Practitioner. How Professionals Think in Action. New York: Basic Books.

Schön, Donald A. (1987): Educating the Reflective Practicioner. Toward a New Design for Teaching and Learning the Professions. San Francisco: Jossey-Bass.
Schönemann, Bernd (2002): Zum Stand der Disziplin. In: Schönemann, Bernd/Voit, Hartmut (Hrsg.): Von der Einschulung bis zum Abitur. Prinzipien und Praxis des historischen Lernens in den Schulstufen. Idstein: Schulz-Kirchner Verlag. S. 13-18.
Schönemann, Bernd (2003): Geschichtsdidaktik, Geschichtskultur, Geschichtswissenschaft. In: Günther-Arndt, Hilke (Hrsg.): Geschichts-Didaktik. Praxishandbuch für die Sekundarstufe I und II. Berlin: Cornelsen. S. 11-22.
Schönemann, Bernd (2008): Bildungsstandards und Geschichtsunterricht. Ein Kommentar zu Waltraud Schreiber und Michael Sauer. In: Zeitschrift für Pädagogik, Jg. 54, Heft 2, S. 218-221.
Schönemann, Bernd/Uffelmann, Uwe/Voit, Hartmut (Hrsg.) (1998): Geschichtsbewusstsein und Methoden historischen Lernens. Weinheim: Beltz Verlag.
Schrader, Friedrich-Wilhelm/Helmke, Andreas (1987): Diagnostische Kompetenz von Lehrern: Komponenten und Wirkungen. In: Empirische Pädagogik, Jg 1, Heft 1, S. 27-52.
Schreiber, Waltraud (Hrsg.) (1999): Erste Begegnungen mit Geschichte. Grundlagen historischen Lernens. 2 Bände. Neuried: Ars Una.
Schreiber, Waltraud (2002a): Förderung eines reflektierten und (selbst-)reflexiven Geschichtsbewusstseins durch Geschichtsunterricht – ein vielschichtiges Forschungsfeld der Geschichtsdidaktik. In: Zeitschrift für Geschichtsdidaktik, Jahresband, S. 18-43.
Schreiber, Waltraud (2002b): Förderung eines reflektierten und (selbst-)reflexiven Geschichtsbewusstseins als Qualitätsmerkmal von Geschichtsunterricht aller Schulstufen und Schularten. In: Schönemann, Bernd/Voit, Hartmut (Hrsg.): Von der Einschulung bis zum Abitur. Prinzipien und Praxis des historischen Lernens in den Schulstufen. Idstein: Schulz-Kirchner Verlag. S. 19-47.
Schreiber, Waltraud (2008a): Kategoriale Schulbuchforschung als Grundlage für empirische Untersuchungen zu kompetenzorientiertem Geschichtsunterricht. In: Bauer, Jan-Patrick/Meyer-Hamme, Johannes/Körber, Andreas (Hrsg.): Geschichtslernen – Innovationen und Reflexionen. Geschichtsdidaktik im Spannungsfeld von theoretischen Zuspitzungen, empirischen Erkundungen, normativen Überlegungen und pragmatischen Wendungen. Festschrift für Bodo von Borries zum 65. Geburtstag. Kenzingen: Centaurus. S. 61-76.
Schreiber, Waltraud (2008b): Ein Kompetenz-Strukturmodell historischen Denkens. In: Zeitschrift für Pädagogik, Jg. 54, Heft 2, S. 198-212.

Schreiber, Waltraud/Körber, Andreas/Borries, Bodo von u.a. (2006): Historisches Denken. Ein Kompetenz-Strukturmodell. Neuried: Ars Una.
Schreiber, Waltraud/Körber, Andreas/Borries, Bodo von u.a. (2007): Historisches Denken. Ein Kompetenz-Strukturmodell. In: Körber, Andreas/Schreiber, Waltraud/Schöner, Alexander (Hrsg.) (2007): Kompetenzen historischen Denkens. Ein Strukturmodell als Beitrag zur Kompetenzorientierung in der Geschichtsdidaktik. Neuried: Ars Una (Kompetenzen: Grundlagen – Entwicklung – Förderung; 2). S. 17–53.
Schulz-Hageleit, Peter (1995): Geschichte: erfahren – gespielt – begriffen. 2. Auflage. Aachen: Hahn.
Schulz-Hageleit, Peter (2004) Geschichtsbewusstsein und Zukunftssorge. Unbewusstheiten im geschichtswissenschaftlichen und geschichtsdidaktischen Diskurs. Herbolzheim: Centaurus-Verlag.
Schulz-Hageleit, Peter (2008): In Alternativen denken lernen. Gedanken über die Zukunft des historisch-politischen Lernens. In: Bauer, Jan-Patrick/Meyer-Hamme, Johannes/Körber, Andreas (Hrsg.): Geschichtslernen – Innovationen und Reflexionen. Geschichtsdidaktik im Spannungsfeld von theoretischen Zuspitzungen, empirischen Erkundungen, normativen Überlegungen und pragmatischen Wendungen – Festschrift für Bodo von Borries zum 65. Geburtstag. Kenzingen: Centaurus. S. 403-418.
Schwippert, Knut (2001): Optimalklassen. Mehrebenenanalytische Untersuchungen. Eine Analyse hierarchisch strukturierter Daten am Beispiel des Leseverständnisses. München: Waxmann.
Seel, Norbert M. (1979): Wertungen im Geschichtsunterricht. Experimentelle Analyse der Effekte wertender Stellungnahmen zu geschichtlichen Sachverhalten und Schülerantworten in programmierter Unterweisung auf Kenntnisse und Einstellungen der Lernenden. München: Minerva.
Seel, Norbert M. (1980): Lernzielorientierte Lernerfolgskontrolle. Frankfurt am Main: Diesterweg.
Seel, Norbert M. (1981): Lernaufgaben und Lernprozesse. Stuttgart: Kohlhammer.
Seidel, Tina/Prenzel, Manfred/Duit, Reinders u.a. (Hrsg.) (2003): Technischer Bericht zur Videostudie „Lehr-Lern-Prozesse im Physikunterricht". Kiel: IPN-Materialien.
Seixas, Peter (1998): Historisches Bewusstsein. Wissensfortschritt in einem postprogressiven Zeitalter. In: Straub, Jürgen (Hrsg.): Erzählung, Identität und historisches Bewusstsein. Die psychologische Konstruktion von Zeit und Geschichte. Frankfurt am Main: Suhrkamp. S. 234–265).
Senatsverwaltung für Bildung, Jugend und Sport Berlin (Hrsg.) (2006): Rahmenlehrplan für die Sekundarstufe I. Jahrgangsstufe 7–10. Geschichte. Berlin: Oktoberdruck. http://www.berlin.de/imperia/md/content/sen-

bildung/schulorganisation/lehrplaene/sek1_geschichte.pdf (aufgerufen am 15.5.2008).
Shea, David O. (1994): Implementing the World History Curriculum in Public Senior High School. Los Angeles: National Center for History in the Schools.
Shuell, Thomas J. (1996): Teaching and Learning in a Classroom Context. In: Berliner, David C./Calfee, Robert C. (Hrsg.): Handbook of Educational Psychology. New York: MacMillan. S. 726-764.
Shulman, Lee S. (1987): Knowledge and Teaching: Foundations of the New Reform. Havard Educational Review, Jg. 57, Heft 4, S. 473-482.
Shulman, Lee S. (1991): Von einer Sache etwas verstehen. Wissensentwicklung bei Lehrern. In: Terhart, Ewald (Hrsg.): Unterrichten als Beruf. Köln: Böhlau. S. 145-160. (Übersetzung von: Shulman, Lee S. (1986): Those Who Understand. Knowledge Growth in Teaching. Educational Researcher, Jg. 15, Heft 2, S. 4-21.).
Shulman, Lee S. (2004): The Wisdom of Practice: Essays on Teaching, Learning, and Learning to Teach. San Francisco: Jossey-Bass.
Simon, Herbert Alexandre (1996): The Sciences of the Artificial. 3. Auflage. Cambridge: MIT Press.
Sonntag, Kurt (1932): Das geschichtliche Bewusstsein des Schülers. Ein Beitrag zur Bildungspsychologie. Erfurt: Stenger.
Spada, Nina/Fröhlich, Maria (1995): The Communicative Orientation of Language Teaching (COLT) Observation Scheme: Coding Conventions and Applications. Sydney: National Centre for Englisch Language Teaching and Research.
Springer, Ruth (2000): Einführung ins Thema ‚Was ist guter Fachunterricht'? In: Landesinstitut für Schule und Weiterbildung (Hrsg.): Was ist guter Fachunterricht? Beiträge zur fachwissenschaftlichen Diskussion. Bönen: Verlag für Schule und Weiterbildung. S. 9-11.
Staub, Fritz C. (2004): Fachspezifisch-Pädagogisches Coaching: Ein Beispiel zur Entwicklung von Lehrerfortbildung und Unterrichtskompetenz als Kooperation. In: Zeitschrift für Erziehungswissenschaft, Jg. 7, Beiheft 3, S. 113-141. http://www.unifr.ch/lb/web/assets/files/s1/staub/Staub2004_FPC.pdf (aufgerufen am 24.5.2008).
Staub, Fritz C./Stern, Elsbeth (2002): The Nature of Teachers' Pedagogical Content Beliefs Matters for Students' Achievements Gains: Quasi-Experimental Evidence Form Elementary Mathematics. In: Journal of Educational Psychology, Jg. 94, Heft 2, S. 344-355.
Stearns, Peter/Seixas, Peter/Wineburg, Samuel S. (Eds.) (2000): Knowing, Teaching and Learning History. National and International Perspectives. New York/London: University Press.

Steyer, Rolf (1997): Quantitative Methoden. In: Straub, Jürgen u. a. (Hrsg.): Psychologie. Eine Einführung. München: dtv. S. 675–688.
Stigler, James (1998): Video Surveys. New Data for the Improvement of Classroom Instruction. In: Paris, Scott G./Wellman, Henry M. (Hrsg.): Global Prospects for Education. Washington: Development, Culture and Schooling. S. 129–168.
Stigler, James W./Hiebert, James (1999): The Teaching Gap: Best Ideas from the World's Teachers for Improving Education in Classroom. New York: The Free Press.
Stigler, James/Gonzales, Patrick/Kawanaka, Takako u.a. (1999): The TIMSS Videotape Classroom Study: Methods and Findings from an Exploratory Research Project on Eighth-Grade Mathematics Instruction in Germany, Japan, and the United States. Washington D.C.: U.S. Government Printing Office. http://nces.ed.gov/pubsearch/pubsinfo.asp?pubid=1999074 (aufgerufen am 8.5.2008).
Stigler, James/Gallimore, Ronald/Hiebert, James (2000): Using Video Surveys to Compare Classrooms and Teaching across Cultures. Examples and Lessons from the TIMSS Video Studies. In: Educational Psychologist, Jg. 35, Heft 2, S. 87–100.
Stradling, Robert (2001): Teaching 20th-Century. European History. Strasbourg: Council of Europe.
Strauss, Anselm M./Corbin, Juliet (1996): Grundlagen qualitativer Sozialforschung. Weinheim: Psychologie Verlags Union.
Süssmuth, Hans (1980a): Geschichtsdidaktik. Göttingen: Vandenhoeck & Ruprecht.
Süssmuth, Hans (Hrsg.) (1980b): Geschichtsdidaktische Positionen. Paderborn: Schöningh.
Terhart, Ewald (1995): Lehrerprofessionalität. In: Rolff, Hans-Günther (Hrsg.): Zukunftsfelder von Schulforschung. Weinheim: Deutscher Studienverlag. S. 225–266.
Terhart, Ewald (1997): Lehr-Lernmethoden: Eine Einführung in Probleme der methodischen Organisation von Lehren und Lernen. 2. Auflage. Weinheim; München: Juventa Verlag.
Terhart, Ewald (1999): Konstruktivismus und Unterricht. Gibt es einen neuen Ansatz in der Allgemeinen Didaktik? In: Zeitschrift für Pädagogik, Jg. 45, Heft 5, S. 629–647.
Terhart, Ewald (2007): Was wissen wir über gute Lehrer? Ergebnisse aus der empirischen Lehrerforschung. In: Becker, Gerold/Feindt, Andreas/Meyer, Hilbert u.a. (Hrsg.) (2007): Guter Unterricht. Massstäbe & Merkmale – Wege & Werkzeuge. Friedrich-Jahresheft XXV. Seelze-Velber: Friedrich Verlag. S. 20–24.

Thompson, Alba Gonzales (1984): The Relationship of Teacher's Conceptions of Mathematics and Mathematics Teaching to Instructional Practice. In: Educational Studies in Mathematics, Jg. 5, Heft 2, S. 105–127.

Thonhauser, Josef (2008): Warum (neues) Interesse am Thema „Aufgaben"? In: Thonhauser, Josef (Hrsg.): Aufgaben als Katalysatoren von Lernprozessen. Münster: Waxmann. S. 13–27.

Thurn, Susanne (1993): „…und was hat das mit mir zu tun?". Geschichtsdidaktische Positionen. Pfaffenweiler: Centaurus.

Torney-Purta, Judith/Lehmann, Rainer/Oswald, Hans u.a. (2001): Citizenship and Education in Twenty-eight Countries. Civic Knowledge and Engagement at Age Fourteen. Amsterdam: IEA.

Tulodziecki, G./Herzig, B./Blömeke, Sigrid (2004): Gestaltung von Unterricht. Eine Einführung in die Didaktik. Bad Heilbrunn: Klinkhardt.

UEK – Unabhängige Expertenkommission Schweiz – Zweiter Weltkrieg (Hrsg.) (2002): Die Schweiz, der Nationalsozialismus und der Zweite Weltkrieg, Schlussbericht. Zürich: Pendo-Verlag.

Uffelmann, Uwe (1978): Das Mittelalter im Historischen Unterricht. Düsseldorf: Schwann.

Uffelmann, Uwe (1986): Didaktik der Geschichte. Villingen-Schwenningen: Neckar-Verlag.

Verband der Geschichtslehrer Deutschlands (Hrsg.) (2006): Bildungsstandards Geschichte. Rahmenmodell Gymnasium. 5.–10. Jahrgangsstufe. Schwalbach/Ts.: Wochenschau Verlag.

Völkel, Bärbel (2002): Wie kann man Geschichte lehren? Die Bedeutung des Konstruktivismus für die Geschichtsdidaktik. Schwalbach/Ts.: Wochenschau Verlag.

Völkel, Bärbel (2007): „Steinzeitmänner gingen auf die Jagd, die Frauen wuschen Wäsche". Kategorien und Prinzipien historischen Denkens in Schüleräußerungen erkennen. In: Geschichte lernen, Jg. 20., Heft 116, S. 46–52.

Völkel, Bärbel (2008): Handlungsorientierung im Geschichtsunterricht. 2. Auflage. Schwalbach/Ts.: Wochenschau Verlag.

Voss, James F./Wiley, Jennifer (1997): Geschichtsverständnis: Wie Lernen im Fach Geschichte verbessert werden kann. In: Gruber, Hans/Renkl, Alexander (Hrsg.): Wege zum Können. Determinanten des Kompetenzerwerbs. Bern: Huber. S. 74–90.

Voss, James F./Carretero, Mario (Hrsg.) (1998): Learning and Reasoning in History. International Review of History Education. Volume 2. London: Woburn.

Wahl, Diethelm (1991): Handeln unter Druck. Der weite Weg vom Wissen zum Handeln bei Lehrern, Hochschullehrern und Erwachsenenbildnern. Weinheim: Juventa Verlag.

Waldis, Monika/Gautschi, Peter/Hodel, Jan/Reusser Kurt (2006): Die Erfassung von Sichtstrukturen und Qualitätsmerkmalen im Geschichtsunterricht. Methodologische Überlegungen am Beispiel der Videostudie „Geschichte und Politik im Unterricht". In: Günther-Arndt, Hilke/Sauer, Michael (Hrsg.): Geschichtsdidaktik empirisch. Untersuchungen zum historischen Denken und Lernen. Berlin: LIT Verlag. S. 155–188.

Waldis, Monika/Gautschi, Peter/Moser, Daniel V. u.a. (2007): Analyse von Unterrichtsprozessen im Lernbereich politische Bildung – Herangehensweise eines videobasierten Forschungsprojekts. In: Biedermann, Horst/Oser, Fritz/Quesel, Carsten (Hrsg.): Vom Gelingen und Scheitern Politischer Bildung. Studien und Entwürfe. Zürich/Chur: Rüegger Verlag. S. 469–479.

Waldis, Monika/Buff, Alex (2007): Die Sicht der Schülerinnen und Schüler – Unterrichtswahrnehmung und Interessen. In: Gautschi, Peter/Moser, Daniel V./Reusser, Kurt/Wiher Pit (Hrsg.): Geschichtsunterricht heute. Eine empirische Analyse ausgewählter Aspekte. Bern: h.e.p. Verlag. S. 177–210.

Waldis, Monika/Reusser, Kurt/Moser, Daniel V. (2007): Ein mehrperspektivischer Forschungszugang – unter spezieller Berücksichtigung der Videomethodologie. In: Gautschi, Peter/Moser, Daniel V./Reusser, Kurt/Wiher Pit (Hrsg.): Geschichtsunterricht heute. Eine empirische Analyse ausgewählter Aspekte. Bern: h.e.p. Verlag. S. 61–90.

Wang, Margaret C./Haertel, Geneva D./Walberg, Herbert J. (1993): Toward a knowledge base for school learning. In: Review of Educational Research, Jg. 63, Heft 3, S. 249–294.

Wehler, Hans-Ulrich (2006): Deutsche Gesellschaftsgeschichte. Band 1. 4. Auflage. München: C.H. Beck.

Weidenmann, Bernd (1994): Lernen mit Bildmedien. 2. Auflage. Weinheim: Beltz.

Weidenmann, Bernd (1995): Multicodierung und Multimodalität im Lernprozess. In: Issing, Ludwig J./Klimsa, Paul (Hrsg.): Information und Lernen mit Multimedia. Weinheim: Beltz Psychologie Verlags Union. S. 65–84.

Weinert, Franz E. (1996): „Der gute Lehrer", „die gute Lehrerin" im Spiegel der Wissenschaft. In: Beiträge zur Lehrerbildung, Jg. 14, Heft 2, S. 141–151.

Weinert, Franz E. (2001a): Schulleistungen – Leistungen der Schule oder der Schüler. In: Weinert, Franz E. (Hrsg.): Leistungsmessungen in Schulen. Weinheim: Beltz. S. 73–86.

Weinert, Franz E. (2001b): Vergleichende Leistungsmessung in Schulen – eine umstrittene Selbstverständlichkeit. In: Weinert, Franz E. (Hrsg.): Leistungsmessungen in Schulen. Weinheim: Beltz. S. 17–31.

Weinert, Franz E. (1999): Concepts of Competence. Contribution within the OECD-Project Definition and Section of Competencies: Theoretical and Conceptual Foundations (DeSeCo). Neuchâtel: Bundesamt für Statistik.

Weinert, Franz E./Schrader, Friedrich-Wilhelm/ Helmke, Andreas (1990): Unterrichtsexpertise – ein Konzept zur Verringerung der Kluft zwischen zwei theoretischen Paradigmen. In: Alisch, Lutz-Michael/Baumert, Jürgen/Beck, Klaus (Hrsg.): Professionswissen und Professionalisierung. Band 28. Braunschweig: Technische Universität, Seminar für Soziologie und Sozialarbeitswissenschaft in Zusammenarbeit mit der Zeitschrift „Empirische Pädagogik". S. 173-206.

Weinert, Franz E./Helmke, Andreas (1996): Der gute Lehrer: Person, Funktion oder Fiktion? In: Leschinsky, Achim (Hrsg.): Die Institutionalisierung von Lehren und Lernen. Beiträge zu einer Theorie der Schule. Weinheim/Basel: Beltz Verlag. S. 223-233.

Weisseno, Georg (Hrsg.) (2006): Politik und Wirtschaft unterrichten. Bonn: Bundeszentrale für politische Bildung.

Wenzel, Birgit (2007): Aufgaben im Geschichtsunterricht. In: Günther-Arndt, Hilke (Hrsg.): Geschichtsmethodik. Handbuch für die Sekundarstufe I und II. Berlin: Cornelsen Verlag Scriptor. S. 77-86.

Weymar, Ernst (1970): Werturteile im Geschichtsunterricht. In: Geschichte in Wissenschaft und Unterricht, Jg. 21, Heft 3, S. 198-215.

Wiggins, Grant/McTighe Jay (1998): Understanding by Design. Alexandria, Virginia: ASCD.

Williams, Gaye/Clarke, David (1997): Complexity of Mathematical Task. In: Scott, Nick/Hollingsworth, Hilary (Hrsg.) (1997): Mathematics: Creating the Future. Adelaide: Australian Association of Mathematics Teachers.

Wilmanns, Ernst (1962): Grundlagen des Geschichtsunterrichts. Stuttgart: Klett.

Wilson, Suzanne M. (2002): Research on History Teaching. In: Richardson, Virginia (Hrsg.): Handbook of Reseach on Teaching. 4. Auflage. Washington: American Educational Reseach Association. S. 527-544.

Wineburg, Samuel S. (1997): Beyond „Breadth and Depth": Subject Matter Knowledge and Assessment. In: Theory into Practice, Jg. 36, Heft 4, S. 255-261.

Wineburg, Samuel S. (1998): Die psychologische Untersuchung des Geschichtsbewusstseins. In: Straub, Jürgen (Hrsg.): Erzählung, Identität und historisches Bewusstsein. Die psychologische Konstruktion von Zeit und Geschichte (Erinnerung, Geschichte, Identität Band 1). Frankfurt am Main: Suhrkamp. S. 298 -337.

Wineburg, Samuel S. (2000): Making Historical Sense. In: Stearns, Peter/Seixas, Peter/Wineburg, Samuel S. (Hrsg.): Knowing, Teaching, and Learning History. National and International Perspectives. New York: New York University Press. S. 306-325.

Wineburg, Samuel S. (2001): Historical Thinking and Other Unnatural Acts: Charting the Future of Teaching the Past. Philadelphia: Temple University Press.
Wineburg, Samuel S./Wilson, Suzanne M. (1991): Subject-Matter Knowledge in Teaching of History. In: Brophy, Jere (Hrsg.): Advances in Research on Teaching. Jg. 2. Greenwich CT: JAI Press. S. 305–347.
Winter, Felix (2003): Person – Prozess – Produkt. Das Portfolio und der Zusammenhang der Aufgaben. In: Ball, Helga/Becker, Gerold/Bruder, Regina u.a. (Hrsg.): Aufgaben. Lernen fördern – Selbständigkeit entwickeln. Friedrich Jahresheft XXI. Seelze-Velber: Friedrich Verlag. S. 78–81.
Witschi, Beat (2006): Spielwelt Geschichte. Über 60 Simulationsspiele für den Geschichtsunterricht. Bern: h.e.p. Verlag.
Wittmann, Erich Christian (1998): Design und Erforschung von Lernumgebungen als Kern der Mathematikdidaktik. In: Beiträge zur Lehrerbildung, Jg. 16, Heft 3, S. 329–342.
Wunderer, Hartmann (2000): Geschichtsunterricht in der Sekundarstufe 2. Schwalbach/Ts.: Wochenschau Verlag.
Wunderer, Hartmann (2002): Geschichtsunterricht in der Sekundarstufe II. Normative Vorgaben und Elend der pädagogischen Praxis. In: Schönemann, Bernd/Voit, Hartmut (Hrsg.): Von der Einschulung bis zum Abitur. Prinzipien und Praxis des historischen Lernens in den Schulstufen. Idstein: Schulz-Kirchner Verlag. S. 100–111.
Ziegler, Béatrice (2007): Die Graduierung der Re-Konstruktionskompetenz. In: Körber, Andreas/Schreiber, Waltraud/Schöner, Alexander (Hrsg.): Kompetenzen historischen Denkens. Ein Strukturmodell als Beitrag zur Kompetenzorientierung in der Geschichtsdidaktik. Neuried: Ars Una (Kompetenzen: Grundlagen – Entwicklung – Förderung; 2). S. 523–545.
Zülsdorf-Kersting, Meik (2008): Zwei Seiten einer Medaille – oder: Wie konstruieren Individuen Geschichte? In: Zeitschrift für Geschichtsdidaktik, Jahresband, S. 184–197.

8.2 Verzeichnis der Grafiken, Abbildungen und Tabellen

Verzeichnet sind alle in der Arbeit abgebildeten Grafiken, Abbildungen und Tabellen. Als Grafiken werden Abbildungen bezeichnet, die durch den Autor speziell für diese Arbeit zur Veranschaulichung zentraler Gedanken entwickelt wurden. Die Veranschaulichungen sind je Kategorie pro Kapitel durchnummeriert. Die im vorliegenden Verzeichnis angegebenen Zahlen bezeichnen die Seite, auf der die entsprechende Grafik, Abbildung oder Tabelle beginnt.

Grafiken
2.1 Struktur- und Prozessmodell „Historisches Lernen" a, b, c 45, 47, 49
2.2 Kompetenzmodell „Historisches Lernen" 51
2.3 Matrix mit Kompetenzbereichen und Themen für „Historisches Lernen" 53
2.4 Rahmenmodell für Geschichtsunterricht 99
2.5 Gütekriterien für Geschichtsunterricht 101
3.1 Forschungsdesign der Arbeit „Guter Geschichtsunterricht" 127
3.2 Ratingbogen für den Geschichtsunterricht 144

Abbildungen
2.1 Didaktisches Dreieck als Modell für schulischen Unterricht (Menck 2006, S. 45) 34
2.2 Didaktisches Dreieck, schematisch und fachunabhängig (Gautschi 2007a, S. 50) 34
2.3 Kompetenzmodell von Pandel (2005, S, 45) 58
2.4 Kompetenzmodell des Berliner Rahmenlehrplans für die Sekundarstufe I Geschichte (Senatsverwaltung für Bildung, Jugend und Sport Berlin 2006, S. 13) 61
2.5 Wissens-Gesamtscore von Jugendlichen im Projekt „Geschichte und Politik im Unterricht", dargestellt nach Schultypen und Geschlecht (Moser/Wiher 2007, S. 247) 70
2.6 Vier Gruppen von Geschichtslehrpersonen mit ähnlichem Antwortverhalten im Projekt „Geschichte und Politik im Unterricht" (Messner/Buff 2007, S. 166) 72
2.7 Das Angebot-Nutzungs-Modell zur Erklärung von Lernerfolg von Helmke (Becker/Feindt/Meyer u.a. 2007, S. 65) 80
3.1 Musterseite aus dem Fragebogen für Schülerinnen und Schüler 136
3.2 Musterseite aus dem Fragebogen für Lehrerinnen und Lehrer 138

3.3 Kategorienentwicklungszyklus bei der Analyse von Videodaten (nach Jacobs/Kawanaka/Stigler 1999, S. 719) 142
3.4 Fragebogen für die Kontroll-Expertinnen/Experten 148
5.1 Arbeitsblatt der Lehrperson zur Vorbereitung der Betrachtung des Dokumentarfilms in der Lektion „Die Schweiz im Zweiten Weltkrieg" 179
5.2 Darstellung wichtiger Freiheitsrechte aus dem Lehrmittel „Durch Geschichte zur Gegenwart. Band 1" (Meyer/Schneebeli 1993, S. 202) 190
5.3 Ausschnitt aus dem Arbeitsblatt zur 2. Aufgabe der Lektion „Auseinandersetzung mit sechs Freiheitsrechten" (aus Meyer/Schneebeli 1991a, S. 130) 192
5.4 Statistiken zum Rüstungswettlauf vor dem Ersten Weltkrieg aus dem Lehrerkommentar zum Geschichtslehrmittel „Durch Geschichte zur Gegenwart. Band 2" (Meyer/Schneebeli 1991b, S. 146) 201
5.5 Ausschnitt aus dem Arbeitsblatt 1 der Lehrerin zur Lektion „Erster Weltkrieg: Zahlen, Fakten, Waffen" 203
5.6 Ausschnitt aus dem Arbeitsblatt 2 der Lehrerin zur Lektion „Erster Weltkrieg: Zahlen, Fakten, Waffen" 204
5.7 Übungsblatt zur Karte „Europa nach dem Ersten Weltkrieg" aus dem Lehrmittel „Durch Geschichte zur Gegenwart. Band 3" (Meyer/Schneebeli 1991c, S. 30) 210
5.8 Beispiel einer Visualisierung des Textes zur Novemberrevolution 1918 durch den Lehrer in der Lektion „Deutschland in den Jahren 1918–1930" 212
5.9 Ausschnitt aus der Vorbereitungsskizze der Lehrperson für die Lektion „Deutschland in den Jahren 1918–1930" 214
5.10 Kopie der Folie „Ebstorfer Weltkarte" als Arbeitsgrundlage für Gruppe 5 in der Lektion „Repetition Renaissance" 221
7.1 Portfolioauftrag „Porträt eines Menschen" im Lehrmittel „Viele Wege – eine Welt" (Argast/Binnenkade/Boller/Gautschi 2005, S. 165) 269

Tabellen

2.1 Wissengebiete, Wissenschaften, Schulfächer mit Handlungsmodi sowie zugeordnete Wege zur Weltaneignung und Selbstbildung (Herrmann 2007, S. 175) 40

Verzeichnis der Grafiken, Abbildungen und Tabellen

2.2	Contents of Historical Thinking Standards for Grades 5–12 (http://nchs.ucla.edu/standards/thinking5-12_toc.html, aufgerufen am 1.8.2008)	56
2.3	Kompetenzmodell des Verbandes der Geschichtslehrer Deutschlands (2006, S. 16)	63
2.4	Ausgewählte Indikatoren für Kompetenzen Historischen Lernens	64
2.5	Anteile Sozialformen am Geschichtsunterricht; Vergleich zwischen Hodel/Waldis (2007), Hage u.a. (1985) und Hug (1977) (Hodel/Waldis 2007, S. 135)	75
2.6	Didaktische Prinzipien von Kramis (1990, S. 293)	82
2.7	Prinzipien wirksamen Unterrichts von Brophy (2000)	82
2.8	Merkmale guten Unterrichts von Meyer (2004, S 17–18)	83
2.9	Merkmale für Unterrichtsqualität von Helmke (2006, S. 45)	84
2.10	Merkmalsbereiche zur Unterrichtsbeurteilung mit ausgewählten Merkmalen (Clausen/Reusser/Klieme 2003, S. 129)	85
2.11	Fachunspezifische Gütekriterien zur Unterrichtsbeurteilung mit Indikatoren für gelungene Umsetzung	86
2.12	Geschichtsdidaktische Kategorien von Mayer/Pandel (1976, S. 49–50)	90
2.13	Kategoriensystem von Barricelli/Sauer (2006, S. 8–10)	92
2.14	Gütekriterien zur Beurteilung des Lerngegenstands mit Indikatoren für gelungene Umsetzung	97
3.1	Zuordnung der Klassen aus den verschiedenen Kantonen in Schultypenniveaus	119
3.2	Stichprobe	120
3.3	Arbeitsphasen und Arbeitsprogramm	126
4.1	Ladung auf den Faktor „Prozess" aus Sicht der Lernenden	151
4.2	Item-Skala-Statistiken zum „Prozess" aus Sicht der Lernenden	152
4.3	Ladung auf den Faktor „Ergebnis" aus Sicht der Lernenden	152
4.4	Item-Skala-Statistiken zum „Prozess" aus Sicht der Lernenden	153
4.5	Beurteilung der videografierten Lektionen aus Sicht der Schülerinnen und Schüler in Hinblick auf den Lernprozess und die Lernergebnisse (Klassenmittelwerte)	154
4.6	Bivariate Kreuztabelle mit Test zur Überprüfung des statistischen Zusammenhangs zwischen „Lernprozess" und „Lernergebnis"	156
4.7	Ladung auf den Faktor „Prozess" aus Sicht der Lehrenden	157
4.8	Item-Skala-Statistiken zum „Prozess" aus Sicht der Lehrenden	158
4.9	Ladung auf den Faktor „Ergebnis" aus Sicht der Lehrenden	158
4.10	Item-Skala-Statistiken zum „Ergebnis" aus Sicht der Lehrenden	159

4.11 Beurteilung der videografierten Lektionen aus Sicht der
Lehrpersonen in Hinblick auf den Lernprozess und die
Lernergebnisse (Klassenmittelwerte) 159
4.12 Beurteilung der videografierten Geschichtslektionen aus
Sicht des Autors und der Kontroll-Expertinnen/Experten 164
4.13 Zusammenstellung der Lektionsbeurteilung aus drei
unterschiedlichen Perspektiven 166
4.14 Beobachtete Häufigkeit der Lektionsbeurteilungen und
Gleichverteilung 169
5.1 Güteprofil der Lektion „Die Schweiz im Zweiten Weltkrieg" 186
5.2 Güteprofil der Lektion „Auseinandersetzung
mit sechs Freiheitsrechten" 196
5.3 Güteprofil der Lektion „Erster Weltkrieg:
Zahlen, Fakten, Waffen" 207
5.4 Güteprofil der Lektion „Deutschland in den
Jahren 1918–1930" 217
5.5 Güteprofil der Lektion „Repetition Renaissance" 227
6.1 Gegenüberstellung der Gütekriterien mit ausgewählten
Zitaten aus der Beurteilung der Expertinnen und Experten 232
6.2 Gegenüberstellung der Gütekriterien mit ausgewählten
Zitaten aus der Beurteilung der Lernenden 234
6.3 Gegenüberstellung der Gütekriterien mit ausgewählten
Zitaten aus der Beurteilung der Lehrenden 236
6.4 Gesamtdauer der beobachteten Unterrichtsformen
in den fünf als „gut" identifizierten
Geschichtslektionen (in Minuten) 239
6.5 Einsatzdauer verschiedener Lernmaterialien in den fünf als
„gut" identifizierten Geschichtslektionen (in Minuten) 240
6.6 Anzahl der Beurteilungen zu den Gütekriterien bei den als
„gut" identifizierten Geschichtslektionen 242
6.7 Lernaufgaben in den als „gut" identifizierten Lektionen 249
6.8 Aufgabenformulierung der Lernaufgabe „Vergleich des
Lebens während des 2. Weltkriegs mit dem heutigen
Leben" aus der Lektion „Die Schweiz im Zweiten Weltkrieg" 251
7.1 Zusammenstellung der Resultate des Wissenstests und
der Beurteilung der Geschichtslektionen 261
7.2 Opportunity-to-learn-Standard „Die Schweiz im
Zeitalter der Katastrophen" 273

Dank

Ich danke Ulrich Mayer, Rudolf Künzli und Helmut Messner. Sie haben mich zu dieser Arbeit ermutigt und mich im Erarbeitungsprozess als kritische Freunde und kompetente Ratgeber unterstützt.

Ich danke den Lehrerinnen und Lehrern, den Schülerinnen und Schülern, die sich filmen und befragen liessen. Ihre Bereitschaft trägt zu neuen Erkenntnissen über Geschichtsunterricht und zur Verbesserung von Geschichtsunterricht bei.

Ich danke Jan Hodel, Kurt Messmer, Gerhard Schneider und weiteren Fachdidaktik-Kolleginnen, -Kollegen. Die Diskussion mit ihnen hat mir zu klareren Gedanken und neuen Einsichten verholfen.

Ich danke Erwin Lautsch, Vera Husfeldt, Alex Buff und Monika Waldis. Sie haben mir geholfen, methodische Fragen und die Statistik besser zu verstehen.

Ich danke Kurt Reusser, Daniel V. Moser und Pit Wiher. Hätten wir nicht auf Initiative von Kurt Reusser gemeinsam das Projekt „Geschichte und Politik im Unterricht" lanciert und durchgeführt, wäre diese Dissertation nicht entstanden.

Ich danke neben den bereits Erwähnten aus dem Team „Geschichte und Politik im Unterricht" zudem Domenica Flütsch, Regina Suhner, Corinne Wyss, den Kameraleuten, den studentischen Hilfskräften und Béatrice Ziegler. Sie haben auf verschiedensten Ebenen mitgeholfen, das Projekt „Geschichte und Politik im Unterricht" zu realisieren und damit eine gute Grundlage für die vorliegende Arbeit zu schaffen.

Ich danke Karin Fuchs, Jan Hodel, Robert Labhardt, Ulrich Mayer, Kurt Messmer, Helmut Messner, Christine Pflüger, Dominik Sauerländer, Gerhard Schneider, Hans Utz, Béatrice Ziegler. Wenn sie sich nicht die Zeit genommen hätten, um videografierte Geschichtslektionen zu begutachten, hätte ich keine Triangulation durchführen können. Ihre Perspektive war wichtig.

Ich danke dem Mediotheksteam des Lehrerbildungszentrums Aarau mit Guy Bachmann für das kompetente Auffinden aller gesuchten Zeitschriftenartikel und Bücher. Ich danke Stephan Brülhart für die Unterstützung bei der Konzeption und Produktion der DVD.

Ich danke der PH FHNW, die es mir erlaubt hat, trotz herausfordernder Umstände an der Dissertation zu arbeiten.

Ich danke der Universität Kassel, die mich als Dissertant aufgenommen und im Arbeitsprozess unterstützt hat, und Frau Stoklossa-Metz für die grosse Hilfsbereitschaft.

Ich danke den Kolleginnen und Kollegen an der PH FHNW, speziell Esther Kamm, Anni Heitzmann, Andreas Hoffmann-Ocon, Eric Sauvin, Esther Tschopp und der gesamten Hochschulleitung, für die kollegiale und freundschaftliche

Unterstützung und für ihr Verständnis dafür, dass mir Geschichtsdidaktik wichtig ist.

Ich danke Manuel, Nicolas und Andrea. Sie zeigen mir jeden Tag, wie Jugendliche Geschichte lernen. Ihre Neugier und kritischen Fragen regen mich an.

Ich danke Monika für ihre grosse Geduld, wertvolle Aufmunterung und stete Unterstützung.

Zofingen, Ende April 2009
Peter Gautschi

WOCHENSCHAU VERLAG
... ein Begriff für politische Bildung

METHODEN HISTORISCHEN LERNENS

Peter Adamski

Gruppen- und Partnerarbeit im Geschichtsunterricht

Historisches Lernen kooperativ

Partner- und besonders Gruppenarbeit bedürfen einer sorgfältigen Vorbereitung und Auswertung.
Der vorliegende Band ist die erste theoriegeleitete und mit zahlreichen Beispielen für die Sekundarstufen I und II unterlegte Monografie, Partner- und Gruppenarbeit gezielt für historisches Denken und Lernen fruchtbar zu machen und Methoden des kooperativen Lernens fachdidaktisch zu verorten.
ISBN 978-3-89974530-6, 208 S., € 14,80

Gerhard Schneider

Transfer

Ein Versuch über das Behalten und Anwenden von Geschichtswissen

Es steht außer Frage, dass für das Anwenden und Behalten von Geschichtswissen Transferüberlegungen der Unterrichtenden unumgänglich sind.
In dem Band wird gezeigt, wie Kenntnisse, Einsichten und Fähigkeiten, die in einem bestimmten Zusammenhang gelernt wurden, in weiteren bzw. späteren Lernzusammenhängen und in der außerschulischen Lebenswelt aufgegriffen, differenziert und angewendet werden können.

ISBN 978-3-89974531-3, 176 S., € 14,80

www.wochenschau-verlag.de

Adolf-Damaschke-Str. 10, 65824 Schwalbach/Ts., Tel.: 06196/86065, Fax: 06196/86060, info@wochenschau-verlag.de

Grundbegriffe der Geschichtsdidaktik

Ulrich Mayer, Hans-Jürgen Pandel, Gerhard Schneider, Bernd Schönemann (Hrsg.)

Wörterbuch Geschichtsdidaktik

Mit diesem Band liegt das erste fachspezifische Wörterbuch zur Fachterminologie der sich entwickelnden Wissenschaftsdisziplin Geschichtsdidaktik vor. Das Nachschlagewerk im Hardcoverformat präzisiert Fachbegriffe und arbeitet ihren geschichtsdidaktischen Gehalt heraus.

Seit einigen Jahren bezieht die Geschichtsdidaktik die Geschichtskultur als Forschungsfeld ein. Insofern hat sich auch ihre Terminologie erweitert. Mit diesem Wörterbuch erhalten Leserinnen und Leser auch Hilfen für einen sicheren Umgang mit der Fachterminologie der Geschichtskultur.

ISBN 978-3-89974257-2, 2. überarb. und erw. Aufl., 208 S., Hardcover, € 12,80

Das Wörterbuch bietet Artikel zu folgenden Themen (Auszug): Anforderungsniveau | Archiv | Begriffsgeschichte | Bilder | Bildungsstandards | Bilingualer Geschichtsunterricht | Chronik | Comics | Curriculum/Lehrpläne | Denkmal | Didaktische Analyse | Einheitliche Prüfungsanforderung (EPA) | Einstieg | Erinnerungsorte | Eurozentrik | Fakten | Fiktion | Film | Fremdverstehen/Alterität | Gedächtnis | Gegenwartsbezug | Georg-Eckert-Institut | Geschichtsbewusstsein | Geschichtskultur | Geschichtsrevisionismus | Geschichtswettbewerb | Geschichtswissenschaft | Historikerstreit | Historismus | Identität | Ideologiekritik | Intertextualität | Kanon | Karikatur | Kompetenz | Konstruktivismus | Längsschnitte | Lehr-/Lernforschung | Lehrpläne, Curricula | Lernziele | Motivation | Multiperspektivität | Museumspädagogik | Narrativität | Oral History | Parteilichkeit | Personalisierung | PISA | Projektarbeit | Quellen | Sachurteil | Schülerwettbewerbe | Sozialgeschichte | Statistik | Tradition | Transfer | Universalgeschichte | Wehrmachtsausstellung | Werturteile

www.wochenschau-verlag.de